Intrigas

2ND EDITION

ADVANCED SPANISH THROUGH LITERATURE AND FILM

James C. Courtad

Kathryn Everly

Martín Gaspar

VISTA®
HIGHER LEARNING

Boston, Massachusetts

The **Intrigas** cover features a photo of Las Mercedes Street,
Madrid, Spain, by Spanish photographer José Luis Barcia.

Publisher: José A. Blanco
Editorial Development: Judith Bach, María Victoria Echeverri
Project Management: Kayli Brownstein, Sharon Inglis
Rights Management: Ashley Dos Santos, Annie Pickert Fuller, Caitlin O'Brien
Technology Production: Erica Solari, Paola Ríos Schaaf
Design: Gabriel Noreña, Andrés Vanegas
Production: Manuela Arango, Oscar Díez, Erik Restrepo

Student Text (Perfectbound) ISBN: 978-1-68004-341-9

Library of Congress Control Number: 2015948687

1 2 3 4 5 6 7 8 9 WC 21 20 19 18 17 16

The Vista Higher Learning Story
Your Specialized Foreign Language Publisher

Independent, specialized, and privately owned, Vista Higher Learning was founded in 2000 with one mission: to raise the teaching and learning of world languages to a higher level. This mission is based on the following beliefs:

- It is essential to prepare students for a world in which learning another language is a necessity, not a luxury.
- Language learning should be fun and rewarding, and all students should have the tools necessary for achieving success.
- Students who experience success learning a language will be more likely to continue their language studies both inside and outside the classroom.

With this in mind, we decided to take a fresh look at all aspects of language instructional materials. Because we are specialized, we dedicate 100 percent of our resources to this goal and base every decision on how well it supports language learning.

That is where you come in. Since our founding in 2000, we have relied on the continuous and invaluable feedback of language instructors and students nationwide. This partnership has proved to be the cornerstone of our success by allowing us to constantly improve our programs to meet your instructional needs.

The result? Programs that make language learning exciting, relevant, and effective through:

- an unprecedented access to resources;
- a wide variety of contemporary, authentic materials;
- the integration of text, technology, and media; and
- a bold and engaging textbook design.

By focusing on our singular passion, we let you focus on yours.

The Vista Higher Learning Team

VISTA®
HIGHER LEARNING

500 Boylston Street, Suite 620 Boston, MA 02116-3736 TOLLFREE: 800-618-7375
TELEPHONE: 617-426-4910 FAX: 617-426-5215 **www.vistahigherlearning.com**

Intrigas, Second Edition, gives students and teachers a fresh approach to advanced Spanish language courses. Its dynamic structure makes it suitable for use in a variety of course offerings at the post-intermediate level. Fundamentally a literary reader, but uniquely rich with additional content, **Intrigas**, Second Edition, offers an unusual integration of literature, culture, and film while also focusing students on critical thinking, interpretation, speaking, and writing skills.

Each theme-based lesson features a full-length film and three to four reading passages—all chosen for their notable importance in the field and relevance to the chapter theme.

NEW! To the Second Edition

- Enhanced Supersite—groundbreaking technology with powerful course management and options for customization, now with iPad®-friendly* access

- All submittable textbook activities online

- New Partner Chat activities for conversational skill building and oral practice

- Two new authentic feature films: **Como agua para chocolate** (lesson 1) and **Mar adentro** (lesson 3)

- **Two** new literary readings: **Llamadas telefónicas** by Roberto Bolaño (lesson 1) and **Los gallinazos sin plumas** by Julio Ramón Ribeyro (lesson 4)

- vText—the interactive, online text—perfect for hybrid courses—in an iPad®-friendly* format!

- Twice the amount of online grammar presentations, activities, and corresponding grammar quizzes.

Plus, the original hallmark features of INTRIGAS

- A full-color, richly illustrated design for maximum visual contextualization

- Thematically linked and universally distinguished film and literature selections

- A variety of literary formats that include short stories, poems, plays, and novel excerpts from the established literary canon

- A wealth of activities to increase comprehension, foster discussion, and encourage analysis before, during, and after each film or literature selection

- A process-based writing strand that requires students to synthesize what they have learned in the lesson

- Unparalleled technology that enhances the learning experience with:
  - Web-only additional practice activities
  - An instructor gradebook for notifications, assignments, and grades
  - An online composition function with document upload feature

Vista Higher Learning is proud to present **Intrigas**, Second Edition, for your advanced level Spanish students. We look forward to hearing how you, and they, enjoy this innovative, new approach.

*Students must use a computer for audio recording.

Contenido | v

CINE	LITERATURA	ESCRITURA

LECCIÓN 1: GOLPE AL CORAZÓN

Como agua para chocolate de Alfonso Arau 4

LECCIÓN 2: EL FILO DEL PODER

El laberinto del fauno de Guillermo del Toro 48

LECCIÓN 3: EL LADO OSCURO

Mar adentro de Alejandro Amenábar..............................92

CINE	LITERATURA	ESCRITURA

CINE: Prepárate provides background information and practice to enhance your comprehension and appreciation of each film.

SOBRE EL DIRECTOR

Alfonso Arau nació en Ciudad de México en 1932. Antes de empezar a dirigir, se dedicó al mundo del espectáculo de diversas maneras: fue comediante, bailarín, cantante, guionista y actor de cine y de teatro. Siempre inquieto°, viajó por todo el mundo durante cuatro años (1964–1968) haciendo un espectáculo unipersonal de pantomimas. Hizo doblajes de películas, actuó en un filme de Hollywood (*The Wild Bunch*, en 1969) y hasta inició el legendario grupo de rock Los Tepetatles, conocidos como "los Beatles mexicanos".

Su carrera como director se inició en 1971 con *El águila descalza*, una película que protagonizó, escribió y dirigió. Durante la década de 1970, dirigió o actuó (o ambas cosas) en varios filmes exitosos que trataron temas de la historia reciente de México: *El rincón de las vírgenes* (1972), *Calzonzin inspector* (1973), *Tívoli* (1974) y *Mojado power* (1979), esta última sobre la lucha por los derechos de los inmigrantes mexicanos en EE. UU.

Arau se consagró° internacionalmente con la película *Como agua para chocolate* (1992), basada en la novela con el mismo título que escribió su esposa de entonces, Laura Esquivel. El éxito de esta película, que ya es un clásico, fue instantáneo: además de otorgarle gran reconocimiento y muchos premios en festivales de cine (en España, Australia, Japón, México y Francia), su difusión abrió las puertas para otros directores mexicanos. Más recientemente, Arau produjo y dirigió la película *Zapata, el sueño de un héroe* (2004). En los últimos años ha recibido muchos reconocimientos por su impresionante trayectoria.

inquieto *restless* **se consagró** *established himself*

Como agua para chocolate / **Fecha de estreno:** 1992
País: México
Género: largometraje
Guión: Laura Esquivel
Actores: Lumi Cavazos, Regina Torné, Marco Leonardi, Mario Iván Martínez
Duración: 123 minutos

PERSONAJES

Tita *Cocina con amor y sus platos reflejan sus emociones.*

Doña Elena *Madre de Tita, controla la vida de toda la familia.*

Pedro Múzquiz *Joven apasionado y dispuesto a todo, enamorado de Tita.*

John Brown *Doctor, quiere que Tita sea feliz.*

CONTEXTO CULTURAL

El realismo mágico
La magia es un lugar donde hay castillos encantados, hechiceros° y dragones. La realidad es un lugar cotidiano, donde hay edificios, policías de tránsito y gente que saca a pasear a su perro. En el realismo mágico la división no es tan clara. Imaginemos un edificio que desaparece tras una nube, o un policía de tránsito que sueña con un accidente la noche antes de que ocurre: ¿dejó de existir el edificio?, ¿el policía es un mago? Un grupo de escritores latinoamericanos —entre ellos Gabriel García Márquez, Alejo Carpentier y Laura Esquivel— creó obras que se enfocan en esta indistinción entre la magia y la realidad. Para ellos, la realidad latinoamericana, desde su naturaleza hasta su historia, está cargada de magia. La naturaleza es tan excesiva que puede llover en el mismo lugar todos los días durante cuatro años y once meses. Las crónicas de conquista hablan de trece personas que dominan un imperio de millones. ¿Dónde termina la realidad y comienzan el mito y la fantasía? No está claro. Por eso, se puede hablar sobre alguien que sale volando como si estuviera cruzando la calle, y a la inversa°. La película *Como agua para chocolate*, basada en una novela del realismo mágico, representa varias escenas en las que la realidad parece excesiva, sobrenatural, increíble. Si es realidad o no, es

Remedios Varo, *La flama,* **1961**

nuestra decisión: depende de nuestra capacidad de creer en los milagros cotidianos.

⌖ Practice more at **vhlcentral.com.**

hechiceros *sorcerers* **a la inversa** *conversely*

ANTESALA

⑤ 1 Aprende y practica el vocabulario de la película en **vhlcentral.com.**

2 En parejas, conversen sobre estos temas:

- Una frase muy conocida dice "Panza llena, corazón contento". ¿Crees que la comida puede dar felicidad? ¿En qué casos? ¿Qué tipo de felicidad?

- ¿Crees que las mujeres, ya que pueden ser madres, están más predispuestas a alimentar a los demás y a cocinar "con amor"? ¿Son estas ideas sexistas o no?

- Freud afirmó que existe un amor sensual, que puede desaparecer cuando se logra la satisfacción sexual, y un amor tierno, que

requiere una relación duradera. ¿Crees que el amor sensual y el tierno son incompatibles? ¿Puede un tipo de amor transformarse en el otro?

- ¿Por qué crees que se suele decir que los latinoamericanos son apasionados e impulsivos en lugar de racionales? ¿Piensas que algunas culturas son más "apasionadas" que otras?

SOBRE EL DIRECTOR features the director's biography and lists a few other films by the same director.

PERSONAJES Headshots visually introduce the film's main characters. The accompanying captions summarize who the characters are and how they relate to each other.

CONTEXTO HISTÓRICO/CULTURAL This feature explains the film's historical or cultural context, revealing the world in which the film's characters live or the circumstances that influenced the director's perspective.

ANTESALA Pre-viewing exercises encourage you to think about the film's themes and discuss them in class, allowing you to approach the film from an informed perspective.

⑤upersite
- Audio enhanced web-only vocabulary lists
- Textbook activities including Partner Chat activity
- Additional online-only practice activities

CINE: Mira la película breaks up the film into meaningful sections to ensure you understand what you have watched before continuing.

TÉCNICA CINEMATOGRÁFICA

This feature provides an explanation of one of the techniques used to give each film its unique atmosphere. A different technique is presented for every film.

GUÍA PARA LA COMPRENSIÓN

The while-viewing feature provides clues and activities to get you thinking about what is occurring during the corresponding segment of the film, giving you the necessary comprehension tools to move on to the following segment.

PREGUNTAS Discrete comprehension

questions focus your attention on the segment's important details. They are an effective tool to help you check your understanding. The mouse icon indicates that you can find the same activity on the **Intrigas**, Second Edition, Supersite.

• Textbook and additional online-only practice activities

CINE: Piénsalo post-viewing activities start with basic comprehension practice and progress towards open-ended conversation and writing.

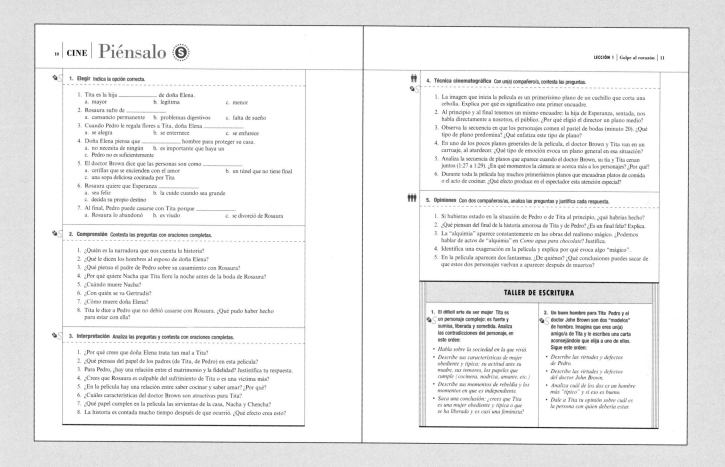

1. Elegir Indica la opción correcta.

1. Tita es la hija _____ de doña Elena.
   a. mayor   b. legítima   c. menor
2. Rosaura sufre de _____.
   a. cansancio permanente   b. problemas digestivos   c. falta de sueño
3. Cuando Pedro le regala flores a Tita, doña Elena _____.
   a. se alegra   b. se enternece   c. se enfurece
4. Doña Elena piensa que _____ hombre para proteger su casa.
   a. no necesita de ningún   b. es importante que haya un
   c. Pedro no es suficientemente
5. El doctor Brown dice que las personas son como _____.
   a. cerillas que se encienden con el amor   b. un túnel que no tiene final
   c. una sopa deliciosa cocinada por Tita
6. Rosaura quiere que Esperanza _____.
   a. sea feliz   b. la cuide cuando sea grande
   c. decida su propio destino
7. Al final, Pedro puede casarse con Tita porque _____.
   a. Rosaura lo abandonó   b. es viudo   c. se divorció de Rosaura

2. Comprensión Contesta las preguntas con oraciones completas.

1. ¿Quién es la narradora que nos cuenta la historia?
2. ¿Qué le dicen los hombres al esposo de doña Elena?
3. ¿Qué piensa el padre de Pedro sobre su casamiento con Rosaura?
4. ¿Por qué quiere Nacha que Tita llore la noche antes de la boda de Rosaura?
5. ¿Cuándo muere Nacha?
6. ¿Con quién se va Gertrudis?
7. ¿Cómo muere doña Elena?
8. Tita le dice a Pedro que no debió casarse con Rosaura. ¿Qué pudo haber hecho para estar con ella?

3. Interpretación Analiza las preguntas y contesta con oraciones completas.

1. ¿Por qué crees que doña Elena trata tan mal a Tita?
2. ¿Qué piensas del papel de los padres (de Tita, de Pedro) en esta película?
3. Para Pedro, ¿hay una relación entre el matrimonio y la fidelidad? Justifica tu respuesta.
4. ¿Crees que Rosaura es culpable del sufrimiento de Tita o es una víctima más?
5. ¿En la película hay una relación entre saber cocinar y saber amar? ¿Por qué?
6. ¿Cuáles características del doctor Brown son atractivas para Tita?
7. ¿Qué papel cumplen en la película las sirvientas de la casa, Nacha y Chencha?
8. La historia es contada mucho tiempo después de que ocurrió. ¿Qué efecto crea esto?

4. Técnica cinematográfica Con un(a) compañero/a, contesta las preguntas.

1. La imagen que inicia la película es un primerísimo plano de un cuchillo que corta una cebolla. Explica por qué es significativo este primer encuadre.
2. Al principio y al final tenemos un mismo encuadre: la hija de Esperanza, sentada, nos habla directamente a nosotros, el público. ¿Por qué eligió el director un plano medio?
3. Observa la secuencia en que los personajes comen el pastel de bodas (minuto 20). ¿Qué tipo de plano predomina? ¿Qué enfatiza este tipo de plano?
4. En uno de los pocos planos generales de la película, el doctor Brown y Tita van en un carruaje, al atardecer. ¿Qué tipo de emoción evoca un plano general en esa situación?
5. Analiza la secuencia de planos que aparece cuando el doctor Brown, su tía y Tita cenan juntos (1:27 a 1:29). ¿En qué momentos la cámara se acerca más a los personajes? ¿Por qué?
6. Durante toda la película hay muchos primerísimos planos que encuadran platos de comida o el acto de cocinar. ¿Qué efecto produce en el espectador esta atención especial?

5. Opiniones Con dos compañeros/as, analiza las preguntas y justifica cada respuesta.

1. Si hubieras estado en la situación de Pedro o de Tita al principio, ¿qué habrías hecho?
2. ¿Qué piensan del final de la historia amorosa de Tita y de Pedro? ¿Es un final feliz? Explica.
3. La "alquimia" aparece constantemente en las obras del realismo mágico. ¿Podemos hablar de actos de "alquimia" en Como agua para chocolate? Justifica.
4. Identifica una exageración en la película y explica por qué evoca algo "mágico".
5. En la película aparecen dos fantasmas. ¿De quiénes? ¿Qué conclusiones puedes sacar de que estos dos personajes vuelvan a aparecer después de muertos?

TALLER DE ESCRITURA

1. El difícil arte de ser mujer Tita es un personaje complejo: es fuerte y sumisa, liberada y sometida. Analiza las contradicciones del personaje, en este orden:

- Habla sobre la sociedad en la que vivió.
- Describe sus características de mujer obediente y típica: su actitud ante su madre, sus temores, los papeles que cumple (cocinera, nodriza, amante, etc.)
- Describe sus momentos de rebeldía y los momentos en que es independiente.
- Saca una conclusión: ¿crees que Tita es una mujer obediente y típica o que se ha liberado y es casi una feminista?

2. Un buen hombre para Tita Pedro y el doctor John Brown son dos "modelos" de hombre. Imagina que eres un(a) amigo/a de Tita y le escribes una carta aconsejándole que elija a uno de ellos. Sigue este orden:

- Describe las virtudes y defectos de Pedro.
- Describe las virtudes y defectos del doctor John Brown.
- Analiza cuál de los dos es un hombre más "típico" y si eso es bueno.
- Dale a Tita tu opinión sobre cuál es la persona con quien debería estar.

ACTIVIDADES The first activity always features discrete items (matching, true/false, multiple choice, etc.) to practice basic comprehension of the film's plot. The second activity also practices comprehension, but in a complete sentence answer format. The third activity is an interpretation and analysis of the film's broader themes.

The fourth activity asks you to think about the film using what you learned in the **Técnica cinematográfica** box of the **Mira la película** feature. Finally, the last activity will ask you to work in groups to carry out a conversation in which you discuss one of the film's topics.

TALLER DE ESCRITURA This activity is a short, often one-page writing assignment that requires you to analyze a particular issue or problem presented in the film. This activity serves as valuable practice for the end-of-lesson **Escritura** strand.

Ⓢupersite

- Textbook and additional online-only practice activities
- Textbook activity via online composition engine

LITERATURA: Prepárate provides background information and practice to enhance your comprehension and appreciation of the literary text.

SOBRE EL AUTOR

Roberto Bolaño (1953–2003) fue cuentista, novelista, ensayista y poeta. Nació en Santiago de Chile, pero se mudó con su familia a México durante la adolescencia. Sus narraciones más famosas las escribió en España, donde murió a la temprana edad de cincuenta años. Es considerado por muchos el escritor contemporáneo más importante en lengua española.

Bolaño era disléxico, pero eso no impidió que se dedicara exclusivamente a escribir a partir de los quince años. Empezó con la poesía y formó parte de un movimiento vanguardista llamado "infrarrealista", caracterizado por la búsqueda de una poesía libre y personal que representaba la postura del poeta hacia la vida, dejando de lado las convenciones sociales. Años más tarde, se mudó a España y pasó por Francia, países donde se dedicó a diferentes oficios: fue lavaplatos, vigilante° e incluso recolector de basura. Sin embargo, cuando podía, se dedicaba a escribir; ganó numerosos concursos literarios municipales. En 1998, recibió dos prestigiosos premios por su novela *Los detectives salvajes*, situada en México, hecho que le valió el reconocimiento por otras dos novelas breves, ambientadas° en Chile: *Estrella distante* (1996) y *Nocturno de Chile* (2000). Sabiendo de su enfermedad terminal, hacia el final de su vida escribió incesantemente y pudo terminar, entre otros escritos, una novela muy ambiciosa, la monumental *2666* (2004), que fue publicada de manera póstuma y consolidó su fama internacional.

vigilante *watchman* **ambientadas** *set*

Llamadas telefónicas /

Fecha de publicación: 1997
País: España
Género: cuento
Colección: *Llamadas telefónicas*
Personajes: B, X, hermano de X, policías

ROBERTO BOLAÑO

Cuentos

Llamadas telefónicas
Putas asesinas
El gaucho insufrible

ANAGRAMA
Otra vuelta de tuerca

TÉCNICA LITERARIA

El cuento policial

La trama de un cuento policial típico es la resolución de un enigma: ¿quién cometió el crimen? Existen dos estilos principales de cuento policial: el inglés y el estadounidense. En el estilo inglés la persona que resuelve el enigma es muy inteligente y sabe buscar e interpretar pistas de manera tranquila e intelectual. En el estilo estadounidense el investigador se involucra emocionalmente con la resolución del enigma y puede, incluso, transgredir la ley; la psicología de los personajes es fundamental.

"Llamadas telefónicas" no es un cuento policial típico, pero tiene algunos aspectos de este tipo de cuento. Cuando leas el cuento de Bolaño piensa:

- ¿Qué enigmas aparecen? ¿Desde qué perspectiva son presentados?
- ¿En algún momento de la historia se resuelven estos enigmas?

CONTEXTO CULTURAL

La modernidad líquida del siglo XXI

El filósofo polaco Zygmunt Bauman afirma que vivimos en una época en que ningún aspecto de nuestras vidas es estable. Antes, durante la "modernidad sólida", había trabajos más o menos permanentes, relaciones "para toda la vida" y un futuro muchas veces predecible. Ahora, durante la "modernidad líquida" todo cambia rápidamente, nada es sólido y debemos modificar quiénes somos constantemente. Nos ponemos diferentes máscaras a la vida, entonces, se vuelve una especie de *performance* que vamos haciendo en diferentes contextos.

Vivimos rodeados° de productos que pronto son obsoletos y nos dejan siempre insatisfechos. Tenemos que tirarlos y comprar otros. Ya no tenemos el mismo empleo durante décadas. Cambiamos de trabajo y los trabajos cambian. Debemos fluir° de un trabajo a otro, no podemos dedicarnos a sólo una cosa y entonces no tenemos un oficio que nos dé una identidad. También las relaciones y los sentimientos, como el amor, son líquidos. Los medios de comunicación y los medios sociales contribuyen a eso: estamos en contacto con muchas personas, pero a menudo es un contacto superficial y entre superficies (por ejemplo, entre contactos de Facebook). Los personajes que crea Bolaño en "Llamadas telefónicas"

Salvador Dalí, *La persistencia de la memoria* **(detalle), 1931** son contemporáneos: viven en esta era en que las identidades, la ubicación geográfica y hasta el amor son líquidos y fluctuantes.

 Practice more at **vhlcentral.com.**

rodeados *surrounded* **fluir** *to flow*

ANTESALA

 1 Aprende y practica el vocabulario del cuento en **vhlcentral.com.**

2 En grupos, conversen sobre estos temas:

- ¿Qué piensas de las relaciones amorosas a distancia? ¿Pueden tener éxito? ¿En qué circunstancias?
- ¿Crees que las diferentes tecnologías para comunicarnos

(el teléfono, los medios sociales, los mensajes de texto) afectan nuestras relaciones con los demás? ¿De qué modo? Piensa en ejemplos particulares.

- ¿Tu identidad en los medios sociales es diferente de tu verdadera identidad? ¿Qué diferencias hay entre un "amigo" y un "amigo de Facebook"?

- ¿Crees en el amor para toda la vida o crees que una persona se enamora y se desenamora con el tiempo? ¿Es la idea del alma gemela (*soulmate*) un mito o una realidad?

SOBRE EL AUTOR / LA AUTORA features the author's biography and lists a few of the other works that he or she has written.

TÉCNICA LITERARIA This feature presents and explains a particular literary technique used by the author of the selection. Being aware of literary techniques helps you understand how writers work and makes you a better reader.

CONTEXTO HISTÓRICO/CULTURAL Like its counterpart in the **Cine** strand, this feature explains the literary text's historical or cultural context, revealing the time and place in which its characters live or the circumstances that influenced the author's work.

ANTESALA Pre-reading exercises encourage you to think about the reading's themes and discuss them in class, allowing you to approach it from an informed perspective.

Super**site**

- Audio enhanced web-only vocabulary lists
- Textbook and additional online-only practice activities

LITERATURA: Lectura features compelling literary texts by some of the Spanish-speaking world's greatest writers, richly illustrated with fine art and photography.

38 | CUENTO | (S) Reading

Llamadas *telefónicas*

Roberto Bolaño

B ESTÁ ENAMORADO DE X. POR SUPUESTO, SE TRATA DE UN AMOR desdichado. B, en una época de su vida, estuvo dispuesto a hacer° todo por X, más o menos lo mismo que piensan y dicen todos los enamorados. X rompe con° él. X rompe con él por *teléfono*. Al principio, por supuesto, B sufre, pero a la larga, como es usual, se repone°. La vida, como dicen en las telenovelas, continúa. Pasan los años.

Una noche en que no tiene nada que hacer, B consigue, tras dos llamadas telefónicas, ponerse en contacto con X. Ninguno de los dos es joven y eso se nota en sus voces que cruzan España de una punta a la otra. Renace la amistad y al cabo de unos días deciden reencontrarse. Ambas partes arrastran divorcios, nuevas enfermedades, frustraciones. Cuando B toma el tren para dirigirse a la ciudad de X, aún no está enamorado. El primer día lo pasan encerrados° en casa de X, hablando de sus vidas (en realidad quien habla es X, B escucha y de vez en cuando pregunta); por la noche X lo invita a compartir su cama. B en el fondo no tiene ganas de acostarse° con X, pero acepta. Por la mañana, al despertar, B está enamorado otra vez. ¿Pero está enamorado de X o está enamorado de la idea de estar enamorado? La relación es problemática e intensa: X cada día bordea el suicidio, está en tratamiento psiquiátrico (pastillas, muchas pastillas que sin embargo en nada la ayudan), llora a menudo y sin causa aparente. Así que B cuida a X. Sus cuidados son cariñosos, diligentes, pero también son torpes. Sus cuidados remedan los cuidados de un enamorado verdadero. B no tarda en darse cuenta de esto. Intenta que salga de su depresión, pero sólo consigue llevar a X a un callejón sin salida° o que X estima sin salida. A veces, cuando está solo o cuando observa a X dormir, B también piensa que el callejón no tiene salida. Intenta recordar a sus amores perdidos como una forma de antídoto, intenta convencerse de que puede vivir sin X, de que puede salvarse solo. Una noche X le pide que se marche y B coge el tren y abandona la ciudad. X va a la estación a despedirlo. La despedida es afectuosa y desesperada. B viaja en litera° pero no puede dormir hasta muy tarde. Cuando por fin cae dormido sueña con un mono de nieve que camina por el desierto. El camino del mono es limítrofe,° abocado° probablemente al fracaso. Pero el mono prefiere no saberlo y su astucia° se convierte en su voluntad: camina de noche, cuando las

*(margin gloss)*
dispuesto a hacer
ready to do

breaks up with

5 recovery

10

locked in

15 sleep with

20

dead end

25

sleeping car

30 borderline / dedicated to

guile

(margin pause icon) ¿Por qué B se pregunta a sí mismo si está enamorado y duda todo el tiempo?

PAUSES (icon) provide comprehension questions and suggestions to direct your attention to important details in the storyline so that you understand it better.

MARGIN GLOSSES provide English translations of Spanish words within the literary selection that may be unfamiliar at the advanced level and whose meanings cannot be guessed from cognates.

(S)upersite

• Literary reading selection

LITERATURA: Piénsalo post-reading activities start with basic comprehension practice and progress towards open-ended conversation and writing.

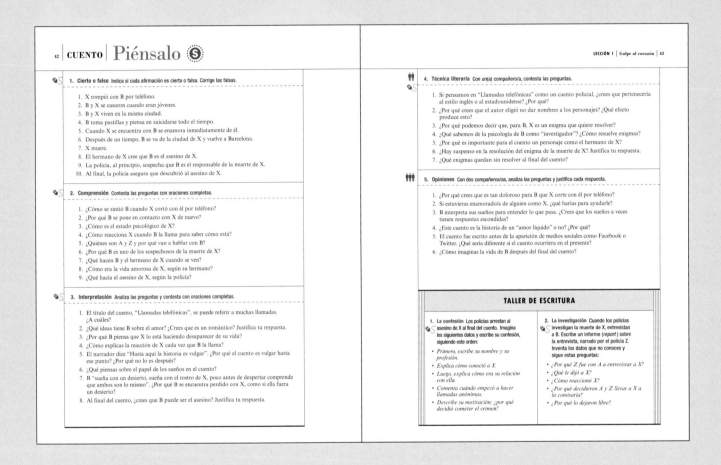

ACTIVIDADES The first activity always features discrete items (matching, true/false, multiple choice, etc.) to practice basic comprehension of the literary text's plot. The second activity also checks comprehension, but in a complete sentence answer format. The third activity is an interpretation and analysis of the piece's broader themes.

The fourth activity practices the literary technique presented in the **Técnica literaria** box of the **Prepárate** feature. Finally, the last activity will ask you to work in groups to carry out a conversation in which you discuss one of the reading's topics.

TALLER DE ESCRITURA This activity is a short, often one-page writing assignment that requires you to analyze a particular issue or problem presented in the reading. This activity serves as valuable practice for the end-of-lesson **Escritura** strand.

Supersite

- Textbook activities including video Partner Chat activity
- Additional online-only practice activities
- Textbook activity via online composition engine

ESCRITURA pulls the entire lesson together with a longer structured writing task.

✎ UN ENSAYO LITERARIO INTERPRETATIVO

Escribe un ensayo literario que analice una de las obras de esta lección.

Plan de escritura

Comienza completando una tabla con las características de cada obra. Esta tabla te ayudará a preparar tu ensayo literario interpretativo.

	personajes principales	ambiente	temas centrales
Como agua para chocolate			amor prohibido, tradición familiar, pasión por la cocina
"Cine y malabarismo"	Inés, la madre de Inés		
"Tú me quieres blanca"			
"Los viudos de Margaret Sullavan"		Nueva York, 1960	
"Llamadas telefónicas"			

Planificar y preparar la escritura

1. **Estrategia: Reaccionar ante una obra**
   - Elige la obra sobre la que deseas escribir tu ensayo. ¿Qué piensas de esta obra? ¿Cuál crees que es su mensaje? Haz una lista de oraciones o citas que expresen la intención del/de la autor(a).
   - Vuelve a leer las citas que has anotado y contesta las siguientes preguntas.
      - ¿Cuál es el tema principal de la obra?
      - ¿De qué manera expresa el/la autor(a) un mensaje?

2. **Estrategia: Examinar la técnica**
   - Presta atención a la técnica literaria o cinematográfica que usa el/la autor(a): la ironía, la repetición, los estereotipos, los juegos de palabras, las metáforas, etc.
   - En esta tabla puedes escribir la técnica utilizada en la obra, así como agregar las citas que escribiste antes.

obra	técnica	citas
"Tú me quieres blanca"	metáfora	Tú me quieres alba,/ Me quieres de espumas,/ Me quieres de nácar.

3. **Estrategia: Analizar una obra**
   A. Estudia la obra que elegiste fijándote en los siguientes puntos y anotando tus ideas al respecto.
      - ¿Cómo está organizada (párrafos, secciones, estilo)?
      - ¿Cuál es el mensaje general de la obra?
      - ¿Qué tipo de lenguaje utiliza el/la autor(a)? Especialmente en el caso del poema "Tú me quieres blanca", presta atención al simbolismo del texto.
   B. Mira la tabla que completaste en la segunda **Estrategia** y explica cómo el/la autor(a) utiliza la técnica para transmitir el mensaje de la obra.

Escribir

4. Tu ensayo literario interpretativo **Prepara** un ensayo de tres partes en el que analices una de las obras de esta lección. Utiliza la información que has reunido. Sigue estos pasos para escribir.
   - **Introducción:** Presenta el título y el/la autor(a) de la obra. Explica brevemente el tema principal de la obra.
   - **Análisis de la obra:** Describe con detalle tu interpretación de la obra siguiendo las notas e información que reuniste. Utiliza detalles y citas para ilustrar tu análisis.
   - **Conclusión:** Resume brevemente y explica cuál crees que fue la intención del/de la autor(a). Para terminar, da tu opinión personal y justifícala.

Revisar y leer

5. Revisión Pídele a un(a) compañero/a que lea tu ensayo y que sugiera cómo mejorarlo. Revísalo incorporando sus sugerencias y prestando atención a los siguientes elementos.
   - ¿La introducción explica de manera clara el tema del ensayo?
   - ¿El desarrollo está escrito en un orden lógico? ¿Describe bien tu interpretación de la obra? ¿Incluye detalles y citas?
   - ¿La conclusión resume el tema de la obra? ¿Explica la intención del/de la autor(a)? ¿Expresa tu opinión sobre la obra?
   - ¿Son correctas la gramática y la ortografía?

6. Lectura Lee tu ensayo a varios/as compañeros/as. Tomen turnos. Cuando termines de leer tu ensayo, tus compañeros/as deben hacerte preguntas. Comenten juntos un punto interesante de tu ensayo que les haya llamado la atención.

   Cuando hayan acabado de leer sus ensayos en grupo, anota en una tabla los puntos más interesantes de las obras de esta lección.

PLAN DE ESCRITURA Warm up for the writing assignment by organizing a few general ideas about the lesson's film and literary readings.

PLANIFICAR Y PREPARAR LA ESCRITURA Start putting your composition together by delving further into the film and readings and gathering supporting arguments. Useful graphic organizers are provided to help you.

ESCRIBIR Outline and write the main sections of your composition and find quotes from the film or reading that support your arguments.

REVISAR Y LEER Share your composition with one or more partners. Read and peer-edit each other's work.

Super**site**

• Textbook activity via online composition engine

Feature-length films available for purchase at **vistahigherlearning.com**

Cine

The **Intrigas** Film Collection contains feature-length films by contemporary Spanish-speaking filmmakers that are showcased in the **Cine** strand of each lesson. These films offer entertaining and thought-provoking opportunities to build your listening comprehension skills and cultural knowledge of the Spanish-speaking world.

FILM SYNOPSES

LECCIÓN 1

⊙ *Como agua para chocolate*
de Alfonso Arau (México; 105 minutos)
Tita is forced to renounce her love for Pedro because her family's traditions dictate that she must take care of her mother in her old age. Nevertheless, the magical power of cooking will bring this love story to life, against the backdrop of the Mexican revolution in the early 20th century.

LECCIÓN 2

⊙ *El laberinto del fauno*
de Guillermo del Toro (México/España; 112 minutos)
Winner of three academy awards and Oscar nominee for best foreign language film, *El laberinto del fauno* takes place several years after the end of the Spanish Civil War. The despotic Captain Vidal controls his world with an iron fist, but he fails to prevent the young Ofelia from finding solace in the magical realm of the labyrinth.

LECCIÓN 3

⊙ *Mar adentro*
de Alejandro Amenábar (España; 125 minutos)
Ramón wants to be free again; that is why he he wishes to die. Bed-ridden for decades as the result of a tragic accident, he has only one desire: to end his life by means of assisted suicide. At all costs, he must fight to achieve this goal. Winner of the Oscar for best foreign film in 2004.

LECCIÓN 4

⊙ *El hijo de la novia*
de Juan José Campanella (Argentina; 123 minutos)
Rafael is a busy man trying to balance work and family responsibilities and falling short in both areas. His father's announcement that he wants to give Rafael's ailing mother the wedding she never had inspires the workaholic son to reorder his priorities.

LECCIÓN 5

⊙ *Mujeres al borde de un ataque de nervios*
de Pedro Almodóvar (España; 90 minutos)
Life in the big city is not easy for a group of women suffering through one disappointment after another. Each one has reached the end of her rope and does the best she can to persevere. Sometimes this means making less than rational choices.

LECCIÓN 6

⊙ *El crimen del padre Amaro*
de Carlos Carrera (México; 118 minutos)
Father Amaro, a newly ordained priest, arrives in a small town to minister to his new community. One life lesson after another presents itself to the young cleric, who soon learns the complexity and heartbreak behind the will to do good.

Integrated Content

Each section of the textbook comes with resources and activities on the **Intrigas**, Second Edition Supersite, many of which are auto-graded with immediate feedback. Plus, the Supersite is iPad®-friendly*, so it can be accessed on the go! Visit **vhlcentral.com** to explore this wealth of exciting resources.

Cine

- Audio enhanced web-only vocabulary lists
- Textbook pre- and post-viewing and extra practice activities
- Partner Chat activities for increased oral practice
- Composition engine with document-upload feature

Literatura

- Audio enhanced web-only vocabulary lists
- Literary readings (a variety of literary genres that include short stories, poems, plays, and excerpts from novels)
- Textbook pre- and post-reading and extra practice activities
- Partner Chat activities for increased oral practice
- Composition engine with document-upload feature

Escritura

- Composition engine with document-upload feature

Repaso gramatical

- Grammar review presentations and practice

Vocabulario

- Vocabulary Tools

Plus! Also found on the Supersite:

- Live Chat to connect with students in real time, without leaving your browser (instant messaging, audio chat, video chat)
- Communication center for instructor notifications and feedback
- **vText** online, interactive student edition with access to Supersite activities

*Students must use a computer for audio recording.

The **Intrigas**, Second Edition Supersite is a learning environment designed especially for world language instruction, based on feedback from language educators. Its simplified interface, innovative new tools, and seamless textbook-technology integration will help you reach students and build their love of language.

Resources

Specialized resources ensure successful implementation.

- Reading and film synopses
- Where to find films
- **Repaso gramatical** presentations
- Sample syllabus
- Sample lesson plan
- Answer key
- **Repaso gramatical** quizzes

Educator tools

Enhanced online tools facilitate instruction and save time.

Easy course management

A powerful setup wizard lets you customize your course setup and copy previous courses to save time. Grades for teacher-created assignments (pop quizzes, class participation, etc.) can be incorporated for a true, up-to-date, cumulative grade.

Customized content

Tailor the Supersite to fit your needs. Create your own open-ended or Partner Chat activities, add video or outside resources, and modify existing content with your own personalized notes.

Grading Tools

Use in-line editing tools to give targeted feedback, and leave students voice comments—the perfect tool for busy language instructors!

Plus!

- Single sign-on for easy integration with your school's LMS
- Live Chat for video chat, audio chat, and instant messaging with students
- A communication center for announcements, notifications, and help requests
- An option for hiding content from a course
- Voiceboards for oral assignments, group discussions, homework, and more
- Reporting tools for summarizing student data

Acknowledgements

On behalf of the authors and editors, Vista Higher Learning expresses its sincere appreciation to the professors nationwide who participated in the preliminary surveys that led to the development of **Intrigas**, Second Edition. Their insights, ideas, and detailed comments were invaluable to the final product.

Alma Alfaro
Walla Walla University, WA

Eugenio A. Angulo
University of Miami, FL

Carlos A. Badessich
University of St. Thomas, MN

Sarah Beeman Hassouni
Normandale Community
College, MN

Lilian L. Cano
University of Texas at San
Antonio, TX

Mónica Cantero-Exojo
Drew University, NJ

María Gillman
University of Washington, WA

Alex Gómez
Rivermont Collegiate, IA

Luis Guadano
Old Dominion University, VA

Deanna Johnson
University of Iowa, IA

Brittany Kennedy
Tulane University, LA

Elena Kurinski
St. Cloud State University, MN

Nelson López
Bellarmine University, KY

María José Maguire
Flagler College, FL

Mariam Manzur Leiva
University of South Florida, FL

Steven Mills
Buena Vista University, IA

Sharon Montano
Barton College, NC

Tania Muiño-Loureiro
Northeastern University, MA

M. Margarita Nodarse
Barry University, FL

Pablo Pintado-Casas
Kean University, NJ

Derrin Pinto
University of St. Thomas, MN

Brittany Powell Kennedy
Tulane University, LA

Shelli Rottschafer
Aquinas College, MI

Daniel Sánchez
University of Georgia, GA

Pedro Sandin
University of North Carolina
at Asheville, NC

Sarah Schwab
Hathaway Brown School, OH

Bryant Smith
Nicholls State University, LA

Samuel F. Sotillo
North Carolina State
University, NC

Luz C. Triana-Echeverria
St. Cloud State University, MN

Katica Urbanc
Wagner College, NY

James Wojtaszek
University of Minnesota, MN

Golpe AL
CORAZÓN

CONTENIDO

SOBRE EL DIRECTOR

Alfonso Arau nació en Ciudad de México en 1932. Antes de empezar a dirigir, se dedicó al mundo del espectáculo de diversas maneras: fue comediante, bailarín, cantante, guionista y actor de cine y de teatro. Siempre inquieto°, viajó por todo el mundo durante cuatro años (1964–1968) haciendo un espectáculo unipersonal de pantomimas. Hizo doblajes de películas, actuó en un filme de Hollywood (*The Wild Bunch*, en 1969) y hasta inició el legendario grupo de rock Los Tepetatles, conocidos como "los Beatles mexicanos".

Su carrera como director se inició en 1971 con *El águila descalza*, una película que protagonizó, escribió y dirigió. Durante la década de 1970, dirigió o actuó (o ambas cosas) en varios filmes exitosos que trataron temas de la historia reciente de México: *El rincón de las vírgenes* (1972), *Calzonzin inspector* (1973), *Tívoli* (1974) y *Mojado power* (1979), esta última sobre la lucha por los derechos de los inmigrantes mexicanos en EE. UU.

Arau se consagró° internacionalmente con la película *Como agua para chocolate* (1992), basada en la novela con el mismo título que escribió su esposa de entonces, Laura Esquivel. El éxito de esta película, que ya es un clásico, fue instantáneo: además de otorgarle gran reconocimiento y muchos premios en festivales de cine (en España, Australia, Japón, México y Francia), su difusión abrió las puertas para otros directores mexicanos. Más recientemente, Arau produjo y dirigió la película *Zapata, el sueño de un héroe* (2004). En los últimos años ha recibido muchos reconocimientos por su impresionante trayectoria.

inquieto *restless* **se consagró** *established himself*

Como agua para chocolate

Fecha de estreno:	1992
País:	México
Género:	largometraje
Guión:	Laura Esquivel
Actores:	Lumi Cavazos, Regina Torné, Marco Leonardi, Mario Iván Martínez
Duración:	123 minutos

PERSONAJES

Tita *Cocina con amor y sus platos reflejan sus emociones.*

Doña Elena *Madre de Tita, controla la vida de toda la familia.*

Pedro Múzquiz *Joven apasionado y dispuesto a todo, enamorado de Tita.*

John Brown *Doctor, quiere que Tita sea feliz.*

CONTEXTO CULTURAL

El realismo mágico

La magia es un lugar donde hay castillos encantados, hechiceros° y dragones. La realidad es un lugar cotidiano, donde hay edificios, policías de tránsito y gente que saca a pasear a su perro. En el realismo mágico la división no es tan clara. Imaginemos un edificio que desaparece tras una nube, o un policía de tránsito que sueña con un accidente la noche antes de que ocurre: ¿dejó de exisitir el edificio?, ¿el policía es un mago? Un grupo de escritores lationamericanos —entre ellos Gabriel García Márquez, Alejo Carpentier y Laura Esquivel— creó obras que se enfocan en esta indistinción entre la magia y la realidad. Para ellos, la realidad latinoamericana, desde su naturaleza hasta su historia, está cargada de magia. La naturaleza es tan excesiva que puede llover en el mismo lugar todos los días durante cuatro años y once meses. Las crónicas de conquista hablan de trece personas que dominan un imperio de millones. ¿Dónde termina la realidad y comienzan el mito y la fantasía? No está claro. Por eso, se puede hablar sobre alguien que sale volando como si estuviera cruzando la calle, y a la inversa°. La película *Como agua para chocolate*, basada en una novela del realismo mágico, representa varias escenas en las que la realidad parece excesiva, sobrenatural, increíble. Si es realidad o no, es

Remedios Varo, *La flama*, 1961

nuestra decisión: depende de nuestra capacidad de creer en los milagros cotidianos.

 Practice more at **vhlcentral.com**.

hechiceros *sorcerers* a la inversa *conversely*

ANTESALA

 1 Aprende y practica el vocabulario de la película en **vhlcentral.com**.

 2 En parejas, conversen sobre estos temas:

- Una frase muy conocida dice "Panza llena, corazón contento". ¿Crees que la comida puede dar felicidad? ¿En qué casos? ¿Qué tipo de felicidad?

- ¿Crees que las mujeres, ya que pueden ser madres, están más predispuestas a alimentar a los demás y a cocinar "con amor"? ¿Son estas ideas sexistas o no?

- Freud afirmó que existe un amor sensual, que puede desaparecer cuando se logra la satisfacción sexual, y un amor tierno, que requiere una relación duradera. ¿Crees que el amor sensual y el tierno son incompatibles? ¿Puede un tipo de amor transformarse en el otro?

- ¿Por qué crees que se suele decir que los latinoamericanos son apasionados e impulsivos en lugar de racionales? ¿Piensas que algunas culturas son más "apasionadas" que otras?

00:00 14:24 — Parte 1

14:25 35:49 — Parte 2

35:50 1:03:00 — Parte 3

TÉCNICA CINEMATOGRÁFICA

Los planos La distancia que se establece entre la cámara y el objeto es una de las formas más expresivas que usa un director de cine para guiarnos en ese "obsevar la realidad". Si el director de la película quiere que veamos una ciudad, entonces usará un plano general o panorámico. Si quiere mostrarnos una persona, de pies

Tita es víctima de una tradición

Guía para la comprensión

En la primera parte vemos que la protagonista crece en una sociedad de apariencias, donde el amor y las pasiones muchas veces quedan ocultos. Mientras miras este fragmento, identifica cuáles son los verdaderos amores de los personajes y por qué los ocultan o reprimen. Por ejemplo:

Tita: Está enamorada de Pedro, pero no puede casarse con él.
Pedro:
Doña Elena:

Tita cocina con sus emociones

Guía para la comprensión

En la segunda parte vemos las primeras consecuencias de la decisión de Pedro. También vemos los efectos de la cocina de Tita en las personas. Indica los efectos de los dos platos que prepara ella en esta parte:

La torta de bodas:
La salsa de rosas:

Tita se enferma de amor

Guía para la comprensión

En la tercera parte, las emociones y las pasiones contenidas finalmente estallan (*burst*): hay dos muertes dolorosas, escenas de furia y pasión y, al final, una posible paz. Anota cómo se relacionan estos pares de personajes:

Rosaura y Tita:
Pedro y Rosaura:
Tita y doña Elena:
El doctor John Brown y Tita:

Preguntas

1. ¿Cuándo y dónde nace Tita?
2. ¿Por qué Tita se cría en la cocina?
3. Según la tradición, ¿qué debe hacer Tita?
4. ¿De quién está enamorado Pedro?
5. ¿Por qué Pedro se casa con Rosaura?
6. ¿Cuál es la reacción de Tita ante la decisión de Pedro de casarse con Rosaura?

Preguntas

1. ¿Qué efecto tiene el pastel de bodas que prepara Tita?
2. ¿Qué efecto causa la salsa de rosas que prepara Tita?
3. ¿Cuál es el "ingrediente" secreto de la salsa de rosas?
4. ¿Cuál es la reacción de Pedro al probar la salsa de rosas?
5. ¿Qué le sucede a Gertrudis?
6. La madre de Tita se encierra a observar una fotografía. ¿De quién?

Preguntas

1. ¿Por qué Tita amamanta a Roberto, el hijo de Rosaura?
2. ¿Por qué Pedro, Rosaura y Roberto se van a San Antonio, Texas?
3. ¿Cómo reacciona Tita cuando muere el bebé?
4. ¿Quién ayuda a Tita cuando ella "está como loca"?
5. Cuando muere su madre, Tita finalmente conoce su secreto. ¿Cuál es?

1:04:00
1:19:00

Parte 4

1:20:00
FIN

Parte 5

Tita se rebela

Guía para la comprensión

En la cuarta parte llegan al rancho los gritos de libertad. Mientras que en México triunfa la revolución, Tita finalmente se enfrenta a su madre y a la tradición. Las ideas de Getrudis finalmente convencen a Tita. Escribe qué ideas tiene Getrudis sobre:

La tradición familiar:
El papel de la mujer:
El amor:

Preguntas

1. El doctor Brown le propone matrimonio a Tita. ¿Ella acepta?
2. ¿Por qué le pide consejo Rosaura a Tita?
3. ¿Por qué Tita se siente mal? ¿Qué cree que le sucede?
4. ¿Qué personalidad tiene Gertrudis y qué piensa que debe hacer Tita?
5. Tita dice unas "palabras mágicas" al fantasma de su madre. ¿Qué efecto tienen en Tita?
6. ¿Por qué Pedro sufre quemaduras? ¿Qué sucede en la celebración?

La pasión decide un triángulo amoroso

Guía para la comprensión

En la última parte, dos hombres se disputan el amor de Tita: el doctor Brown y Pedro. Considera qué características tienen y qué le ofrecen a ella. Por ejemplo:

Pedro: Está muy enamorado. A Tita le ofrece pasión y...
El doctor Brown:

1. ¿Por qué Rosaura le prohíbe a Tita acercarse a su hija Esperanza? ¿Acepta Tita esa prohibición?
2. ¿Qué le sucede a Rosaura al final de la película?
3. ¿El doctor Brown acepta casarse con Tita aunque ella tuvo relaciones con Pedro? ¿Se casan?
4. ¿Quién se casa en 1934?
5. ¿Cómo terminan sus vidas Pedro y Tita?
6. ¿Dónde leyó la historia de Tita y Pedro la narradora?

1. Elegir Indica la opción correcta.

1. Tita es la hija _____ de doña Elena.
   a. mayor   b. legítima   c. menor

2. Rosaura sufre de _____.
   a. cansancio permanente   b. problemas digestivos   c. falta de sueño

3. Cuando Pedro le regala flores a Tita, doña Elena _____.
   a. se alegra   b. se enternece   c. se enfurece

4. Doña Elena piensa que _____ hombre para proteger su casa.
   a. no necesita de ningún   b. es importante que haya un
   c. Pedro no es suficientemente

5. El doctor Brown dice que las personas son como _____.
   a. cerillas que se encienden con el amor   b. un túnel que no tiene final
   c. una sopa deliciosa cocinada por Tita

6. Rosaura quiere que Esperanza _____.
   a. sea feliz   b. la cuide cuando sea grande
   c. decida su propio destino

7. Al final, Pedro puede casarse con Tita porque _____.
   a. Rosaura lo abandonó   b. es viudo   c. se divorció de Rosaura

2. Comprensión Contesta las preguntas con oraciones completas.

1. ¿Quién es la narradora que nos cuenta la historia?
2. ¿Qué le dicen los hombres al esposo de doña Elena?
3. ¿Qué piensa el padre de Pedro sobre su casamiento con Rosaura?
4. ¿Por qué quiere Nacha que Tita llore la noche antes de la boda de Rosaura?
5. ¿Cuándo muere Nacha?
6. ¿Con quién se va Gertrudis?
7. ¿Cómo muere doña Elena?
8. Tita le dice a Pedro que no debió casarse con Rosaura. ¿Qué pudo haber hecho para estar con ella?

3. Interpretación Analiza las preguntas y contesta con oraciones completas.

1. ¿Por qué crees que doña Elena trata tan mal a Tita?
2. ¿Qué piensas del papel de los padres (de Tita, de Pedro) en esta película?
3. Para Pedro, ¿hay una relación entre el matrimonio y la fidelidad? Justistifica tu respuesta.
4. ¿Crees que Rosaura es culpable del sufrimiento de Tita o es una víctima más?
5. ¿En la película hay una relación entre saber cocinar y saber amar? ¿Por qué?
6. ¿Cuáles características del doctor Brown son atractivas para Tita?
7. ¿Qué papel cumplen en la película las sirvientas de la casa, Nacha y Chencha?
8. La historia es contada mucho tiempo después de que ocurrió. ¿Qué efecto crea esto?

4. Técnica cinematográfica Con un(a) compañero/a, contesta las preguntas.

1. La imagen que inicia la película es un primerísimo plano de un cuchillo que corta una cebolla. Explica por qué es significativo este primer encuadre.

2. Al principio y al final tenemos un mismo encuadre: la hija de Esperanza, sentada, nos habla directamente a nosotros, el público. ¿Por qué eligió el director un plano medio?

3. Observa la secuencia en que los personajes comen el pastel de bodas (minuto 20). ¿Qué tipo de plano predomina? ¿Qué enfatiza este tipo de plano?

4. En uno de los pocos planos generales de la película, el doctor Brown y Tita van en un carruaje, al atardecer. ¿Qué tipo de emoción evoca un plano general en esa situación?

5. Analiza la secuencia de planos que aparece cuando el doctor Brown, su tía y Tita cenan juntos (1:27 a 1:29). ¿En qué momentos la cámara se acerca más a los personajes? ¿Por qué?

6. Durante toda la película hay muchos primerísimos planos que encuadran platos de comida o el acto de cocinar. ¿Qué efecto produce en el espectador esta atención especial?

5. Opiniones Con dos compañeros/as, analiza las preguntas y justifica cada respuesta.

1. Si hubieras estado en la situación de Pedro o de Tita al principio, ¿qué habrías hecho?

2. ¿Qué piensan del final de la historia amorosa de Tita y de Pedro? ¿Es un final feliz? Explica.

3. La "alquimia" aparece constantemente en las obras del realismo mágico. ¿Podemos hablar de actos de "alquimia" en *Como agua para chocolate*? Justifica.

4. Identifica una exageración en la película y explica por qué evoca algo "mágico".

5. En la película aparecen dos fantasmas. ¿De quiénes? ¿Qué conclusiones puedes sacar de que estos dos personajes vuelvan a aparecer después de muertos?

TALLER DE ESCRITURA

1. El difícil arte de ser mujer Tita es un personaje complejo: es fuerte y sumisa, liberada y sometida. Analiza las contradicciones del personaje, en este orden:

- *Habla sobre la sociedad en la que vivió.*
- *Describe sus características de mujer obediente y típica: su actitud ante su madre, sus temores, los papeles que cumple (cocinera, nodriza, amante, etc.)*
- *Describe sus momentos de rebeldía y los momentos en que es independiente.*
- *Saca una conclusión: ¿crees que Tita es una mujer obediente y típica o que se ha liberado y es casi una feminista?*

2. Un buen hombre para Tita Pedro y el doctor John Brown son dos "modelos" de hombre. Imagina que eres un(a) amigo/a de Tita y le escribes una carta aconsejándole que elija a uno de ellos. Sigue este orden:

- *Describe las virtudes y defectos de Pedro.*
- *Describe las virtudes y defectos del doctor John Brown.*
- *Analiza cuál de los dos es un hombre más "típico" y si eso es bueno.*
- *Dale a Tita tu opinión sobre cuál es la persona con quien debería estar.*

SOBRE LA AUTORA

Ángeles Mastretta es una prominente escritora y periodista mexicana nacida en la ciudad de Puebla el 9 de octubre de 1949. Tras la muerte de su padre en 1971, Mastretta se estableció en la capital de su país para estudiar periodismo en la Universidad Nacional Autónoma de México. Allí descubrió que en su pueblo natal° había estado aislada de los acontecimientos políticos y sociales de la época, y comenzó a familiarizarse con los nuevos movimientos, especialmente con el feminista.

Durante los años que estudió en la universidad, Mastretta se relacionó con algunos de los escritores más influyentes de México, como Juan Rulfo y Salvador Elizondo. Ya en ese entonces demostró un profundo interés por mostrar la realidad mexicana desde un punto de vista femenino. Trabajó como articulista° para la revista feminista *FEM,* y a partir de 1982 formó parte de su consejo editorial.

Más allá de sus diversos éxitos profesionales e intelectuales (fue premiada en numerosas ocasiones), Mastretta ha alcanzado la fama gracias a su escritura. Sus libros se han traducido a varios idiomas. Entre sus obras más conocidas se encuentran las novelas *Arráncame la vida* (1985) y *Mal de amores* (1996). También ha escrito numerosos poemas y cuentos. En 2007 publicó *Maridos,* la selección de relatos cortos en la que se encuentra "Cine y malabarismo". Además, actualiza periódicamente su blog, *Puerto Libre,* donde cuenta anécdotas personales y opina sobre temas de actualidad.

pueblo natal *hometown* **articulista** *columnist*

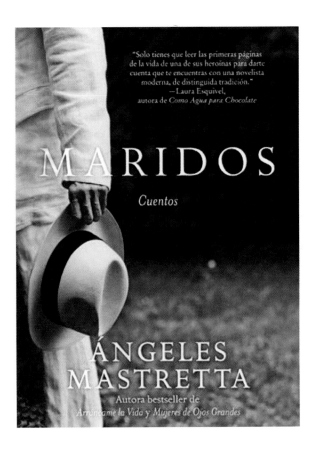

"Solo tienes que leer las primeras páginas de la vida de una de sus heroínas para darte cuenta que te encuentras con una novelista moderna, de distinguida tradición." —Laura Esquivel, autora de *Como Agua para Chocolate*

MARIDOS

Cuentos

ÁNGELES MASTRETTA

Autora bestseller de *Arráncame la Vida y Mujeres de Ojos Grandes*

TÉCNICA LITERARIA

El cuento y el poder de las palabras

El cuento es un género muy antiguo que se ha perfeccionado a lo largo de los siglos. En este tipo de narraciones, el autor cuenta una historia de manera breve, por lo que debe jugar con el lenguaje para entretener al lector y captar su atención. Por eso, suele recurrir a ironías, dobles interpretaciones y diferentes juegos de palabras. Ángeles Mastretta, por ejemplo, utiliza adjetivos muy descriptivos y repite determinadas palabras para enfatizar algunas situaciones, sorprender y, sobre todo, hacer reflexionar al lector.

Contesta las siguientes preguntas basándote en lo que has aprendido sobre esta técnica literaria:

- ¿Cuáles son las ventajas y las desventajas de narrar una historia a través de un cuento?

- ¿Qué características debería tener el lenguaje usado en un cuento para captar la atención del lector?

Cine y malabarismo

Fecha de publicación: 2007
País: México
Género: cuento
Colección: *Maridos*
Personajes: Inés, su exnovio, su madre

CONTEXTO HISTÓRICO

Feminismo y feminidad en el *postboom* mexicano

Ángeles Mastretta, una de las escritoras más reconocidas de México, desarrolló gran parte de su carrera durante el *postboom* de la literatura hispanoamericana. Ese movimiento literario, que comenzó a mediados de los 70 y se extendió hasta fines de los 80, se caracterizó por una fuerte influencia de los medios masivos de comunicación y por un estilo contracultural: ya no se buscaba cambiar el mundo, sino simplemente mostrarlo tal como era.

En ese contexto tomó fuerza el feminismo mexicano. Las escritoras que formaban parte de ese movimiento utilizaban la literatura y la prensa para reivindicar° el papel de la mujer dentro de una sociedad que les resultaba patriarcal y opresiva. Uno de sus objetivos principales era redefinir la figura femenina desde tres perspectivas complementarias: como escritora, como personaje literario y como lectora.

Hoy en día, el contexto sociocultural ha cambiado completamente: la presencia femenina se ha extendido por todos los sectores laborales, políticos y sociales, y se dan por sentados° derechos que parecían impensables° hace tan sólo 30 años. Sin embargo, la mujer debe enfrentar nuevas adversidades y eso se ve reflejado en la literatura. Por ejemplo, en el cuento "Cine y malabarismo", Ángeles Mastretta describe la realidad más íntima de la mujer en una era en la que las relaciones personales constituyen un verdadero desafío°.

Martha Chapa, Denise Dresser y Marta Lamas durante una presentación de su libro, *Gritos y susurros*

 Practice more at **vhlcentral.com**.

reivindicar *to vindicate* se dan por sentados *are taken for granted*
impensables *inconceivable* desafío *challenge*

ANTESALA

 1 Aprende y practica el vocabulario del cuento en **vhlcentral.com**.

 2 En grupos, conversen sobre estos temas:

- ¿Qué importancia tiene el cine en tu vida? ¿Afecta a la forma en la que ves el mundo y te relacionas con tu entorno?

- ¿Conoces a alguien que haya tenido una relación de pareja que terminara de forma inesperada? ¿Cuál es el detalle que más recuerdas de esa relación?

- ¿Qué es lo que más extrañas de tus seres queridos cuando estás lejos? ¿Por qué?

- Las parejas que viven en unión libre (*unmarried, living together*) son algo común en nuestra sociedad. ¿Piensas que hay diferencias entre esas parejas y las casadas? Justifica tu respuesta.

CINE Y MALABARISMO

Ángeles Mastretta

INÉS VIO LA TARDE PERDERSE Y POR PERDIDA LA DIO. LLOVÍA despacio. En invierno llueve así. Igual que es lenta la luz de la madrugada° y transparente la del atardecer. Volvió del cine con los recuerdos a cuestas y tenía miedo a perderlos. Llevaba seis meses hecha un mar de lágrimas: se había quedado sin el hombre de sus primeros milagros.

Y todo por su culpa, por andar haciendo el malabarismo° de pensar en el futuro y decirse con todas las palabras que quién sabía si alguna vez él podría ser su marido, más aún de lo que ya era.

En realidad no fue culpa de nadie. Quizá del tiempo. Para ser tan cortas sus vidas, fue largo el sueño que soñaron. Habían jugado a ser de todo: amigos, novios, cónyuges°. Se oía extraño, pero la verdad es que su rompimiento fue un divorcio que no pudo llevar semejante nombre, porque no hubo nunca una ceremonia pública que los uniera con la formalidad que luego necesita romperse frente a la ley. Es larga su historia y quien esto cuenta no tiene autoridad para contar sino un detalle.

¿Por qué, a pesar de llorar durante tanto tiempo, esa tarde Inés tiene miedo de perder sus recuerdos?

° dawn

5

° balancing act

10

° spouses

15

A los veinte años, Inés llevaba tres compartidos con su novio de la prepa° *pre-university courses* y de la vida. Se habían acompañado en todo. Y se habían reído juntos como sólo se ríen los que se adoran. Hasta que se cansaron. Por eso habría que aceptar que al perderlo, Inés perdió un marido. Esa historia quizá la cuente ella algún día, aquí sólo cabe contar lo que su madre le oyó decir la noche en que volvió del cine llorando, todavía, las penas de esa tarde.

> **Si en algún momento, sobre todos, lo extrañaba Inés como al aire, era antes de ir al cine.**

No eran novios hacía mucho, se abrían entre sus cuerpos seis meses, una eternidad y el repentino noviazgo nuevo del muchacho que, como casi cualquier hombre, no pudo penar la pena a solas. A los dos meses empezó a salir y entrar con otra niña por los patios de la Universidad. Y lo primero que hizo fue decírselo a Inés y lo primero que ella hizo fue ponerse desolada.

Lo que no se pudo no se pudo y quien primero lo vio así fue Inés, pero habían tenido demasiado juntos como para saltar de un tren a otro sin un respiro. De todos modos, decían que eran amigos. Así que se llamaban de vez en cuando o hablaban por el Messenger en ese ritual sobrio que es hablar por ahí.

Si en algún momento, sobre todos, lo extrañaba Inés como al aire, era antes de ir al cine. En los dos años once meses que habían estado juntos, habían visto mil siete películas. Quizá las horas que pasaron en el cine, sumadas, hubieran dado un año y medio continuo de cine en continua cercanía. De eso tenía Inés nostalgia a cada rato y esa tarde no se la había aguantado y lo llamó.

Marcó despacio el teléfono de su casa y ahí le contestó la voz de una mujer que parecía ya dueña del espacio. Una voz que al preguntarle quién llamaba, le iba diciendo también que a ésa su media casa, de antes, podía llamar cualquiera y a ella se la trataba ya como a cualquiera.

Ni modo. Dijo quién era y su ex novio tomó el teléfono. Inés no quería ni recordar a solas lo que obtuvo como respuesta al ¿qué estás haciendo? Menos aún el tono tenue de la ingrata respuesta. Le dolían los oídos con el solo recuerdo. Se lo contó a su madre entre sollozos° cuando volvió del cine, *sobs* sin haber dejado de llorar un momento: ni de ida, ni mientras le corría por enfrente la película, ni de vuelta a su casa.

—¿Qué pasó? —quiso saber su madre.

¿Qué podía haber pasado más grave que su ausencia, su nueva novia, su falta de memoria, su idea de que un abismo se salta como un charco?

—Más pasó —dijo Inés recordando la voz de la nueva novia de su viejo novio, la voz de él encajándole° una rabia de llorar y unos celos marineros que *giving her* se le atravesaron entre los ojos como avispas.

—¿Pues qué estaban haciendo? —preguntó la madre—. ¿El amor?

—Peor que eso —dijo Inés sin perder un mínimo de su desolación.

—¿Qué hay peor? —le preguntó la madre, a quien no le daba para más la cabeza.

Además de la respuesta de su exnovio, ¿por qué le duele a Inés el "tono tenue" en que él le habla?

65

Sin interrumpir el río de lágrimas, Inés dejó pasar un silencio fúnebre y luego dijo como quien por fin acepta lo inexorable:

—Estaban viendo una película en la tele.

Su madre la abrazó para no sentirse más inútil de lo que era. No para consolarla, porque para esa pérdida no hay más consuelo que el tiempo.

Lo demás es misterio. La intimidad, la imperturbable intimidad, es ver juntos una película en la tele. ■

⏸ ¿Qué cosa vuelve definitivamente "inexorable" la pérdida del amor de su antiguo novio?

1. Cierto o falso Indica si cada afirmación es cierta o falsa. Corrige las falsas.

1. Inés está casada.
2. La madre de Inés vive con ella.
3. Inés estuvo de novia dos años.
4. Inés vio más de siete mil películas con su exnovio.
5. La protagonista lleva seis meses soltera.
6. Inés está contenta por haber terminado la relación.
7. El exnovio de Inés comenzó otra relación a los dos meses de la separación.
8. Después de colgar el teléfono, Inés fue a hablar con su madre.
9. La madre de Inés comprende perfectamente los sentimientos de su hija.

2. Comprensión Contesta las siguientes preguntas con oraciones completas.

1. ¿Por qué Inés volvió llorando del cine?
2. ¿Por qué se separaron Inés y su novio?
3. ¿El exnovio de Inés ha rehecho su vida? ¿Cómo lo sabes?
4. ¿Se comunicaban después de su ruptura? ¿Cómo?
5. ¿Qué tipo de relación tienen actualmente Inés y su exnovio?
6. ¿Qué es lo que Inés más extraña de su relación?
7. ¿Qué estaba haciendo el exnovio de Inés cuando ella lo llamó?
8. Según el narrador, ¿qué es lo único que ayudará a Inés a sentirse mejor?

3. Interpretación Analiza las siguientes preguntas y contéstalas con oraciones completas.

1. El título del relato es "Cine y malabarismo". ¿Por qué lo habrá elegido la autora? Si estás de acuerdo con su elección, explica el título; si no, ¿qué título habrías elegido tú y por qué?
2. ¿Qué características presenta la relación que establecieron Inés y su exnovio después de la ruptura?
3. ¿Cómo interpreta él esa relación? ¿Y ella?
4. ¿Qué motiva a Inés a llamar a su exnovio?
5. ¿Qué espera Inés que ocurra con esa llamada?
6. ¿Se siente Inés culpable de la separación? ¿Por qué?
7. ¿Cómo crees que se siente la actual novia del muchacho cuando Inés llama a la casa?

4. Técnica literaria Con un(a) compañero/a, contesta las siguientes preguntas.

1. ¿Cómo cambiaría la historia si Inés la narrara en primera persona?

2. Si tuvieras que describir el estado de ánimo de Inés con tres adjetivos, ¿cuáles usarías? ¿Y para describir la atmósfera general del cuento?

3. ¿Por qué crees que la autora sitúa la historia en una tarde lluviosa? ¿Piensas que tiene alguna relación con el argumento del cuento?

4. El narrador dice que el exnovio de Inés "como casi cualquier hombre, no pudo penar la pena a solas". ¿Es una expresión irónica o feminista?

5. ¿Por qué crees que Inés es el único personaje de la historia con nombre? ¿Qué efecto consigue la autora con esa técnica?

5. Opiniones Con dos compañeros/as, analiza las siguientes preguntas y justifica cada respuesta.

1. Si fueras la madre de Inés, ¿cómo la ayudarías a superar la ruptura?

2. ¿Cómo cambiaría la historia si el protagonista fuera el exnovio de Inés?

3. En la obra se trata el tema del amor y de las relaciones personales. ¿Qué hubieras hecho en el lugar de Inés?

4. ¿Crees que Inés está enamorada u obsesionada con el recuerdo de su pareja?

5. Si el cuento fuera una película, ¿a qué género cinematográfico crees que debería pertenecer? ¿Es un drama? ¿Una comedia romántica? ¿Una tragedia?

TALLER DE ESCRITURA

1. Tras la llamada... ¿Te gustó el final de "Cine y malabarismo"? Ahora tú serás el autor de la historia. Escribe un texto apropiado para una de estas situaciones:

A. *La carta* *Inés decide enviarle una carta a su exnovio. ¿Será para despedirse o para pedirle otra oportunidad? Recuerda utilizar el formato de una carta: indica la fecha y usa las fórmulas de saludo y de despedida.*

B. *La llamada* *Imagina una conversación entre el exnovio de Inés y su actual pareja después de la llamada. Crea un breve relato que incluya las reacciones de los personajes ante lo sucedido. Intenta incluir todos los diálogos que puedas.*

2. La actitud de Inés En un ensayo breve de una página, analiza la actitud de Inés a lo largo del cuento. Sigue estos pasos:

- *Interpreta el título del cuento ("Cine y malabarismo").*

- *Analiza el comienzo del cuento ("Inés vio la tarde perderse y por perdida la dio").*

- *Analiza el final ("Lo demás es misterio. La intimidad, la imperturbable intimidad, es ver juntos una película en la tele").*

- *Escribe una conclusión para resumir el proceso por el que pasó Inés.*

- *A partir de tu conclusión, escribe un título atractivo para el ensayo.*

SOBRE LA AUTORA

Alfonsina Storni nació en Suiza a fines de mayo de 1892. Su familia, de origen muy humilde, se trasladó poco después a Argentina. Allí Alfonsina tuvo que trabajar duramente desde muy pequeña para salir adelante. Tras una breve incursión en el teatro, Alfonsina decidió estudiar magisterio°. Ya recibida°, consiguió trabajo en una escuela y comenzó a desarrollar su vocación por las letras. Publicó varios poemas en algunas revistas literarias y de a poco se fue relacionando con otros escritores. Con muchas dificultades, logró publicar su primer poemario: *La inquietud del rosal* (1916). A partir de entonces, nada se interpuso en su sólido camino hacia la creación poética: ni su delicada salud, ni sus problemas económicos, ni su condición de madre soltera en un entorno cultural cerrado y predominantemente machista. Su obra se caraterizó por mostrar una visión dolorosa y pesimista de la vida, como se observa en *El dulce daño* (1918), en *Irremediablemente* (1919) y en *Languidez* (1920). Durante toda su vida luchó activamente por la profesionalización de la escritura y por el reconocimiento de la importancia de la mujer en la cultura y en la sociedad. A fines de los años 30, Alfonsina era una poetisa admirada y reconocida internacionalmente. Sin embargo, deprimida y enferma, el 25 de octubre de 1938 decidió arrojarse al mar. Algunos días antes, había escrito su último poema: "Voy a dormir".

magisterio *teaching* **recibida** *graduated*

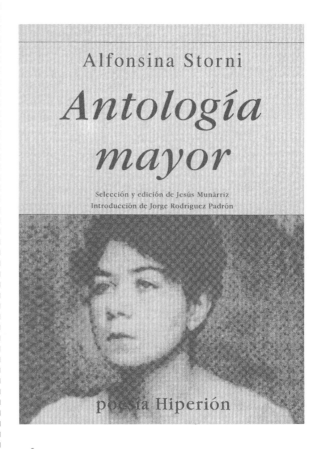

TÉCNICA LITERARIA

La metáfora y el sentido figurado

En el poema "Tú me quieres blanca", Alfonsina Storni utiliza la metáfora: una palabra con significado diferente al que conocemos en sentido literal. La poetisa utiliza el sentido figurado para darle un nuevo valor al vocabulario y sugerir una comparación implícita. De esta manera, sus palabras cobran un sentido que no es el literal y se usan en un contexto que no es el habitual. Por ejemplo, en el verso "Tú me quieres blanca", el adjetivo "blanca" no se refiere al color, sino a la pureza, a la castidad, que su interlocutor le exige.

- ¿Conoces otro poema en el que haya metáforas? Menciona alguna y su significado.

- ¿Qué aportan al texto estas comparaciones?

Tú me quieres blanca /

Fecha de publicación: 1918
País: Argentina
Género: poema
Colección: *El dulce daño*

CONTEXTO HISTÓRICO

La mujer a principios del siglo XX

Desde tiempos inmemoriales hasta fines del siglo XIX, la mujer tuvo un papel secundario en la sociedad. Salvo contadas excepciones, su vida se desarrollaba en un ámbito doméstico y familiar. Debía ser bella, obediente y casta para que un hombre la tomara como esposa y luego pasar el resto de su vida cuidando de sus hijos. Sin embargo, a comienzos del siglo XX, esa situación comenzó a revertirse. La mujer empezó a tener una participación activa en todos los ámbitos sociales y culturales de la época: el arte, la política, la filosofía, etc. Los sectores feministas reclamaron derechos que hasta ese entonces estaban reservados para el hombre. Por ejemplo, exigieron el voto femenino, la igualdad laboral y la seguridad jurídica. Fue precisamente en ese contexto que las virtudes creativas y artísticas femeninas comenzaron a valorarse en su justa medida. La mujer ya no se sentía satisfecha con su rol de ama de casa y madre: buscaba convertirse en un ser independiente con mayor participación en la sociedad de la que formaba parte. Ese reclamo se observa claramente en el poema "Tú me quieres blanca" de Alfonsina Storni: la voz poética se enfrenta a un interlocutor retrógrado° y machista que la considera un objeto y que le exige una pureza moral que él mismo es incapaz de alcanzar.

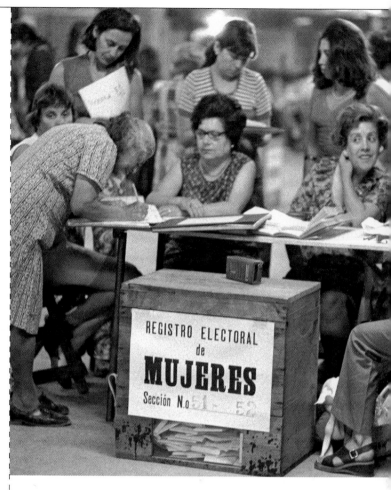

Mujeres inscribiéndose para votar en Santiago de Chile, 1973

 Practice more at **vhlcentral.com**.

retrógrado *reactionary*

ANTESALA

 1 Aprende y practica el vocabulario del poema en **vhlcentral.com**.

 2 Contesta las preguntas:

- ¿Piensas que en la actualidad el hombre sigue teniendo una visión tradicional acerca de la mujer? ¿Crees que vale la pena tener una relación con una persona que pretende controlar el comportamiento de su pareja?

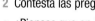 3 En grupos, conversen sobre estos temas:

- ¿Crees que hoy en día existe la igualdad entre mujeres y hombres?

- ¿Ocupan las mujeres los mismos puestos que los hombres?

- ¿Crees que el hombre tiene mayor participación que la mujer en el campo artístico?

- ¿Se valoran de igual modo las obras de las mujeres que las de los hombres? ¿Por qué?

Tú me quieres blanca

Alfonsina Storni

Tú me quieres alba°,
Me quieres de espumas,
Me quieres de nácar.
Que sea azucena°
Sobre todas, casta°.
De perfume tenue.
Corola cerrada.

Ni un rayo de luna
Filtrado me haya.
Ni una margarita
Se diga mi hermana.
Tú me quieres nívea°,
Tú me quieres blanca,
Tú me quieres alba.

°white

°white lily
5 °chaste

10

°snow-white

II ¿Las características de pureza y la castidad responden al estereotipo tradicional de la mujer amada? ¿Por qué?

Tú que hubiste todas   15
Las copas a mano,
De frutos y mieles
Los labios morados.
Tú que en el banquete
Cubierto de pámpanos°   20   *grapevines*
Dejaste las carnes
Festejando a Baco.
Tú que en los jardines
Negros del Engaño
Vestido de rojo   25
Corriste al Estrago.

Tú que el esqueleto
Conservas intacto
No sé todavía
Por cuáles milagros,   30
Me pretendes blanca
(Dios te lo perdone),
Me pretendes casta
(Dios te lo perdone),
¡Me pretendes alba!   35

⏸ ¿Qué clase
de vida ha llevado
ese hombre? ¿Se
parece a lo que él
pide de ella?

Huye hacia los bosques,
Vete a la montaña;
Límpiate la boca;
Vive en las cabañas;
40 Toca con las manos
La tierra mojada;
Alimenta el cuerpo
Con raíz amarga;
Bebe de las rocas;
frost 45 Duerme sobre escarcha°;
Renueva tejidos
salt residue Con salitre° y agua;
Habla con los pájaros
rise Y lévate° al alba.
50 Y cuando las carnes
Te sean tornadas,
Y cuando hayas puesto
En ellas el alma
Que por las alcobas
55 Se quedó enredada,
Entonces, buen hombre,
Preténdeme blanca,
Preténdeme nívea,
Preténdeme casta. ∎

¿En qué sentido las acciones que la poetisa le sugiere al *tú* pueden redimirlo? ¿Qué cambios provocarían en él?

1. Clasificar Escoge las palabras clave que corresponden a la mujer (M) y las que corresponden al hombre (H) en el poema de Alfonsina Storni.

_____ 1. Blancura   _____ 8. Rojo

_____ 2. Azucena   _____ 9. Engaño

_____ 3. Perfume tenue   _____ 10. Corola cerrada

_____ 4. Banquete   _____ 11. Alcobas   Hombre

_____ 5. Alba   _____ 12. Castidad   Mujer

_____ 6. Copas   _____ 13. Labios morados

_____ 7. Espuma   _____ 14. Jardines negros

2. Comprensión Contesta las siguientes preguntas con oraciones completas.

1. ¿A quién le habla la poetisa?
2. ¿Qué cualidades espera esa persona de ella?
3. ¿Cómo ha vivido ese _tú_ antes de conocerla?
4. ¿Está de acuerdo la poetisa con lo que se espera de ella? ¿En qué se nota?
5. ¿Cuáles son las condiciones que ella le exige al _tú_?
6. ¿Qué cambios deben provocar esas acciones ordenadas por ella?
7. ¿Qué podrá hacer el _tú_ si cumple las acciones que ella le señala?

3. Interpretación Con un(a) compañero/a, contesta las siguientes preguntas.

1. ¿Qué emoción o sentimiento le provocan a la poetisa las expectativas del _tú_? ¿Qué tono usa ella en el poema?
2. ¿A qué crees que se refieren las exigencias "corola cerrada" y "ni un rayo de luna filtrado me haya"?
3. ¿Qué estilo de vida indican las copas, los labios morados de mieles y frutos, las fiestas y banquetes? ¿Se parece al que se le pide a la mujer? ¿Por qué?
4. ¿Con qué emoción relacionas el color rojo? ¿De qué puede estar acusando la poetisa al _tú_ al señalar que "vestido de rojo" corrió por los jardines negros del Engaño?
5. ¿Qué quiere decir que el alma se haya quedado enredada por las alcobas? ¿Cómo podría recuperarla con las acciones que ella le exige?
6. ¿Las condiciones que ella le impone al _tú_ corresponden a una sanación física, moral o espiritual? ¿Por qué alguien se expondría a la incomodidad de alimentarse con raíces amargas, dormir en la escarcha y levantarse al alba?
7. ¿Te parece que la poetisa realmente piensa aceptar las condiciones del _tú_ si él cumple con las que ella pide? ¿Por qué?
8. ¿Cuál crees que es el tema que se retrata en este poema?

4. Técnica literaria Con un(a) compañero/a, contesta las siguientes preguntas.

1. ¿Qué tienen en común estas metáforas: el alba, la espuma, el nácar, la azucena?
2. ¿Por qué quiere el *tú* que la mujer sea como el alba, la espuma, el nácar o la azucena?
3. ¿Qué significan las metáforas "corola cerrada" y "perfume tenue"?
4. ¿Con qué objeto compara la autora a la mujer en esas expresiones?
5. ¿Por qué no quiere el *tú* que se filtre ni un rayo de luna sobre la mujer?
6. ¿Cuál es el significado de la margarita?
7. ¿Por qué es un milagro que el hombre aún conserve intacto su esqueleto?

5. Conversación Con un(a) compañero/a, analiza las siguientes preguntas y justifica cada respuesta.

- ¿Cómo ha cambiado la manera de pensar de la mujer?
- ¿Por qué ha influido este cambio en sus relaciones amorosas?
- ¿De qué manera el machismo y los celos masculinos han limitado la libertad de la mujer a lo largo de la historia? Presenta algunos ejemplos.
- ¿Por qué crees que la sociedad tiene una doble moral, por la cual se permite que el hombre cometa ciertos excesos, mientras que se critica a la mujer si hace lo mismo?
- ¿Alguna vez otra persona te ha presionado para que fueras diferente? ¿Cómo reaccionaste?

TALLER DE ESCRITURA

1. Diálogo entre enamorados Basándote en el poema "Tú me quieres blanca" y en lo que sabes acerca de los personajes, escribe el diálogo en prosa que podrían haber mantenido ambos protagonistas sobre su posible romance. Ten en cuenta el contraste entre dos personalidades tan diferentes. Puedes incluir información y situaciones nuevas. Además de dar un nombre a cada uno para que parezcan más reales, también puedes situarlos en la época actual y utilizar un lenguaje más moderno.

2. Respuesta del pretendiente Sabemos lo que quiere la mujer; sin embargo, no sabemos cuáles son las impresiones del pretendiente al respecto. Redacta una carta personal con la respuesta del *tú* a su amada, ahora que ya sabe lo que ella opina. Recuerda que debes escribir la carta según la manera de pensar del personaje, con una mentalidad tradicional de finales del siglo XIX.

SOBRE EL AUTOR

Mario Benedetti (1920–2009) fue un autor uruguayo que abarcó° todos los géneros y publicó más de ochenta libros. En su obra se distinguen dos periodos: uno enfocado en la temática ciudadana y otro caracterizado por un gran compromiso político-social. Sin embargo, la segunda etapa también tuvo relatos ajenos a las inquietudes políticas del momento, como "Los viudos de Margaret Sullavan". Benedetti fue un autodidacta°. De adolescente, debió abandonar el liceo° para trabajar y ayudar a su familia. Antes de ser escritor, fue taquígrafo, vendedor, periodista, traductor y empleado público. Entre 1954 y 1960 ocupó tres veces la dirección literaria de *Marcha*, el principal semanario° político y cultural de Uruguay. En 1959 apareció su volumen de cuentos *Montevideanos*. Benedetti decía que un cuento podía llevarle años, ya que "[cada palabra] tiene que tener su rol, y los finales son muy importantes". En 1960 conoció la fama internacional con *La tregua*, cuya adaptación cinematográfica fue finalista para el Óscar a la mejor película extranjera. Benedetti fue director del Departamento de Literatura Hispanoamericana en la Facultad de Humanidades y Ciencias de la Universidad de Montevideo, pero con el golpe militar de 1973, renunció a su cargo y se exilió en Argentina, Perú, Cuba y España. Reconocido en 1999 con el Premio Reina Sofía de Poesía Iberoamericana, Benedetti dejó poemas como "Inventario" (1963), novelas como *Gracias por el fuego* (1965) y cuentos como "La muerte y otras sorpresas" (1968).

abarcó *covered* **autodidacta** *self-taught person* **liceo** *secondary school*
semanario *weekly paper*

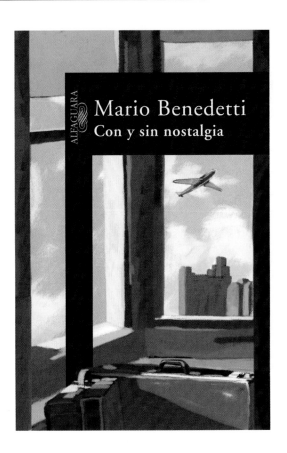

Los viudos de Margaret Sullavan /

Fecha de publicación: 1977
País: Uruguay
Género: relato autobiográfico
Colección: *Con y sin nostalgia*
Personajes: Mario Benedetti, el boletero, Margaret Sullavan

TÉCNICA LITERARIA

La yuxtaposición

¿Cuántas veces has oído decir: "¡Qué casualidad!"? Los escritores saben que las coincidencias nos asombran, el parecido entre las personas nos llama la atención y las repeticiones nos hacen pensar en la existencia de un orden natural. Por eso, a veces yuxtaponen, o ponen juntos, dos personajes o hechos para crear el efecto de la casualidad. Algunos escriben sobre romances que comienzan con un encuentro fortuito. Otros nos presentan personajes idénticos (dobles) o que llevan vidas paralelas sin saberlo.

En "Los viudos de Margaret Sullavan", dos personas que se encuentran casualmente descubren que comparten su admiración por una misma estrella de cine.

- ¿Conoces alguna película o libro que comience con un encuentro casual? ¿Cuál?
- "Los viudos de Margaret Sullavan" es una especie de historia de amor a distancia. ¿Conoces alguna otra?

CONTEXTO CULTURAL

Hollywood y el sistema de estrellas

La vida de la actriz Margaret Sullavan terminó inesperadamente a los cincuenta y un años en 1960 por una sobredosis de barbitúricos. Su debut en el cine estadounidense se produjo en la década dorada° de 1930. Por entonces, los estudios (Metro Goldwyn Mayer, 20th Century Fox, etc.) ya se habían dado cuenta de que el éxito de sus producciones no sólo dependía de la calidad del argumento sino también de los protagonistas. Esto marcó el nacimiento del sistema de estrellas. Los estudios se peleaban por firmar largos contratos con los artistas y los obligaban a filmar una película tras otra durante años. Además, controlaban todo lo que se publicaba en las revistas para transmitir una imagen completamente idealizada del *glamour* hollywoodense que enamoraba a los seguidores en todo el mundo. Una estrella debía tener talento, carisma, belleza física, sensualidad y buenas costumbres. Margaret Sullavan hizo dieciséis películas (formando pareja con James Stewart en las más famosas) y después se volcó° al teatro, su ámbito preferido. En el cine brilló

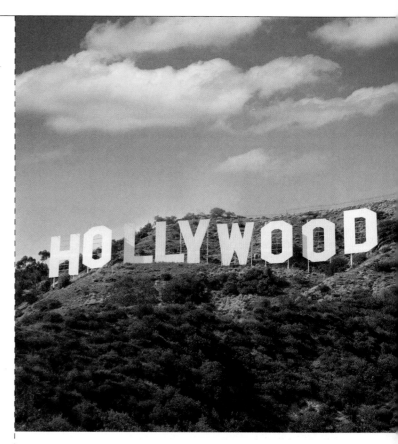

como una actriz que proyectaba misterio y tragedia en la pantalla, encarnando° a mujeres jóvenes con una madurez especial y gran fortaleza de carácter.

 Practice more at **vhlcentral.com.**

dorada *golden* **volcó** *turned* **encarnando** *playing the part of*

ANTESALA

 1 Aprende y practica el vocabulario del cuento en **vhlcentral.com.**

 2 Observa con atención la fotografía de Margaret Sullavan. Busca fotografías de Greta Garbo, Marilyn Monroe y Audrey Hepburn en Internet, y contesta las preguntas:

- ¿Qué características tiene cada una de estas mujeres? ¿Qué te parece que comunican? ¿Cómo te imaginas la personalidad de cada una?

3 En grupos, conversen sobre estos temas:

- ¿Alguna vez has idealizado a una persona? ¿Eres o has sido fanático de alguna figura pública? ¿Opinas que el fanatismo a veces puede ser peligroso para uno mismo o para los demás? ¿Qué emociones se ponen en juego en estos casos?

- Aparte de los lazos familiares, ¿cuáles de las siguientes cosas pueden generar una conexión entre las personas? Marca tu respuesta.
  - a. signo del zodiaco
  - b. religión
  - c. generación
  - d. gustos literarios, musicales, etc.
  - e. compartir una situación límite
  - f. practicar el mismo deporte

Los viudos de Margaret Sullavan

Mario Benedetti

UNO DE LOS POCOS NOMBRES REALES QUE APARECEN EN MIS primeros cuentos ("Idilio", "Sábado de Gloria") es el de Margaret Sullavan. Y aparece por una razón sencilla. Es inevitable que en la adolescencia uno se enamore de una actriz, y ese enamoramiento suele ser definitorio y también formativo. Una actriz de cine no es exactamente una mujer; más bien es una imagen. Y a esa edad uno tiende, como primera tentativa, a enamorarse de imágenes de mujer antes que de mujeres de carne y hueso. Luego, cuando se va penetrando realmente en la vida, no hay mujer de celuloide —al fin de cuentas, sólo captable por la vista y el oído— capaz de competir con las mujeres reales, igualmente captables por ambos sentidos, pero que además pueden ser disfrutadas por el gusto, el olfato y el tacto.

Pero la actriz que por primera vez nos corta el aliento° e invade nuestros insomnios, significa también nuestro primer ensayo de emoción, nuestro primer borrador° de amor. Un borrador que años después pasaremos en limpio con alguna muchacha —o mujer—, que seguramente poco o nada se asemejará a aquella imagen de inauguración, pero que en cambio tendrá la ventaja de sus manos tangibles con mensajes de vida de sus labios besables sin más trámite, de sus ojos que no sólo sirvan para ser mirados, sino también para mirarnos.

5

10

° nos corta el aliento
takes our breath away

° *draft*

15

🎧 ¿De qué manera pueden verse como ensayos (*rehearsals*) de amor y emoción los enamoramientos adolescentes con estrellas de cine?

Carl Laemmle presents

Margaret Sullavan

in Ursula Parrott's

NEXT TIME WE LOVE

from the story "SAY GOODBYE AGAIN"

JAMES STEWART • RAY MILLAND • GRANT MITCHELL

ROBERT M°WADE • ANNA de METRIO • RONALD COSBEY directed by EDW. H. GRIFFITH

A Universal Picture

> ... siempre se mira, a través del tiempo esmerilado, a la mujer que de alguna manera nos ha iniciado en el viaje amoroso.

Sin embargo, el amor de celuloide es importante. Significa algo así como un preestreno°. Frente a aquel rostro, a aquella sonrisa, a aquella mirada, a aquel ademán°, tan reveladores, uno prueba sus fuerzas, hace la primera gimnasia de corazón, y algunas veces hasta escucha campanas, y como, después de todo, no se corre mayor riesgo (la imagen por lo general está remota, en un Hollywood o una Cinecitá inalcanzables), uno se deja soñar, desinhibido, resignado y veraz°, aunque el fondo de tanta franqueza sea un amor de ficción.

Margaret Sullavan había sido eso para mí. Es claro que, cuando escribí los cuentos, ya no era por cierto un adolescente. Aunque todavía daban en los cines montevideanos alguna que otra película de su última época, y aunque por supuesto no me perdía ninguna, yo ya había pasado más de una vez en limpio aquel borrador de amor, y en consecuencia podía verlo con distancia y objetividad, pero también con una cálida nostalgia, con una alegre gratitud, como siempre se mira, a través del tiempo esmerilado°, a la mujer que de alguna manera nos ha iniciado en el viaje amoroso.

No obstante, sólo años después advertí con precisión qué lugarcito había ganado en mi vida la incanjeable, maravillosa protagonista de *Y ahora qué* y *El bazar de las sorpresas*. En enero de 1960 estaba con mi mujer en Nueva York. Una tarde nos encontramos con cuatro amigos uruguayos y decidimos cenar temprano e ir luego a un teatro del Village donde se representaba *Our Town*, de Thornton Wilder, en la notable versión de José Quintero. La pieza llevaba ya varios meses en cartel°, pero no era fácil conseguir entradas en las horas previas a cada función; de modo que, mientras los otros se instalaban en un restorán italiano de ruidosa clientela, yo me largué hasta el teatro a ver si conseguía localidades° para seis.

De entrada me sorprendió que el boletero no tuviera aspecto de tal, aunque si alguien me hubiese obligado a una definición, no habría sabido decir cómo era el aspecto de un boletero inconfundible.

Éste era joven, delgado; tenía unos anteojos de armazón° oscura y cristales de miope°; su aspecto era de estudiante de letras° o de primer clarinete. El vestíbulo° del teatro estaba desierto y eso estimuló mis esperanzas. Pero la razón de esa paz era muy simple: no había localidades. Cuando pregunté si existía alguna remota posibilidad de conseguir seis entradas ("sólo seis entradas, señor"), el muchacho levantó la vista de un ajado° ejemplar del *New Yorker* y me miró con tajante° desprecio: "¿A esta hora seis localidades? ¿En qué mundo vive?" El tipo tenía razón. Yo no estaba nada seguro del mundo en que vivía. Pero me sentí como un provinciano al que rezongan porque no se atreve con la escalera mecánica o con el teléfono público. A pesar de todo, no me fui enseguida. Me quedé unos minutos mirando las fotografías del elenco, tal vez con la secreta esperanza de que alguien viniera a devolver seis entradas, ni una más, ni una menos.

⏸ Con el paso de los años, ¿qué sentimientos quedan en el narrador hacia la actriz que admiró en su juventud?

20

preview

gesture

25

30

truthful

35

40 *like frosted glass*

45

en cartel *playing*

50

tickets

55 *frames*

near-sighted / Humanities

foyer

60 *worn-out*

categorical

65

Entonces sonó el teléfono. El muchacho hizo un nuevo gesto de fastidio, ya que debía interrumpir otra vez su lectura del *New Yorker*, o quizá porque estaba cansado de repetir con voz gangosa° que no había localidades. De pronto su rostro se transfiguró.

Se quitó los anteojos con un gesto rabioso, y dijo casi sollozando: "¡No! ¡No! ¡No puede ser!" Después colgó, con un gesto brusco y desprendido, tan maquinal como marginal, y hundió la vencida cabeza entre los dedos flacos y temblorosos.

Yo era el único testigo de aquella congoja°.

Pese a la agresiva respuesta que me había propinado°, pensé que podía sentirse mal y me acerqué. Le toqué apenas un brazo, sólo para que notara mi presencia. Le pregunté si le sucedía algo, si había recibido una mala noticia, si lo podía ayudar, etc. Entonces levantó la cabeza, y me miró con los ojos sin cristales, como a través de una ventana con lluvia o de un recuerdo inmóvil.

"Murió Margaret Sullavan". Lo dijo lentamente, marcando cada sílaba, como si quisiera dejar bien claro que se sentía indefenso, que se sentía desgraciado, y que no se estaba mandando la parte°.

Entonces fui yo el que dije, en otro estilo y en otro idioma, claro, como para mí mismo y para nadie más. "No, no puede ser." El muchacho no entendió las palabras en español, pero seguramente comprendió mi asombro, mi tristeza. Me recosté° contra la pared, porque necesitaba algo en qué apoyarme. Nos miramos el boletero y yo: él, un poco asombrado de haber hallado imprevistamente a otro viudo de Margaret, allí, en el teatro, al alcance de su mano huesuda; yo, apenas consciente de que en ese instante se extinguía el último rescoldo° de mi ya lejana adolescencia.

De pronto el boletero se pasó una mano por los ojos, a fin de arrastrar sin disimulo las lágrimas, y me preguntó con la voz entrecortada, pero ya no gangosa: "¿Cuántas entradas dijo que quería? ¿Seis?"

> ... yo, apenas consciente de que en ese instante se extinguía el último rescoldo de mi ya lejana adolescencia.

Abrió un cajoncito y extrajo seis entradas, unidas por un alfiler, y me las dio. Le pagué, sin decir nada.

Darle una propina en aquellas circunstancias habría sido un agravio°; algo absolutamente descartable entre dos viudos de la misma imagen. Nos dimos la mano y todo, como dos deudos°. Casi como hubiera podido sentirse James Stewart, pareja de Margaret en tantas películas. Cuando salí en dirección al restorán italiano, yo también me froté los ojos, pero en mi estilo: no con la palma sino con los nudillos°. En realidad, no conocía cuál podía ser el grado o la motivación del amargo estupor° del boletero, irascible y cegato°. Pero en mi caso sí que lo sabía: por primera vez en mi vida había perdido a un ser querido. ■

nasal 70

grief 75

given

80

mandando la parte boasting 85

leaned

90

lingering feeling 95

100

offense 105

relatives

knuckles astonishment / near-sighted 110

🎧 ¿Qué emoción expresa el boletero al anunciar la muerte de Margaret Sullavan? ¿Es igual a lo que siente el narrador?

🎧 ¿Por qué la reacción del narrador convenció al boletero de conseguirle las entradas para esa noche?

1. Cierto o falso Indica si cada afirmación es cierta o falsa. Corrige las falsas.

1. Según el autor, las mujeres de carne y hueso se aprecian más cuando se llega a la adultez.
2. Según el autor, las actrices no provocan emociones ni son importantes en la vida de los espectadores.
3. La acción del cuento transcurre en Nueva York.
4. El protagonista quiere conseguir entradas de teatro para la función de esa misma noche.
5. El boletero que lo atiende es un anciano muy amable.
6. El vestíbulo del teatro está vacío porque no hay más localidades.
7. Cuando suena el teléfono, el escritor está discutiendo con el boletero para que le consiga las entradas
8. Tras la llamada telefónica, el escritor descubre que el boletero era el marido de Margaret Sullavan en la vida real.
9. El boletero finalmente le vende cuatro entradas en vez de las seis que el protagonista quería.
10. El escritor se marcha sin darle propina al boletero.

2. Comprensión Contesta las siguientes preguntas con oraciones completas.

1. ¿Qué representa una actriz de cine para el autor?
2. ¿Él pudo reemplazar su idealización de la actriz de cine por una mujer de verdad?
3. ¿Qué aspecto tenía el boletero del teatro? ¿Qué estaba leyendo?
4. ¿Cómo es su respuesta al pedido de entradas para esa noche: cortés, neutral, agresiva, irónica?
5. ¿Cuál es la noticia que le dan por teléfono y que lo conmociona?
6. ¿Qué lo hace cambiar de idea y venderle las entradas al escritor?
7. Según el autor, ¿cómo se sienten él y el boletero ante la noticia? ¿Por qué?

3. Interpretación El narrador reflexiona sobre su propio aprendizaje acerca del amor y de los sentimientos. Contesta las siguientes preguntas a partir de las experiencias que relata.

1. ¿Por qué son irresistibles las estrellas de cine?
2. ¿Por qué las mujeres de carne y hueso ganan si compiten con las actrices de cine?
3. Para enamorarse, ¿es bueno tener práctica? ¿Por qué?
4. ¿Por qué es probable que alguien de Uruguay se enamore de una estrella de Hollywood?
5. ¿Qué tipo de amor podemos sentir por imágenes que no nos hablan ni nos ven?
6. ¿Cuál es nuestra primera reacción cuando muere un ser querido?
7. ¿En qué casos podemos ver nuestras emociones reflejadas en las de otra persona?
8. ¿Qué emociones son capaces de unir a dos personas de lugares y culturas diferentes?

4. Técnica literaria En el cuento, dos personas se encuentran por casualidad. Con un(a) compañero/a, contesta las siguientes preguntas sobre su modo de ser y de actuar.

1. ¿Cuántos años aproximadamente tienen el boletero y el escritor?
2. ¿Cómo describirías la personalidad del escritor?
3. ¿Y la del boletero?
4. ¿Qué sentimientos despierta en el escritor la muerte de Margaret Sullavan?
5. "Es inevitable que en la adolescencia uno se enamore de una actriz", dice el autor. ¿Crees que sus experiencias son universales? ¿Por qué?
6. Basándote en lo que sabes sobre el boletero, ¿cuáles crees que son sus sentimientos? ¿Por qué?
7. El boletero y el escritor hablan idiomas diferentes. ¿Por qué es eso importante?
8. Al final del cuento, ¿qué tipo de relación hay entre los "dos viudos de la misma imagen"?

5. Enamorados del cine Si no existiera el cine hollywoodense, la anécdota que se relata en el cuento nunca habría ocurrido. Con dos compañeros/as, utiliza la información del cuento para argumentar a favor y en contra de las siguientes afirmaciones. Comenten sus conclusiones a la clase.

a. El cine es una industria globalizada que une a gente de todo el mundo.
b. El culto a las estrellas de cine perjudica a la gente porque les hace olvidar sus problemas.
c. Los amantes del cine tienen problemas para diferenciar la realidad de la ficción.
d. Las estrellas de cine transmiten una imagen positiva a la sociedad.
e. Todos somos, en el fondo, *paparazzis*.

TALLER DE ESCRITURA

1. El vestíbulo La escena del encuentro ocurre en la entrada de un teatro. En un ensayo de una página, describe detalladamente cómo imaginas el lugar a partir de los datos que leíste en el cuento. Utiliza una de las siguientes técnicas cinematográficas:

- *Primero describe el piso del vestíbulo y sigue lentamente hacia el techo, o al revés.*
- *Enfócate en un detalle muy específico y de a poco describe de manera más general.*
- *Toma un punto de vista inesperado.*

2. El boletero El relato está contado desde el punto de vista del escritor. En una página, relátalo desde el punto de vista del boletero. Utiliza la información que sabes sobre el personaje y añade algunos datos imaginarios, como:

- *¿Qué opina de su trabajo como boletero? ¿Le gusta?*
- *El escritor lo considera "irascible". ¿Cómo considera él al escritor? ¿Y a sí mismo?*
- *¿Qué relación tiene con el cine y con Margaret Sullavan?*
- *¿Quién lo llama por teléfono?*

SOBRE EL AUTOR

Roberto Bolaño (1953–2003) fue cuentista, novelista, ensayista y poeta. Nació en Santiago de Chile, pero se mudó con su familia a México durante la adolescencia. Sus narraciones más famosas las escribió en España, donde murió a la temprana edad de cincuenta años. Es considerado por muchos el escritor contemporáneo más importante en lengua española.

Bolaño era disléxico, pero eso no impidió que se dedicara exclusivamente a escribir a partir de los quince años. Empezó con la poesía y formó parte de un movimiento vanguardista llamado "infrarrealista", caracterizado por la búsqueda de una poesía libre y personal que representaba la postura del poeta hacia la vida, dejando de lado las convenciones sociales. Años más tarde, se mudó a España y pasó por Francia, países donde se dedicó a diferentes oficios: fue lavaplatos, vigilante e incluso recolector de basura. Sin embargo, cuando podía, se dedicaba a escribir; ganó numerosos concursos literarios municipales. En 1998, recibió dos prestigiosos premios por su novela *Los detectives salvajes*, situada en México, hecho que le valió el reconocimiento por otras dos novelas breves, ambientadas° en Chile: *Estrella distante* (1996) y *Nocturno de Chile* (2000). Sabiendo de su enfermedad terminal, hacia el final de su vida escribió incesantemente y pudo terminar, entre otros escritos, una novela muy ambiciosa, la monumental *2666* (2004), que fue publicada de manera póstuma y consolidó su fama internacional.

vigilante *watchman* **ambientadas** *set*

Llamadas telefónicas /

Fecha de publicación: 1997
País: España
Género: cuento
Colección: *Llamadas telefónicas*
Personajes: B, X, hermano de X, policías

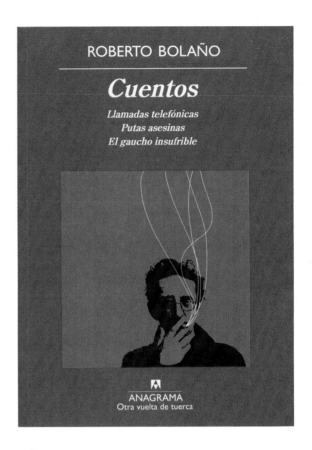

ROBERTO BOLAÑO

Cuentos

Llamadas telefónicas
Putas asesinas
El gaucho insufrible

ANAGRAMA
Otra vuelta de tuerca

TÉCNICA LITERARIA

El cuento policial

La trama de un cuento policial típico es la resolución de un enigma: ¿quién cometió el crimen? Existen dos estilos principales de cuento policial: el inglés y el estadounidense. En el estilo inglés la persona que resuelve el enigma es muy inteligente y sabe buscar e interpretar pistas de manera tranquila e intelectual. En el estilo estadounidense el investigador se involucra emocionalmente con la resolución del enigma y puede, incluso, transgredir la ley; la psicología de los personajes es fundamental.

"Llamadas telefónicas" no es un cuento policial típico, pero tiene algunos aspectos de este tipo de cuento. Cuando leas el cuento de Bolaño piensa:

• ¿Qué enigmas aparecen? ¿Desde qué perspectiva son presentados?

• ¿En algún momento de la historia se resuelven estos enigmas?

CONTEXTO CULTURAL

La modernidad líquida del siglo XXI

El filósofo polaco Zygmunt Bauman afirma que vivimos en una época en la que ningún aspecto de nuestras vidas es estable. Antes, durante la "modernidad sólida", había trabajos más o menos permanentes, relaciones "para toda la vida" y un futuro muchas veces predecible. Ahora, durante la "modernidad líquida" todo cambia rápidamente, nada es sólido y debemos modificar quiénes somos constantemente. Nos ponemos diferentes máscaras y la vida, entonces, se vuelve una especie de espectáculo que vamos haciendo en diferentes contextos.

Vivimos rodeados° de productos que pronto son obsoletos y nos dejan siempre insatisfechos. Tenemos que tirarlos y comprar otros. Ya no tenemos el mismo empleo durante décadas. Cambiamos de trabajo y los trabajos cambian. Debemos fluir° de un trabajo a otro, no podemos dedicarnos a sólo una cosa y entonces no tenemos un oficio que nos dé una identidad. También las relaciones y los sentimientos, como el amor, son líquidos. Los medios de comunicación y los medios sociales contribuyen a eso: estamos en contacto con muchas personas, pero a menudo es un contacto superficial y entre superficies (por ejemplo, entre contactos de Facebook). Los personajes que crea Bolaño en "Llamadas telefónicas"

Salvador Dalí, *La persistencia de la memoria*, 1931

son contemporáneos: viven en esta era en la que las identidades, la ubicación geográfica y hasta el amor son líquidos y fluctuantes. En este cuento, tanto el protagonista como los demás personajes están marcados por la incertidumbre°. En este mundo creado por Bolaño, "el otro" se muestra como un desconocido, B y X serán siempre una gran incógnita°.

 Practice more at **vhlcentral.com**.

rodeados *surrounded* **fluir** *to flow* **incertidumbre** *uncertainty* **incógnita** *unknown*

ANTESALA

 1 Aprende y practica el vocabulario del cuento en **vhlcentral.com**.

 2 En grupos, conversen sobre estos temas:

- ¿Qué piensas de las relaciones amorosas a distancia? ¿Pueden tener éxito? ¿En qué circunstancias?

- ¿Crees que las diferentes tecnologías para comunicarnos (el teléfono, los medios sociales, los mensajes de texto) afectan nuestras relaciones con los demás? ¿De qué modo? Piensa en ejemplos particulares.

- ¿Tu identidad en los medios sociales es diferente de tu verdadera identidad? ¿Qué diferencias hay entre un "amigo" y un "amigo de Facebook"?

- ¿Crees en el amor para toda la vida o crees que una persona se enamora y se desenamora con el tiempo? ¿Es la idea del alma gemela (*soulmate*) un mito o una realidad?

Llamadas *telefónicas*

Roberto Bolaño

B ESTÁ ENAMORADO DE X. POR SUPUESTO, SE TRATA DE UN AMOR desdichado. B, en una época de su vida, estuvo dispuesto a hacer° todo por X, más o menos lo mismo que piensan y dicen todos los enamorados. X rompe con° él. X rompe con él por *teléfono*. Al principio, por supuesto, B sufre, pero a la larga, como es usual, se repone°. La vida, como dicen en las telenovelas, continúa. Pasan los años.

Una noche en que no tiene nada que hacer, B consigue, tras dos llamadas telefónicas, ponerse en contacto con X. Ninguno de los dos es joven y eso se nota en sus voces que cruzan España de una punta a la otra. Renace la amistad y al cabo de unos días deciden reencontrarse. Ambas partes arrastran divorcios, nuevas enfermedades, frustraciones. Cuando B toma el tren para dirigirse a la ciudad de X, aún no está enamorado. El primer día lo pasan encerrados° en casa de X, hablando de sus vidas (en realidad quien habla es X, B escucha y de vez en cuando pregunta); por la noche X lo invita a compartir su cama. B en el fondo no tiene ganas de acostarse° con X, pero acepta. Por la mañana, al despertar, B está enamorado otra vez. ¿Pero está enamorado de X o está enamorado de la idea de estar enamorado? La relación es problemática e intensa: X cada día bordea el suicidio, está en tratamiento psiquiátrico (pastillas, muchas pastillas que sin embargo en nada la ayudan), llora a menudo y sin causa aparente. Así que B cuida a X. Sus cuidados son cariñosos, diligentes, pero también son torpes. Sus cuidados remedan los cuidados de un enamorado verdadero. B no tarda en darse cuenta de esto. Intenta que salga de su depresión, pero sólo consigue llevar a X a un callejón sin salida° o que X estima sin salida. A veces, cuando está solo o cuando observa a X dormir, B también piensa que el callejón no tiene salida. Intenta recordar a sus amores perdidos como una forma de antídoto, intenta convencerse de que puede vivir sin X, de que puede salvarse solo. Una noche X le pide que se marche y B coge el tren y abandona la ciudad. X va a la estación a despedirlo. La despedida es afectuosa y desesperada. B viaja en litera° pero no puede dormir hasta muy tarde. Cuando por fin cae dormido sueña con un mono de nieve que camina por el desierto. El camino del mono es limítrofe,° abocado° probablemente al fracaso. Pero el mono prefiere no saberlo y su astucia° se convierte en su voluntad: camina de noche, cuando las

dispuesto a hacer *ready to do*

rompe con *breaks up with*

5 **se repone** *recovers*

10

encerrados *locked in*

Ⓘ ¿Por qué B se pregunta a sí mismo si está enamorado y duda todo el tiempo?

15 **acostarse** *sleep with*

20

callejón sin salida *dead end*

25

litera *sleeping car*

30 **limítrofe** *borderline* / **abocado** *dedicated to*

astucia *guile*

> **Sueña con un desierto, sueña con el rostro de X, poco antes de despertar comprende que ambos son lo mismo.**

estrellas heladas barren el desierto. Al despertar (ya en la Estación de Sants, en Barcelona) B cree comprender el significado del sueño (si lo tuviera) y es capaz de dirigirse a su casa con un mínimo consuelo. Esa noche llama a X y le cuenta el sueño. X no dice nada. Al día siguiente vuelve a llamar a X. Y al siguiente. La actitud de X cada vez es más fría, como si con cada llamada B se estuviera alejando en el tiempo. Estoy desapareciendo, piensa B. Me está borrando y sabe qué hace y por qué lo hace. Una noche B amenaza a X con tomar el tren y plantarse° en su casa al día siguiente. Ni se te ocurra, dice X. Voy a ir, dice B, ya no soporto estas llamadas telefónicas, quiero verte la cara cuando te hablo. No te abriré la puerta, dice X y luego cuelga. B no entiende nada. Durante mucho tiempo piensa cómo es posible que un ser humano pase de un extremo a otro en sus sentimientos, en sus deseos. Luego se emborracha o busca consuelo en un libro. Pasan los días.

Una noche, medio año después, B llama a X por teléfono. X tarda en reconocer su voz. Ah, eres tú, dice. La frialdad de X es de aquellas que erizan los pelos°. B percibe, no obstante, que X quiere decirle algo. Me escucha como si no hubiera pasado el tiempo, piensa, como si hubiéramos hablado ayer. ¿Cómo estás?, dice B. Cuéntame algo, dice B. X contesta con monosílabos y al cabo de un rato cuelga. Perplejo, B vuelve a discar el número de X. Cuando contestan, sin embargo, B prefiere mantenerse en silencio. Al otro lado, la voz de X dice: bueno, quién es. Silencio. Luego dice: diga, y se calla. El tiempo —el tiempo que separaba a B de X y que B no lograba comprender— pasa por la línea telefónica, se comprime, se estira, deja ver una parte de su naturaleza. B, sin darse cuenta, se ha puesto a llorar. Sabe que X sabe que es él quien llama. Después, silenciosamente, cuelga.

Hasta aquí la historia es vulgar; lamentable, pero vulgar. B entiende que no debe telefonear nunca más a X. Un día llaman a la puerta y aparecen A y Z. Son policías y desean interrogarlo. B inquiere el motivo. A es remiso° a dárselo; Z, después de un torpe rodeo°, se lo dice. Hace tres días, en el otro extremo de España, alguien ha asesinado a X. Al principio B se derrumba°, después comprende que él es uno de los sospechosos y su instinto de supervivencia lo lleva a ponerse en guardia. Los policías preguntan por dos días en concreto. B no recuerda qué ha hecho, a quién ha visto en esos días. Sabe, cómo no lo va a saber, que no se ha movido de Barcelona, que de hecho no se ha movido de su barrio y de su casa, pero no puede probarlo. Los policías se lo llevan. B pasa la noche en la comisaría. En un momento del interrogatorio cree que lo trasladarán a la ciudad de X y la posibilidad, extrañamente, parece seducirlo, pero finalmente eso no sucede. Toman sus huellas dactilares° y le piden autorización para hacerle un análisis de sangre. B acepta. A la mañana siguiente lo dejan irse a su casa. Oficialmente, B no ha estado detenido, sólo se ha prestado a colaborar con la policía en el esclarecimiento de un asesinato. Al llegar a su casa B se echa en la cama y se queda dormido de inmediato. Sueña con un desierto, sueña con el rostro de X, poco antes de despertar comprende que ambos son lo mismo. No le cuesta demasiado inferir que él se encuentra perdido en el desierto.

⏸ ¿Por qué B "no entiende nada" de su relación con X?

⏸ ¿Por qué B pasa la noche en la comisaría?

35

40

45 *show up*

50

erizan los pelos makes your hair stand on end

55

60

65 *reluctant*
beat around the bush
crumbles

70

75 *fingerprints*

80

Por la noche mete algo de ropa en un bolso y se dirige a la estación en donde toma un tren con destino a la ciudad de X. Durante el viaje, que dura toda la noche, de una punta a otra de España, no puede dormir y se dedica a pensar en todo lo que pudo haber hecho y no hizo, en todo lo que pudo darle a X y no le dio. También piensa: si yo fuera el muerto X no haría este viaje a la inversa. Y piensa: por eso, precisamente, soy yo el que está vivo. Durante el viaje, insomne°, contempla a X por primera vez en su real estatura, vuelve a sentir amor por X y se desprecia a sí mismo, casi con desgana°, por última vez. Al llegar, muy temprano, va directamente a casa del hermano de X. Éste queda sorprendido y confuso, sin embargo lo invita a pasar, le ofrece un café. El hermano de X está con la cara recién lavada y a medio vestir. No se ha duchado, constata B, sólo se ha lavado la cara y pasado algo de agua por el pelo. B acepta el café, luego le dice que se acaba de enterar del asesinato de X, que la policía lo ha interrogado, que le explique qué ha ocurrido. Ha sido algo muy triste, dice el hermano de X mientras prepara el café en la cocina, pero no veo qué tienes que ver tú con todo esto. La policía cree que puedo ser el asesino, dice B. El hermano de X se ríe. Tú siempre tuviste mala suerte, dice. Es extraño que me diga eso, piensa B, cuando yo soy precisamente el que está vivo. Pero también le agradece que no ponga en duda su inocencia. Luego el hermano de X se va a trabajar y B se queda en su casa. Al cabo de un rato, agotado, cae en un sueño profundo. X, como no podía ser menos, aparece en su sueño.

Al despertar cree saber quién es el asesino. Ha visto su rostro. Esa noche sale con el hermano de X, entran en bares y hablan de cosas banales y por más que procuran emborracharse no lo consiguen. Cuando vuelven a casa, caminando por calles vacías, B le dice que una vez llamó a X y que no habló. Qué putada, dice el hermano de X. Sólo lo hice una vez, dice B, pero entonces comprendí que X solía recibir ese tipo de llamadas. Y creía que era yo. ¿Lo entiendes?, dice B. ¿El asesino es el tipo de las llamadas anónimas?, pregunta el hermano de X. Exacto, dice B. Y X pensaba que era yo. El hermano de X arruga el entrecejo; yo creo, dice, que el asesino es uno de sus ex amantes, mi hermana tenía muchos pretendientes. B prefiere no contestar (el hermano de X, a su parecer, no ha entendido nada) y ambos permanecen en silencio hasta llegar a casa.

En el ascensor B siente deseos de vomitar. Lo dice: voy a vomitar. Aguántate, dice el hermano de X. Luego caminan aprisa por el pasillo, el hermano de X abre la puerta y B entra disparado buscando el cuarto de baño. Pero al llegar allí ya no tiene ganas de vomitar. Está sudando y le duele el estómago, pero no puede vomitar. El inodoro°, con la tapa levantada, le parece una boca toda encías° riéndose de él. O riéndose de alguien, en todo caso. Después de lavarse la cara se mira en el espejo: su rostro está blanco como una hoja de papel. Lo que resta de noche apenas puede dormir y se lo pasa intentando leer y escuchando los ronquidos° del hermano de X. Al día siguiente se despiden y B vuelve a Barcelona. Nunca más visitaré esta ciudad, piensa, porque X ya no está aquí.

Una semana después el hermano de X lo llama por teléfono para decirle que la policía ha cogido al asesino. El tipo molestaba a X, dice el hermano, con llamadas anónimas. B no responde. Un antiguo enamorado, dice el hermano de X. Me alegra saberlo, dice B, gracias por llamarme. Luego el hermano de X cuelga y B se queda solo. ■

*Margin glosses:*
85 sleepless
reluctantly
90

95

100

105

110

115

toilet
gums 120

snores

125

*Margin questions:*
🎧 ¿Cómo trata el hermano de X a B y por qué?

🎧 ¿Qué es lo que "no ha entendido" el hermano de X?

1. Cierto o falso Indica si cada afirmación es cierta o falsa. Corrige las falsas.

1. X rompió con B por teléfono.
2. B y X se casaron cuando eran jóvenes.
3. B y X viven en la misma ciudad.
4. B toma pastillas y piensa en suicidarse todo el tiempo.
5. Cuando X se encuentra con B se enamora inmediatamente de él.
6. Después de un tiempo, B se va de la ciudad de X y vuelve a Barcelona.
7. X muere.
8. El hermano de X cree que B es el asesino de X.
9. La policía, al principio, sospecha que B es el responsable de la muerte de X.
10. Al final, la policía asegura que descubrió al asesino de X.

2. Comprensión Contesta las preguntas con oraciones completas.

1. ¿Cómo se sintió B cuando X cortó con él por teléfono?
2. ¿Por qué B se pone en contacto con X de nuevo?
3. ¿Cómo es el estado psicológico de X?
4. ¿Cómo reacciona X cuando B la llama para saber cómo está?
5. ¿Quiénes son A y Z y por qué van a hablar con B?
6. ¿Por qué B es uno de los sospechosos de la muerte de X?
7. ¿Qué hacen B y el hermano de X cuando se ven?
8. ¿Cómo era la vida amorosa de X, según su hermano?
9. ¿Qué hacía el asesino de X, según la policía?

3. Interpretación Analiza las preguntas y contesta con oraciones completas.

1. El título del cuento, "Llamadas telefónicas", se puede referir a muchas llamadas. ¿A cuáles?
2. ¿Qué ideas tiene B sobre el amor? ¿Crees que es un romántico? Justifica tu respuesta.
3. ¿Por qué B piensa que X lo está haciendo desaparecer de su vida?
4. ¿Cómo explicas la reacción de X cada vez que B la llama?
5. El narrador dice "Hasta aquí la historia es vulgar". ¿Por qué el cuento es vulgar hasta ese punto? ¿Por qué no lo es después?
6. ¿Qué piensas sobre el papel de los sueños en el cuento?
7. B "sueña con un desierto, sueña con el rostro de X, poco antes de despertar comprende que ambos son lo mismo". ¿Por qué B se encuentra perdido con X, como si ella fuera un desierto?
8. Al final del cuento, ¿crees que B puede ser el asesino? Justifica tu respuesta.

4. Técnica literaria Con un(a) compañero/a, contesta las preguntas.

1. Si pensamos en "Llamadas telefónicas" como un cuento policial, ¿crees que pertenecería al estilo inglés o al estadounidense? ¿Por qué?
2. ¿Por qué crees que el autor eligió no dar nombres a los personajes? ¿Qué efecto produce esto?
3. ¿Por qué podemos decir que, para B, X es un enigma que quiere resolver?
4. ¿Qué sabemos de la psicología de B como "investigador"? ¿Cómo resuelve enigmas?
5. ¿Por qué es importante para el cuento un personaje como el hermano de X?
6. ¿Hay suspenso en la resolución del enigma de la muerte de X? Justifica tu respuesta.
7. ¿Qué enigmas quedan sin resolver al final del cuento?

5. Opiniones Con dos compañeros/as, analiza las preguntas y justifica cada respuesta.

1. ¿Por qué crees que es tan doloroso para B que X corte con él por teléfono?
2. Si estuvieras enamorado/a de alguien como X, ¿qué harías para ayudarle?
3. B interpreta sus sueños para entender lo que pasa. ¿Crees que los sueños a veces tienen respuestas escondidas?
4. ¿Este cuento es la historia de un "amor líquido" o no? ¿Por qué?
5. El cuento fue escrito antes de la aparición de medios sociales como Facebook o Twitter. ¿Qué sería diferente si el cuento ocurriera en el presente?
6. ¿Cómo imaginas la vida de B después del final del cuento?

TALLER DE ESCRITURA

1. La confesión Los policías arrestan al asesino de X al final del cuento. Imagina los siguientes datos y escribe su confesión, siguiendo este orden:

- *Primero, escribe su nombre y su profesión.*
- *Explica cómo conoció a X.*
- *Luego, explica cómo era su relación con ella.*
- *Comenta cuándo empezó a hacer llamadas anónimas.*
- *Describe su motivación: ¿por qué decidió cometer el crimen?*

2. La investigación Cuando los policías investigan la muerte de X, entrevistan a B. Escribe un informe (*report*) sobre la entrevista, narrado por el policía Z. Inventa los datos que no conoces y sigue estas preguntas:

- *¿Por qué Z fue con A a entrevistar a X?*
- *¿Qué le dijo a X?*
- *¿Cómo reaccionó X?*
- *¿Por qué decidieron A y Z llevar a X a la comisaría?*
- *¿Por qué lo dejaron libre?*

✪ UN ENSAYO LITERARIO INTERPRETATIVO

Escribe un ensayo literario que analice una de las obras de esta lección.

Plan de escritura

Comienza completando una tabla con las características de cada obra. Esta tabla te ayudará a preparar tu ensayo literario interpretativo.

	personajes principales	ambiente	temas centrales
Como agua para chocolate			amor prohibido, tradición familiar, pasión por la cocina
"Cine y malabarismo"	Inés, la madre de Inés		
"Tú me quieres blanca"			
"Los viudos de Margaret Sullavan"		Nueva York, 1960	
"Llamadas telefónicas"			

Planificar y preparar la escritura

1. Estrategia: Reaccionar ante una obra

- Elige la obra sobre la que deseas escribir tu ensayo. ¿Qué piensas de esta obra? ¿Cuál crees que es su mensaje? Haz una lista de oraciones o citas que expresen la intención del/de la autor(a).

- Vuelve a leer las citas que has anotado y contesta las siguientes preguntas.
  - ¿Cuál es el tema principal de la obra?
  - ¿De qué manera expresa el/la autor(a) un mensaje?

2. Estrategia: Examinar la técnica

- Presta atención a la técnica literaria o cinematográfica que usa el/la autor(a): la ironía, la repetición, los estereotipos, los juegos de palabras, las metáforas, etc.

- En esta tabla puedes escribir la técnica utilizada en la obra, así como agregar las citas que escribiste antes.

obra	técnica	citas
"Tú me quieres blanca"	metáfora	Tú me quieres alba,/ Me quieres de espumas,/ Me quieres de nácar.

3. Estrategia: Analizar una obra

A. Estudia la obra que elegiste fijándote en los siguientes puntos y anotando tus ideas al respecto.

• ¿Cómo está organizada (párrafos, secciones, estilo)?

• ¿Cuál es el mensaje general de la obra?

• ¿Qué tipo de lenguaje utiliza el/la autor(a)? Especialmente en el caso del poema "Tú me quieres blanca", presta atención al simbolismo del texto.

B. Mira la tabla que completaste en la segunda **Estrategia** y explica cómo el/la autor(a) utiliza la técnica para transmitir el mensaje de la obra.

Escribir

4. Tu ensayo literario interpretativo Prepara un ensayo de tres partes en el que analices una de las obras de esta lección. Utiliza la información que has reunido. Sigue estos pasos para escribir.

• **Introducción:** Presenta el título y el/la autor(a) de la obra. Explica brevemente el tema principal de la obra.

• **Análisis de la obra:** Describe con detalle tu interpretación de la obra siguiendo las notas e información que reuniste. Utiliza detalles y citas para ilustrar tu análisis.

• **Conclusión:** Resume brevemente y explica cuál crees que fue la intención del/de la autor(a). Para terminar, da tu opinión personal y justifícala.

Revisar y leer

5. Revisión Pídele a un(a) compañero/a que lea tu ensayo y que sugiera cómo mejorarlo. Revísalo incorporando sus sugerencias y prestando atención a los siguientes elementos.

• ¿La introducción explica de manera clara el tema del ensayo?

• ¿El desarrollo está escrito en un orden lógico? ¿Describe bien tu interpretación de la obra? ¿Incluye detalles y citas?

• ¿La conclusión resume el tema de la obra? ¿Explica la intención del/de la autor(a)? ¿Expresa tu opinión sobre la obra?

• ¿Son correctas la gramática y la ortografía?

6. Lectura Lee tu ensayo a varios/as compañeros/as. Tomen turnos. Cuando termines de leer tu ensayo, tus compañeros/as deben hacerte preguntas. Comenten juntos un punto interesante de tu ensayo que les haya llamado la atención.

Cuando hayan acabado de leer sus ensayos en grupo, anota en una tabla los puntos más interesantes de las obras de esta lección.

EL *filo* DEL PODER

CONTENIDO

SOBRE EL DIRECTOR

Guillermo del Toro, nacido el 9 de octubre de 1964 en Guadalajara, México, tenía una ferviente abuela católica que lo exorcizó dos veces para quitarle de la cabeza su fascinación por los monstruos. Ser escritor, biólogo marino e ilustrador de libros eran sus aspiraciones, y más tarde todas confluyeron° en su amor por el cine.

Del Toro se preparó en efectos especiales con el famoso Dick Smith, luego incursionó° en la televisión mexicana, y en 1993 se hizo conocido en el cine mundial por su película *Cronos*. Su siguiente parada fue Hollywood; allí filmó *Mimic* (1997), que resultó una mala experiencia por las presiones de los productores. Regresó entonces a México para desarrollar plenamente su visión. El resultado fue *El espinazo del diablo* (2001), que Del Toro considera "el hermano" de su contraparte femenina *El laberinto del fauno* (2006) porque está ubicada en el mismo contexto histórico de tensiones políticas (la guerra civil española) y de oscilación entre el mundo de la fantasía y el de la realidad. Ambas películas son para él parábolas de la Guerra Civil y espejos una de la otra.

Después llegaron los éxitos de taquilla *Blade II* (2002), *Hellboy* (2004) y *Hellboy II* (2008), que lo convirtieron en una estrella en el competitivo mercado de Hollywood. En 2006 recibió una nominación al Óscar por el guión original de *El laberinto del fauno*, película que escribió, produjo y dirigió. Actualmente° vive en Los Ángeles y es gran amigo de los directores mexicanos Alejandro González Iñárritu y Alfonso Cuarón.

confluyeron *merged* **incursionó** *ventured*

El laberinto del fauno

Fecha de estreno: 2006
País: España, México
Género: largometraje
Guión: Guillermo del Toro
Actores: Sergi López, Maribel Verdú, Ivana Baquero, Alex Angulo, Ariadna Gil, Doug Jones
Duración: 118 minutos

PERSONAJES

Capitán Vidal *Líder de las fuerzas franquistas*

Ofelia *Hija de Carmen e hijastra del Capitán*

Mercedes *Ama de llaves; partidaria de los guerrilleros*

El fauno *Personaje mitológico que habita el laberinto*

CONTEXTO HISTÓRICO

La guerra civil española

Durante gran parte del siglo XX, España vivió aislada del resto de Europa, tanto que se llegó a decir que el tiempo se detuvo con la dictadura de Franco. La Guerra Civil (1936–1939) entre nacionales y republicanos sirvió para que potencias como Alemania e Italia se prepararan para el conflicto global que se acercaba. Debido a las ideologías que se enfrentaban, la batalla trascendió las fronteras, y fue así como obreros, estudiantes e intelectuales de otros países se unieron a las Brigadas Internacionales para luchar contra el fascismo, representado en la película por el brutal capitán Vidal. Por su lado, los nacionales recibieron el apoyo de Hitler desde Alemania y de Mussolini desde Italia. Sin embargo, en general, Europa se mantuvo al margen del conflicto.

Se calcula que, durante ese periodo, más de medio millón de personas murieron en batallas, bombardeos, ejecuciones sumarias, actos de represión y venganza de parte de los dos bandos, o por malnutrición y enfermedades. Aunque Franco derrotó° a los republicanos en 1939, siguió una política cruel de represalias contra los vencidos. *El laberinto del fauno* se inicia en 1944 en el Pirineo aragonés, donde grupos de rebeldes, llamados *maquis,* persistían en

Milicianos republicanos de la guerra civil española

la resistencia armada, con la esperanza de que un triunfo Aliado permitiera una intervención para derrocar° a Franco, cosa que finalmente nunca ocurrió. En este momento de transición para Europa y el mundo, la heroína de la película debe elegir entre el bien y el mal, contra todo consejo y orden, a riesgo de perder su vida y a las personas a quienes más ama. La dictadura de Franco terminó con la muerte del dictador en 1975.

 Practice more at **vhlcentral.com.**

derrotó *defeated* **derrocar** *overthrow*

ANTESALA

 1 Aprende y practica el vocabulario de la película en **vhlcentral.com.**

 2 Conversa con un(a) compañero/a sobre los siguientes temas:

- ¿Qué sabes de los cuentos de hadas? ¿Cómo son sus personajes, qué historia cuentan y cómo terminan? ¿A quién piensas que están dirigidos? Cuando eras niño/a,

¿leíste La bella durmiente, Cenicienta, Blancanieves o Caperucita Roja? Elige un cuento que recuerdes y explica de qué se trataba y por qué te gustaba.

- ¿Qué te sugiere la imagen de un laberinto y por qué? ¿Dónde has visto u oído hablar de laberintos? ¿Has entrado alguna vez en uno?

- ¿Sueles mirar películas de terror? ¿Algún monstruo de ficción te provoca miedo? ¿Por qué?

- En los carteles de promoción de la película se incluye esta oración: "La inocencia tiene un poder que el mal no puede imaginar". ¿Cuál piensas que puede ser ese poder? ¿Qué expectativas tienes de la historia que vas a ver?

Parte 1

00:00
42:55

Parte 2

42:56
1:21:40

Parte 3

1:21:41
FIN

TÉCNICA CINEMATOGRÁFICA

El sonido y el color Los sonidos de las películas siempre están manipulados cuidadosamente por el director y sus sonidistas. A veces no nos damos cuenta y creemos que provienen de la imagen. Por ejemplo, los diálogos, el ruido de un motor o el zumbido de un insecto nos parecen "naturales". Cuando los sonidos no provienen de algo visible su artificialidad es más evidente

LECCIÓN 2 | El filo del poder | 51

Ofelia conoce el laberinto

Guía para la comprensión

Mientras miras la primera parte, te darás cuenta de que la acción se desarrolla en dos planos: uno real e histórico (la guerra, el capitán Vidal) y otro imaginario (el visitado por Ofelia). Haz un recuadro de dos columnas y anota los sucesos importantes que ocurren en un plano y en el otro.

Ofelia se encuentra en apuros

Guía para la comprensión

En la segunda parte irás conociendo mejor a los protagonistas. Mientras la miras, haz una lista de los personajes y describe sus personalidades, intenciones y actitudes en notas muy breves. Por ejemplo:

Ofelia: Es inocente y dulce, le gustan los cuentos de hadas, etc.

Vidal: Es severo, cruel, egoísta, etc.

La tercera prueba de Ofelia

Guía para la comprensión

Los diferentes conflictos de la película se resuelven en la tercera parte. Haz una lista de los personajes (por ejemplo: los maquis, Vidal, Ofelia y su hermano, el fauno, Mercedes, etc.) e indica brevemente qué le sucede a cada uno. Señala si ves algún paralelismo entre sus desenlaces.

Preguntas

1. ¿Qué tipo de cuentos ama Ofelia?
2. ¿Contra quiénes lucha el capitán Vidal?
3. ¿Dónde está el laberinto?
4. ¿A quién encuentra Ofelia en el laberinto?
5. ¿Qué debe hacer Ofelia antes de la luna llena?
6. ¿Qué le dio de comer Ofelia al sapo?

1. ¿Por qué razón Ofelia no puede seguir durmiendo con su madre?
2. ¿Dónde se reúne Mercedes con su hermano Pedro?
3. Según el fauno, ¿qué no debe hacer Ofelia en el banquete?
4. ¿Qué poder especial le da a Ofelia la tiza que le entrega el fauno?
5. ¿Qué hace el hombre pálido con las hadas?
6. ¿Cómo reacciona el fauno cuando regresa Ofelia?
7. ¿Qué hace el capitán Vidal con el rebelde capturado?

1. ¿Cómo muere la madre de Ofelia?
2. ¿Qué sucede cuando Ofelia y Mercedes intentan escapar?
3. ¿Cómo hiere (*wounds*) Mercedes al capitán Vidal?
4. ¿A quién encuentra Ofelia en el laberinto?
5. Según el fauno, ¿por qué Ofelia debe entregarle a su hermano?
6. ¿Qué quiere el capitán Vidal que sepa su hijo?
7. ¿Con quiénes se reúne Ofelia al final?

Esto ocurre, por ejemplo, cuando se escucha música o una "voz en *off*". Tampoco hay colores "naturales" en las películas; están manipulados para crear un efecto en el espectador. Habitualmente asociamos la claridad y el blanco con el bien, y la oscuridad y el negro con el mal. Los colores como el rojo, el naranja y el amarillo suelen evocar energía y pasión, mientras que el azul, el violeta y los verdes oscuros evocan tristeza y depresión. Cuando veas *El laberinto del fauno,* presta especial atención a qué sonidos y colores elige el director para evocar emociones y guiar al espectador. ¿Qué colores predominan? ¿Cuándo cambian los colores? ¿Cuándo se repite una canción determinada?

1. **Emparejar** Relaciona los sucesos y los objetos que aparecen en *El laberinto del fauno* con los personajes.

_____ 1. Le asigna tres pruebas a la protagonista
_____ 2. Espera un hijo de Vidal
_____ 3. Le corta la cara a Vidal con un cuchillo
_____ 4. Los cuentos de hadas
_____ 5. Un maletín con medicamentos
_____ 6. Esconde una mandrágora bajo la cama
_____ 7. Tiene un hermano guerrillero
_____ 8. Un reloj de bolsillo
_____ 9. Debe usar una silla de ruedas
_____ 10. Vive en un laberinto de piedra

a. Ofelia
b. Mercedes
c. el fauno
d. capitán Vidal
e. Carmen
f. doctor Ferreiro

2. **Comprensión** Contesta las siguientes preguntas con oraciones completas.

1. ¿En qué momento del día Ofelia visita el laberinto por primera vez? ¿Qué la lleva hasta allí?
2. ¿Por qué Ofelia no le cuenta a nadie sobre el fauno?
3. ¿De quién era el reloj que guarda el capitán Vidal?
4. ¿Para qué sirve el libro que el fauno le da a Ofelia?
5. ¿Cómo es el doctor Ferreiro y qué opina de la obediencia? ¿Lo demuestra en su vida?
6. ¿Por qué ayuda Mercedes a los guerrilleros? ¿Cómo lo hace?
7. ¿Qué piensa Carmen del mundo real, la magia y los cuentos de hadas?
8. ¿Ofelia obedece al fauno en todo? ¿Qué consecuencias tiene su conducta?
9. Al final, ¿qué le pide el capitán Vidal a Mercedes y cuál es la respuesta de la mujer?

3. **Ofelia y el capitán** Contesta las siguientes preguntas sobre las tres pruebas que Ofelia debe superar (*pass*) y sobre la crueldad del capitán Vidal.

1. Identifica las tres pruebas. ¿Qué debe hacer Ofelia en cada una?
2. ¿En qué se parecen las tres pruebas?
3. ¿Cómo se relacionan las pruebas con el mundo fuera del laberinto?
4. ¿Qué tiene de diferente la reacción de Ofelia ante la última prueba?
5. En los relatos o cuentos de fantasía, ¿por qué es común que el héroe o la heroína deba someterse a este tipo de pruebas?
6. ¿Con qué actitud trata el capitán a Carmen y a Ofelia?
7. ¿Qué relación había tenido el capitán con su padre?
8. ¿Por qué crees que desea un hijo varón?
9. El capitán no parece tener ningún rasgo de bondad. ¿Por qué crees que es así?

4. Técnica cinematográfica Con un(a) compañero/a, contesta las siguientes preguntas.

1. ¿Qué colores predominan en la película?
2. ¿Qué ocurre en los últimos 10 minutos de la película? ¿Cómo explicas el cambio?
3. ¿La mayoría de las escenas ocurren de día o de noche?
4. ¿Qué tipo de iluminación hay en la casa y qué efecto tiene?
5. ¿Cuántas veces aparece la voz en *off* (*offscreen*)? ¿Qué narra?
6. ¿De quién creen que es esa voz?
7. ¿Qué dos sonidos les llamaron más la atención? ¿Por qué?
8. ¿Por qué creen que el director enfatiza esos sonidos?
9. En el minuto 50, Mercedes tararea (*hums*) una nana (*lullaby*) a Ofelia. Esa melodía aparece antes y después en la película. ¿Cuáles son esos otros dos momentos?
10. ¿Qué significado tiene que la melodía más importante de la película sea una nana?

5. Los laberintos de la opresión En *El laberinto del fauno* están representadas diferentes formas de opresión y de resistencia. En grupos de tres, elijan uno de los siguientes temas y analicen la opresión y la resistencia a partir de pasajes de la película. Comenten sus conclusiones a la clase.

a. La opresión de los hombres sobre las mujeres

b. El control del Estado sobre la medicina

c. El poderío de la tecnología sobre las personas

d. El dominio del temor sobre la libertad

TALLER DE ESCRITURA

1. La salida del laberinto *El laberinto del fauno* es una película compleja y da lugar a muchas interpretaciones posibles. Escribe un ensayo de no menos de una página que ataque y corrija (o defienda y justifique) uno de estos argumentos.

Ejercer el derecho a la desobediencia es una forma de ser libre.

La fantasía es un escape inútil e infantil de la realidad.

Podemos ver la pérdida de la inocencia de la niña y de la sociedad española.

Hay una alegoría de la historia de España después de la Guerra Civil.

2. Investigación sobre la Guerra Civil Investiga uno de los siguientes temas relacionados con la guerra civil española. Luego, escribe un ensayo breve.

El bombardeo de Guernica

La brigada de Lincoln y la participación de extranjeros

La relación de los franquistas con el movimiento fascista

El destino de los maquis

Los exiliados políticos durante el franquismo

SOBRE LA AUTORA

Luisa Valenzuela, nacida en 1938 en Buenos Aires, creció en un ambiente literario que la inspiró a nunca callar lo que tenía para decir. Su madre era escritora y solía organizar reuniones a las que asistían personalidades como Jorge Luis Borges y Adolfo Bioy Casares. Siendo aún muy joven, Valenzuela se casó y se mudó a Francia, aunque después también vivió en Estados Unidos, México y España. En 1966, de regreso en Argentina, publicó su primera novela, *Hay que sonreír,* que trata sobre el poder en las relaciones familiares y de pareja. Trabajó como periodista para el diario *La Nación* y la revista *Crisis,* y recorrió Latinoamérica como escritora independiente.

Gran parte de la obra de Valenzuela retrata° el clima político enrarecido° que se vivió en la década de los 70 en Argentina. En *Aquí pasan cosas raras* (1975), *Como en la guerra* (1977), *Cambio de armas* (1982) y *Cola de lagartija* (1983), la escritora se centra en temas como el poder y la sumisión, las relaciones de género, la violencia y la fuerza necesaria para rebelarse.

En 1979 Valenzuela se exilió a Estados Unidos para escapar de la represión de la dictadura que se había adueñado de Argentina tras el golpe militar de 1976 y "para no caer en la autocensura" impuesta por el miedo en el ambiente intelectual. Allí fue escritora en residencia de las universidades de Columbia y de Nueva York. Tras la reinstauración de la democracia, se radicó definitivamente en Argentina. En 2011 fue designada miembro honorario de la American Academy of Arts and Sciences.

retrata *portrays* **enrarecido** *tense*

Los censores /

Fecha de publicación: 1983
País: Argentina
Género: cuento
Colección: *Donde viven las águilas*
Personajes: Juan, Mariana

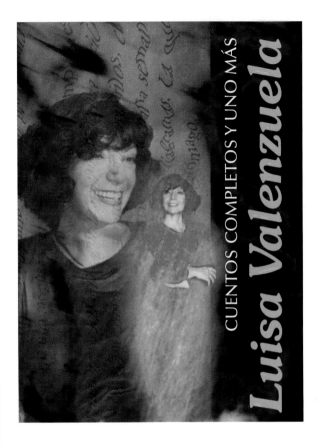

CUENTOS COMPLETOS Y UNO MÁS
Luisa Valenzuela

TÉCNICA LITERARIA

La voz del narrador

En el cuento "Los censores", el narrador llama al protagonista por su nombre de pila (Juan). Esta técnica permite crear la impresión de que el narrador y Juan se conocen.

En toda narración hay una voz que cuenta el relato desde un cierto punto de vista. Ésa es la voz del **narrador** y puede tener diferentes características. Algunos narradores lo saben todo, otros saben lo mismo que el protagonista, otros saben menos que el protagonista y otros son sólo observadores.

Cuando leas "Los censores", intenta contestar estas preguntas:

• ¿De quién es la voz que leo? ¿Cuánto sabe?

• ¿Cuál podría ser la relación entre Juan y el narrador?

• El narrador, ¿cuenta su propia historia, es un testigo o es alguien que no participa de ese mundo?

CONTEXTO HISTÓRICO

Dictadura y terror en Argentina

La atmósfera y los sucesos que se narran en "Los censores" reflejan la sociedad argentina al final de los años 70. Tras la muerte del presidente Perón en 1974, Argentina se encontraba en una situación de gran inestabilidad: la economía entraba en caos con devaluaciones e inflación récord, y la población vivía aterrorizada por los grupos de extrema derecha o izquierda que operaban con atentados°, secuestros° y asesinatos de los cuales se culpaban mutuamente.

El 24 de marzo de 1976 el poder militar llevó a cabo un golpe de Estado°. La violencia, en lugar de decrecer, aumentó. Entre 1976 y 1983 hubo miles de "desaparecidos": activistas y líderes sindicales°, o simplemente individuos sospechosos de ser militantes de izquierda, permanecían detenidos en cárceles clandestinas donde sufrían torturas y después eran asesinados. El clima de terror que se instaló en el país, reflejado en "Los censores", dio lugar a una "autocensura" de opinión, crítica y protesta en prácticamente toda la sociedad. Mientras tanto, el gobierno de la dictadura intervenía las universidades, "depuraba°" programas educativos, realizaba investigaciones a periódicos y editoriales, y quemaba libros. Los periodistas, escritores y artistas muchas veces eran víctimas de

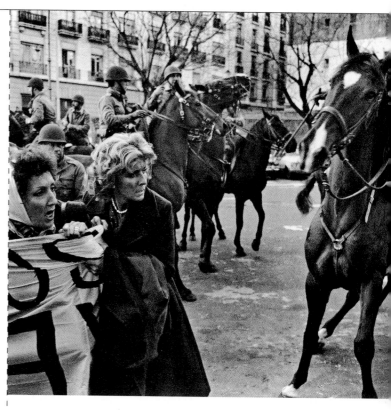

Manifestantes sufren la represión de la policía durante la dictadura militar argentina de 1976–1983.

persecución, arresto e incluso desapariciones.

La derrota en las islas Malvinas, las presiones internacionales por la violación de derechos humanos y las protestas sociales obligaron a la dictadura a convocar a elecciones y a entregar el poder en 1983.

 Practice more at **vhlcentral.com**.

atentados *attacks* **secuestros** *kidnappings* **golpe de Estado** *coup (d' état)*
sindicales *labor union* **depuraba** *purged*

ANTESALA

 1 Aprende y practica el vocabulario del cuento en **vhlcentral.com**.

 2 Observa la pintura del pintor cubano Julio Larraz que ilustra el cuento, y contesta las preguntas:

- ¿Qué atmósfera tiene el cuadro? ¿Qué te hace sentir? ¿Quiénes son las personas retratadas en el cuadro? ¿Qué situación representa?

 3 En grupos, conversen sobre estos temas:

- ¿Conoces lugares donde se vigila a la gente? ¿En qué casos te parece que vigilar a otras personas puede ser necesario o "bueno"?

- ¿Cómo te comportas cuando sabes que te vigilan (por ejemplo, en una tienda o en la aduana)?

- ¿Qué sentirías si te dieras cuenta de que han intervenido electrónicamente tu teléfono, leen tus correos electrónicos, vigilan la puerta de tu casa y te siguen a todas partes? ¿Qué harías?

LOS
censores

Luisa Valenzuela

¡POBRE JUAN! AQUEL DÍA LO AGARRARON CON LA GUARDIA BAJA y no pudo darse cuenta de que lo que él creyó ser un guiño de la suerte era en cambio un maldito llamado de la fatalidad. Esas cosas pasan en cuanto uno se descuida, y así como me oyen uno se descuida tan pero tan a menudo. Juancito dejó que se le viera encima la alegría —sentimiento por demás perturbador— cuando por un conducto° inconfesable le llegó la nueva dirección de Mariana, ahora en París, y pudo creer así que ella no lo había olvidado. Entonces se sentó ante la mesa sin pensarlo dos veces y escribió una carta. *La* carta. Esa misma que ahora le impide concentrarse en su trabajo durante el día y no lo deja dormir cuando llega la noche (¿qué habrá puesto en esa carta, qué habrá quedado adherido a esa hoja de papel que le envió a Mariana?).

    Juan sabe que no va a haber problema con el texto, que el texto es irreprochable, inocuo. Pero ¿y lo otro? Sabe también que a las cartas las auscultan, las huelen, las palpan, las leen entre líneas y en sus menores signos de puntuación, hasta en las manchitas involuntarias. Sabe que las cartas pasan de mano en mano por las vastas oficinas de censura, que son sometidas a todo tipo de pruebas y pocas son por fin las que pasan los exámenes y pueden continuar camino. Es por lo general cuestión de meses, de años si la cosa se complica, largo tiempo durante el cual está en suspenso la libertad y hasta quizá la vida no sólo del remitente sino también del destinatario. Y eso es lo que lo tiene sumido a nuestro Juan en la más profunda de las desolaciones: la idea de que a Mariana, en París, llegue a sucederle algo por culpa de él. Nada menos que a Mariana que debe de sentirse tan segura, tan tranquila allí donde siempre soñó vivir. Pero él sabe que los Comandos Secretos de Censura actúan en todas partes del mundo y gozan de un importante descuento en el transporte aéreo; por lo tanto nada les impide llegarse hasta el oscuro barrio de París, secuestrar a Mariana y volver a casita convencidos de su noble misión en esta tierra.

channel (line 5)

Ⅱ ¿De qué hay que "tener cuidado" en la sociedad donde vive Juan?

> ... hay que hacer lo que hacen todos: tratar de sabotear el mecanismo, de ponerle en los engranajes unos granos de arena...

Entonces hay que ganarles de mano°, entonces hay que hacer lo que hacen todos: tratar de sabotear el mecanismo, de ponerle en los engranajes° unos granos de arena, es decir ir a las fuentes del problema para tratar de contenerlo.

Fue con ese sano propósito con que Juan, como tantos, se postuló para censor. No por vocación como unos pocos ni por carencia de trabajo como otros, no. Se postuló simplemente para tratar de interceptar su propia carta, idea para nada novedosa pero consoladora. Y lo incorporaron de inmediato porque cada día hacen falta más censores y no es cuestión de andarse con melindres° pidiendo antecedentes.

En los altos mandos de la Censura no podían ignorar el motivo secreto que tendría más de uno para querer ingresar a la repartición°, pero tampoco estaban en condiciones de ponerse demasiado estrictos y total ¿para qué? Sabían lo difícil que les iba a resultar a esos pobres incautos detectar la carta que buscaban y, en el supuesto caso de lograrlo, ¿qué importancia podían tener una o dos cartas que pasan la barrera frente a todas las otras que el nuevo censor frenaría en pleno vuelo? Fue así como no sin ciertas esperanzas nuestro Juan pudo ingresar en el Departamento de Censura del Ministerio de Comunicaciones.

El edificio, visto desde fuera, tenía un aire festivo a causa de los vidrios ahumados que reflejaban el cielo, aire en total discordancia con el ambiente austero que imperaba° dentro. Y poco a poco Juan fue habituándose al clima de concentración que el nuevo trabajo requería, y el saber que estaba haciendo todo lo posible por su carta —es decir por Mariana— le evitaba ansiedades. Ni siquiera se preocupó cuando, el primer mes, lo destinaron a la sección K, donde con infinitas precauciones se abren los sobres para comprobar que no encierran explosivo alguno.

Cierto es que a un compañero, al tercer día, una carta le voló la mano derecha y le desfiguró la cara, pero el jefe de sección alegó que había sido mera imprudencia por parte del damnificado y Juan y los demás empleados pudieron seguir trabajando como antes aunque bastante más inquietos. Otro compañero intentó a la hora de salida organizar una huelga para pedir aumento de sueldo por trabajo insalubre pero Juan no se adhirió y después de pensar un rato fue a denunciarlo ante la autoridad para intentar así ganarse un ascenso.

Una vez no crea hábito, se dijo al salir del despacho del jefe, y cuando lo pasaron a la sección J donde se despliegan las cartas con infinitas precauciones para comprobar si encierran polvillos venenosos, sintió que había escalado un peldaño y que por lo tanto podía volver a su sana costumbre de no inmiscuirse° en asuntos ajenos.

---

30 ganarles de mano *to beat them*

35 engranajes *machinery*

40

45 andarse con melindres *being picky*

government office

50

55

imperaba *prevailed*

60

65

70

75 inmiscuirse *interfering*

⏸ ¿Dónde imaginas que ocurre la acción de este cuento? ¿Por qué?

⏸ ¿Cómo se comporta Juan en el Departamento de Censura?

De la J, gracias a sus méritos, escaló rápidamente posiciones hasta la sección E donde ya el trabajo se hacía más interesante pues se iniciaba la lectura y el análisis del contenido de las cartas. En dicha sección hasta podía abrigar esperanzas de echarle mano a su propia misiva dirigida a Mariana que, a juzgar por el tiempo transcurrido, debería de andar más o menos a esta altura después de una larguísima procesión por otras dependencias.

Poco a poco empezaron a llegar días cuando su trabajo se fue tornando de tal modo absorbente que por momentos se le borraba la noble misión que lo había llevado hasta las oficinas. Días de pasarles tinta roja a largos párrafos, de echar sin piedad muchas cartas al canasto de las condenadas. Días de horror ante las formas sutiles y sibilinas° que encontraba la gente para transmitirse mensajes subversivos, días de una intuición tan aguzada° que tras un simple "el tiempo se ha vuelto inestable" o "los precios siguen por las nubes" detectaba la mano algo vacilante de aquel cuya intención secreta era derrocar al Gobierno.

Tanto celo° de su parte le valió un rápido ascenso. No sabemos si lo hizo muy feliz. En la sección B la cantidad de cartas que le llegaba a diario era mínima —muy contadas franqueaban° las anteriores barreras— pero en compensación había que leerlas tantas veces, pasarlas bajo la lupa, buscar micropuntos con el microscopio electrónico y afinar tanto el olfato que al volver a su casa por las noches se sentía agotado. Sólo atinaba a recalentarse una sopita, comer alguna fruta y ya se echaba a dormir con la satisfacción del deber cumplido. La que se inquietaba, eso sí, era su santa madre que trataba sin éxito de reencauzarlo por el buen camino. Le decía, aunque no fuera necesariamente cierto: Te llamó Lola, dice que está con las chicas en el bar, que te extrañan, que te esperan. Pero Juan no quería saber nada de excesos: todas las distracciones podían hacerle perder la acuidad° de sus sentidos y él los necesitaba alertas, agudos, atentos, afinados, para ser perfecto censor y detectar el engaño. La suya era una verdadera labor patria. Abnegada° y sublime.

Su canasto de cartas condenadas pronto pasó a ser el más nutrido pero también el más sutil de todo el Departamento de Censura. Estaba a punto ya de sentirse orgulloso de sí mismo, estaba a punto de saber que por fin había encontrado su verdadera senda, cuando llegó a sus manos su propia carta dirigida a Mariana. Como es natural, la condenó sin asco. Como también es natural, no pudo impedir que lo fusilaran al alba°, una víctima más de su devoción por el trabajo. ∎

enigmatic
sharp

conscientiousness

got through

> Días de horror ante las formas sutiles y sibilinas que encontraba la gente para transmitirse mensajes subversivos...

sharpness

self-sacrificing

al alba *at dawn*

¶ ¿Cómo sugiere el cuento que Juan se está volviendo más y más paranoico?

¶ La autora usa la palabra "devoción" al final del cuento. ¿Qué relación tiene esta palabra con el principio del cuento?

1. Cierto o falso Indica si cada afirmación es cierta o falsa. Corrige las falsas.

1. Al comienzo del cuento, Juan le escribe una carta a los censores.
2. Juan teme que su carta pueda ser leída por la oficina de censura.
3. Mariana parece ser una exnovia de Juan que vive en París.
4. Juan denunció a un compañero que condenaba todas las cartas que leía.
5. El trabajo de Juan se hizo más interesante cuando tuvo que verificar que los sobres no contuvieran explosivos.
6. El trabajo se volvió tan absorbente que Juan comenzó a olvidarse de la misión que lo había llevado allí.
7. Después de volver a casa por las noches, Juan se encontraba con amigas en un bar.
8. Cuando finalmente le llegó su carta dirigida a Mariana, Juan la condenó inmediatamente.

2. Comprensión Contesta las siguientes preguntas con oraciones completas.

1. ¿Por qué piensa Juan que Mariana corre peligro al recibir su carta?
2. ¿Qué hace Juan para tratar de proteger a Mariana?
3. ¿Fue difícil conseguir un puesto en la oficina de censura? ¿Por qué?
4. ¿Cómo era el clima en el Departamento de Censura?
5. ¿Qué accidente sufrió un compañero de Juan al tercer día?
6. ¿Qué cantidad de cartas le llegaban a Juan en la sección B?
7. ¿Quién se preocupaba por los efectos negativos que el trabajo producía en Juan?
8. ¿Por qué Juan no quería saber nada de excesos?

3. Interpretación Analiza los sucesos del cuento para contestar estas preguntas. Luego, compara tus respuestas con las de un(a) compañero/a.

1. En "Los censores", ¿cómo trata el Estado a sus empleados? ¿Qué tipo de empleado triunfa?
2. ¿Cómo intenta "reencauzar" la madre de Juan a su hijo? ¿Por qué fracasa?
3. ¿Por qué crees que para Juan los excesos son peligrosos?
4. ¿Cómo describirías el ambiente en "Los censores", donde nadie parece confiar en nadie?
5. ¿A qué le tiene miedo el Estado en el país de Juan? ¿A quiénes persigue?
6. ¿Qué clase de Estado intenta controlar estrictamente toda la información? ¿Existen ejemplos en el mundo actual?
7. Elige tres adjetivos para describir a un ciudadano ideal en este tipo de sociedad.
8. ¿"Los censores" tiene lugar en un país democrático? ¿Por qué?
9. Explica por qué en esta sociedad hay, además de censura, autocensura.

4. Técnica literaria Con un(a) compañero/a, contesta las siguientes preguntas sobre el narrador a partir de diferentes fragmentos del cuento.

"¡Pobre Juan!" (LÍNEA 1)
"Juancito dejó que se le viera encima la alegría…" (LÍNEA 5)
1. ¿Qué relación tiene el narrador con el personaje en estas oraciones?
2. ¿Es un narrador comprensivo o crítico de Juan?

"Entonces hay que ganarles de mano, entonces hay que hacer lo que hacen todos: tratar de sabotear el mecanismo…" (LÍNEA 30)
3. ¿Quiénes opinan así? ¿Quiénes son "ellos" y quiénes son "nosotros" en esta oración?

"Tanto celo de su parte le valió un rápido ascenso. No sabemos si lo hizo muy feliz". (LÍNEA 92)
4. Y en esta oración, ¿quiénes son "nosotros"?
5. ¿Cómo explicas la distancia que hay entre el narrador y Juan en estas oraciones?

"La suya era una verdadera labor patria. Abnegada y sublime". (LÍNEA 112)
6. ¿Quién opina así: el narrador, Juan, la sociedad, el Estado?
7. ¿Podemos pensar que esas oraciones son irónicas? ¿Por qué?

5. Formas de censura Con dos compañeros/as, analiza las ventajas y las desventajas que tienen algunas formas actuales de censura y autocensura. Pueden enfocarse en uno o dos de los siguientes temas.

- Las categorías de películas (G, PG, R, etc.)
- Lo "políticamente correcto"
- Las restricciones en Internet
- Las mentiras piadosas (*white lies*)

TALLER DE ESCRITURA

1. La carta de Juan Escribe la carta que Juan le envió a Mariana. Recuerda utilizar el formato de una carta, indicando la fecha y las fórmulas de saludo y de despedida. Vuelve a leer el principio del cuento para buscar datos de cómo es esa carta y cuál es la relación entre Juan y Mariana.

2. Juan condena a Juan Al final del cuento, Juan se condena a sí mismo. En un ensayo breve de una página, resume qué le ocurre a Juan durante el cuento para que esto ocurra. Sigue estos pasos:

1. Interpreta el título del cuento ("Los censores").
2. Analiza el comienzo del cuento ("¡Pobre Juan!").
3. Analiza el final ("no pudo impedir que lo fusilaran al alba, una víctima más de su devoción por el trabajo").
4. Escribe una conclusión para resumir el proceso por el que pasó Juan.
5. A partir de tu conclusión, escribe un título atractivo para el ensayo.

SOBRE EL AUTOR

Pablo **Neruda** fue el seudónimo utilizado por el chileno Neftalí Ricardo Reyes Basoalto (1904–1973) para evitarle a su padre la incomodidad de tener un hijo poeta. Neruda dio a conocer su primer libro, *Crepusculario,* en 1923, afrontando él mismo el costo de la publicación aunque todavía era apenas un adolescente. Al año siguiente llegaría *Veinte poemas de amor y una canción desesperada,* una de sus obras más conocidas.

En 1927 comienza su carrera diplomática como cónsul, que lo llevó a viajar por lugares como Rangún, Birmania, Buenos Aires (donde conoció a Federico García Lorca), Barcelona (donde conoció a Rafael Alberti y a Miguel Hernández) y Madrid. Fue justamente en esa ciudad española donde se integró plenamente al mundo de poetas y artistas. Allí publicó *Residencia en la tierra* y conoció a su segunda esposa. La guerra civil española y el asesinato de su amigo García Lorca lo conmovieron profundamente y transformaron su poesía, que se volvió° hacia temas sociales y cuestiones políticas. Desde Francia, publicó *España en el corazón* (1937), donde aparece su poema "Explico algunas cosas". En 1939 fue nombrado cónsul para la inmigración española en París y trabajó para ayudar a los exiliados.

Su afiliación al Partido Comunista le significó la persecución y la clandestinidad en su país natal durante varios años. En 1971 recibió el Premio Nobel de Literatura.

se volvió *turned to*

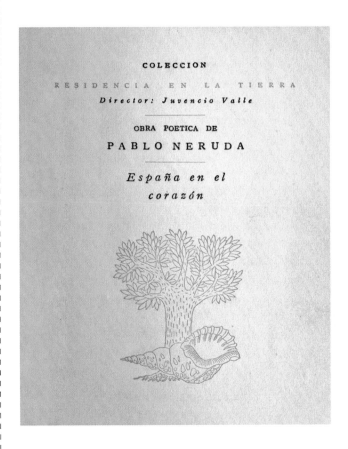

COLECCION

RESIDENCIA EN LA TIERRA
Director: Juvencio Valle

OBRA POETICA DE
PABLO NERUDA

*España en el
corazón*

TÉCNICA LITERARIA

La voz poética

Como en todo acto de comunicación, en la poesía también hay una voz que transmite un mensaje. En un poema de amor, por ejemplo, la voz poética se dirige a la persona amada. Sin embargo, la voz poética puede dirigirse a varias personas, a nosotros los lectores o a un lector particular. En esos casos, la voz poética puede nombrar o invocar a una persona o a una divinidad, o incluso puede interpelarnos (como diciendo: "¡Oye, tú!"). Estas invocaciones o interpelaciones están señaladas con verbos en segunda persona y pronombres deícticos.

En "Explico algunas cosas" la voz se dirige a diferentes personas en diferentes momentos. Mientras lees, identifica esos momentos.

- ¿Conoces otros textos que se dirigen directamente al lector? ¿Cómo lo hacen?

- ¿Qué efecto tienen los momentos en que la voz poética nos interpela?

Explico algunas cosas

Fecha de publicación: 1937
País del autor: Chile
Género: poema
Colección: *España en el corazón*

CONTEXTO HISTÓRICO

Madrid, el corazón de la lucha

La guerra civil española estalló en 1936 con el golpe militar de Franco en Marruecos; para los nacionales era esencial tomar Madrid, capital del país y sede° de gobierno, y obtener así el control político, militar y económico. En noviembre de 1936, la artillería franquista comenzó a bombardear Madrid, y la ciudad se convirtió en un frente de guerra entre los dos bandos, preparándose para la resistencia con el lema° "¡No pasarán!". La situación era desesperante debido a los continuos bombardeos de aviones (italianos y alemanes para el bando nacional, rusos para el bando republicano), los francotiradores° y la falta de alimentos.

Uno de los lugares más castigados por los constantes ataques de ambos bandos fue el barrio Argüelles, donde se encontraba la casa de Neruda en Madrid. Cuando su edificio fue bombardeado, el poeta no estaba en España. Regresó poco después con su amigo Miguel Hernández y descubrió, horrorizado, que su casa estaba destruida.

La ineficacia de las instituciones poco a poco desmoralizó a la población y la fractura dentro del bloque republicano precipitó el final de la guerra. El 28 de marzo de 1939, las tropas de Franco

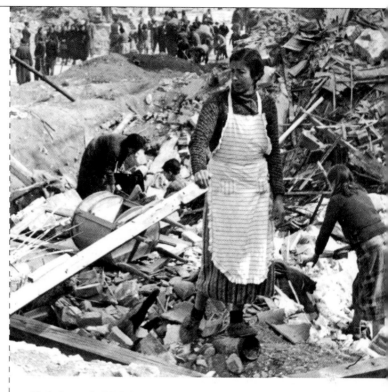

Ciudadanos de Madrid caminan entre los escombros tras un bombardeo en la batalla de Madrid.

entraron en la ciudad sin encontrar ninguna resistencia, lo que puso punto final al prolongado sitio° de Madrid.

 Practice more at **vhlcentral.com.**

sede *seat* **lema** *motto* **francotiradores** *snipers* **sitio** *siege*

ANTESALA

 1 Aprende y practica el vocabulario del poema en **vhlcentral.com.**

 2 Observa con atención el cuadro *Guernica* de Pablo Picasso, pintado en 1937, y contesta las preguntas:

- ¿Qué imágenes puedes distinguir? ¿Qué crees que simboliza cada una? ¿Qué impresión te causa esta obra?

 3 En grupos, conversen sobre estos temas:

- ¿Alguna vez has perdido algo que querías mucho y que es imposible recuperar? ¿Cómo te hizo sentir eso?

- ¿Conoces a alguien que cambió repentinamente su manera de ser por un suceso particular (un accidente, la pérdida de un ser querido)? ¿Cómo reaccionarías tú en esas circunstancias?

- ¿Qué opinas del viejo refrán que dice "en el amor y en la guerra todo vale"? ¿Piensas que hay causas que justifican el uso de las armas contra los civiles?

- ¿Las ideas son más importantes que las personas? Si tuvieras que elegir entre proteger tus ideas o proteger a tus seres queridos, ¿qué harías?

- ¿Qué papel te parece que desempeñan los artistas cuando narran eventos históricos? ¿Piensas que vale la pena arriesgar la vida para que ciertos sucesos se conozcan en todas partes?

Explico algunas cosas

Pablo Neruda

Preguntaréis: Y dónde están las lilas?
Y la metafísica cubierta de amapolas?
Y la lluvia que a menudo golpeaba
sus palabras llenándolas
de agujeros y pájaros?   5

Os voy a contar todo lo que me pasa.

Yo vivía en un barrio
de Madrid, con campanas,
con relojes, con árboles.
Desde allí se veía   10
el rostro seco de Castilla
como un océano de cuero.
                          Mi casa era llamada
la casa de las flores, porque por todas partes
estallaban geranios: era   15
una bella casa
con perros y chiquillos°.   *kids*
                          Raúl, te acuerdas?
Te acuerdas, Rafael?
              Federico, te acuerdas   20
debajo de la tierra,
te acuerdas de mi casa con balcones en donde
la luz de junio ahogaba flores en tu boca?
                          Hermano, hermano!

⏸ ¿Quiénes serán Raúl, Rafael y Federico? ¿Por qué les habla el autor?

Todo   25
eran grandes voces, sal de mercaderías,
aglomeraciones de pan palpitante,
mercados de mi barrio de Argüelles con su estatua
como un tintero pálido entre las merluzas:
el aceite llegaba a las cucharas,   30
un profundo latido
de pies y manos llenaba las calles,
metros, litros, esencia
aguda de la vida,
                          pescados hacinados°,   35   *overcrowded*
contextura de techos con sol frío en el cual
la flecha se fatiga,
delirante marfil fino de las patatas,
tomates repetidos hasta el mar.

Y una mañana todo estaba ardiendo   40
y una mañana las hogueras
salían de la tierra
devorando seres,
y desde entonces fuego,
pólvora desde entonces,   45
y desde entonces sangre.

Bandidos con aviones y con moros,
bandidos con sortijas y duquesas,
bandidos con frailes negros bendiciendo
venían por el cielo a matar niños,   50
y por las calles la sangre de los niños
corría simplemente, como sangre de niños.

Chacales que el chacal rechazaría,
piedras que el cardo seco mordería escupiendo,
víboras que las víboras odiaran!   55

Frente a vosotros he visto la sangre
de España levantarse
para ahogaros en una sola ola
de orgullo y de cuchillos!

⏸ ¿Qué palabras usa el autor para evocar la destrucción y la muerte?

60 Generales
traidores:
mirad mi casa muerta,
mirad España rota:
pero de cada cosa muerta sale metal ardiendo
65 en vez de flores,
pero de cada hueco de España
sale España,
rifle   pero de cada niño muerto sale un fusil° con ojos,
pero de cada crimen nacen balas
70 que os hallarán un día el sitio
del corazón.

Preguntaréis por qué su poesía
no nos habla del sueño, de las hojas,
de los grandes volcanes de su país natal?

75 Venid a ver la sangre por las calles,
venid a ver
la sangre por las calles,
venid a ver la sangre
por las calles! ∎

¿Cómo expresa
el autor que se trata
de una guerra civil?

1. Cierto o falso Indica si cada afirmación es cierta o falsa. Corrige las falsas.

1. En el poema se dice que no hay más lilas ni amapolas porque ha llegado el invierno.
2. Raúl, Rafael y Federico son los bandidos de los que habla el poeta.
3. La casa en la que vivía el poeta era llamada "la casa de las flores".
4. Neruda vivía en un barrio de Castilla.
5. Los "frailes negros bendiciendo" son los representantes de la iglesia católica.
6. El poeta llama "generales traidores" a los militares que dieron el golpe de Estado contra la República.
7. La casa está muerta porque todos los que vivían en ella han muerto debido a los bombardeos.
8. El país natal del poeta no es España.

2. Comprensión Contesta las siguientes preguntas con oraciones completas.

1. ¿Cómo era la casa de Neruda en Madrid?
2. ¿Por qué dice el poeta que Federico está debajo de la tierra? ¿Qué pasó con él?
3. ¿El barrio en el que vivía el poeta era muy silencioso o era ruidoso? ¿Qué había allí antes?
4. ¿Por qué cambió todo? ¿El cambio fue lento o se dio repentinamente?
5. ¿Qué le ocurrió a la casa de Neruda?
6. ¿Quiénes son las víctimas, según el poeta?
7. ¿De qué cosas no habla su poesía?
8. Al final del poema, ¿la situación ha cambiado? ¿Se han solucionado las cosas?

3. De la pregunta al reclamo El poema plantea una pregunta, la responde y luego hace un reclamo. Con un(a) compañero/a, analiza las tres partes del poema a partir de las siguientes preguntas.

La pregunta
1. ¿Quién le hace preguntas al poeta?
2. ¿Cómo interpretas las preguntas que le hacen?

La respuesta
1. ¿Cómo era el barrio y qué sucedió "una mañana"?
2. ¿Quiénes son las víctimas y quiénes los "bandidos"? Interpreta a quiénes se refiere el poema.

El reclamo
1. ¿De qué ha sido testigo el poeta?
2. ¿Contestó el poeta a la pregunta inicial? ¿Por qué cambió su poesía?
3. ¿Qué quiere el poeta que hagan los lectores?
4. Este poema es considerado un ejemplo de "poesía comprometida" (*engaged poetry*). Explica por qué. ¿Con qué se compromete? ¿Qué abandona?

4. **Técnica literaria** La voz poética les habla a diferentes personas o grupos. Con un(a) compañero/a, usa tus conocimientos sobre Neruda y la guerra civil española para indicar a quiénes se refiere el poema en cada palabra o frase subrayada. Analicen el efecto que tiene leer un poema dirigido a tantas personas.

   1. "<u>Os</u> voy a contar todo lo que me pasa".

   2. "<u>Yo</u> vivía en un barrio/ de Madrid, con campanas"

   3. "<u>Federico, te</u> acuerdas/ <u>debajo de la tierra</u>"

   4. "Frente a <u>vosotros</u> he visto la sangre/ de España levantarse"

   5. "<u>mirad</u> mi casa muerta,/ <u>mirad</u> España rota"

   6. "<u>Preguntaréis</u> por qué su poesía/ no nos habla del sueño, de las hojas,/ de los grandes volcanes de <u>su país natal</u>?"

5. **Expliquemos algunas cosas** ¿Qué cosas explica el poeta? Con dos compañeros/as, analiza la presencia de estos temas en el poema. Comenten sus conclusiones a la clase.

El poema explica algunas cosas sobre...

- el tipo de poesía que se puede escribir cuando hay una guerra.
- los efectos de la guerra en la actividad de un país.
- la influencia negativa que la iglesia y la tecnología pueden tener en un país.
- las obligaciones que tienen el escritor de literatura y sus lectores.

TALLER DE ESCRITURA

1. **El diálogo con el lector** La última estrofa del poema pide que haya testigos ("venid a ver"). En un ensayo de una página, analiza los recursos que utiliza el poema para convencer. Sigue estos pasos:

   1. Analiza la descripción de la casa y del barrio antes del comienzo de la guerra.

   2. Explica cuáles son las motivaciones y las características de los agresores en el poema.

   3. Comenta cuál de los dos bandos actúa con justicia.

   4. Explica con cuál de los bandos se identifica "España".

   5. En la conclusión, piensa qué cosa, además de observar, puede pedir el poema.

2. **La guerra continúa** Neruda escribió este poema en 1937, cuando la guerra civil española aún no había terminado. En un ensayo breve de una página, explica qué actitud tiene el poema ante la guerra. ¿Es un poema optimista o pesimista? ¿Nostálgico o animado? Justifica tu respuesta con un análisis detallado.

SOBRE EL AUTOR

Federico García Lorca nació el 5 de junio de 1898 en Fuente Vaqueros, España. Desde muy pequeño le fascinaron las canciones populares y lo marcó la fuerte herencia mora de su tierra. Estudió Derecho, pero nunca ejerció de abogado. Su madre, que era maestra, le había transmitido el amor por los libros, por esta razón decidió volcarse a la literatura. Así fue como en 1918 publicó su primer libro, *Impresiones y paisajes,* con la ayuda financiera de su padre, un terrateniente° de la región. Participó activamente en el círculo de artistas españoles de su generación, entre los que se contaban el poeta Rafael Alberti, el cineasta Luis Buñuel y el pintor Salvador Dalí, quien se encargó de los decorados para la puesta en escena de *Mariana Pineda,* el primer drama de García Lorca. Publicó libros de poemas como *Romancero gitano* y *Poeta en Nueva York*, y obras de teatro como *Bodas de sangre, Yerma* y *Doña Rosita la soltera,* que le dieron fama internacional.

Al estallar la Guerra Civil en 1936, ser comunista y homosexual lo convirtió en un enemigo del régimen. Ese mismo año publicó *La casa de Bernarda Alba,* considerada su obra maestra, que trata sobre la represión de la mujer y la intolerancia moral. García Lorca pasó el verano de 1936 en Granada. Por una denuncia anónima, los nacionales lo detuvieron en la casa de un amigo y lo fusilaron° el 19 de agosto. Su cuerpo está enterrado en una fosa común° anónima.

terrateniente *landowner* **fusilaron** *executed* **fosa común** *common grave*

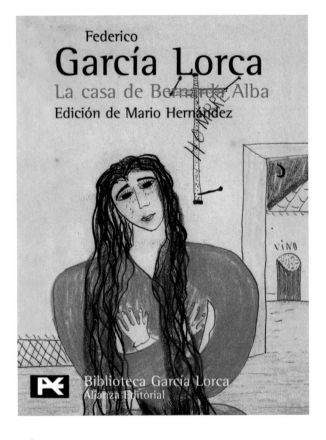

Federico
García Lorca
La casa de Bernarda Alba
Edición de Mario Hernández

PK Biblioteca García Lorca
Alianza Editorial

TÉCNICA LITERARIA

El escenario

El escenario es el espacio donde se sitúan los actores y se desarrolla el conflicto. La iluminación y los decorados —la escenografía— contribuyen a crear una atmósfera para la obra. El escenario casi nunca es un lugar cerrado: hay puertas y ventanas, así como ruidos y gritos que vienen de fuera.

En el Acto Segundo de *La casa de Bernarda Alba,* la escenografía es sencilla: una habitación de una casa modesta. Uno de los temas de la obra es la interacción entre los personajes que están dentro de la casa y el mundo exterior. A medida que lees este acto, presta atención a la atmósfera que hay en la casa y a los momentos en que se alude a lo que ocurre fuera de ella.

- ¿Cómo imaginas un escenario que evoque una atmósfera de libertad? ¿Y de opresión?

- ¿Qué significado simbólico puede tener una habitación en la que hace un calor agobiante?

La casa de Bernarda Alba /

Fecha de publicación: 1936
Fecha de estreno: 1945
País: España
Género: teatro
Personajes principales: Bernarda, la Poncia, Adela, Angustias, Martirio

CONTEXTO HISTÓRICO

Autoritarismo en la España de la preguerra

La casa de Bernarda Alba representa de una manera muy exacta el ambiente opresivo que se vivía en España a comienzos del siglo XX. De hecho, el director teatral Lluís Pasqual afirmó que esta obra muestra "el segundo antes del *Big Bang,* ese momento tan tenso que precede a la explosión de la Guerra Civil y que pillará° al propio Lorca de los primeros".

Entre las circunstancias históricas que llevaron a la guerra civil española se encuentran las diferencias abismales entre ricos y pobres. También está la persistencia de una estructura patriarcal que sometía° a las mujeres a su padre o marido en lo legal y a las normas morales de la Iglesia católica en todo lo demás. Durante la Segunda República Española se aprobó la Constitución de 1931 que le concedía° a la mujer el voto, la igualdad jurídica y el derecho al divorcio. Sin embargo, todos estos avances cívicos quedaron suspendidos con la llegada al poder del franquismo en 1939 y no se recuperarían hasta cuarenta años más tarde. *La casa de Bernarda Alba* es una fotografía de la situación que se vivía en las vísperas de la guerra, cuando la obra fue terminada. Luego quedó unida al destino de su autor y de España, donde no se

Dolores Ibárruri, dirigente política que luchó por los derechos de las mujeres, da un discurso en 1936.

representó hasta 1964. Refleja un tema universal, pero muy español a la vez, ya que muestra la importancia absoluta del "qué dirán", la obsesión con la moral y la defensa de las apariencias hasta llegar al extremo de imponer la autoridad y el poder sobre la vida misma.

 Practice more at **vhlcentral.com.**

pillará *will catch* **sometía** *subjugated* **concedía** *granted* **derrotó** *defeated*

ANTESALA

 1 Aprende y practica el vocabulario de la obra en **vhlcentral.com.**

 2 Observa las fotografías que ilustran la obra y contesta las preguntas:

- ¿Qué piensas de los personajes que aparecen allí? ¿Qué están haciendo? ¿Qué impresión te causan las imágenes?

 3 En grupos, conversen sobre estos temas:

- ¿Qué derechos crees que deben tener todos los seres humanos por igual?

- En las relaciones de autoridad, ¿te parece que se consiguen más resultados por miedo, por respeto o por amor? ¿Qué consecuencias puede tener una educación demasiado estricta?

- ¿Harías algo sólo para evitar que hablaran mal de ti? Explica.

- ¿Cómo te sentirías si no te dejaran salir de tu casa?

- ¿De qué manera te parece que se puede escapar de una estructura asfixiante? Elige una de estas opciones y explica por qué te parece la indicada.
  a. desafiándola
  b. ignorándola/ no prestándole atención
  c. sometiéndose

LA CASA DE BERNARDA ALBA

ACTO SEGUNDO (fragmento)

Federico García Lorca

PERSONAJES

Bernarda (madre), 60 años.
Tiene cinco hijas. Angustias es hija
de un primer matrimonio.

Angustias (hija), 39 años.
Es la prometida de Pepe
el Romano.

La Poncia (criada), 60 años.
Ha trabajado para Bernarda
toda su vida.

Criada.

Magdalena (hija), 30 años.

Amelia (hija), 27 años.

Martirio (hija), 24 años.

Adela (hija), 20 años.

SINOPSIS

Cuando muere su segundo marido, Bernarda decreta un estricto luto° de ocho
años. La despótica madre impide que sus cinco hijas, de diferentes edades y
temperamentos, se relacionen con el mundo exterior, sometiéndolas a estar
recluidas en la casa. Angustias, hija de un matrimonio anterior y heredera de
más dinero que sus hermanas, se prepara ansiosa para su futuro casamiento
concertado con el joven Pepe el Romano. Pero ella no es la única hermana
apasionada por él. Tampoco es la única que desea la libertad.

mourning

5

*Habitación blanca del interior de la casa de Bernarda. Las puertas de
la izquierda dan a los dormitorios. Las hijas de Bernarda están sentadas
en sillas bajas, cosiendo. Magdalena borda. Con ellas está la Poncia.*   10

MAGDALENA *(A voces.)* Adela, ¿no vienes?

AMELIA Estará echada en la cama.

LA PONCIA Ésa tiene algo. La encuentro sin sosiego, temblona°, asustada,
como si tuviera una lagartija entre los pechos.   *shivering*

MARTIRIO No tiene ni más ni menos que lo que tenemos todas.   15

MAGDALENA Todas, menos Angustias.

ANGUSTIAS Yo me encuentro bien, y al que le duela que reviente.

MAGDALENA Desde luego hay que reconocer que lo mejor que has tenido
siempre ha sido el talle y la delicadeza°.   *refinement, frailty*

ANGUSTIAS Afortunadamente pronto voy a salir de este infierno.   20

MAGDALENA ¡A lo mejor no sales!

MARTIRIO ¡Dejar esa conversación!

ANGUSTIAS Y, además, ¡más vale onza en el arca que ojos negros en la cara!

MAGDALENA Por un oído me entra y por otro me sale.

AMELIA *(A la Poncia.)* Abre la puerta del patio a ver si nos entra un poco el
fresco. *(La Poncia lo hace.)*   25

MARTIRIO Esta noche pasada no me podía quedar dormida del calor.

AMELIA ¡Yo tampoco!

MAGDALENA Yo me levanté a refrescarme. Había un nublo° negro de tormenta y
hasta cayeron algunas gotas.   *cloud*   30

LA PONCIA Era la una de la madrugada y salía fuego de la tierra. También me
levanté yo. Todavía estaba Angustias con Pepe en la ventana.

MAGDALENA *(Con ironía.)* ¿Tan tarde? ¿A qué hora se fue?

ANGUSTIAS Magdalena, ¿a qué preguntas, si lo viste?

AMELIA Se iría a eso de la una y media.   35

ANGUSTIAS Sí. ¿Tú por qué lo sabes?

AMELIA Lo sentí toser y oí los pasos de su jaca.

LA PONCIA ¡Pero si yo lo sentí marchar a eso de las cuatro!

ANGUSTIAS ¡No sería él!

LA PONCIA ¡Estoy segura!   40

AMELIA A mí también me pareció...

MAGDALENA ¡Qué cosa más rara! *(Pausa.)*

LA PONCIA Oye, Angustias, ¿qué fue lo que te dijo la primera vez que se
acercó a tu ventana?

ANGUSTIAS Nada. ¡Qué me iba a decir! Cosas de conversación.   45

MARTIRIO Verdaderamente es raro que dos personas que no se conocen se
vean de pronto en una reja y ya novios.

ANGUSTIAS Pues a mí no me chocó°.   *no me chocó / I wasn't surprised*

AMELIA A mí me daría no sé qué.

ANGUSTIAS No, porque cuando un hombre se acerca a una reja ya sabe por
los que van y vienen, llevan y traen, que se le va a decir que sí.   50

MARTIRIO Bueno, pero él te lo tendría que decir.

Observa los comentarios sobre el clima en los diálogos. Piensa qué atmósfera crean estos comentarios y qué emociones pueden estar relacionadas con ella.

ANGUSTIAS ¡Claro!

AMELIA *(Curiosa.)* ¿Y cómo te lo dijo?

55 **ANGUSTIAS** Pues, nada: "Ya sabes que ando detrás de ti, necesito una mujer buena, modosa, y ésa eres tú, si me das la conformidad."

AMELIA ¡A mí me da vergüenza de estas cosas!

ANGUSTIAS Y a mí, ¡pero hay que pasarlas!

LA PONCIA ¿Y habló más?

60 **ANGUSTIAS** Sí, siempre habló él.

MARTIRIO ¿Y tú?

ANGUSTIAS Yo no hubiera podido. Casi se me salía el corazón por la boca. Era la primera vez que estaba sola de noche con un hombre.

MAGDALENA Y un hombre tan guapo.

65 **ANGUSTIAS** No tiene mal tipo.

LA PONCIA Esas cosas pasan entre personas ya un poco instruidas, que hablan y dicen y mueven la mano... La primera vez que mi marido Evaristo el Colorín vino a mi ventana... ¡Ja, ja, ja!

AMELIA ¿Qué pasó?

70 **LA PONCIA** Era muy oscuro. Lo vi acercarse y, al llegar, me dijo: "Buenas noches." "Buenas noches", le dije yo, y nos quedamos callados más de media hora. Me corría el sudor° por todo el cuerpo. Entonces Evaristo se acercó, se acercó que se quería meter por los hierros, y dijo con voz muy baja: "¡Ven que te tiente°!" *(Ríen todas. Amelia se levanta corriendo y espía*

75 *por una puerta.)*

sweat

feel

AMELIA ¡Ay! Creí que llegaba nuestra madre.

MAGDALENA ¡Buenas nos hubiera puesto! *(Siguen riendo.)*

AMELIA Chisst... ¡Que nos va a oír!

LA PONCIA Luego se portó bien. En vez de darle por otra cosa, le dio por criar colorines hasta que murió. A vosotras, que sois solteras, os conviene

80 saber de todos modos que el hombre a los quince días de boda deja la cama por la mesa, y luego la mesa por la tabernilla. Y la que no se conforma se pudre llorando en un rincón.

AMELIA Tú te conformaste°.

you resigned yourself

85 **LA PONCIA** ¡Yo pude con él!

MARTIRIO ¿Es verdad que le pegaste algunas veces?

LA PONCIA Sí, y por poco lo dejo tuerto°.

one-eyed

MAGDALENA ¡Así debían ser todas las mujeres!

LA PONCIA Yo tengo la escuela de tu madre. Un día me dijo no sé qué cosa y

mano del almirez pestle 90 le maté todos los colorines con la mano del almirez°. *(Ríen.)*

MAGDALENA Adela, niña, no te pierdas esto.

AMELIA Adela. *(Pausa.)*

MAGDALENA ¡Voy a ver! *(Entra.)*

LA PONCIA ¡Esa niña está mala!

95 **MARTIRIO** Claro, ¡no duerme apenas!

LA PONCIA Pues, ¿qué hace?

MARTIRIO ¡Yo qué sé lo que hace!

LA PONCIA Mejor lo sabrás tú que yo, que duermes pared por medio.

La Poncia relata cómo conoció a su marido. ¿Qué idea tiene La Poncia del matrimonio?

ANGUSTIAS La envidia la come.

AMELIA No exageres.

ANGUSTIAS Se lo noto en los ojos. Se le está poniendo mirar de loca.

MARTIRIO No habléis de locos. Aquí es el único sitio donde no se puede pronunciar esta palabra. *(Sale Magdalena con Adela.)*

MAGDALENA Pues, ¿no estabas dormida?

ADELA Tengo mal cuerpo.

MARTIRIO *(Con intención.)* ¿Es que no has dormido bien esta noche?

ADELA Sí.

MARTIRIO ¿Entonces?

ADELA *(Fuerte.)* ¡Déjame ya! ¡Durmiendo o velando, no tienes por qué meterte en lo mío! ¡Yo hago con mi cuerpo lo que me parece!

MARTIRIO ¡Sólo es interés por ti!

ADELA Interés o inquisición. ¿No estabais cosiendo? Pues seguir. ¡Quisiera ser invisible, pasar por las habitaciones sin que me preguntarais dónde voy!

CRIADA *(Entra.)* Bernarda os llama. Está el hombre de los encajes°. *(Salen. Al salir, Martirio mira fijamente a Adela.)*

ADELA ¡No me mires más! Si quieres te daré mis ojos, que son frescos, y mis espaldas, para que te compongas la joroba° que tienes, pero vuelve la cabeza cuando yo pase. *(Se va Martirio.)*

LA PONCIA ¡Adela, que es tu hermana, y además la que más te quiere!

ADELA Me sigue a todos lados. A veces se asoma a mi cuarto para ver si duermo. No me deja respirar. Y siempre: "¡Qué lástima de cara! ¡Qué lástima de cuerpo, que no va a ser para nadie!" ¡Y eso no! Mi cuerpo será de quien yo quiera!

Margin left: ⏸ En la conversación entre Adela y Martirio, ¿qué clase de sentimientos demuestra una hacia la otra?

*Margin right:* 100 · 105 · 110 · *lace* · 115 · *hump* · 120

125 **LA PONCIA** *(Con intención y en voz baja.)* De Pepe el Romano, ¿no es eso?

ADELA *(Sobrecogida.)* ¿Qué dices?

LA PONCIA ¡Lo que digo, Adela!

ADELA ¡Calla!

LA PONCIA *(Alto.)* ¿Crees que no me he fijado?

ADELA ¡Baja la voz!

130 **LA PONCIA** ¡Mata esos pensamientos!

ADELA ¿Qué sabes tú?

LA PONCIA Las viejas vemos a través de las paredes. ¿Dónde vas de noche cuando te levantas?

ADELA ¡Ciega debías estar!

135 **LA PONCIA** Con la cabeza y las manos llenas de ojos cuando se trata de lo que se trata. Por mucho que pienso no sé lo que te propones. ¿Por qué te pusiste casi desnuda con la luz encendida y la ventana abierta al pasar Pepe el segundo día que vino a hablar con tu hermana?

ADELA ¡Eso no es verdad!

140 **LA PONCIA** ¡No seas como los niños chicos! Deja en paz a tu hermana y si Pepe el Romano te gusta te aguantas°. *(Adela llora.)* Además, ¿quién dice que no te puedas casar con él? Tu hermana Angustias es una enferma. Ésa no resiste el primer parto°. Es estrecha de cintura, vieja, y con mi conocimiento te digo que se morirá. Entonces Pepe hará lo que hacen todos los viudos de esta tierra: se casará con la más joven, la más hermosa, y ésa eres tú. Alimenta esa esperanza, olvídalo. Lo que quieras, pero no vayas contra la ley de Dios.

145

ADELA ¡Calla!

LA PONCIA ¡No callo!

150 **ADELA** Métete en tus cosas, ¡oledora°! ¡pérfida!

LA PONCIA ¡Sombra tuya he de ser!

ADELA En vez de limpiar la casa y acostarte para rezar a tus muertos, buscas como una vieja marrana° asuntos de hombres y mujeres para babosear° en ellos.

155 **LA PONCIA** ¡Velo! Para que las gentes no escupan al pasar por esta puerta.

ADELA ¡Qué cariño tan grande te ha entrado de pronto por mi hermana!

LA PONCIA No os tengo ley° a ninguna, pero quiero vivir en casa decente. ¡No quiero mancharme de vieja!

ADELA Es inútil tu consejo. Ya es tarde. No por encima de ti, que eres una criada, por encima de mi madre saltaría para apagarme este fuego que tengo levantado por piernas y boca. ¿Qué puedes decir de mí? ¿Que me encierro en mi cuarto y no abro la puerta? ¿Que no duermo? ¡Soy más lista que tú! Mira a ver si puedes agarrar la liebre con tus manos.

160

LA PONCIA No me desafíes. ¡Adela, no me desafíes! Porque yo puedo dar voces, encender luces y hacer que toquen las campanas.

165

ADELA Trae cuatro mil bengalas° amarillas y ponlas en las bardas del corral. Nadie podrá evitar que suceda lo que tiene que suceder.

LA PONCIA ¡Tanto te gusta ese hombre!

ADELA ¡Tanto! Mirando sus ojos me parece que bebo su sangre lentamente.

170 **LA PONCIA** Yo no te puedo oír.

*Margin glosses:*

you bear it

childbirth

nosy

filthy / talk nonsense

No os tengo ley
I don't care about you

flares

⏸ ¿Qué le recomienda La Poncia a Adela para lograr casarse con Pepe?

ADELA ¡Pues me oirás! Te he tenido miedo. ¡Pero ya soy más fuerte que tú! *(Entra Angustias.)*

ANGUSTIAS ¡Siempre discutiendo!

LA PONCIA Claro, se empeña° en que, con el calor que hace, vaya a traerle no sé qué cosa de la tienda.

ANGUSTIAS ¿Me compraste el bote de esencia?

LA PONCIA El más caro. Y los polvos. En la mesa de tu cuarto los he puesto. *(Sale Angustias.)*

ADELA ¡Y chitón°!

LA PONCIA ¡Lo veremos! *(Entran Martirio, Amelia y Magdalena.)*

MAGDALENA *(A Adela.)* ¿Has visto los encajes?

AMELIA Los de Angustias para sus sábanas de novia son preciosos.

ADELA *(A Martirio, que trae unos encajes.)* ¿Y éstos?

MARTIRIO Son para mí. Para una camisa.

ADELA *(Con sarcasmo.)* ¡Se necesita buen humor!

MARTIRIO *(Con intención.)* Para verlos yo. No necesito lucirme ante nadie.

LA PONCIA Nadie la ve a una en camisa.

MARTIRIO *(Con intención y mirando a Adela.)* ¡A veces! Pero me encanta la ropa interior. Si fuera rica la tendría de holanda. Es uno de los pocos gustos° que me quedan.

LA PONCIA Estos encajes son preciosos para las gorras de niño, para mantehuelos de cristianar°. Yo nunca pude usarlos en los míos. A ver si ahora Angustias los usa en los suyos. Como le dé por tener crías vais a estar cosiendo mañana y tarde.

MAGDALENA Yo no pienso dar una puntada.

AMELIA Y mucho menos cuidar niños ajenos. Mira tú cómo están las vecinas del callejón, sacrificadas por cuatro monigotes°.

LA PONCIA Ésas están mejor que vosotras. ¡Siquiera allí se ríe y se oyen porrazos°!

MARTIRIO Pues vete a servir con ellas.

LA PONCIA No. ¡Ya me ha tocado en suerte este convento! *(Se oyen unos campanillos lejanos, como a través de varios muros.)*

MAGDALENA Son los hombres que vuelven al trabajo.

LA PONCIA Hace un minuto dieron las tres.

MARTIRIO ¡Con este sol!

ADELA *(Sentándose.)* ¡Ay, quién pudiera salir también a los campos!

MAGDALENA *(Sentándose.)* ¡Cada clase tiene que hacer lo suyo!

MARTIRIO *(Sentándose.)* ¡Así es!

AMELIA *(Sentándose.)* ¡Ay!

LA PONCIA No hay alegría como la de los campos en esta época. Ayer de mañana llegaron los segadores°. Cuarenta o cincuenta buenos mozos.

MAGDALENA ¿De dónde son este año?

LA PONCIA De muy lejos. Vinieron de los montes. ¡Alegres! ¡Como árboles quemados! ¡Dando voces y arrojando piedras! Anoche llegó al pueblo una mujer vestida de lentejuelas° y que bailaba con un acordeón, y quince de ellos la contrataron para llevársela al olivar. Yo los vi de lejos. El que la contrataba era un muchacho de ojos verdes, apretado como una gavilla de trigo°.

(margin note, left) ⏸ ¿Por qué se burlan de Martirio al saber que compró encajes? ¿Para qué piensan todas que sirven los adornos?

*(margin glosses, right)*
175 — insists
— hush
180
185
190 — pleasures
— mantehuelos de cristianar *baptism clothes*
195
— rugrats
— beatings
200
205
210 — harvesters
215 — sequins
— gavilla de trigo *wheat sheaf*

AMELIA ¿Es eso cierto?

ADELA ¡Pero es posible!

220 **LA PONCIA** Hace años vino otra de éstas y yo misma di dinero a mi hijo mayor para que fuera. Los hombres necesitan estas cosas.

ADELA Se les perdona todo.

AMELIA Nacer mujer es el mayor castigo.

MAGDALENA Y ni nuestros ojos siquiera nos pertenecen. *(Se oye un canto*

225 *lejano que se va acercando.)*

LA PONCIA Son ellos. Traen unos cantos preciosos.

AMELIA Ahora salen a segar.

CORO Ya salen los segadores en busca de las espigas; se llevan los corazones de las muchachas que miran. *(Se oyen panderos y carrañacas. Pausa. Todas*

230 *oyen en un silencio traspasado por el sol.)*

AMELIA ¡Y no les importa el calor!

flares **MARTIRIO** Siegan entre llamaradas.°

ADELA Me gustaría segar para ir y venir. Así se olvida lo que nos muerde.

MARTIRIO ¿Qué tienes tú que olvidar?

235 **ADELA** Cada una sabe sus cosas.

MARTIRIO *(Profunda.)* ¡Cada una!

LA PONCIA ¡Callar! ¡Callar!

CORO *(Muy lejano.)* Abrir puertas y ventanas las que vivís en el pueblo; el segador pide rosas para adornar su sombrero.

240 **LA PONCIA** ¡Qué canto!

MARTIRIO *(Con nostalgia.)* Abrir puertas y ventanas las que vivís en el pueblo...

ADELA *(Con pasión.)* ... el segador pide rosas para adornar su sombrero. *(Se va alejando el cantar.)*

LA PONCIA Ahora dan la vuelta a la esquina.

245 **ADELA** Vamos a verlos por la ventana de mi cuarto.

LA PONCIA Tened cuidado con no entreabrirla mucho, porque son capaces de dar un empujón para ver quién mira. *(Se van las tres. Martirio queda sentada en la silla baja con la cabeza entre las manos.)*

AMELIA *(Acercándose.)* ¿Qué te pasa?

250 **MARTIRIO** Me sienta mal el calor.

AMELIA ¿No es más que eso?

MARTIRIO Estoy deseando que llegue noviembre, los días de lluvia, la escarcha; todo lo que no sea este verano interminable.

AMELIA Ya pasará y volverá otra vez.

255 **MARTIRIO** ¡Claro! *(Pausa.)* ¿A qué hora te dormiste anoche?

AMELIA No sé. Yo duermo como un tronco. ¿Por qué?

MARTIRIO Por nada, pero me pareció oír gente en el corral.

AMELIA ¿Sí?

MARTIRIO Muy tarde.

260 **AMELIA** ¿Y no tuviste miedo?

MARTIRIO No. Ya lo he oído otras noches.

farmhands **AMELIA** Debíamos tener cuidado. ¿No serían los gañanes°?

MARTIRIO Los gañanes llegan a las seis.

La escena de los segadores nos permite ver cuáles son los espacios femeninos y masculinos. ¿Cuál es el espacio de los hombres? ¿Y el de las mujeres? ¿Por qué Martirio quiere que llegue noviembre?

AMELIA Quizá una mulilla sin desbravar°.

MARTIRIO *(Entre dientes y llena de segunda intención.)* ¡Eso, eso!, una mulilla sin desbravar.

AMELIA ¡Hay que prevenir!

MARTIRIO ¡No, no! No digas nada. Puede ser un barrunto° mío.

AMELIA Quizá. *(Pausa. Amelia inicia el mutis.)*

MARTIRIO Amelia.

AMELIA *(En la puerta.)* ¿Qué? *(Pausa.)*

MARTIRIO Nada. *(Pausa.)*

AMELIA ¿Por qué me llamaste? *(Pausa.)*

MARTIRIO Se me escapó. Fue sin darme cuenta. *(Pausa.)*

AMELIA Acuéstate un poco.

ANGUSTIAS *(Entrando furiosa en escena, de modo que haya un gran contraste con los silencios anteriores.)* ¿Dónde está el retrato de Pepe que tenía yo debajo de mi almohada? ¿Quién de vosotras lo tiene?

MARTIRIO Ninguna.

AMELIA Ni que Pepe fuera un San Bartolomé de plata.

ANGUSTIAS ¿Dónde está el retrato? *(Entran la Poncia, Magdalena y Adela.)*

ADELA ¿Qué retrato?

ANGUSTIAS Una de vosotras me lo ha escondido.

MAGDALENA ¿Tienes la desvergüenza de decir esto?

ANGUSTIAS Estaba en mi cuarto y no está.

MARTIRIO ¿Y no se habrá escapado a medianoche al corral? A Pepe le gusta andar con la luna.

ANGUSTIAS ¡No me gastes bromas! Cuando venga se lo contaré.

LA PONCIA ¡Eso, no! ¡Porque aparecerá! *(Mirando a Adela.)*

ANGUSTIAS ¡Me gustaría saber cuál de vosotras lo tiene!

ADELA *(Mirando a Martirio.)* ¡Alguna! ¡Todas, menos yo!

MARTIRIO *(Con intención.)* ¡Desde luego!

BERNARDA *(Entrando con su bastón.)* ¿Qué escándalo es éste en mi casa y con el silencio del peso del calor? Estarán las vecinas con el oído pegado a los tabiques°.

ANGUSTIAS Me han quitado el retrato de mi novio.

BERNARDA *(Fiera°.)* ¿Quién? ¿Quién?

ANGUSTIAS ¡Éstas!

BERNARDA ¿Cuál de vosotras? *(Silencio.)* ¡Contestarme! *(Silencio. A Poncia.)* Registra los cuartos, mira por las camas. Esto tiene no ataros más cortas°. ¡Pero me vais a soñar! *(A Angustias.)* ¿Estás segura?

ANGUSTIAS Sí.

BERNARDA ¿Lo has buscado bien?

ANGUSTIAS Sí, madre. *(Todas están en medio de un embarazoso silencio.)*

BERNARDA Me hacéis al final de mi vida beber el veneno más amargo que una madre puede resistir. *(A Poncia.)* ¿No lo encuentras?

LA PONCIA *(Saliendo.)* Aquí está.

BERNARDA ¿Dónde lo has encontrado?

Margin notes:

mulilla sin desbravar *wild mule* — 265

suspicion

270

275

280

285

290

295 *walls*

furious

Esto... cortas. *This happens for not keeping you on a shorter leash.* — 300

305

⏸ ¿Qué es lo que más le preocupa a Bernarda Alba de la discusión de sus hijas?

LA PONCIA Estaba...

310 **BERNARDA** Dilo sin temor.

LA PONCIA *(Extrañada.)* Entre las sábanas de la cama de Martirio.

BERNARDA *(A Martirio.)* ¿Es verdad?

MARTIRIO ¡Es verdad!

BERNARDA *(Avanzando y golpeándola con el bastón.)* ¡Mala puñalada te den,
315 mosca muerta! ¡Sembradura de vidrios!

MARTIRIO *(Fiera.)* ¡No me pegue usted, madre!

BERNARDA ¡Todo lo que quiera!

MARTIRIO ¡Si yo la dejo! ¿Lo oye? ¡Retírese usted!

LA PONCIA No faltes a tu madre.

320 **ANGUSTIAS** *(Cogiendo a Bernarda.)* Déjela. ¡Por favor!

BERNARDA Ni lágrimas te quedan en esos ojos.

MARTIRIO No voy a llorar para darle gusto.

BERNARDA ¿Por qué has cogido el retrato?

MARTIRIO ¿Es que yo no puedo gastar una broma° a mi hermana? ¿Para qué
325 otra cosa lo iba a querer?

ADELA *(Saltando llena de celos.)* No ha sido broma, que tú no has gustado
nunca de juegos. Ha sido otra cosa que te reventaba el pecho por querer
salir. Dilo ya claramente.

MARTIRIO ¡Calla y no me hagas hablar, que si hablo se van a juntar las
330 paredes unas con otras de vergüenza!

ADELA ¡La mala lengua no tiene fin para inventar!

BERNARDA ¡Adela!

MAGDALENA Estáis locas.

AMELIA Y nos apedreáis con malos pensamientos.

335 **MARTIRIO** Otras hacen cosas más malas.

ADELA Hasta que se pongan en cueros° de una vez y se las lleve el río.

BERNARDA ¡Perversa!

ANGUSTIAS Yo no tengo la culpa de que Pepe el Romano se haya fijado en mí.

ADELA ¡Por tus dineros!

340 **ANGUSTIAS** ¡Madre!

BERNARDA ¡Silencio!

MARTIRIO Por tus marjales° y tus arboledas°.

MAGDALENA ¡Eso es lo justo!

BERNARDA ¡Silencio digo! Yo veía la tormenta venir, pero no creía que
345 estallara tan pronto. ¡Ay, qué pedrisco° de odio habéis echado sobre mi
corazón! Pero todavía no soy anciana y tengo cinco cadenas para vosotras
y esta casa levantada por mi padre para que ni las hierbas se enteren de mi
desolación. ¡Fuera de aquí! *(Salen. Bernarda se sienta desolada. La Poncia
está de pie arrimada a los muros. Bernarda reacciona, da un golpe en el suelo
350 y dice:)* ¡Tendré que sentarles la mano! Bernarda, ¡acuérdate que ésta es
tu obligación!

LA PONCIA ¿Puedo hablar?

BERNARDA Habla. Siento que hayas oído. Nunca está bien una extraña en el
centro de la familia.

---

*Margin glosses:*

gastar una broma
play a joke

naked

marshes / groves

hail

Margin note:

II Según Martirio, ¿por qué se llevó el retrato del novio de su hermana? ¿Le creen las demás? ¿Cómo trata Bernarda a sus hijas?

LA PONCIA Lo visto, visto está.   355

BERNARDA Angustias tiene que casarse en seguida.

LA PONCIA Hay que retirarla de aquí.

BERNARDA No a ella. ¡A él!

LA PONCIA ¡Claro, a él hay que alejarlo de aquí! Piensas bien.

BERNARDA No pienso. Hay cosas que no se pueden ni se deben pensar.   360
Yo ordeno.

LA PONCIA ¿Y tú crees que él querrá marcharse?

BERNARDA *(Levantándose.)* ¿Qué imagina tu cabeza?

LA PONCIA Él, claro, ¡se casará con Angustias!

BERNARDA Habla. Te conozco demasiado para saber que ya me tienes   365
preparada la cuchilla.

LA PONCIA Nunca pensé que se llamara asesinato al aviso.

BERNARDA ¿Me tienes que prevenir algo?

LA PONCIA Yo no acuso, Bernarda. Yo sólo te digo: abre los ojos y verás.

BERNARDA ¿Y verás qué?   370

LA PONCIA Siempre has sido lista. Has visto lo malo de las gentes a cien
leguas. Muchas veces creí que adivinabas los pensamientos. Pero los hijos
son los hijos. Ahora estás ciega.

BERNARDA ¿Te refieres a Martirio?

LA PONCIA Bueno, a Martirio... *(Con curiosidad.)* ¿Por qué habrá escondido   375
el retrato?

BERNARDA *(Queriendo ocultar a su hija.)* Después de todo ella dice que ha
sido una broma. ¿Qué otra cosa puede ser?

LA PONCIA *(Con sorna.)* ¿Tú lo crees así?

BERNARDA *(Enérgica.)* No lo creo. ¡Es así!   380

LA PONCIA Basta. Se trata de lo tuyo. Pero si fuera la vecina de enfrente,
¿qué sería?

BERNARDA Ya empiezas a sacar la punta del cuchillo.

LA PONCIA *(Siempre con crueldad.)* No, Bernarda, aquí pasa una cosa muy
grande. Yo no te quiero echar la culpa, pero tú no has dejado a tus hijas   385
libres. Martirio es enamoradiza, digas lo que tú quieras. ¿Por qué no la
dejaste casar con Enrique Humanes? ¿Por qué el mismo día que iba a venir
a la ventana le mandaste recado° que no viniera?   *message*

BERNARDA *(Fuerte.)* ¡Y lo haría mil veces! Mi sangre no se junta con la de los
Humanes mientras yo viva! Su padre fue gañán.   390

LA PONCIA ¡Y así te va a ti con esos humos!

BERNARDA Los tengo porque puedo tenerlos. Y tú no los tienes porque sabes
muy bien cuál es tu origen.

LA PONCIA *(Con odio.)* ¡No me lo recuerdes! Estoy ya vieja, siempre agradecí
tu protección.   395

BERNARDA *(Crecida.)* ¡No lo parece!

LA PONCIA *(Con odio envuelto en suavidad.)* A Martirio se le olvidará esto.

BERNARDA Y si no lo olvida peor para ella. No creo que ésta sea la «cosa muy
grande» que aquí pasa. Aquí no pasa nada. ¡Eso quisieras tú! Y si pasara
algún día estáte segura que no traspasaría las paredes.   400

⏸ ¿Le interesa a Bernarda escuchar la opinión de los demás? ¿Qué personalidad demuestra en su conversación con la criada?

LA PONCIA ¡Eso no lo sé yo! En el pueblo hay gentes que leen también de lejos los pensamientos escondidos.

BERNARDA ¡Cómo gozarías de vernos a mí y a mis hijas camino del lupanar°!

brothel

LA PONCIA ¡Nadie puede conocer su fin!

405 **BERNARDA** ¡Yo sí sé mi fin! ¡Y el de mis hijas! El lupanar se queda para alguna mujer ya difunta...

LA PONCIA *(Fiera.)* ¡Bernarda! ¡Respeta la memoria de mi madre!

BERNARDA ¡No me persigas tú con tus malos pensamientos! *(Pausa.)*

LA PONCIA Mejor será que no me meta en nada.

410 **BERNARDA** Eso es lo que debías hacer. Obrar y callar a todo. Es la obligación de los que viven a sueldo.

LA PONCIA Pero no se puede. ¿A ti no te parece que Pepe estaría mejor casado con Martirio o... ¡sí!, con Adela?

BERNARDA No me parece.

415 **LA PONCIA** *(Con intención.)* Adela. ¡Ésa es la verdadera novia del Romano!

BERNARDA Las cosas no son nunca a gusto nuestro.

LA PONCIA Pero les cuesta mucho trabajo desviarse de la verdadera inclinación. A mí me parece mal que Pepe esté con Angustias, y a las gentes, y hasta al aire. ¡Quién sabe si se saldrán con la suya!

420 **BERNARDA** ¡Ya estamos otra vez!... Te deslizas para llenarme de malos sueños. Y no quiero entenderte, porque si llegara al alcance de todo lo que dices te tendría que arañar.

¡No llegará... río! You will not hurt me.

LA PONCIA ¡No llegará la sangre al río°!

⏸ ¿Por qué la Poncia sugiere que Pepe debería casarse con Adela? ¿Qué piensa Bernarda?

BERNARDA ¡Afortunadamente mis hijas me respetan y jamás torcieron mi voluntad!

LA PONCIA ¡Eso sí! Pero en cuanto las dejes sueltas se te subirán al tejado°.

BERNARDA ¡Ya las bajaré tirándoles cantos°!

LA PONCIA ¡Desde luego eres la más valiente!

BERNARDA ¡Siempre gasté sabrosa pimienta°!

LA PONCIA ¡Pero lo que son las cosas! A su edad. ¡Hay que ver el entusiasmo de Angustias con su novio! ¡Y él también parece muy picado°! Ayer me contó mi hijo mayor que a las cuatro y media de la madrugada, que pasó por la calle con la yunta, estaban hablando todavía.

BERNARDA ¡A las cuatro y media!

ANGUSTIAS *(Saliendo.)* ¡Mentira!

LA PONCIA Eso me contaron.

BERNARDA *(A Angustias.)* ¡Habla!

ANGUSTIAS Pepe lleva más de una semana marchándose a la una. Que Dios me mate si miento.

MARTIRIO *(Saliendo.)* Yo también lo sentí marcharse a las cuatro.

BERNARDA Pero, ¿lo viste con tus ojos?

MARTIRIO No quise asomarme. ¿No habláis ahora por la ventana del callejón?

ANGUSTIAS Yo hablo por la ventana de mi dormitorio. *(Aparece Adela en la puerta.)*

MARTIRIO Entonces...

BERNARDA ¿Qué es lo que pasa aquí?

LA PONCIA ¡Cuida de enterarte! Pero, desde luego, Pepe estaba a las cuatro de la madrugada en una reja de tu casa.

BERNARDA ¿Lo sabes seguro?

LA PONCIA Seguro no se sabe nada en esta vida.

ADELA Madre, no oiga usted a quien nos quiere perder a todas.

BERNARDA ¡Yo sabré enterarme! Si las gentes del pueblo quieren levantar falsos testimonios se encontrarán con mi pedernal°. No se hable de este asunto. Hay a veces una ola de fango° que levantan los demás para perdernos.

MARTIRIO A mí no me gusta mentir.

LA PONCIA Y algo habrá.

BERNARDA No habrá nada. Nací para tener los ojos abiertos. Ahora vigilaré sin cerrarlos ya hasta que me muera.

ANGUSTIAS Yo tengo derecho de enterarme.

BERNARDA Tú no tienes derecho más que a obedecer. Nadie me traiga ni me lleve. *(A la Poncia.)* Y tú te metes en los asuntos de tu casa. ¡Aquí no se vuelve a dar un paso que yo no sienta!

CRIADA *(Entrando.)* ¡En lo alto de la calle hay un gran gentío° y todos los vecinos están en sus puertas!

BERNARDA *(A la Poncia.)* ¡Corre a enterarte de lo que pasa! *(Las mujeres corren para salir.)* ¿Dónde vais? Siempre os supe mujeres ventaneras y rompedoras de su luto. ¡Vosotras al patio! *(Salen y sale Bernarda. Se oyen rumores lejanos. Entran Martirio y Adela, que se quedan escuchando y sin atreverse a dar un paso más de la puerta de salida.)*

Marginal notes:

425

se... tejado
they will go wild

stones

¡Siempre... pimienta!
I've always been aggressive.

430 interested

435

440

445

450

flint
455 mud

460

crowd
465

470

Left margin note:

Aquí se plantea un misterio y una posible solución. ¿Quién dice que Pepe se va a la una? ¿Quiénes dicen que se va a las cuatro? ¿Quién tiene razón? ¿Qué crees que hace Pepe por las noches?

MARTIRIO Agradece a la casualidad que no desaté mi lengua.

ADELA También hubiera hablado yo.

MARTIRIO ¿Y qué ibas a decir? ¡Querer no es hacer!

ADELA Hace la que puede y la que se adelanta. Tú querías, pero no has podido.

475 **MARTIRIO** No seguirás mucho tiempo.

ADELA ¡Lo tendré todo!

MARTIRIO Yo romperé tus abrazos.

ADELA *(Suplicante.)* ¡Martirio, déjame!

MARTIRIO ¡De ninguna!

480 **ADELA** ¡Él me quiere para su casa!

MARTIRIO ¡He visto cómo te abrazaba!

rope **ADELA** Yo no quería. He ido como arrastrada por una maroma°.

MARTIRIO ¡Primero muerta! *(Se asoman Magdalena y Angustias. Se siente crecer el tumulto.)*

485 **LA PONCIA** *(Entrando con Bernarda.)* ¡Bernarda!

BERNARDA ¿Qué ocurre?

LA PONCIA La hija de la Librada, la soltera, tuvo un hijo no se sabe con quién.

ADELA ¿Un hijo?

490 **LA PONCIA** Y para ocultar su vergüenza lo mató y lo metió debajo de unas piedras; pero unos perros, con más corazón que muchas criaturas, lo *threshold* sacaron y como llevados por la mano de Dios lo han puesto en el tranco° de su puerta. Ahora la quieren matar. La traen arrastrando por la calle abajo, y por las trochas y los terrenos del olivar vienen los hombres corriendo, dando unas voces que estremecen los campos.

495 **BERNARDA** Sí, que vengan todos con varas de olivo y mangos de azadones, que vengan todos para matarla.

ADELA ¡No, no, para matarla no!

MARTIRIO Sí, y vamos a salir también nosotras.

BERNARDA Y que pague la que pisotea su decencia. *(Fuera se oye un grito de* 500 *mujer y un gran rumor.)*

ADELA ¡Que la dejen escapar! ¡No salgáis vosotras!

MARTIRIO *(Mirando a Adela.)* ¡Que pague lo que debe!

BERNARDA *(Bajo el arco.)* ¡Acabar con ella antes que lleguen los guardias! ¡Carbón ardiendo en el sitio de su pecado!

505 **ADELA** *(Cogiéndose el vientre.)* ¡No! ¡No!

BERNARDA ¡Matadla! ¡Matadla!

Telón rápido. ■

II La violencia al final parece tener un significado especial. ¿Qué quiere Adela que ocurra? ¿Por qué? ¿Por qué Bernarda quiere que maten a la hija de la Librada?

1. Elegir Indica la opción correcta.

1. La prometida de Pepe el Romano es...
   a. Adela. b. Angustias. c. Martirio.
2. El clima que hay en el pueblo y dentro de la casa es...
   a. caluroso. b. frío. c. lluvioso.
3. Pepe y su prometida conversan por las rejas de la ventana...
   a. del salón. b. de la cocina. c. del dormitorio de ella.
4. Adela siente por Pepe...
   a. odio. b. pasión. c. indiferencia.
5. Cuando vuelven los obreros, las hermanas...
   a. conversan con ellos. b. no les prestan atención. c. los espían.
6. Bernarda Alba es una mujer...
   a. callada. b. triste. c. autoritaria.
7. Martirio no se casó con Enrique Humanes porque...
   a. ella no quiso. b. su madre se lo impidió. c. él la abandonó.

2. Comprensión Contesta las siguientes preguntas con oraciones completas.

1. ¿En qué lugar se desarrolla toda la escena?
2. ¿Por qué Pepe el Romano se quiere casar con Angustias?
3. ¿Qué piensa la Poncia sobre el matrimonio?
4. ¿Cuál de las hermanas vigila todo el tiempo a Adela?
5. ¿Por qué se interesa la Poncia por la moral de la casa de Bernarda?
6. ¿Por qué Bernarda se opuso al noviazgo de su hija Martirio?
7. ¿Qué pasó con la hija de la Librada? ¿Todas las mujeres de la casa de Bernarda Alba están de acuerdo con la decisión del pueblo?

3. Una tormenta que llega El acto comienza con una escena de mujeres que cosen y termina con una mujer que pide a gritos que maten a otra. Con un(a) compañero/a, analiza cómo aumenta la tensión y se desarrollan los conflictos en la obra.

1. ¿Por qué es importante el horario de las visitas de Pepe?
2. Según la Poncia, ¿qué debe hacer Adela para conquistar a Pepe? ¿Cómo reacciona Adela?
3. Hay un momento de tranquilidad cuando los hombres pasan. ¿Por qué?
4. ¿Qué intenciones dice Martirio que tuvo al robar el retrato? ¿Le creen las demás?
5. "Yo veía la tormenta venir", dice Bernarda. ¿A qué se refiere?
6. ¿Cómo reacciona Bernarda ante lo que le dice la Poncia?
7. ¿Por qué el pueblo quiere linchar a la hija de la Librada? ¿Qué quiere Adela?

4. **Técnica literaria** En escena sólo aparecen personajes de la casa de Bernarda: sus hijas y las criadas. Sin embargo, muchas veces se refieren a lo que ocurre afuera. Con dos compañeros/as, contesta las siguientes preguntas sobre la interacción entre la casa y el exterior.

Adentro y afuera

1. ¿Qué tareas hacen las mujeres y los hombres? ¿Qué espacios ocupan?
2. ¿Quién puede tomar la iniciativa?

Las ventanas

3. En los "romances" de la Poncia, Angustias y Adela, las ventanas son indispensables. ¿Por qué?
4. ¿Qué significado simbólico tienen las ventanas en la obra?

Las paredes

5. La Poncia dice: "Las viejas vemos a través de las paredes". ¿Qué repercusión tienen estas palabras en la obra?
6. Bernarda dice que si ocurre algo en la casa "no traspasaría las paredes". ¿Qué le preocupa a Bernarda?

5. **Una sociedad conservadora** Con dos compañeros/as, analiza los diferentes aspectos de la sociedad que aparecen representados en la obra. Utilicen las palabras clave en un debate de cinco minutos. Comenten sus conclusiones a la clase.

Religión	Clases sociales	Tradición	Control
castidad	los Humanes y los Alba	la casa	despotismo
decencia	gañán	la historia familiar	rumores

TALLER DE ESCRITURA

1. **Pepe el Romano** A pesar de ser el motivo evidente del conflicto, Pepe el Romano nunca aparece en escena. En un ensayo breve de una página, describe la personalidad de este personaje e imagina su aspecto a partir de la información que nos da la obra.

2. **Una sociedad violenta** A lo largo del Acto Segundo hay una serie de hechos de violencia, relatados o explícitos. En un ensayo de una página, describe los momentos violentos y cómo se relacionan entre sí. Sigue estos pasos:

1. *Explica los motivos de la pelea entre Angustias, Martirio y Adela.*
2. *Analiza la reacción de Bernarda ante el conflicto entre sus hijas.*
3. *Analiza la relación entre el conflicto central de la obra y el caso de la hija de la Librada.*
4. *Escribe una conclusión sobre los orígenes de la violencia en esta sociedad.*

◎ UN ENSAYO DE COMPARACIÓN Y CONTRASTE

La película y los textos de esta lección exploran la guerra, la violencia, la opresión y la resistencia de maneras muy diferentes. Prepara un ensayo que compare y contraste dos obras.

Plan de escritura

Comienza completando una tabla con las características de cada obra. Esta tabla te ayudará a preparar tu ensayo de comparación y contraste.

	personajes principales	ambiente	temas centrales
El laberinto del fauno	Ofelia, Mercedes, capitán Vidal, Fauno		
"Los censores"		Argentina, finales de los años 70	
"Explico algunas cosas"			Guerra Civil Violencia Compromiso social
La casa de Bernarda Alba			

Planificar y preparar la escritura

1. Estrategia: Enfoca tu ensayo en un tema en concreto

- Mira la tabla que completaste y piensa en un aspecto en particular que dos de las obras tengan en común.

- Considera lo siguiente: los protagonistas reaccionan a la violencia y a la represión que los rodea de maneras diferentes. ¿Cómo se enfrentan a ellas? ¿Cuáles son las consecuencias de su modo de actuar?

- Recuerda que en el ensayo vas a comparar y a contrastar dos obras, es decir, debes encontrar las semejanzas y las diferencias entre ellas.

2. Estrategia: Encontrar información y organizarla

- Para cada obra, busca todos los datos que te ayudarán a escribir un buen ensayo de comparación y contraste.

- Utiliza un diagrama como punto de partida para organizar tus ideas sobre las obras. Una vez esté completo, piensa en el tema que elegiste y en cómo se pueden comparar y contrastar las obras con las ideas que reuniste.

Situación	Reacción	Consecuencia

El laberinto del fauno → Posguerra; padrastro franquista… → Ofelia se refugia en la fantasía. Mercedes… → …

Escribir

3. Tu ensayo de comparación y contraste Ahora puedes escribir tu ensayo. Utiliza la información que has reunido. Emplea palabras de comparación y de contraste, como *también, igualmente, por el contrario* o *sin embargo.* Sigue estos pasos para escribir.

- **Introducción:** Explica en términos generales sobre qué vas a escribir.

- **Desarrollo:** Describe, compara y contrasta con detalle las semejanzas y las diferencias entre las dos obras, ofreciendo tu opinión personal.

- **Conclusión:** Resume tus observaciones más importantes y termina el ensayo dando tu opinión sobre los enfoques de las obras.

Recuerda incluir en tu ensayo citas de los textos o de la película que refuercen las ideas de comparación y de contraste. Revisa las obras de nuevo y anota las citas importantes en una tabla como ésta.

Obras	Citas
"Los censores"	Pág. 58: "Entonces hay que ganarles de mano, entonces hay que hacer lo que hacen todos…" Pág. …
"Explico algunas cosas"	Pág. 67: "Venid a ver la sangre por las calles…" Pág. …

Revisar y leer

4. Revisión Pídele a un(a) compañero/a que lea tu ensayo y que sugiera cómo mejorarlo. Revísalo incorporando sus sugerencias y prestando atención a los siguientes elementos:

- ¿La introducción explica de manera clara el tema del ensayo?

- ¿El desarrollo está escrito en un orden lógico? ¿Presenta bien los puntos de comparación y de contraste entre las dos obras?

- ¿La conclusión resume tus observaciones de comparación y de contraste? ¿Expresa tu opinión sobre las obras?

- ¿Son correctas la gramática y la ortografía?

5. Lectura Lee tu ensayo a varios/as compañeros/as. Tomen turnos. Cuando termines de leer tu ensayo, tus compañeros/as deben hacerte preguntas. Comenten juntos un punto interesante del ensayo que les haya llamado la atención.

EL *lado* OSCURO

CONTENIDO

Ⓢ **REPASO GRAMATICAL: Pronombres de objeto directo e indirecto**
Adjetivos

SOBRE EL DIRECTOR

Alejandro Amenábar nació en Chile en 1972. Cuando tenía un año, su familia emigró a España, país en el que ha vivido desde entonces. Se crio leyendo y escribiendo relatos, componiendo canciones de manera autodidacta y viendo mucho cine, en particular la película *2001: Odisea del espacio*, que vio decenas° de veces, no sólo por las imágenes sino por la música. Entró a la universidad con la idea de estudiar Periodismo, pero decidió abandonar esta carrera y dedicarse a sus grandes pasiones: el cine y la composición. Entre 1991 y 1995, realizó cuatro cortometrajes y, en 1996, escribió y dirigió *Tesis*, el largometraje que lo consagró con el premio Goya a la mejor película y al mejor director novel°, entre otros premios. Un año más tarde, se estrenó *Abre los ojos*, un *thriller* psicológico y de ciencia ficción con una extraña atmósfera que años después fue adaptado por Hollywood como *Vanilla Sky* (2001), con Tom Cruise y Penélope Cruz. Ese mismo año, el cineasta siguió su trayectoria de éxitos con *The Others,* filme con el que triunfó en España y Estados Unidos y que le valió ocho premios Goya, entre ellos a la mejor película y al mejor director. En estas películas se pueden apreciar las influencias de sus directores favoritos: Hitchcock, Kubrick y Spielberg, además de su pasión por la música y la escritura.

Amenábar escribió los guiones de sus películas y compuso las bandas sonoras° de casi todas ellas. Entre estas películas está *Mar adentro* (2004), basada en la historia real de Ramón Sampedro y ganadora en 2005 del Óscar a la mejor película extranjera y de catorce premios Goya.

decenas *tens* **novel** *first-time* **bandas sonoras** *soundtracks*

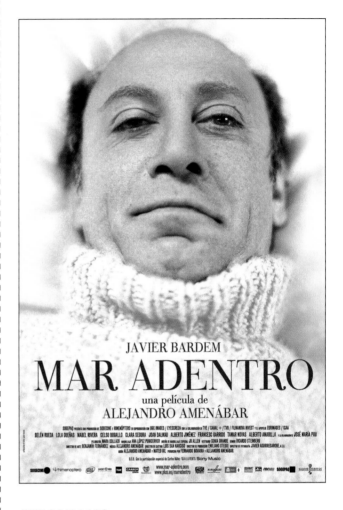

JAVIER BARDEM

MAR ADENTRO

una película de
ALEJANDRO AMENÁBAR

PERSONAJES

Ramón Sampedro *Tras un accidente quedó tetrapléjico*

Julia *Abogada, inspira y ayuda a Ramón*

Rosa *Ama la vida. Quiere y admira a Ramón*

Manuela *Cuñada de Ramón, lo cuida todos los días*

Mar adentro

Fecha de estreno: 2004
País: España
Género: largometraje
Guión: Alejandro Amenábar y Mateo Gil
Actores: Javier Bardem, Belén Rueda, Lola Dueñas, Mabel Rivera, Celso Bugallo
Duración: 125 minutos

CONTEXTO HISTÓRICO

España y sus idiomas

En 1492, el mismo año en que Colón llega a América, los musulmanes y los judíos son expulsados de España, y concluye así el periodo de la Reconquista. En este mismo año se publica la *Gramática castellana*, la primera gramática del español, escrita por Antonio de Nebrija. Bajo el reinado de los Reyes Católicos, Fernando II de Aragón e Isabel I de Castilla, España queda unificada con una religión (el catolicismo), un poder político (Castilla y Aragón) y un idioma (el castellano). Hoy el castellano es el idioma oficial en todo el país. Sin embargo, en diferentes regiones de España se hablan también otros idiomas, algunos cooficiales, como el euskera° en el País Vasco, el catalán en Cataluña y el gallego en Galicia, entre otros. Durante gran parte del siglo XX, estos idiomas estuvieron proscriptos° por la dictadura de Franco, que prohibió el uso de banderas regionales y consideró antiespañol no hablar castellano. Tras la muerte de Franco y el fin de la dictadura en 1975, varias regiones impulsaron° su idioma vernáculo°. En Cataluña, por ejemplo, el catalán es hoy la lengua principal en el ámbito° académico, en las administraciones públicas y en los medios de comunicación. La coexistencia de idiomas en España ha causado

Los Reyes Católicos, Fernando II de Aragón e Isabel I de Castilla, y su hija Juana

una gran controversia entre quienes promueven la preservación de las lenguas vernáculas y quienes dan valor a una lengua común.

 Practice more at **vhlcentral.com**.

euskera *Basque* proscriptos *banned* vernáculo *native* ámbito *circles* impulsaron *drove*

ANTESALA

 1 Aprende y practica el vocabulario de la película en **vhlcentral.com**.

 2 En parejas, conversen sobre estos temas:

- ¿Qué opinas del amor platónico? ¿Cómo lo describirías? ¿Crees que es un tipo de amor más puro?

- Todos valoramos la importancia del libre albedrío (*freewill*), pero ¿debe

tener límites? ¿En qué casos? ¿Qué persona o institución debe poner límites al libre albedrío?

- La enfermería es una ocupación ingrata: nos acordamos de los cirujanos, pero rara vez de los enfermeros. ¿Qué temperamento es necesario para ser enfermero? ¿Serías

un(a) buen(a) enfermero/a? Justifica tu respuesta.

- ¿Has sufrido alguna vez de claustrofobia? ¿Qué sensaciones te produce estar en un lugar pequeño? ¿Y no poder moverte libremente?

Parte 1

00:00
21:01

Parte 2

21:02
48:52

Parte 3

48:53
1:10:45

TÉCNICA CINEMATOGRÁFICA

La banda sonora y la música incidental En las películas hay dos tipos de música: la música incidental y la banda sonora.

La música incidental o de fondo es compuesta especialmente para acompañar la acción o al personaje. Por ejemplo, en una película de

Ramón recibe dos nuevas visitas

Guía para la comprensión

En esta parte Ramón recibe la visita de dos mujeres: Rosa y Julia. Cuando la veas, completa el cuadro con la información sobre cada una de ellas.

	Rosa	Julia
profesión		
clase social		
lugar de origen		
estado civil		
motivo para visitar a Ramón		

El pasado y las ilusiones de Ramón

Guía para la comprensión

En esta parte sabemos un poco más de la vida del progatonista. A partir de los datos que se presentan en la película, deduce la siguiente información:

- fecha de nacimiento
- edad en que se embarca para conocer el mundo
- fecha del accidente
- tiempo que está tetraplégico
- edad actual

Todos opinan sobre el caso de Ramón

Guía para la comprensión

Las personas cercanas a Ramón tienen diferentes opiniones sobre su caso. Indica quién lo apoya y quién está en contra.

	A favor	En contra
el hermano de Ramón		
el sacerdote Francisco de Galdar		
Marc		
Rosa		
Manuela		
Gené		

Preguntas

1. ¿En qué región de España transcurre la acción?
2. ¿Con quiénes vive Ramón?
3. ¿De qué trabajan Julia y Marc?
4. ¿Está de acuerdo con la eutanasia el hermano de Ramón?
5. ¿Dónde trabaja Rosa?
6. ¿Por qué va Rosa a visitar a Ramón?

1. ¿Cómo conoció el mundo Ramón?
2. ¿Cuántos años tenía Ramón cuando dio la vuelta al mundo?
3. ¿Por qué sufrió el accidente?
4. ¿Qué tienen los papeles que le da Manuela a Julia?

1. ¿Qué tipo de enfermedad tiene Julia? ¿Es curable?
2. ¿Javier, el sobrino de Ramón, transcribe bien los poemas?
3. ¿Qué dice el sacerdote tetraplégico sobre la familia de Ramón por televisión?
4. ¿Qué le sucedió a Rosa con su empleo?
5. ¿Por qué el sacerdote y Ramón hablan con un intermediario?

vampiros, la música agrega suspenso e inquietud cuando un personaje entra a un castillo abandonado. En este sentido, la presencia de un personaje puede ir acompañada de un *leitmotiv*, es decir, de un tema musical característico que se repite a lo largo de la película.

La banda sonora, por otra parte, es la música que existe fuera de la película y aparece en ella; por ejemplo, cuando una canción que suena en la radio acompaña el viaje de un personaje en una carretera (aunque el personaje la escuche o no).

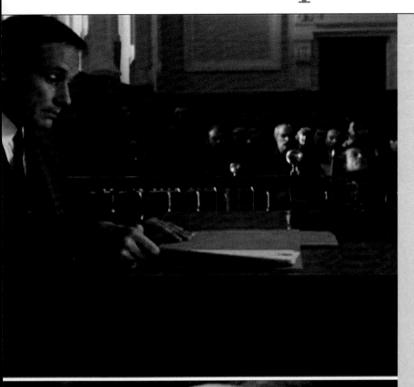

Parte 4

1:10:46
1:34:42

Parte 5

1:34:43
2:00:49

Los directores eligen la música muy cuidadosamente. La música incidental nos parece "natural" porque acompaña la trama de la película y rara vez llega a ser famosa; una excepción es el caso de la película *Tiburón* (*Jaws*), cuando el tiburón ataca. La banda

sonora, por su parte, es la señal distintiva de algunas películas y de ciertos directores: es fundamental para crear atmósferas. Quentin Tarantino y Pedro Almodóvar, por ejemplo, crean atmósferas nostálgicas muy particulares a partir de la banda

LECCIÓN 3 | El lado oscuro | 97

Ramón se enfrenta a la justicia

Guía para la comprensión

En esta parte, vemos la decisión, los preparativos y el resultado de la visita de Ramón ante la justicia. Cuando la veas, anota los siguientes datos:

- motivos
- preparativos
- resultados

Preguntas

1. Gené está embarazada. ¿Quién es el padre del bebé?
2. ¿Qué van a hacer Julia y Ramón durante dos semanas?
3. ¿Por qué dice Gené que tienen que sacar a Ramón de casa?
4. Según el padre de Ramón, ¿qué es peor a que se te muera un hijo?
5. Para Manuela, ¿por qué vale la pena que Ramón vaya a ver a los jueces?

Las despedidas y un libro como recuerdo

Guía para la comprensión

El final de la película cierra las historias de varios personajes. Escribe qué sucede con cada uno de estos:

- Gené y Marc
- Ramón
- Rosa
- Julia

Preguntas

1. ¿Qué piensa hacer Ramón cuando salga publicado el libro?
2. ¿Quién le ofrece ayuda a Ramón para morir?
3. ¿Qué consecuencias tuvo el accidente de Ramón para José?
4. Ramón escribe un poema a "su hijo". ¿A quién se lo dedica?
5. ¿Por qué Julia no reconoce a Gené ni recuerda a Ramón?

sonora en sus películas. Muy pocos directores son, también, compositores. Este es el caso de Alejandro Amenábar.

Cuando veas *Mar adentro*, presta especial atención a la música: ¿Hay música incidental? ¿Hay *leitmotivs* musicales que acompañan a ciertos personajes? ¿Qué canciones hay en la banda sonora? ¿Qué tipo de canciones son?

| Piénsalo (S)

1. Cierto o falso Indica si cada afirmación es cierta o falsa. Corrige las falsas.

1. Gené esperaba una sola persona, pero vinieron dos.
2. La institución de Gené ayuda a las personas que quieren morir.
3. Ramón piensa que los tetrapléjicos no tienen una vida digna.
4. Ramón no quiere usar la silla de ruedas porque es incómoda.
5. Un hijo de Rosa piensa que Ramón está fingiendo, que no está paralizado.
6. Ramón es ingenioso y siempre está inventando cosas.
7. Rosa ha tenido suerte con los hombres.
8. Ramón siempre quiso publicar sus poemas.
9. Rosa le da el veneno a Ramón en un vaso.
10. Gené encuentra muchos escritos de Ramón después de que él muere.

2. Comprensión Contesta las preguntas con oraciones completas.

1. ¿Por qué Gené se enoja cuando Julia viene acompañada?
2. ¿Quién ha cuidado a Ramón desde su accidente?
3. ¿Cómo conoce Rosa a Ramón?
4. ¿Qué quiere hacer Julia después de sufrir un nuevo infarto?
5. ¿Cómo ayuda Javi a Ramón con sus poemas?
6. Según el sacerdote, ¿a quién le pertenece la vida?
7. ¿Qué le propone Julia a Ramón después de recuperarse de su infarto?
8. ¿Qué personajes hablan gallego? ¿En qué circunstancias?
9. ¿Por qué los jueces no dejan que hable Ramón?
10. ¿Qué cree Ramón que ocurre después de la muerte?

3. Interpretación Contesta las preguntas y justifica tus respuestas.

1. ¿Por qué crees que Rosa dice que ella y su hijo "dejaron" al primer marido?
2. ¿Qué personalidad imaginas que tenía Ramón antes del accidente?
3. ¿Qué piensa Ramón de su hermano?
4. ¿En qué estado de salud mental está el padre de Ramón?
5. Ramón comenta que Rosa "encontró refugio" en su casa. ¿Por qué?
6. ¿Por qué Ramón siempre está dando tareas a su familia con sus inventos?
7. ¿Quién está enamorada de Ramón? ¿Rosa? ¿Julia? ¿Ambas?
8. El título de la película en español es *Mar adentro* y en inglés *The Sea Inside*. ¿Qué opinas de esta traducción?
9. Según la película, ¿cuáles crees que son las razones del Estado para prohibir la eutanasia?

4. Técnica cinematográfica Con un(a) compañero/a, contesta las preguntas.

1. En la primera escena de la película, Gené pone un disco de Wagner (minuto 2). ¿Qué relación hay entre la música y la escena?

2. En su programa de radio, Rosa pone la canción "Negra sombra" (minutos 21–23). ¿Qué imágenes vemos mientras escuchamos la canción? ¿Por qué esta canción es adecuada o no para acompañar esas imágenes?

3. El recuerdo del accidente y de la vida pasada de Ramón (minutos 30–33:30) va acompañado de una música compuesta especialmente. ¿Qué sensaciones evoca esa música?

4. Cuando escucha el aria de ópera "Nessum dorma" (41:30–45:30), Ramón imagina un vuelo. ¿Hay un paralelismo entre la música del aria y el vuelo? ¿Cuándo es el punto culminante de uno y del otro?

5. Casi al final de la película (2:00–2:01), vemos una serie de imágenes que acompañan el recitado del poema "Mar adentro" y una serie de imágenes. ¿Qué relación hay entre el poema, las imágenes y la música?

5. Opiniones Con dos compañeros/as, analiza las preguntas y justifica cada respuesta.

1. La película critica la acción (o inacción) de la justicia sobre el caso de la eutanasia. ¿Es efectiva su crítica?

2. Ramón escucha música clásica, hace inventos y escribe poesía. Su familia no parece tener ambiciones intelectuales como las de él. ¿Cómo crees que esto le afecta?

3. Ramón parece estar muy seguro de lo que quiere. ¿Duda en algún momento? ¿Cuándo?

4. En la película vemos un proceso de vida (el embarazo y nacimiento del bebé de Gené) y uno de muerte. ¿Qué efecto produce que una película sobre la eutanasia tenga también un nacimiento?

5. Rosa acepta que amar a Ramón significa ayudar a que muera. ¿Crees que la muerte de alguien puede ser un acto de amor hacia esa persona?

6. El final de la película nos propone, directa o indirectamente, comparar las decisiones de Julia (vivir) y de Ramón (morir). ¿Qué conclusiones puedes sacar de esta comparación?

TALLER DE ESCRITURA

1. El prólogo de *Cartas desde el infierno* Imagina que vas a escribir un prólogo para el libro de Ramón. Escribe una página que contenga la siguiente información:

- *Quién es el autor del libro: su lugar de origen, su historia.*

- *Cuáles eran sus pasiones.*

- *Qué tipo de poesía hay en* Cartas desde el infierno.

- *Un comentario sobre el título.*

2. Rosa en el banquillo de los acusados Imagina que ha pasado el tiempo y Rosa es acusada de asesinato. Tú eres el/la abogado/a defensor(a). Escribe una declaración inicial (*opening statement*) para leer ante el jurado:

- *Describe a tu cliente.*

- *Explica la situación a la que se enfrentó al conocer a Ramón.*

- *Afirma que ella es inocente e incluye información que lo confirme.*

SOBRE LA AUTORA

Emilia Pardo Bazán, nació en La Coruña, España, el 16 de septiembre de 1851. Hija de los condes de Pardo Bazán, recibió una excelente educación y desde muy joven demostró un enorme interés por la literatura. De hecho, escribió sus primeros poemas a la temprana edad de nueve años y, a los quince, su primer cuento. A lo largo de su vida, recorrió varios países europeos y plasmó° sus impresiones en numerosos escritos. También se interesó por el teatro, la crítica literaria y el ensayo. Sin embargo, fue su trayectoria como novelista la que le otorgó° su gran fama y prestigio dentro del mundo de las letras. Entre sus novelas, en las que se percibe una fuerte influencia naturalista, se destacan *La tribuna* (1883), *Los pazos de Ulloa* (1886) y *La madre naturaleza* (1887).

Pardo Bazán también colaboró en diferentes publicaciones con artículos de opinión, cuentos y crónicas de viajes. En 1891 creó la revista *Nuevo Teatro Crítico* y, poco después, fundó y dirigió la Biblioteca de la Mujer. Sus más de quinientas obras anticiparon lo que es hoy el movimiento feminista. Siempre consciente del sexismo imperante en los círculos intelectuales, Pardo Bazán se dedicó incansablemente a defender los derechos y las libertades de la mujer. Gracias a su éxito y popularidad, recibió innumerables felicitaciones, pero también muchas críticas. Murió el 12 de mayo de 1921.

plasmó *expressed* **otorgó** *bestowed*

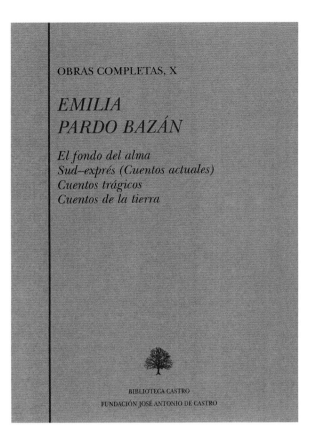

OBRAS COMPLETAS, X

EMILIA PARDO BAZÁN

El fondo del alma
Sud–exprés (Cuentos actuales)
Cuentos trágicos
Cuentos de la tierra

BIBLIOTECA CASTRO
FUNDACIÓN JOSÉ ANTONIO DE CASTRO

TÉCNICA LITERARIA

El *flashback*

El *flashback* o "escena retrospectiva" es una técnica literaria que permite rememorar situaciones pasadas a partir de una acción que ocurre en el momento en el que se desarrolla la historia. El narrador, u otro personaje, evoca desde el presente una escena que tuvo lugar en el pasado, a menudo con lujo de detalles.

El uso de esta técnica es muy frecuente en todo tipo de obras narrativas y cinematográficas, ya que sirve para explicar qué hizo que el personaje en cuestión se encuentre en la situación actual. Un claro ejemplo es el cuento "El revólver", de Emilia Pardo Bazán: la protagonista describe sus experiencias pasadas a una persona que acaba de conocer.

- ¿Conoces alguna obra literaria famosa por el uso de *flashbacks*?

- ¿Piensas que una narración tendría la misma intensidad sin el uso de esa técnica? ¿Por qué?

El revólver

Fecha de publicación: 1895
País: España
Género: cuento
Personajes: El narrador, Flora, Reinaldo

CONTEXTO CULTURAL

El naturalismo

A lo largo del siglo XIX, surgieron varios movimientos literarios en el ámbito cultural español. Entre los más importantes figuran el realismo y el naturalismo. El primero se centraba en la realidad de la época, buscaba la verosimilitud de las obras literarias e intentaba apartarse del romanticismo, caracterizado por la exaltación de lo fantástico y del pasado histórico.

El naturalismo, en cambio, profundizaba en los aspectos más tristes y miserables de la naturaleza humana. Al escribir, los naturalistas se basaban en conceptos científicos sobre el desarrollo del individuo en su entorno, como la evolución natural darwiniana o la herencia genética. También deseaban destacar la influencia de las pasiones y de los instintos en la conducta de los seres humanos. A su vez, se apartaron del idealismo de la fe católica y mostraron una visión materialista y racional de Dios y del universo. Lógicamente, todos estos conceptos polémicos generaron un gran revuelo entre los sectores sociales más conservadores de la época.

"El revólver" es un cuento claramente naturalista. El texto pone de manifiesto aspectos oscuros de la naturaleza humana, como los celos. Además,

El escritor francés Émile Zola, principal representante del naturalismo

el narrador no sólo usa terminología médica en sus descripciones, sino que busca una explicación racional al estado actual de la protagonista.

 Practice more at **vhlcentral.com.**

ANTESALA

 1 Aprende y practica el vocabulario del cuento en **vhlcentral.com.**

 2 Contesta las preguntas:

- ¿Cuáles son las principales diferencias entre el romanticismo y el realismo? ¿Qué diferencia al naturalismo de otras corrientes literarias realistas? ¿Qué temas e ideas suelen abordarse en las obras del naturalismo literario? ¿Por qué esa corriente generó tanta polémica en su momento?

 3 Emilia Pardo Bazán fue una ferviente católica. Además, aunque parezca contradictorio, introdujo el naturalismo literario en la España ultraconservadora del siglo XIX. En grupos, conversen sobre estos temas:

- ¿Qué debe ser más importante para el artista: su obra o sus creencias religiosas? ¿Pueden compaginarse (*go together*)?

- ¿Cómo afectó el concepto de la supervivencia del más apto (*survival of the fittest*) a la visión de la jerarquía social del siglo XIX?

- ¿Por qué las pasiones y los instintos hacen más verosímiles las obras literarias? ¿Con qué personaje se sentiría más identificado el lector del siglo XIX: con un caballero medieval o con una persona humilde? ¿Por qué?

EL revólver

Emilia Pardo Bazán

EN UN ACCESO DE CONFIANZA, DE ESOS QUE PROVOCA LA familiaridad y convivencia de los balnearios, la enferma del corazón me refirió su mal, con todos los detalles de sofocaciones, violentas palpitaciones, vértigos, síncopes, colapsos, en que se ve llegar la última hora... Mientras hablaba, la miraba yo atentamente. Era una mujer como de treinta y cinco a treinta y seis años, estropeada por el padecimiento; al menos tal creí, aunque, prolongado el examen, empecé a suponer que hubiese algo más allá de lo físico en su ruina. Hablaba y se expresaba, en efecto, como quien ha sufrido mucho, y yo sé que los males del cuerpo, generalmente, cuando no son de inminente gravedad, no bastan para producir ese marasmo°, ese radical abatimiento. Y notando cómo las anchas hojas de los plátanos, tocadas de carmín por la mano artística del otoño, caían a tierra majestuosamente y quedaban extendidas cual manos cortadas, le hice observar, para arrancar confidencias, lo pasajero de todo, la melancolía del tránsito de las cosas...

—Nada es nada —me contestó, comprendiendo instantáneamente que, no una curiosidad, sino una compasión, llamaba a las puertas de su espíritu—. Nada es nada..., a no ser que nosotros mismos convirtamos ese nada en algo. Ojalá lo viésemos todo, siempre, con el sentimiento ligero, aunque triste, que nos produce la caída de ese follaje sobre la arena.

El encendimiento enfermo de sus mejillas se avivó, y entonces me di cuenta de que habría sido muy hermosa, aunque estuviese su hermosura borrada y barrida, lo mismo que las cintas de un cuadro fino, al cual se le pasa el algodón impregnado° de alcohol. Su pelo rubio y sedeño mostraba rastros de ceniza, canas precoces... Sus facciones habíanse marchitado; la tez°, sobre todo, revelaba esas alteraciones de la sangre que son envenenamientos lentos, descomposiciones del organismo. Los ojos, de un azul amante, con vetas negras, debieron de atraer en otro tiempo; pero ahora, los afeaba algo peor que los años: una especie de extravío, que por momentos les prestaba relucir de locura.

Callábamos; pero mi modo de contemplarla decía tan expresivamente mi piedad, que ella, suspirando por ensanchar° un poco el siempre oprimido pecho, se decidió, y no sin detenerse de cuando en cuando a respirar y rehacerse, me contó la extraña historia.

5

10 *wasting*

15

20

soaked

skin

25

30 *to widen*

⏸ Normalmente, ¿qué sentimientos despiertan los enfermos en nosotros?

> No tardé, sin embargo, en comprender el origen de su transformación: en Reinaldo se habían desarrollado los celos, unos celos violentos...

—Me casé muy enamorada... Mi marido era entrado en edad respecto a mí; frisaba en° los cuarenta, y yo sólo contaba diecinueve. Mi genio era alegre, animadísimo; conservaba carácter de chiquilla, y los momentos en que él no estaba en casa, los dedicaba a cantar, a tocar el piano, a charlar y reír con las amigas que venían a verme y que me envidiaban la felicidad, la boda lucida, el esposo apasionado y la brillante situación social.

Duró esto un año —el año delicioso de la luna de miel—. Al volver la primavera, el aniversario de nuestro casamiento, empecé a notar que el carácter de Reinaldo cambiaba. Su humor era sombrío° muchas veces, y sin que yo adivinase el porqué, me hablaba duramente, tenía accesos de enojo. No tardé, sin embargo, en comprender el origen de su transformación: en Reinaldo se habían desarrollado los celos, unos celos violentos, y razonados°, sin objeto ni causa y, por lo mismo, doblemente crueles y difíciles de curar. Si salíamos juntos, se celaba de que la gente me mirase o me dijese, al paso, cualquier tontería de éstas que se les dice a las mujeres jóvenes; si salía él solo, se celaba de lo que yo quedase haciendo en casa, de las personas que venían a verme; si salía sola yo, los recelos°, las suposiciones eran todavía más infamantes°...

Si le proponía, suplicando, que nos quedásemos en casa juntos, se celaba de mi semblante entristecido, de mi supuesto aburrimiento, de mi labor, de un instante en que, pasando frente a la ventana, me ocurría esparcir la vista hacia fuera... Se celaba, sobre todo, al percibir que mi genio de pájaro, mi buen humor de chiquilla, habían desaparecido, y que muchas tardes, al encender luz se veía brillar sobre mi tez el rastro húmedo y ardiente del llanto. Privada de mis inocentes distracciones; separada ya de mis amigas, de mi parentela°, de mi propia familia, porque Reinaldo interpretaba como ardides° de traición el deseo de comunicarme y mirar otras caras que la suya, yo lloraba a menudo, y no correspondía a los transportes de pasión de Reinaldo con el dulce abandono de los primeros tiempos.

Cierto día, después de una de las amargas escenas de costumbre, mi marido me advirtió:

—Flora, yo podré ser un loco, pero no soy un necio°. Me ha enajenado° tu cariño, y aunque tal vez tú no hubieses pensado en engañarme, en lo sucesivo, sin poderlo remediar, pensarías en ello.

Ya nunca más seré para ti el amor. Las golondrinas° que se fueron no vuelven. Pero como yo te quiero, por desgracia, más cada día, y te quiero sin tranquilidad, con ansia y fiebre, te advierto que he pensado el modo de que no haya entre nosotros ni cuestiones, ni quimeras, ni lágrimas, y una vez por todas sepas cuál va a ser nuestro convenio.

Hablando así, me cogió del brazo y me llevó hacia la alcoba. Yo iba temblando; presentimientos crueles me helaban. Reinaldo abrió el cajón del mueblecito incrustado donde guardaba el tabaco, el reloj, pañuelos, y me enseñó un revólver grande, un arma siniestra.

35 frisaba en *was approaching*

40

45

gloomy

50

well-reasoned

55

suspicions

defamatory

60

65 *extended family*

tricks

70

stupid / deranged

75 *swallows*

80

⏸ ¿En qué se parecen los celos de Reinaldo a una fiebre? ¿Puede hacer algo su esposa para conformarlo?

—Aquí tienes —me dijo— la garantía de que tu vida va a ser en lo
sucesivo tranquila y dulce. No volveré a exigirte cuentas ni de cómo empleas
tu tiempo, ni de tus amistades, ni de tus distracciones. Libre eres, como el
aire libre. Pero el día que yo note algo que me hiera en el alma... ese día, ¡por
mi madre te lo juro! sin quejas, sin escenas, sin la menor señal de que estoy
disgustado, ¡ah, eso no!, me levanto de noche calladamente, cojo el arma, te
la aplico a la sien° y te despiertas en la eternidad. Ya estás avisada...

Lo que yo estaba era desmayada, sin conocimiento. Fue preciso llamar
al médico, por lo que duraba el síncope. Cuando recobré el sentido y recordé,
sobrevino la convulsión. Hay que advertir que les tengo un miedo cerval° a las
armas de fuego; de un casual disparo murió un hermanito mío. Mis ojos, con
fijeza alocada, no se apartaban del cajón del mueble que encerraba el revólver.

No podía yo dudar, por el tono y el gesto de Reinaldo, que estaba
dispuesto a ejecutar su amenaza, y como, además, sabía la facilidad con
que se ofuscaba su imaginación, empecé a darme por muerta. En efecto,
Reinaldo, cumpliendo su promesa, me dejaba completamente dueña de mí,
sin dirigirme la menor censura, sin mostrar ni en el gesto que se opusiese
a ninguno de mis deseos o desaprobase mis actos; pero esto mismo me
espantaba, porque indicaba la fuerza y la tirantez de una voluntad que
descansa en una resolución..., y víctima de un terror cada día más hondo,
permanecía inmóvil, no atreviéndome a dar un paso. Siempre veía el reflejo
de acero del cañón del revólver.

De noche, el insomnio me tenía con los ojos abiertos; creyendo percibir
sobre la sien el metálico frío de un círculo de hierro, o, si conciliaba el sueño,
despertaba sobresaltada, con palpitaciones en que parecía que el corazón iba
a salírseme del pecho, porque soñaba que un estampido atroz me deshacía
los huesos del cráneo y me volaba el cerebro, estrellándolo contra la pared...
Y esto duró cuatro años, cuatro años en que no tuve minuto tranquilo, en
que no di un paso sin recelar que ese paso provocase la tragedia.

—Y ¿cómo terminó esa situación tan horrible? —pregunté, para abreviar,
porque la veía asfixiarse.

—Terminó... con Reinaldo, que fue despedido por un caballo y se
rompió algo dentro, quedando allí mismo difunto. Entonces, sólo entonces,
comprendí que le quería aún, y le lloré muy de veras, ¡aunque fue mi verdugo°,
y verdugo sistemático!

—¿Y recogió usted el revólver para tirarlo por la ventana?

—Verá usted —murmuró ella—. Sucedió una cosa... bastante singular.
Mandé al criado de Reinaldo que quitase de mi habitación el revólver, porque
yo continuaba viendo en sueños el disparo y sintiendo el frío sobre la sien... Y
después de cumplir la orden, el criado vino a decirme:

—Señorita, no había por qué tener miedo... Ese revólver no
estaba cargado.

—¿Que no estaba cargado?

—No, señora, ni me parece que lo ha estado nunca... Como que el pobre
señorito ni llegó a comprar las cápsulas. Si hasta le pregunté, a veces, si
quería que me pasase por casa del armero° y las trajese, y no me respondió, y
luego no se volvió a hablar más del asunto...

—De modo —añadió la cardiaca— que un revólver sin carga me pegó un
tiro, no en la cabeza, sino en la mitad del corazón, y crea usted, que a pesar
del digital y baños y todos los remedios, la bala no perdona... ■

temple 90

tengo un miedo cerval
I am terrified

tyrant

gunsmith's

85 90 95 100 105 110 115 120 125 130

¿Aprovecha
Flora la libertad
que le da su marido
tras mostrarle el
revólver? ¿Por qué?

1. Cierto o falso Indica si cada afirmación es cierta o falsa. Corrige las falsas.

1. La protagonista del cuento sufrió mucho durante su matrimonio.
2. En su juventud, Flora era bella y alegre.
3. Reinaldo tenía la misma edad que su mujer.
4. Flora se casó con Reinaldo porque quería quedarse con su dinero.
5. Flora entristeció por los celos de su marido.
6. Reinaldo guardaba un rifle en el armario.
7. El hermano de Flora murió en un accidente de trabajo.
8. Flora no podía dormir porque temía sufrir un paro cardiaco.
9. El revólver estaba listo para disparar.
10. A pesar de todo, Flora seguía amando a su marido.

 2. Comprensión Contesta las siguientes preguntas con oraciones completas.

1. ¿De qué manera influyó el estado de ánimo de Flora en su apariencia?
2. ¿Cuánto tiempo duró la felicidad en el matrimonio de Flora y Reinaldo?
3. ¿Por qué se ponía celoso Reinaldo cuando Flora y él salían a pasear?
4. ¿Por qué se ponía celoso cuando ella se quedaba en casa?
5. ¿Qué sentía Flora cuando pensaba en el revólver? ¿Qué le pasaba por las noches?
6. ¿Le dijo Reinaldo a su mujer que el arma estaba descargada?

3. Interpretación Analiza los sucesos del cuento para contestar estas preguntas. Luego, compara tus respuestas con las de un(a) compañero/a.

1. ¿Para qué va a un balneario la protagonista?
2. ¿Qué relación hay entre el estado de ánimo de Flora y el medioambiente?
3. ¿Cómo influyó la diferencia de edad en el matrimonio?
4. ¿Por qué Reinaldo cambió de carácter?
5. ¿Era Reinaldo consciente de sus propios celos? ¿Cómo lo sabes?
6. ¿Por qué Reinaldo compara el amor con las golondrinas?
7. ¿Por qué crees que Flora seguía queriendo a Reinaldo a pesar de su amenaza?
8. ¿Qué fue más doloroso para Flora: haber perdido a Reinaldo o descubrir la verdad sobre el arma? ¿Por qué?
9. ¿Por qué Reinaldo nunca compró balas para el revólver?

4. Técnica literaria Teniendo en cuenta el uso de escenas retrospectivas en el cuento "El revólver", contesta las siguientes preguntas.

1. ¿Dónde están el narrador y Flora?
2. ¿Qué hacen?
3. ¿En qué momento comienza Flora a rememorar su pasado?
4. ¿A quién le está contando su historia Flora?
5. ¿Qué datos nos confirman que los hechos narrados pertenecen al pasado? Cita dos ejemplos.
6. ¿Qué tiempo verbal se utiliza en los diálogos entre Reinaldo y su esposa?
7. ¿Cuándo sabemos que la escena retrospectiva ha terminado?
8. ¿De qué forma impacta en el/la lector(a) la estructura de *flashback* de la historia?
9. ¿Sería diferente el efecto de la historia si fuera narrada linealmente? ¿Por qué?

5. Relaciones de pareja Con dos compañeros/as, analiza los siguientes temas. Justifiquen sus respuestas.

- ¿En qué punto los celos dejan de ser normales y pasan a ser un problema? ¿Por qué?
- ¿Pueden existir celos sin amor? ¿Por qué?
- ¿Qué cualidades debe tener una pareja para que funcione una relación?
- ¿Qué factores suelen provocar las rupturas?
- ¿Qué tipo de maltrato crees que es más difícil de superar para una víctima de la violencia de género: el físico o el psicológico? ¿Por qué?

TALLER DE ESCRITURA

1. La carta de Flora Conociendo la relación enfermiza que existía entre Reinaldo y su esposa, redacta una carta que Flora podría haberle escrito a su marido si hubiese decidido abandonarlo. Detalla los motivos de su alejamiento y describe cómo deberían cambiar la actitud y el comportamiento de Reinaldo para que Flora decidiese regresar. Acuérdate de utilizar el formato de una carta, indicando la fecha y las fórmulas de saludo y de despedida.

2. Intercambio de papeles Imagina que en realidad fue Flora quien atemorizó a Reinaldo con el revólver. Escribe un diálogo cómico o dramático entre ambos sin olvidar estos puntos:

- *Los cambios que ha sufrido la relación desde que se conocieron*
- *Las cosas que ponen más celosa a Flora*
- *Los casos en los que Flora estaría dispuesta a disparar el arma*
- *Los argumentos que Reinaldo usaría para disuadir a su esposa de sus propósitos*

SOBRE EL AUTOR

Javier de Viana, uno de los escritores uruguayos más destacados de fines del siglo XIX y principios del siglo XX, nació en Canelones el 5 de agosto de 1868. Pasó parte de su infancia en la estancia° de sus padres, donde pudo ver de cerca la vida rural y familiarizarse con la idiosincrasia del hombre de campo. Luego se estableció en Montevideo para continuar con sus estudios.

En ese entonces, Uruguay estaba convulsionado por revoluciones y enfrentamientos entre Blancos (con respaldo rural) y Colorados (con respaldo urbano). Desde muy joven, De Viana mostró un gran interés por la política. Mientras estudiaba medicina en la universidad, participó en la Revolución del Quebracho (1886), sobre la que escribió una serie de crónicas. En 1891 abandonó sus estudios para dedicarse plenamente a la literatura y al periodismo. En esa época colaboró con varios periódicos y revistas, comenzó a destacarse como cuentista y publicó las novelas *Gaucha* (1899) y *Gurí* (1901).

Tras haber participado en la revolución de 1904, se vio forzado a exiliarse en Argentina por temor a represalias gubernamentales. Trabajó para varias publicaciones de ese país y editó algunos libros de cuentos: *Macachines* (1910), donde incluyó la narración "La Tísica", *Leña seca* (1911) y *Yuyos* (1912). En 1918 regresó a Uruguay, donde murió pocos años después. A pesar de su agitada vida, si por algo De Viana será siempre recordado es por la verosimilitud y brillantez de sus cuentos.

estancia *ranch*

La Tísica /

Fecha de publicación: 1910
País: Uruguay
Género: cuento
Colección: *Macachines*
Personajes: La Tísica, el médico, el peón

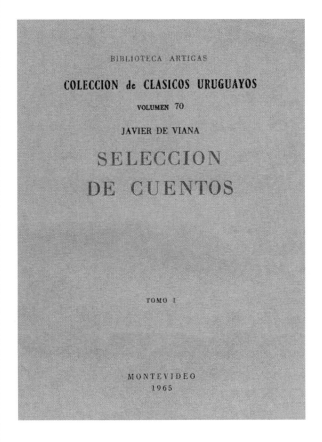

TÉCNICA LITERARIA

El giro argumental

El giro argumental es una técnica muy utilizada en la literatura. A menudo, una historia aparentemente convencional nos sorprende con un vuelco (*twist*) totalmente inesperado. Si ese cambio se produce al final del relato, el impacto es aún mayor.

En el cuento "La Tísica", por ejemplo, el autor proporciona pistas acerca de lo que va a ocurrir. Sin embargo, al final el giro argumental rompe con el ritmo de la historia. Un buen ejercicio para comprender esta técnica consiste en releer el texto una vez que se conoce el desenlace. De esta manera, se pueden apreciar los detalles premonitorios.

Contesta las siguientes preguntas:

- ¿De qué manera afecta el giro argumental al lector? ¿Qué puede ocurrir si un autor hace un uso excesivo de esta técnica?

- ¿Puedes dar ejemplos de obras literarias o cinematográficas en las que haya giros argumentales?

CONTEXTO HISTÓRICO

El modernismo y el naturalismo en la obra de Javier de Viana

A fines del siglo XIX y principios del siglo XX, Latinoamérica se modernizó: hubo importantes avances tecnológicos y mejoraron las comunicaciones. Durante ese periodo, convergieron varios movimientos literarios que ejercieron una profunda influencia en la obra de Javier de Viana.

Este escritor uruguayo, que formó parte de la llamada "Generación del 900", intentó romper con el romanticismo imperante° hasta la segunda mitad del siglo XIX. En un principio, mostró interés por un movimiento de origen europeo que se consolidó en Latinoamérica en la primera mitad del siglo XX: el modernismo. Durante su etapa modernista, De Viana publicó el libro de cuentos *Campo,* y las novelas *Gaucha* y *Gurí.* Sin embargo, pronto se alejó de esa corriente y desarrolló un estilo naturalista, mucho más afín° a sus ideas políticas.

En todas sus historias, De Viana creó descripciones esenciales y contundentes de los personajes y del entorno, y elaboró diálogos breves y concisos, muy similares a los de la lengua hablada. Uno de los relatos más característicos de su etapa naturalista es el cuento "La Tísica". En su narración, el autor incluye vocabulario médico, describe conductas

El escritor español Benito Pérez Galdós, figura clave del naturalismo

humanas miserables e intenta racionalizar lo ocurrido.

 Practice more at **vhlcentral.com.**

imperante *prevailing* **afín** *related*

ANTESALA

 1 Aprende y practica el vocabulario del cuento en **vhlcentral.com.**

 2 Con un(a) compañero/a, conversa sobre los siguientes temas:

- ¿Alguna vez has visto a alguien burlarse o aprovecharse de una persona más débil? ¿Cómo te sentiste? ¿Cómo crees que se sentía la víctima? ¿De qué manera reaccionarías si le pasara eso a una persona muy cercana a ti?

- ¿Alguna vez has creído conocer a una persona y después te ha sorprendido su verdadera forma de ser? ¿Por qué una persona podría querer ocultar su verdadera naturaleza? ¿Te parece que es correcto hacerlo bajo determinadas circunstancias? ¿Cuáles? Justifica tus respuestas.

- Sócrates y Rousseau consideraban que "el hombre es bueno por naturaleza". Thomas Hobbes, en cambio, opinaba que "el hombre es un lobo para el hombre". ¿Cuál de las dos descripciones te parece más acertada? ¿Crees que las personas son buenas o malas desde su nacimiento, o que el ambiente puede influir de manera decisiva en el desarrollo de la personalidad? Da ejemplos.

Juan B. Verás (Roberto Verás), *Rostro de mujer*, 2009 ►

LA TÍSICA

Javier de Viana

YO LA QUERÍA, LA QUERÍA MUCHO A MI PRINCESITA GAUCHA, de rostro color de trigo, de ojos color de pena, de labios color de pitanga marchita°.

Tenía una cara pequeña, pequeña y afilada como la de un cuzco°; era toda pequeña y humilde. Bajo el batón de percal, su cuerpo de virgen apenas acusaba curvas ligerísimas: un pobre cuerpo de chicuela° anémica. Sus pies aparecían diminutos, aun dentro de las burdas alpargatas°; sus manos desaparecían en el exceso de manga de la tosca° camiseta de algodón.

A veces, cuando se levantaba a ordeñar°, en las madrugadas crudas, tosía. Sobre todo, tosía cuando se enojaba haciendo inútiles esfuerzos para separar de la ubre el ternero grande, en el "apoyo°". Era la tisis° que andaba rondando sobre sus pulmoncitos indefensos. Todavía no era tísica. Médico yo, lo había constatado.

Hablaba raras veces y con una voz extremadamente dulce. Los peones no le dirigían la palabra sino para ofenderla y empurpurarla° con alguna obscenidad repulsiva. Los patrones mismos —buenas gentes, sin embargo— la estimaban poco, considerándola máquina animal de escaso rendimiento.

Para todos era "La Tísica".

Era linda, pero su belleza enfermiza, sin los atributos incitantes de la mujer, no despertaba codicias. Y las gentes de la estancia, brutales, casi la odiaban por eso: el yaribá, el caraguatá, todas esas plantas que dan frutos incomestibles, estaban en su caso.

Ella conocía tal inquina° y, lejos de ofenderse, pagaba con un jarro de "apoyo" a quien más cruelmente la había herido. Ante los insultos y las ofensas no tenía más venganza que la mirada tristísima de sus ojos, muy grandes, de pupilas muy negras, nadando en unas córneas de un blanco azulado que le servían de marco admirable. Jamás había una lágrima en esos ojos que parecían llorar siempre.

---

pitanga marchita withered Surinam cherry plant

little dog

5

little kid
burdas alpargatas coarse espadrilles

coarse

to milk

10

flow of milk / tuberculosis

15 *to make her blush*

20

ill will

25

(II) ¿Por qué razones, según el narrador, todos odian a la Tísica? ¿Qué elementos de la lectura nos indican que el narrador le tiene lástima?

> La Tísica se parece
> al camaleón: es el
> animal más chiquito
> y más peligroso.

Exponiéndose a un rezongo° de la patrona, ella apartaba la olla del fuego para que calentase una caldera para el mate amargo el peón recién venido del campo; o distraía brasas° al asado a fin de que otro tostase un choclo°… ¡Y no la querían los peones!

—La Tísica tiene más veneno que un alacrán —oí decir a uno.

Y a otro que salía envolviendo en el poncho el primer pan del amasijo, que ella le había alcanzado a hurtadillas:

—La Tísica se parece al camaleón: es el animal más chiquito y más peligroso.

A estas injusticias de los hombres se unían otras injusticias del destino para amargar la existencia de la pobre chicuela. Llevada de su buen corazón, recogía pichones de "benteveo" y de "pirincho" y hasta "horneros" a quienes los chicos habían destruido sus palacios de barro. Con santa paciencia los atendía en sus escasos momentos de ocio; y todos los pájaros morían, más tarde o más temprano, no se sabe por qué extraño maleficio.

Cuidaba los corderos guachos° que crecían, engordaban y se presentaban rozagantes° para aparecer una mañana muertos, la panza hinchada°, las patas rígidas.

Una vez pude presenciar esta escena.

Anochecía. Se había carneado tarde. Media res de capón asábase apresuradamente al calor de una leña verde que se "emperraba" sin hacer brasas. Llega un peón:

—¡Hágame un lugarcito para la caldera!

—¿Pero no ve que no hay fuego?

—¡Un pedacito!

—¡Bueno, traiga, aunque después me llueva un aguacero° de retos de la patrona!

Se sacrifican algunos tizones°. El agua comienza a hervir en la pava°. La Tísica, tosiendo, ahogada por el humo de la leña verde, se inclina para cogerla. El peón la detiene.

—Deje —dice—, no se acerque.

—¿No me acerque? … ¿por qué, Sebastián? —balbucea la infeliz, lagrimeando.

—Porque… sabe… para ofensa no es… pero… ¡le tengo miedo cuando se arrima!

—¿Me tiene miedo a mí? …

—¡Más miedo que al cielo cuando refucila°! …

El peón tomó la caldera y se fue sin volver la vista. Yo entré en ese momento y vi a la chicuela muy afanada° en el cuidado del costillar°, el rostro inmutable, siempre la misma palidez en sus mejillas, siempre idéntica tristeza en sus enormes ojos negros, pero sin una lágrima, sin otra manifestación de pena que la que diariamente reflejaba su semblante°.

—¿La hacen sufrir mucho, mi princesita? —dije por decir algo y tratando de ocultar mi indignación.

Marginal notes:

30 — telling-off

— embers
35 — corn

40

45

— abandoned
50 — healthy / swollen

55

— downpour
60

— charred sticks / kettle

65

70 — flashes

— intent on / side of beef

75 — countenance

II ¿Qué le hace pensar al doctor que todo lo que le sucede a la Tísica son "injusticias"?

Ella rió, con una risa incolora, fría, mala, a fuerza de ser buena, y dijo con incomparable dulzura:

—No, señor. Ellos son así, pero son buenos… Y después… para mí to…

Un acceso de tos le cortó la palabra.

Yo no pude contenerme. Corrí. La sostuve en mis brazos entre los cuales se estremecía su cuerpecito, mientras sus ojos, sus ojos de crepúsculo de invierno, sus ojos áridos inmensamente negros, se fijaban en los míos con extraña expresión, con una expresión que no era de agradecimiento, ni de simpatía, ni de cariño. Aquella mirada me desconcertó por completo. Era la misma mirada, la misma, de una víbora° de la Cruz con la cual, en circunstancia inolvidable, me encontré frente a frente cierta vez.

Helado de espanto, abrí los brazos. Y antes que me arrepintiese de mi acción cobarde, cuando creía ver a la Tísica tumbada, falta de mi apoyo, la contemplé muy firme, muy segura, arrimando tranquilamente brasas al asado, siempre pálida, siempre serena, la misma tristeza resignada en el fondo de sus pupilas sombrías.

Turbado en extremo, sin saber qué hacer, sin saber qué decir, abandoné la cocina, salí al patio y en el patio encontré al peón de la caldera que me dijo respetuosamente:

—Vaya con cuidado, doctor. Yo le tengo mucho miedo a las víboras; pero, caso obligado, preferiría acostarme a dormir con una víbora crucera y no con la Tísica.

Intrigado e indignado a un tiempo lo tomé por un brazo, lo zamarreé° gritando:

—¿Qué sabe usted?

Él, muy tranquilo, me respondió:

—No sé nada. Nadie sabe nada. Colijo°.

—¡Pero es una infamia presumir de ese modo! —respondí con violencia—. ¿Qué ha hecho esta pobre muchacha para que la traten así, para que la supongan capaz de malas acciones, cuando toda ella es bondad, cuando no hace otra cosa que pagar con bondades las ofensas que ustedes le infieren a diario?

—Oiga, don… Decir una cosa de la Tísica, yo no puedo decir. Tampoco puedo decir que el camaleón mata picando, porque no lo he visto picar a nadie… Puede ser, puede ser, pero le tengo miedo… Y a la Tísica es lo mismo… Yo le tengo miedo, todos le tenemos miedo… Mire, doctor: a esos bichos chiquitos como el alacrán, como la mosca mala, hay que tenerles miedo…

Calló el paisano°. Yo nada repliqué.

Pocos días después partí de la estancia y al cabo de cuatro o cinco meses leí de un diario este breve despacho telegráfico:

"En la estancia X… han perecido, envenenados con pasteles que contenían arsénico, el dueño Z…, su esposa, su hija, el capataz° y toda la servidumbre, excepto una peona° conocida por el sobrenombre de la Tísica." ◼

Margin notes (left):
80

85

snake

90

95

100

shook

105

I guess

110

115

peasant 120

foreman

farm worker 125

Margin note (right):
⏸ ¿Cuál es el motivo de la turbación del médico tras intentar consolar a la Tísica? ¿Cómo reacciona ella?

Pull quote:
… sus ojos áridos inmensamente negros, se fijaban en los míos con extraña expresión, con una expresión que no era de agradecimiento…

1. **Cierto o falso** Indica si cada afirmación es cierta o falsa. Corrige las falsas.

   1. La Tísica es una mujer grande y fuerte.
   2. Todos los personajes de la historia quieren a la Tísica.
   3. El médico siente pena por la Tísica.
   4. La protagonista está enferma.
   5. La protagonista nunca permite a los otros personajes usar el fuego de la caldera.
   6. La Tísica llora todo el tiempo.
   7. El peón que aparece mencionado en el relato le tiene miedo a la Tísica.
   8. El médico piensa que no es justo que la Tísica sea tratada tan mal.
   9. A la Tísica se le compara con un camaleón.
   10. El médico muere envenenado al final de la historia.

2. **Comprensión** Contesta las siguientes preguntas con oraciones completas.

   1. ¿Qué personaje narra la historia?
   2. ¿Cómo es la Tísica físicamente? ¿Cómo es su comportamiento?
   3. ¿Cuál es la ocupación de la Tísica?
   4. ¿Cómo tratan los peones a la Tísica?
   5. ¿Por qué los patrones no quieren a la Tísica?
   6. ¿Qué sucede con todos los animales a los que cuida la Tísica?
   7. ¿Por qué el peón no permite que la Tísica retire su pava del fuego?
   8. Según el médico, ¿a qué se parecía la mirada de la Tísica?
   9. ¿Qué noticia sorprendente lee el médico en el periódico al final del relato?

3. **Interpretación** Con un(a) compañero/a, analiza las siguientes preguntas y constesta con oraciones completas.

   1. ¿Por qué la protagonista es conocida por el sobrenombre de "la Tísica"? ¿Qué crees que busca el autor al no mencionar en ningún momento el verdadero nombre de la muchacha?
   2. En el cuento, el médico trata a la protagonista como si fuera buena e inocente, pero los otros personajes la tratan mal y le tienen miedo. ¿Quién crees que tiene razón? Justifica tu respuesta.
   3. ¿Es una coincidencia que el médico compare la mirada de la Tísica con la mirada de una víbora crucera? ¿Por qué se compara también a la muchacha con un camaleón y con una mosca mala? Justifica tu respuesta.
   4. ¿Por qué crees que los pájaros heridos y los corderos huérfanos que cuida la Tísica siempre se mueren? ¿Están relacionadas estas muertes con las muertes del final del relato?
   5. A la Tísica no parecen afectarle los comentarios de la gente. ¿Crees que esto es realmente así? ¿Por qué motivo la Tísica es la única superviviente del envenenamiento? Justifica tu respuesta.

4. Técnica literaria Con un(a) compañero/a, contesta las siguientes preguntas.

1. ¿Cuáles son las señales que indican que se producirá un cambio radical en el argumento del cuento? Identifica en el texto esos elementos premonitorios.
2. El cuento está narrado desde la perspectiva del médico. ¿Qué aporta a la historia este punto de vista?
3. Identifica el momento exacto de la historia en el que se produce el giro argumental. Justifica tu respuesta. ¿Cómo crees que habría continuado la historia sin ese giro argumental?
4. Todos los personajes, menos el médico, piensan que algo malo está por ocurrir con relación a la Tísica. ¿De qué manera influye esto en el giro argumental?
5. Si hubiéramos sabido con certeza, desde el principio, que la Tísica era mala, ¿crees que la reacción de los personajes habría sido igual? ¿Y la del lector?

5. Opiniones Con dos compañeros/as, contesta las siguientes preguntas y justifica cada respuesta.

1. Si fueras el médico, ¿habrías actuado del mismo modo con la Tísica? ¿Crees que el hecho de que el médico también rechazara a la muchacha tiene que ver con el desenlace de la historia?
2. ¿Crees que la Tísica era malvada por naturaleza? ¿O la realidad es que los malos tratos de los peones la empujaron a cometer el acto del final de la obra?
3. ¿Cuál habría sido la mejor manera de mejorar la relación de la Tísica con su entorno? Comenta posibles alternativas (violencia, diálogo, etc.) para solucionar el conflicto existente en la obra.
4. Si la obra transcurriera en la ciudad y no en el campo, ¿se habría desarrollado de la misma manera? ¿Cambiaría la relación entre los personajes? ¿Cómo? ¿Qué efecto tendría en el desenlace de la historia?

TALLER DE ESCRITURA

1. El reportaje Imagina que eres un periodista que está investigando el caso de "La Tísica". El periódico para el que trabajas te pide que escribas un artículo en el que detalles qué, cómo, cuándo y dónde ocurrió, y cuáles fueron las causas que precipitaron los acontecimientos y cuáles fueron las consecuecias para cada uno de los implicados en el asunto. Recuerda utilizar un lenguaje formal y herramientas como el estilo indirecto y las descripciones para hacer que tu reportaje sea lo más completo posible.

2. Versiones opuestas Imagina que después de los envenenamientos, dos vecinos del pueblo se pusieron a hablar sobre el tema. Uno opinaba que la Tísica había envenado a todo el mundo porque era malvada, mientras que el otro pensaba que la Tísica era demasiado inocente para haber cometido esos crímenes. Describe esta situación utilizando un lenguaje informal que explique la historia y las dos versiones de lo sucedido.

SOBRE EL AUTOR

Julio Cortázar fue uno de los escritores argentinos más influyentes del siglo XX. Sus relatos muchas veces contienen "túneles" entre diferentes espacios y tiempos y, como en "La noche boca arriba", cuestionan la existencia de una sola realidad. Este lector voraz° y amante de la música y del cine nació en Bruselas en 1914. En 1918 se trasladó a Argentina con su familia, pero poco después su padre los abandonó y fue criado por su madre, su hermana y su abuela. De su infancia Cortázar no conservó muchos buenos recuerdos: "sensibilidad excesiva, tristeza frecuente, asma, brazos rotos, primeros amores desesperados". Fue Jorge Luis Borges quien, en la prestigiosa revista *Sur,* dio a conocer su primer cuento, "Casa tomada", en 1946. Cortázar se graduó como traductor público de inglés y francés en 1948, después de sólo nueve meses de estudio. Semejante exigencia le produjo síntomas neuróticos. *Bestiario,* su primer libro de cuentos aparecido en 1951, funcionó como una terapia para curar sus fobias. Luego, por motivos políticos, viajó a Francia, donde vivió gran parte de su vida y trabajó como traductor en la Unesco. Sus primeros años en Europa, aunque duros, fueron muy prolíficos. Cortázar publicó libros de cuentos, como *Final del juego* (1956) e *Historias de cronopios y de famas* (1962), y también novelas, como *Los premios* (1960) y la conocida *Rayuela* (1963). *Todos los fuegos el fuego* (1966), *62/ Modelo para armar* (1968), y *Un tal Lucas* (1979) son algunas otras obras de este escritor que murió en París en 1984.

voraz *avid*

La noche boca arriba

Fecha de publicación: 1956
País: Argentina
Género:: cuento
Colección: *Final del juego*
Personajes: el motociclista, el moteca

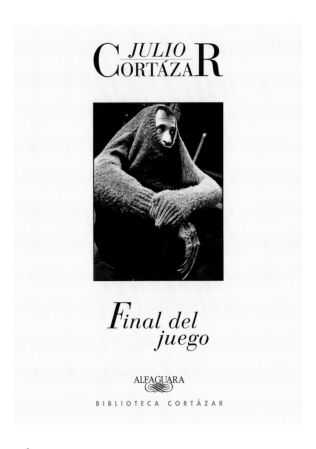

TÉCNICA LITERARIA

Lo fantástico

Según Cortázar, lo fantástico puede ocurrir bajo la ducha o en un autobús. A veces se abren "pequeños paréntesis" en la realidad y sentimos que algo está fuera de lugar. Entonces, las reglas de la causalidad, del tiempo o del espacio a las que estamos acostumbrados quedan suspendidas temporalmente. En sus relatos fantásticos, Cortázar suele mostrarnos el choque y la fusión de dos dimensiones lógicamente incompatibles (pesadilla y vigilia, presente y pasado, etc.). Por separado, estas dos dimensiones no presentan aspectos sobrenaturales, pero la interferencia entre ambas produce una ruptura fantástica en el universo realista del relato.

Cuando leas "La noche boca arriba", intenta contestar estas preguntas:

- ¿Qué película o cuento del género fantástico recuerdas? ¿Qué elementos fantásticos tenía?
- ¿Alguna vez tuviste ese sentimiento de lo fantástico en lo cotidiano que describe Cortázar?

CONTEXTO CULTURAL

Las guerras floridas

En "La noche boca arriba", un indio mexicano huye de una tribu enemiga durante una guerra florida. Las guerras floridas eran un ritual azteca que, al parecer, comenzó hacia 1450. Según algunos relatos indígenas, ese año ocurrieron una serie de desgracias, como una intensa nevada, una epidemia y una larga hambruna°. Como las calamidades no cesaban, se creyó que los dioses estaban indignados con el imperio. Para apaciguar° a los dioses y evitar el fin del mundo azteca, varias ciudades se pusieron de acuerdo en organizar combates para capturar prisioneros de ambos bandos y ofrecerlos en forma de sacrificio a sus dioses. Esto se debía hacer periódicamente para que los dioses les fueran siempre favorables. Durante estas guerras floridas, en vez de matar a sus enemigos en el campo de batalla, las tribus debían capturarlos y llevarlos vivos a su capital. Allí los sacerdotes los sacrificaban sobre una de sus pirámides: los ponían boca arriba en una piedra y les quitaban el corazón (la ofrenda más preciosa) con un puñal de piedra. Además de proveer de prisioneros para el sacrificio, las guerras floridas proporcionaban entrenamiento a los guerreros. También eran un mecanismo para lograr el ascenso social. Los guerreros que

Diego Rivera, *El mundo azteca* (detalle), 1929

lograban volver vivos a su ciudad tras varias capturas de enemigos ganaban el respeto y la admiración de su pueblo y de sus compañeros.

 Practice more at **vhlcentral.com.**

hambruna *famine* apaciguar *appease*

ANTESALA

 1 Aprende y practica el vocabulario del cuento en **vhlcentral.com.**

 2 Contesta las preguntas:

- Si te dieran a elegir en qué época vivir, ¿cuál elegirías? ¿Por qué? ¿Cómo imaginas que sería tu vida en esa otra época? ¿Qué cosas podrías vivir que no vives ahora? ¿Y qué cosas podrías padecer?

3 En grupos, conversen sobre estos temas:

- ¿Crees que en los sueños cumplimos los deseos que no podemos satisfacer cuando estamos despiertos? ¿Recuerdas alguna pesadilla que hayas tenido? ¿Qué te parece que significan las pesadillas recurrentes?

- ¿Alguna vez has estado en un hospital, ya sea internado/a o visitando a un paciente? ¿Qué sensaciones te produce estar en un hospital? ¿Qué olores, colores o imágenes te vienen a la mente cuando piensas en un hospital?

Enrique Chagoya, *Life is a Dream, Then You Wake Up*, 1995 ▶

La noche boca arriba

Julio Cortázar

Y salían en ciertas épocas a cazar enemigos; le llamaban la guerra florida.

A MITAD DEL LARGO ZAGUÁN° DEL HOTEL PENSÓ QUE DEBÍA SER tarde y se apuró a salir a la calle y sacar la motocicleta del rincón donde el portero° de al lado le permitía guardarla. En la joyería de la esquina vio que eran las nueve menos diez; llegaría con tiempo sobrado° adonde iba. El sol se filtraba entre los altos edificios del centro, y él —porque para sí mismo, para ir pensando, no tenía nombre— montó en la máquina saboreando el paseo. La moto ronroneaba° entre sus piernas, y un viento fresco le chicoteaba° los pantalones.

    Dejó pasar los ministerios (el rosa, el blanco) y la serie de comercios con brillantes vitrinas de la calle Central. Ahora entraba en la parte más agradable del trayecto, el verdadero paseo: una calle larga, bordeada de árboles, con poco tráfico y amplias villas que dejaban venir los jardines hasta las aceras°, apenas demarcadas por setos° bajos. Quizá algo distraído, pero corriendo por la derecha como correspondía, se dejó llevar por la tersura°, por la leve crispación° de ese día apenas empezado. Tal vez su involuntario relajamiento le impidió prevenir el accidente. Cuando vio que la mujer parada en la esquina se lanzaba a la calzada° a pesar de las luces verdes, ya era tarde para las soluciones fáciles. Frenó con el pie y con la

hallway

superintendent

to spare

5

purred / whipped

10

sidewalks / hedges

15 *smoothness / tension*

road

Ⅱ Generalmente, ¿cuál es el estado de ánimo de una persona al iniciar un paseo?

> **Como sueño era curioso porque estaba lleno de olores y él nunca soñaba olores.**

mano, desviándose a la izquierda; oyó el grito de la mujer, y junto con el choque perdió la visión. Fue como dormirse de golpe°.

Volvió bruscamente del desmayo°. Cuatro o cinco hombres jóvenes lo estaban sacando de debajo de la moto. Sentía gusto a sal y sangre, le dolía una rodilla y cuando lo alzaron gritó, porque no podía soportar la presión en el brazo derecho. Voces que no parecían pertenecer a las caras suspendidas sobre él, lo alentaban con bromas y seguridades. Su único alivio fue oír la confirmación de que había estado en su derecho° al cruzar la esquina. Preguntó por la mujer, tratando de dominar la náusea que le ganaba la garganta. Mientras lo llevaban boca arriba hasta una farmacia próxima, supo que la causante del accidente no tenía más que rasguños° en las piernas. "Usté la agarró apenas, pero el golpe le hizo saltar la máquina de costado..."; Opiniones, recuerdos, despacio, éntrenlo de espaldas, así va bien y alguien con guardapolvo° dándole de beber un trago que lo alivió en la penumbra de una pequeña farmacia de barrio.

La ambulancia policial llegó a los cinco minutos, y lo subieron a una camilla° blanda donde pudo tenderse a gusto. Con toda lucidez, pero sabiendo que estaba bajo los efectos de un shock terrible, dio sus señas al policía que lo acompañaba. El brazo casi no le dolía; de una cortadura en la ceja goteaba sangre por toda la cara. Una o dos veces se lamió° los labios para beberla. Se sentía bien, era un accidente, mala suerte; unas semanas quieto y nada más. El vigilante le dijo que la motocicleta no parecía muy estropeada°. "Natural", dijo él. "Como que me la ligué encima°..." Los dos rieron y el vigilante le dio la mano al llegar al hospital y le deseó buena suerte. Ya la náusea volvía poco a poco; mientras lo llevaban en una camilla de ruedas hasta un pabellón° del fondo, pasando bajo árboles llenos de pájaros, cerró los ojos y deseó estar dormido o cloroformado. Pero lo tuvieron largo rato en una pieza con olor a hospital, llenando una ficha, quitándole la ropa y vistiéndolo con una camisa grisácea y dura. Le movían cuidadosamente el brazo, sin que le doliera. Las enfermeras bromeaban todo el tiempo, y si no hubiera sido por las contracciones del estómago se habría sentido muy bien, casi contento.

Lo llevaron a la sala de radio°, y veinte minutos después, con la placa° todavía húmeda puesta sobre el pecho como una lápida° negra, pasó a la sala de operaciones. Alguien de blanco, alto y delgado se le acercó y se puso a mirar la radiografía. Manos de mujer le acomodaban la cabeza, sintió que lo pasaban de una camilla a otra. El hombre de blanco se le acercó otra vez, sonriendo, con algo que le brillaba en la mano derecha. Le palmeó la mejilla e hizo una seña a alguien parado atrás.

Como sueño era curioso porque estaba lleno de olores y él nunca soñaba olores. Primero un olor a pantano°, ya que a la izquierda de la calzada empezaban las marismas°, los tembladerales de donde no volvía nadie.

⏸ ¿Cómo se siente el motociclista tras su accidente?

20

°**de golpe** *all of a sudden*

faint

25

30 °**había estado en su derecho** *had had the right of way*

°*scratches*

35

°*lab coat*

°*stretcher*

40

°*licked*

°*damaged*
45 °**me la ligué encima** *the whole thing landed on me*

°*hospital building*

50

°*radiology / X-ray* °*placa*
55 °*headstone*

60

°*swamp*

°*marshes*

Pero el olor cesó, y en cambio vino una fragancia compuesta y oscura como la noche en que se movía huyendo de los aztecas. Y todo era tan natural, tenía que huir de los aztecas que andaban a caza de hombres, y su única probabilidad era la de esconderse en lo más denso de la selva, cuidando de no apartarse de la estrecha calzada que sólo ellos, los motecas, conocían.

Lo que más lo torturaba era el olor, como si aun en la absoluta aceptación del sueño algo se revelara contra eso que no era habitual, que hasta entonces no había participado del juego. "Huele a guerra", pensó, tocando instintivamente el puñal° de piedra atravesado en su ceñidor° de lana tejida. Un sonido inesperado lo hizo agacharse y quedar inmóvil, temblando. Tener miedo no era extraño, en sus sueños abundaba el miedo. Esperó, tapado por las ramas de un arbusto y la noche sin estrellas. Muy lejos, probablemente del otro lado del gran lago, debían estar ardiendo fuegos de vivac°; un resplandor rojizo teñía esa parte del cielo. El sonido no se repitió. Había sido como una rama quebrada. Tal vez un animal que escapaba como él del olor a guerra. Se enderezó despacio, venteando. No se oía nada, pero el miedo seguía allí como el olor, ese incienso dulzón de la guerra florida. Había que seguir, llegar al corazón de la selva evitando las ciénagas°. A tientas°, agachándose a cada instante para tocar el suelo más duro de la calzada, dio algunos pasos. Hubiera querido echar a correr, pero los tembladerales palpitaban a su lado. En el sendero en tinieblas°, buscó el rumbo. Entonces sintió una bocanada° del olor que más temía, y saltó desesperado hacia adelante.

—Se va a caer de la cama —dijo el enfermo de la cama de al lado—. No brinque tanto, amigazo°.

Abrió los ojos y era de tarde, con el sol ya bajo en los ventanales de la larga sala. Mientras trataba de sonreír a su vecino, se despegó casi físicamente de la última visión de la pesadilla. El brazo, enyesado°, colgaba de un aparato con pesas y poleas. Sintió sed, como si hubiera estado corriendo kilómetros, pero no querían darle mucha agua, apenas para mojarse los labios y hacer un buche°. La fiebre lo iba ganando despacio y hubiera podido dormirse otra vez, pero saboreaba el placer de quedarse despierto, entornados° los ojos, escuchando el diálogo de los otros enfermos, respondiendo de cuando en cuando° a alguna pregunta. Vio llegar un carrito blanco que pusieron al lado de su cama, una enfermera rubia le frotó con alcohol la cara anterior del muslo°, y le clavó una gruesa aguja conectada con un tubo que subía hasta un frasco lleno de líquido opalino. Un médico joven vino con un aparato de metal y cuero que le ajustó al brazo sano para verificar alguna cosa. Caía la noche, y la fiebre lo iba arrastrando blandamente a un estado donde las cosas tenían un relieve como de gemelos de teatro°, eran reales y dulces y a la vez ligeramente repugnantes, como estar viendo una película aburrida y pensar que sin embargo en la calle es peor, y quedarse.

No se oía nada, pero el miedo seguía allí como el olor, ese incienso dulzón de la guerra florida.

¿Cuáles son las dos sensaciones que predominan en la huida del moteca?

**Glosas marginales:**
65
70 dagger / girdle
75 bivouac
80 swamps / A tientas Feeling his way around
darkness / blast
85
pal
90
in a plaster cast
95 mouthful
half-closed de cuando en cuando from time to time
100
thigh
105 gemelos de teatro opera glasses

> Oyó los gritos y se enderezó de un salto, puñal en mano. Como si el cielo se incendiara en el horizonte, vio antorchas moviéndose entre las ramas, muy cerca.

Vino una taza de maravilloso caldo de oro oliendo a puerro, a apio, a perejil. Un trocito de pan, más precioso que todo un banquete, se fue desmigajando poco a poco. El brazo no le dolía nada y solamente en la ceja, donde lo habían suturado°, chirriaba° a veces una punzada° caliente y rápida. Cuando los ventanales de enfrente viraron° a manchas de un azul oscuro, pensó que no iba a ser difícil dormirse. Un poco incómodo, de espaldas, pero al pasarse la lengua por los labios resecos y calientes sintió el sabor del caldo, y suspiró de felicidad, abandonándose.

Primero fue una confusión, un atraer hacia sí todas las sensaciones por un instante embotadas o confundidas. Comprendía que estaba corriendo en plena oscuridad, aunque arriba el cielo cruzado de copas de árboles era menos negro que el resto. "La calzada", pensó. "Me salí de la calzada." Sus pies se hundían en un colchón de hojas y barro, y ya no podía dar un paso sin que las ramas de los arbustos le azotaran el torso y las piernas. Jadeante°, sabiéndose acorralado° a pesar de la oscuridad y el silencio, se agachó para escuchar. Tal vez la calzada estaba cerca, con la primera luz del día iba a verla otra vez. Nada podía ayudarlo ahora a encontrarla. La mano que sin saberlo él aferraba el mango del puñal, subió como un escorpión de los pantanos hasta su cuello, donde colgaba el amuleto protector. Moviendo apenas los labios musitó° la plegaria° del maíz que trae las lunas felices, y la súplica° a la Muy Alta, a la dispensadora de los bienes motecas. Pero sentía al mismo tiempo que los tobillos se le estaban hundiendo despacio en el barro, y la espera en la oscuridad del chaparral desconocido se le hacía insoportable. La guerra florida había empezado con la luna y llevaba ya tres días y tres noches. Si conseguía refugiarse en lo profundo de la selva, abandonando la calzada más allá de la región de las ciénagas, quizá los guerreros no le siguieran el rastro. Pensó en la cantidad de prisioneros que ya habrían hecho°. Pero la cantidad no contaba, sino el tiempo sagrado. La caza continuaría hasta que los sacerdotes dieran la señal del regreso. Todo tenía su número y su fin, y él estaba dentro del tiempo sagrado, del otro lado de los cazadores.

Oyó los gritos y se enderezó de un salto, puñal en mano. Como si el cielo se incendiara en el horizonte, vio antorchas moviéndose entre las ramas, muy cerca. El olor a guerra era insoportable, y cuando el primer enemigo le saltó al cuello casi sintió placer en hundirle la hoja° de piedra en pleno pecho. Ya lo rodeaban las luces y los gritos alegres. Alcanzó a cortar el aire una o dos veces, y entonces una soga lo atrapó desde atrás.

—Es la fiebre —dijo el de la cama de al lado—. A mí me pasaba igual cuando me operé del duodeno. Tome agua y va a ver que duerme bien.

110

115 *stitched up / squeaked*

sharp pain

viraron turned

120

125

Panting

130 *trapped*

135 *whispered / prayer / plea*

140

captured

145

blade

150

⏸ ¿Por qué debe esperar el guerrero moteca para intentar huir de sus perseguidores?

Al lado de la noche de donde volvía la penumbra tibia de la sala le pareció deliciosa. Una lámpara violeta velaba° en lo alto de la pared del fondo como un ojo protector. Se oía toser, respirar fuerte, a veces un diálogo en voz baja. Todo era grato y seguro, sin acoso, sin... Pero no quería seguir pensando en la pesadilla. Había tantas cosas en qué entretenerse. Se puso a mirar el yeso del brazo, las poleas que tan cómodamente se lo sostenían en el aire. Le habían puesto una botella de agua mineral en la mesa de noche. Bebió del gollete°, golosamente°. Distinguía ahora las formas de la sala, las treinta camas, los armarios con vitrinas. Ya no debía tener tanta fiebre, sentía fresca la cara. La ceja le dolía apenas, como un recuerdo. Se vio otra vez saliendo del hotel, sacando la moto. ¿Quién hubiera pensado que la cosa iba a acabar así? Trataba de fijar el momento del accidente, y le dio rabia° advertir que había ahí como un hueco, un vacío que no alcanzaba a rellenar. Entre el choque y el momento en que lo habían levantado del suelo, un desmayo o lo que fuera no le dejaba ver nada. Y al mismo tiempo tenía la sensación de que ese hueco, esa nada, había durado una eternidad. No, ni siquiera tiempo, más bien como si en ese hueco él hubiera pasado a través de algo o recorrido distancias inmensas. El choque, el golpe brutal contra el pavimento. De todas maneras al salir del pozo negro había sentido casi un alivio mientras los hombres lo alzaban del suelo. Con el dolor del brazo roto, la sangre de la ceja partida, la contusión en la rodilla; con todo eso, un alivio al volver al día y sentirse sostenido y auxiliado. Y era raro. Le preguntaría alguna vez al médico de la oficina. Ahora volvía a ganarlo el sueño, a tirarlo despacio hacia abajo. La almohada era tan blanda, y en su garganta afiebrada la frescura del agua mineral. Quizá pudiera descansar de veras°, sin las malditas pesadillas. La luz violeta de la lámpara en lo alto se iba apagando poco a poco.

Como dormía de espaldas, no lo sorprendió la posición en que volvía a reconocerse, pero en cambio el olor a humedad, a piedra rezumante de° filtraciones, le cerró la garganta y lo obligó a comprender. Inútil abrir los ojos y mirar en todas direcciones; lo envolvía una oscuridad absoluta. Quiso enderezarse y sintió las sogas en las muñecas y los tobillos. Estaba estaqueado° en el piso, en un suelo de lajas° helado y húmedo. El frío le ganaba la espalda desnuda, las piernas. Con el mentón buscó torpemente el contacto con su amuleto, y supo que se lo habían arrancado. Ahora estaba perdido, ninguna plegaria podía salvarlo del final. Lejanamente, como filtrándose entre las piedras del calabozo, oyó los atabales° de la fiesta. Lo habían traído al teocalli°, estaba en las mazmorras° del templo a la espera de su turno.

Oyó gritar, un grito ronco que rebotaba en las paredes. Otro grito, acabando en un quejido. Era él que gritaba en las tinieblas, gritaba porque estaba vivo, todo su cuerpo se defendía con el grito de lo que iba a venir,

Quiso enderezarse y sintió las sogas en las muñecas y los tobillos. Estaba estaqueado en el piso...

kept watch 155

bottleneck 160
avidly

le dio rabia 165
it incensed him

170

175

de veras really

180
rezumante de oozing with

185

staked
slabs 190

kettledrums
Aztec temple /
dungeons 195

¿Qué recuerda el motociclista del momento del accidente y qué sensación le quedó del hecho?

¿El guerrero grita porque todavía tiene esperanzas de que lo rescaten o por otra razón?

Boca arriba, a un metro del techo de roca viva que por momentos se iluminaba con un reflejo de antorcha.

del final inevitable. Pensó en sus compañeros que llenarían otras mazmorras, y en los que ascendían ya los peldaños del sacrificio. Gritó de nuevo sofocadamente, casi no podía abrir la boca, tenía las mandíbulas agarrotadas° y a la vez como si fueran de goma y se abrieran lentamente, con un esfuerzo interminable. El chirriar de los cerrojos° lo sacudió como un látigo. Convulso, retorciéndose, luchó por zafarse de° las cuerdas que se le hundían en la carne. Su brazo derecho, el más fuerte, tiraba hasta que el dolor se hizo intolerable y hubo que ceder. Vio abrirse la doble puerta, y el olor de las antorchas le llegó antes que la luz. Apenas ceñidos con el taparrabos° de la ceremonia, los acólitos° de los sacerdotes se le acercaron mirándolo con desprecio. Las luces se reflejaban en los torsos sudados, en el pelo negro lleno de plumas. Cedieron las sogas, y en su lugar lo aferraron manos calientes, duras como el bronce; se sintió alzado, siempre boca arriba, tironeado por los cuatro acólitos que lo llevaban por el pasadizo. Los portadores de antorchas iban adelante, alumbrando vagamente el corredor de paredes mojadas y techo tan bajo que los acólitos debían agachar la cabeza. Ahora lo llevaban, lo llevaban, era el final. Boca arriba, a un metro del techo de roca viva que por momentos se iluminaba con un reflejo de antorcha. Cuando en vez del techo nacieran las estrellas y se alzara ante él° la escalinata incendiada de gritos y danzas, sería el fin. El pasadizo no acababa nunca, pero ya iba a acabar, de repente olería el aire libre lleno de estrellas, pero todavía no, andaban llevándolo sin fin en la penumbra roja, tironeándolo brutalmente, y él no quería, pero cómo impedirlo si le habían arrancado el amuleto que era su verdadero corazón, el centro de su vida.

Salió de un brinco a la noche del hospital, al alto cielo raso° dulce, a la sombra blanda que lo rodeaba. Pensó que debía haber gritado, pero sus vecinos dormían callados. En la mesa de noche, la botella de agua tenía algo de burbuja, de imagen traslúcida contra la sombra azulada de los ventanales. Jadeó buscando el alivio de los pulmones, el olvido de esas imágenes que seguían pegadas a sus párpados. Cada vez que cerraba los ojos las veía formarse instantáneamente, y se enderezaba aterrado pero gozando a la vez del saber que ahora estaba despierto, que la vigilia lo protegía, que pronto iba a amanecer, con el buen sueño profundo que se tiene a esa hora, sin imágenes, sin nada... Le costaba mantener los ojos abiertos, la modorra° era más fuerte que él. Hizo un último esfuerzo, con la mano sana esbozó un gesto hacia la botella de agua; no llegó a tomarla, sus dedos se cerraron en un vacío otra vez negro, y el pasadizo seguía interminable, roca tras roca, con súbitas fulguraciones° rojizas, y él boca arriba gimió apagadamente porque el techo iba a acabarse, subía, abriéndose como una boca de sombra, y los acólitos se enderezaban y de la altura una luna menguante° le cayó en la

¿De qué está aterrado el motociclista y qué lo hace sentirse protegido?

205 *stiff*

bolts

zafarse de *get rid of*

loincloth

altar boys

se alzara ante él *rose high above him*

cielo raso *ceiling*

drowsiness

flashes of light

waning

245 cara donde los ojos no querían verla, desesperadamente se cerraban y abrían buscando pasar al otro lado, descubrir de nuevo el cielo raso protector de la sala. Y cada vez que se abrían era la noche y la luna mientras lo subían por la escalinata, ahora con la cabeza colgando hacia abajo, y en lo alto estaban las hogueras, las rojas columnas de rojo perfumado, y de golpe vio la piedra roja, brillante de sangre que chorreaba, y el vaivén° de los pies del sacrificado,

swinging

250 que arrastraban para tirarlo rodando por las escalinatas del norte. Con una última esperanza apretó los párpados, gimiendo por despertar. Durante un segundo creyó que lo lograría, porque estaba otra

255 vez inmóvil en la cama, a salvo del balanceo cabeza abajo. Pero olía a muerte y cuando abrió los ojos vio la figura ensangrentada del sacrificador que venía hacia

260 él con el cuchillo de piedra en la mano. Alcanzó a cerrar otra vez

... sabía que no iba a despertarse, que estaba despierto, que el sueño maravilloso había sido el otro, absurdo como todos los sueños...

los párpados, aunque ahora sabía que no iba a despertarse, que estaba despierto, que el sueño maravilloso había sido el otro, absurdo como

265 todos los sueños; un sueño en el que había andado por extrañas avenidas de una ciudad asombrosa, con luces verdes y rojas que ardían sin llama ni humo, con un enorme insecto de metal que zumbaba bajo sus piernas. En la mentira infinita de ese sueño también lo habían alzado del suelo, también alguien se le había acercado con un cuchillo en la mano, a él tendido boca arriba, a él boca arriba con los ojos cerrados entre

270 las hogueras. ∎

1. Cierto o falso Indica si cada afirmación es cierta o falsa. Corrige las falsas.

1. Al principio del cuento, el protagonista sale caminando.
2. Mientras circula por la ciudad, el hombre disfruta mucho del paseo.
3. Un grupo de hombres lo rescata de debajo de la moto.
4. En el hospital el protagonista es llevado a la sala de operaciones.
5. Mientras está anestesiado, el hombre no siente ni piensa nada.
6. Al protagonista le llama la atención el hecho de soñar olores.
7. En la "otra historia" lo persigue un grupo de conquistadores.
8. Es peligroso para el hombre salir de la calzada durante la persecución.
9. Lo llevan a un teocalli para declararlo rey de los aztecas.
10. Al final, el hombre sólo quiere quedarse dormido.

2. Comprensión Contesta las siguientes preguntas con oraciones completas.

1. ¿Por qué el protagonista perdió la visión y el conocimiento en el accidente?
2. ¿Cómo lo tratan el policía y las enfermeras?
3. ¿Por qué el protagonista es perseguido en el sueño?
4. ¿Está solo en la habitación del hospital?
5. ¿Qué es la guerra florida?
6. ¿Con qué se defiende el hombre cuando lo alcanzan sus perseguidores?
7. ¿Cuánto tiempo *siente* que pasó entre el choque y el rescate?
8. ¿Cómo lo llevan hacia el sacrificio? ¿En qué posición se encuentra el protagonista?
9. Al final del cuento, ¿cuál siente el hombre que es el verdadero sueño?

3. "Dos" personajes Con un(a) compañero/a, identifica las características de los "dos" personajes principales del cuento y contesta las siguientes preguntas.

A. El hombre moderno
1. ¿Dónde vive?
2. ¿Cómo se siente mientras circula por la ciudad?
3. ¿Qué temperamento tiene? ¿Es violento, tranquilo, nervioso, etc.?
4. ¿Qué opina de la comida en el hospital?
5. ¿Por qué se desespera al final del cuento?

B. El indígena moteca
1. ¿Dónde vive?
2. ¿Cómo es el lugar por el que huye?
3. ¿Es religioso o supersticioso? ¿Cómo lo manifiesta?
4. ¿Es un buen guerrero? ¿Por qué?
5. ¿Cómo enfrenta su final?

4. Técnica literaria El cuento nos presenta dos historias que parecen ocurrir simultáneamente. Con un(a) compañero/a, analiza los "paréntesis" entre las historias, es decir, los lugares donde una y otra se comunican.

1. ¿Cuántos son los hombres que alzan al motociclista? ¿Quiénes son? ¿Adónde lo llevan?
2. ¿Y en la historia del indígena moteca? ¿Adónde es llevado el hombre?
3. ¿Qué acababa de suceder con el indígena moteca cuando el enfermo de la cama de al lado del motociclista dice "¡Se va a caer de la cama!"?
4. ¿Qué es en la otra realidad el "enorme insecto de metal que zumbaba"?
5. La historia comienza con un zaguán. ¿Hay otro túnel al final de la historia? ¿Qué puede representar el túnel?
6. ¿Qué sucede al final de una historia? ¿Y de la otra?
7. ¿Por qué "La noche boca arriba" es un buen título para ambas historias?

5. Doble vida En "La noche boca arriba" quedarse dormido hace que el personaje pase a otra realidad. Con dos compañeros/as, elige uno de estos cinco personajes que tienen dos vidas y compáralo con el personaje del cuento para contestar esta pregunta: ¿cómo se complementan o contradicen ambas vidas?

- Superman y Clark Kent
- El vampiro Drácula y el conde Drácula de Transilvania
- Dr. Jekyll y Mr. Hyde
- Batman y Bruce Wayne
- El increíble Hulk y Bruce Banner

TALLER DE ESCRITURA

1. Una noche complicada En un relato de una página, cuenta la historia de lo que sucede en el hospital desde el punto de vista de una enfermera o del enfermo que está en la cama de al lado del protagonista.

2. El sacrificio A partir de los datos que leíste en el cuento, explica en un ensayo de una página cómo era el procedimiento de los sacrificios humanos en la cultura azteca. Sigue estas preguntas como guía:

1. ¿A quién se dedicaban los sacrificios?
2. ¿Cuándo se hacían?
3. ¿Quién debía buscar personas para sacrificar?
4. ¿Quiénes y cuántos eran los sacrificados?
5. ¿Dónde se hacían los sacrificios?
6. ¿Cómo era el edificio donde se hacían?
7. ¿Cómo se llevaba a la víctima? ¿Quién la ejecutaba? ¿Cómo lo hacía?

SOBRE EL AUTOR

Horacio Quiroga (1878–1937) fue un pionero de la escritura profesional. Cuando se le preguntó cómo escribía sus cuentos, dijo: "Sospecho que los construyo como aquel que fabrica los cañones haciendo ante todo un largo agujero que, luego, rodea de bronces". Como se percibe en "El hijo", este escritor uruguayo, que vivió principalmente en Argentina, tuvo una vida marcada por la tragedia. Su padre murió en un accidente de caza; su padrastro° y su primera esposa se suicidaron, y el propio Quiroga mató accidentalmente de un disparo a uno de sus amigos. Quiroga siempre se sintió atraído por la vida en la selva°, cuyo clima era favorable para sus problemas digestivos y de asma. Por eso la eligió para instalarse durante largos períodos y así aprendió en persona sobre el lado más cruel de la naturaleza. Allí también crio estrictamente a sus dos hijos, acostumbrándolos a defenderse de los peligros de la vida. Además de escribir, Quiroga también ejerció la docencia°, se desempeñó como funcionario público y se embarcó en proyectos delirantes que resultaron fracasos económicos. Publicó varios libros que le dieron fama y reconocimiento, como *Los arrecifes de coral* (1901), *Cuentos de amor de locura y de muerte* (1917), la colección de relatos para niños *Cuentos de la selva* (1918) y *Los desterrados* (1926). Su último libro de cuentos, *Más allá,* se conoció en 1935. A los cincuenta y ocho años, mientras estaba hospitalizado en Buenos Aires, Quiroga se quitó la vida ingiriendo cianuro tras enterarse de que padecía de cáncer.

padrastro *step-father* **selva** *jungle* **docencia** *teaching*

El hijo

Fecha de publicación: 1935
País: Argentina
Género: cuento
Colección: *Más allá*
Personajes: el hijo, el padre

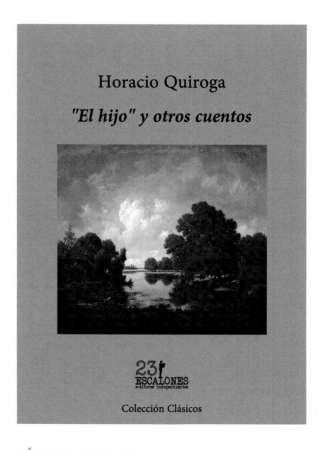

Horacio Quiroga

"El hijo" y otros cuentos

23 ESCALONES
e-ditores independientes

Colección Clásicos

TÉCNICA LITERARIA

La caracterización

Cada personaje de ficción tiene una biografía o una historia previa, compuesta por las experiencias que moldearon° su carácter y lo llevaron a ser como es. Para construir un personaje creíble, el narrador debe ahondar° en la psicología del personaje y en las razones de su comportamiento. No necesita narrarnos toda su historia; si logra crearlo exitosamente, los efectos de ese pasado se percibirán en la forma de actuar del personaje.

- Aunque en la vida de Quiroga no haya ocurrido exactamente el mismo hecho que se narra en "El hijo", ¿crees que el protagonista de un relato puede tener un trasfondo° autobiográfico? ¿Por qué?

- Escribe una lista de personajes ficticios, como Don Juan o Ebenezer Scrooge, cuyos nombres se usan para describir un tipo de personalidad.

moldearon *shaped* **ahondar** *delve* **trasfondo** *undertone*

CONTEXTO CULTURAL

La naturaleza y el hombre

"Sé tú mismo; esa es la regla" había dicho Rubén Darío. Los escritores latinoamericanos de comienzos del siglo XX escucharon ese consejo y volvieron la mirada a su tierra. Así surgió un movimiento literario conocido como criollismo o regionalismo. La literatura se centró en la descripción de la geografía salvaje y grandiosa del continente. La selva, la montaña, los ríos caudalosos° delimitaban el espacio. Se dejó de lado lo pintoresco para recrear personajes y situaciones de la realidad. Predominaron los diálogos fieles al habla de cada región y el conocimiento de la psicología de los individuos. Los protagonistas solían ser víctimas de la naturaleza, contra la que luchaban sin poder triunfar. Algunos de los escritores que hicieron parte de este movimiento fueron José Eustasio Rivera, Ricardo Güiraldes, Benito Lynch y Horacio Quiroga.

Aunque sus comienzos fueron modernistas, Quiroga prefirió después los temas autóctonos y evolucionó hacia el realismo. Admirador de Kipling, Poe y Maupassant, el escritor se concentró en lo americano, pero dándole una proyección universal. En "El hijo", el ambiente natural de la provincia argentina de Misiones —su paisaje, sus animales

La provincia de Misiones en Argentina

y sus plantas— es el escenario de una historia de locura y muerte. El lenguaje conciso y directo refleja las tensiones de la vida en la selva.

 Practice more at **vhlcentral.com.**

caudalosos *plentiful*

ANTESALA

 1 Aprende y practica el vocabulario del cuento en **vhlcentral.com.**

 2 Observa con atención la imagen en la próxima página doble y contesta las preguntas:

- ¿Qué ves en las imágenes? ¿Cuál es el ambiente? ¿Qué sensación te produce? ¿Qué clase de historia te parece que cuenta?

 3 En grupos, conversen sobre estos temas:

- ¿Qué tipo de contacto tienes con la naturaleza? ¿Alguna vez has pasado un tiempo alejado de la civilización (en un campamento o excursión)? ¿Qué sentimientos te produce la idea del aislamiento en un lugar salvaje (una isla desierta, un bosque o montaña, etc.)? ¿Piensas que la naturaleza es amigable con el ser humano o, por el contrario, que hay que dominarla?

- ¿Te parece que es preciso proteger a los niños de todo mientras se pueda o es mejor exponerlos cuanto antes a los peligros de la vida para que sepan protegerse más tarde? ¿Cuál es tu opinión sobre el uso de las armas de fuego?

Adelardo Covarsí Yustas, *Cazadores de perdiz*, 1941 ▶

EL HIJO

Horacio Quiroga

ES UN PODEROSO DÍA DE VERANO EN MISIONES, CON TODO EL sol, el calor y la calma que puede deparar° la estación. La naturaleza plenamente abierta, se siente satisfecha de sí.

Como el sol, el calor y la calma ambiente, el padre abre también su corazón a la naturaleza.

—Ten cuidado, chiquito —dice a su hijo; abreviando en esa frase todas las observaciones del caso y que su hijo comprende perfectamente.

—Sí, papá —responde la criatura mientras coge la escopeta° y carga de cartuchos° los bolsillos de su camisa, que cierra con cuidado.

—Vuelve a la hora de almorzar —observa aún el padre.

—Sí, papá —repite el chico.

Equilibra la escopeta en la mano, sonríe a su padre, lo besa en la cabeza y parte.

Su padre lo sigue un rato con los ojos y vuelve a su quehacer de ese día, feliz con la alegría de su pequeño.

Sabe que su hijo es educado desde su más tierna infancia en el hábito y la precaución del peligro, puede manejar un fusil y cazar no importa qué. Aunque es muy alto para su edad, no tiene sino trece años. Y parecía

offer

5

shotgun
cartridges

10

15

Ⓟ ¿Cómo es la relación entre padre e hijo?

> Él fue lo mismo. A los trece años hubiera dado la vida por poseer una escopeta. Su hijo, de aquella edad, la posee ahora y el padre sonríe...

tener menos, a juzgar por la pureza de sus ojos azules, frescos aún de sorpresa infantil. [20]

No necesita el padre levantar los ojos de su quehacer para seguir con la mente la marcha de su hijo. [25]

Ha cruzado la picada° roja y se encamina rectamente al monte° a través del abra° de espartillo°.

Para cazar en el monte —caza de pelo°— se requiere más paciencia de la que su cachorro puede [30] rendir. Después de atravesar esa isla de monte, su hijo costeará la linde° de cactus hasta el bañado°, en procura de palomas, tucanes o tal cual casal de garzas°, como las que su amigo Juan ha descubierto días anteriores.

Sólo ahora, el padre esboza una sonrisa° al recuerdo de la pasión [35] cinegética° de las dos criaturas.

Cazan sólo a veces un yacútoro, un surucuá° —menos aún— y regresan triunfales, Juan a su rancho con el fusil de nueve milímetros que él le ha regalado, y su hijo a la meseta° con la gran escopeta Saint-Étienne, calibre 16, [40] cuádruple cierre y pólvora blanca.

Él fue lo mismo. A los trece años hubiera dado la vida por poseer una escopeta. Su hijo, de aquella edad, la posee ahora y el padre sonríe...

No es fácil, sin embargo, para un padre viudo, sin otra fe ni esperanza que la vida de su hijo, educarlo como lo ha hecho él, libre en su corto radio de acción°, seguro de sus pequeños pies y manos desde que tenía cuatro [45] años, consciente de la inmensidad de ciertos peligros y de la escasez° de sus propias fuerzas.

Ese padre ha debido luchar fuertemente contra lo que él considera su egoísmo. ¡Tan fácilmente una criatura calcula mal, sienta un pie en el vacío y se pierde un hijo!

El peligro subsiste siempre para el hombre en cualquier edad; pero su [50] amenaza amengua° si desde pequeño se acostumbra a no contar sino con sus propias fuerzas.

De este modo ha educado el padre a su hijo. Y para conseguirlo ha debido resistir no sólo a su corazón, sino a sus tormentos morales; [55] porque ese padre, de estómago y vista débiles, sufre desde hace un tiempo de alucinaciones.

Ha visto, concretados en dolorosísima ilusión, recuerdos de una felicidad que no debía surgir más de la nada en que se recluyó. La imagen de su propio hijo no ha escapado a este tormento. Lo ha visto una vez rodar envuelto [60] en sangre cuando el chico percutía° en la morsa° del taller una bala de parabellum, siendo así que lo que hacía era limar° la hebilla° de su cinturón de caza.

⏸ ¿El padre expone a su hijo a los peligros de la selva por inconciencia o por otra razón?

*Glosas marginales:*
- [25] *trail*
- *scrubland*
- [27] *clearing / esparto grass*
- **caza de pelo** [30] *rabbit hunting*
- *limit / marshland*
- *herons*
- **esboza una sonrisa** [35] *gives a hint of a smile*
- *hunting*
- **yacútoro... surucuá** *species of birds*
- *plateau* [40]
- **radio de acción** [45] *field of action*
- *lack*
- *diminishes*
- [55]
- [60]
- *hit / bench vise*
- *file down / buckle*

Horrible caso... Pero hoy, con el ardiente y vital día de verano, cuyo amor
a su hijo parece haber heredado, el padre se siente feliz, tranquilo, y seguro
del porvenir°.

future

En ese instante, no muy lejos suena un estampido°.

bang

—La Saint-Étienne... —piensa el padre al reconocer la detonación. Dos
palomas de menos en el monte...

trivial

Sin prestar más atención al nimio° acontecimiento, el hombre se abstrae
de nuevo en su tarea.

El sol, ya muy alto, continúa ascendiendo. Adonde quiera que se mire
—piedras, tierra, árboles—, el aire enrarecido como en un horno, vibra con
el calor. Un profundo zumbido que llena el ser entero e impregna el ámbito
hasta donde la vista alcanza, concentra a esa hora toda la vida tropical.

El padre echa una ojeada a su muñeca: las doce. Y levanta los ojos al monte.

temples

Su hijo debía estar ya de vuelta. En la mutua confianza que depositan el
uno en el otro —el padre de sienes° plateadas y la criatura de trece años—,
no se engañan jamás. Cuando su hijo responde: "Sí, papá", hará lo que dice.
Dijo que volvería antes de las doce, y el padre ha sonreído al verlo partir.

Y no ha vuelto.

El hombre torna a su quehacer, esforzándose en concentrar la atención
en su tarea. ¿Es tan fácil, tan fácil perder la noción de la hora dentro del
monte, y sentarse un rato en el suelo mientras se descansa inmóvil...?

banco de mecánica *work bench*

El tiempo ha pasado; son las doce y media. El padre sale de su taller, y
al apoyar la mano en el banco de mecánica° sube del fondo de su memoria el
estallido de una bala de parabellum, e instantáneamente, por primera vez en
las tres transcurridas, piensa que tras el estampido de la Saint-Étienne no ha
oído nada más. No ha oído rodar el

gravel

pedregullo° bajo un paso conocido.
Su hijo no ha vuelto y la naturaleza

a la vera del *by the side of*

se halla detenida a la vera del°
bosque, esperándolo.

¡Oh! no son suficientes un
carácter templado y una ciega
confianza en la educación de un

banish

hijo para ahuyentar° el espectro de
la fatalidad que un padre de vista

> Un tiro, un solo tiro ha sonado, y hace mucho. Tras él, el padre no ha oído un ruido, no ha visto un pájaro...

enferma ve alzarse desde la línea del monte. Distracción, olvido, demora
fortuita: ninguno de estos nimios motivos que pueden retardar la llegada de

halla cabida *finds room*

su hijo halla cabida° en aquel corazón.

Un tiro, un solo tiro ha sonado, y hace mucho. Tras él, el padre no ha
oído un ruido, no ha visto un pájaro, no ha cruzado el abra una sola persona
a anunciarle que al cruzar un alambrado°, una gran desgracia...

wire fence

La cabeza al aire y sin machete, el padre va. Corta el abra de espartillo,
entra en el monte, costea la línea de cactus sin hallar el menor rastro de su hijo.

Pero la naturaleza prosigue detenida. Y cuando el padre ha recorrido
las sendas de caza conocidas y ha explorado el bañado en vano, adquiere

¿Cuál es el "espectro de la fatalidad" que cree ver el padre cuando su hijo no regresa?

la seguridad de que cada paso que da en adelante lo lleva, fatal e inexorablemente, al cadáver de su hijo.

Ni un reproche que hacerse, es lamentable. Sólo la realidad fría terrible y consumada: ha muerto su hijo al cruzar un...

¡Pero dónde, en qué parte! ¡Hay tantos alambrados allí, y es tan, tan sucio el monte! ¡Oh, muy sucio! Por poco que no se tenga cuidado al cruzar los hilos con la escopeta en la mano...

El padre sofoca un grito. Ha visto levantarse en el aire... ¡Oh, no es su hijo, no! Y vuelve a otro lado, y a otro y a otro...

Nada se ganaría con ver el color de su tez° y la angustia de sus ojos. Ese hombre aún no ha llamado a su hijo. Aunque su corazón clama por él a gritos, su boca continúa muda. Sabe bien que el solo acto de pronunciar su nombre, de llamarlo en voz alta, será la confesión de su muerte.

—¡Chiquito! —se le escapa de pronto. Y si la voz de un hombre de carácter es capaz de llorar, tapémonos de misericordia° los oídos ante la angustia que clama en aquella voz.

Nadie ni nada ha respondido. Por las picadas rojas de sol, envejecido en diez años, va el padre buscando a su hijo que acaba de morir.

—¡Hijito mío...! ¡Chiquito mío...! —clama en un diminutivo que se alza del fondo de sus entrañas.

*(margin line numbers)* 110 · 115 · 120 · 125

(margin glosses) complexion · compassion

⏸ ¿A quién le pide el narrador que se tape los oídos y por qué?

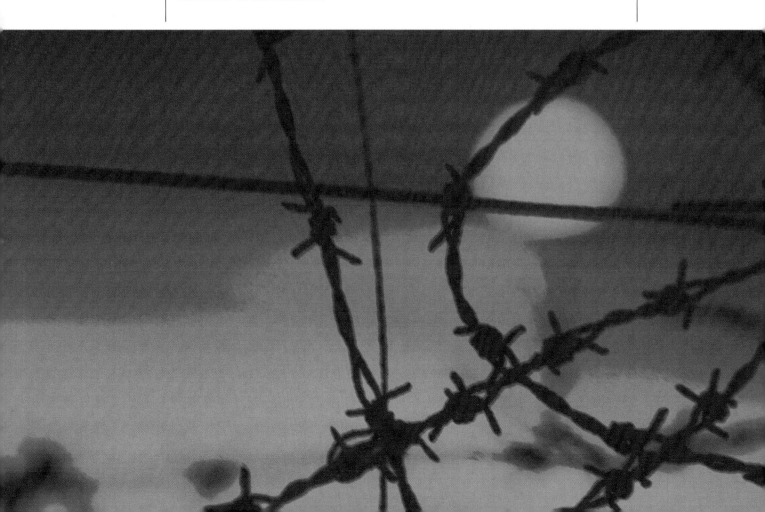

130   Ya antes, en plena dicha y paz, ese padre ha sufrido la alucinación de su hijo rodando con la frente abierta por una bala al cromo níquel. Ahora, en cada rincón
sparks 135   sombrío del bosque ve centelleos° de alambre; y al pie de un poste, con la escopeta descargada al lado, ve a su...

> A nadie ha encontrado, y su brazo se apoya en el vacío.

—¡Chiquito...! ¡Mi hijo!

Las fuerzas que permiten entregar un pobre padre alucinado a la más
140   atroz pesadilla tienen también un límite. Y el nuestro siente que las suyas se
narrow trail   le escapan, cuando ve bruscamente desembocar de un pique° lateral a su hijo.

A un chico de trece años bástale ver desde cincuenta metros la expresión de su padre sin machete dentro del monte para apresurar el paso con los ojos húmedos.

145   —Chiquito... —murmura el hombre. Y, exhausto se deja caer sentado en
reflecting a bright   la arena albeante°, rodeando con los brazos las piernas de su hijo.
white color   La criatura, así ceñida, queda de pie; y como comprende el dolor de su padre, le acaricia despacio la cabeza:

—Pobre papá...

150   En fin, el tiempo ha pasado. Ya van a ser las tres...

Juntos ahora, padre e hijo emprenden el regreso a la casa.

—¿Cómo no te fijaste en el sol para saber la hora...? —murmura aún el primero.

—Me fijé, papá... Pero cuando iba a volver vi las garzas de Juan y las seguí...
155   —¡Lo que me has hecho pasar, chiquito!

—Piapiá... —murmura también el chico.

Después de un largo silencio:

—Y las garzas, ¿las mataste? —pregunta el padre.

—No.

burning 160   Nimio detalle, después de todo. Bajo el cielo y el aire candentes°, a la descubierta por el abra de espartillo, el hombre devuelve a casa con su hijo, sobre cuyos hombros, casi del alto de los suyos, lleva pasado su feliz brazo de padre. Regresa empapado de sudor, y aunque quebrantado de cuerpo y alma, sonríe de felicidad.

***

165   Sonríe de alucinada felicidad... Pues ese padre va solo.

A nadie ha encontrado, y su brazo se apoya en el vacío. Porque tras él, al pie de un poste y con las piernas en alto, enredadas en el alambre de púa, su hijo bienamado yace al sol, muerto desde las diez de la mañana. ■

⏸ ¿En qué estado se encuentra el padre hacia las tres de la tarde?

1. Cierto o falso Indica si cada afirmación es cierta o falsa. Corrige las falsas.

1. El protagonista del cuento es un hombre viudo.
2. Aunque es muy alto para su edad, el hijo tiene sólo ocho años.
3. El muchacho aprendió a manejar un fusil cuando era pequeño.
4. El padre no quiere que ese día su hijo vaya a cazar al monte.
5. De joven, el padre odiaba las armas de fuego.
6. Su hijo le promete que volverá a casa al mediodía.
7. Durante la mañana, se oye un solo disparo proveniente del monte.
8. El padre no se acuerda de su hijo hasta la noche.
9. Cuando sale a buscarlo, el padre cree que encontrará su cadáver.
10. El hijo desaparece sin dejar ningún rastro.

2. Comprensión Contesta las siguientes preguntas con oraciones completas.

1. ¿Quiénes son los personajes de este cuento?
2. ¿Cómo está el tiempo el día del relato? ¿Es un clima habitual o extraño?
3. Además de su hijo, ¿hay otras cosas de la vida que el padre valore (*values*)?
4. ¿Cómo educó este padre a su hijo? ¿Le resultó fácil hacerlo de esa manera?
5. ¿Qué hace el padre mientras espera que el muchacho regrese?
6. ¿A qué hora decide el padre ir a buscar a su hijo? ¿Por qué?
7. ¿Qué sucedió realmente con el hijo?

3. Interpretación Con un(a) compañero/a, analiza el cuento con atención y luego contesta estas preguntas.

1. ¿Qué imágenes de la naturaleza predominan al comienzo del cuento? ¿En qué momento cambian esas imágenes?
2. ¿Qué clase de hombre te parece que es el padre? ¿Por qué crees que tiene esa personalidad?
3. ¿Qué alucinación piensas que tuvo el padre cuando vio "recuerdos de una felicidad que no debía surgir más de la nada en que se recluyó"?
4. ¿Piensas que sus temores con respecto a su hijo son una locura o están justificados?
5. ¿Por qué va con "la cabeza al aire y sin machete" cuando sale a buscar a su hijo?
6. La alucinación que el padre tiene al final, ¿es igual a las anteriores? ¿A qué emoción o sentimiento responde esta vez?
7. ¿Qué piensas que aportan al relato los datos precisos sobre la hora, las distancias, las armas, los animales, etc.?
8. ¿A qué crees que atribuye la causa de la muerte de su hijo este padre que piensa: "Ni un reproche que hacerse, es lamentable"?

4. Técnica literaria A pesar de la brevedad del relato, el autor proporciona detalles reveladores sobre los dos personajes. Con un(a) compañero/a, escribe qué información nos transmiten las siguientes oraciones sobre el carácter de los personajes.

- "Como el sol, el calor y la calma ambiente, el padre abre también su corazón a la naturaleza".
- "[El hijo] Equilibra la escopeta en la mano, sonríe a su padre, lo besa en la cabeza y parte".
- "En la mutua confianza que depositan el uno en el otro —el padre de sienes plateadas y la criatura de trece años—, no se engañan jamás".
- "¡Oh! no son suficientes un carácter templado y una ciega confianza en la educación de un hijo para ahuyentar el espectro de la fatalidad que un padre de vista enferma ve alzarse desde la línea del monte".

5. Temas principales En la narrativa de Horacio Quiroga se repiten determinados temas que, además, no están muy alejados de su propia historia de vida. Busca estos temas en el cuento y señala los pasajes que los ejemplifican. Luego, basándote en la biografía de Quiroga y en otros datos que encuentres en Internet, comenta con dos compañeros/as de qué manera estos temas marcaron la vida y obra del autor.

- La selva
- La muerte
- El absurdo
- La locura
- El amor
- La violencia

TALLER DE ESCRITURA

1. El relato de los hechos A partir de la narración de los hechos que suceden en el cuento "El hijo", escribe una crónica para la sección policial de un periódico de ese día en la que relates lo que ocurrió, cómo pasó y cuál fue el desenlace.

2. La educación emocional El personaje del padre está caracterizado en el relato a partir de una convicción profunda sobre cómo debe criar a su hijo, incluso oponiéndose a sus propios deseos. Escribe un ensayo breve en el que expreses tu opinión sobre cuál es la mejor forma de educar a los niños para la sociedad del futuro, en qué estás de acuerdo y en desacuerdo con la educación convencional, etc. Incluye tus criterios con respecto a:

1. *Métodos de enseñanza (severidad o flexibilidad)*
2. *Acento en lo intelectual o en lo emocional*

   Por último, escribe una conclusión para alertar sobre los peligros de un tipo de educación que se aparte de la que propones.

✍ UNA RESEÑA CRÍTICA

Escribe una reseña crítica sobre una de las obras de esta lección. En una reseña crítica se resume y se valora una obra.

Plan de escritura

Comienza completando una tabla con las características de cada obra. Esta tabla te ayudará a preparar tu reseña crítica.

	personajes principales	ambiente	temas centrales
Mar adentro	Ramón, Julia, Rosa		
"El revólver"			
"La Tísica"			
"La noche boca arriba"		la ciudad siglo XX, el hospital, la selva	
"El hijo"			la naturaleza, la muerte, la locura, el amor padre-hijo

Planificar y preparar la escritura

1. Estrategia: Pensar en la intención del/de la autor(a) Selecciona un texto de esta lección y vuelve a leerlo atentamente. Determina el propósito del/de la autor(a). ¿Cuál fue su intención al escribir el texto? Piensa en la reacción del lector o espectador al leer esta obra. Haz una lista de citas importantes que crees que tienen un impacto sobre el lector/espectador.

2. Estrategia: Evaluar la obra

- Piensa en la obra que has seleccionado. Considera la relación que hay entre su tema central y la intención del/de la autor(a). Esto te ayudará a evaluar la obra.

- Toma notas sobre los elementos positivos y negativos de la obra, explicando por qué crees que lo son. Recuerda anotar ejemplos y detalles que apoyen tu evaluación positiva o negativa. Puedes utilizar un diagrama como este.

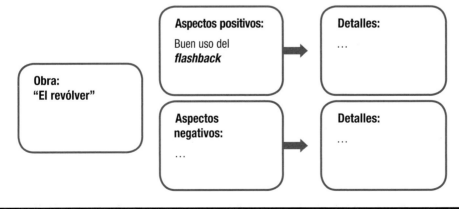

Escribir

3. Tu reseña crítica Ahora puedes escribir tu reseña crítica. Utiliza la información que has reunido. Sigue estos pasos para escribir.

- **Introducción:** Escribe unas líneas sobre el/la autor(a), el título de la obra y el tema. Explica cuál es el propósito de tu reseña.

- **Análisis del texto:** Escribe un breve resumen de los puntos principales con algunos ejemplos. Puedes describir también la intención del/de la autor(a) y cómo se organiza el texto.

- **Crítica:** Presenta una discusión equilibrada de los aspectos positivos y negativos de la obra. Debes basar tus comentarios en opiniones específicas, y apoyarlas con detalles y ejemplos de la obra. Puedes incluir recomendaciones para mejorar el texto, según tu valoración.

- **Conclusión:** Describe brevemente tu valoración general de la obra y cita cualquier fuente de referencia que hayas utilizado en tu reseña.

Revisar y leer

4. Revisión Pídele a un(a) compañero/a que lea tu reseña crítica y que sugiera cómo mejorarla. Revísala incorporando sus sugerencias y prestando atención a los siguientes elementos:

- ¿Presentas la información y tu propósito correctamente?

- ¿Tu resumen es breve y expone los puntos principales? ¿Incluiste ejemplos?

- ¿Presentas los aspectos positivos y negativos de la obra de manera equilibrada? ¿Basas tus comentarios en opiniones específicas? ¿Las apoyas con detalles y ejemplos? ¿Incluyes alguna recomendación para mejorar el texto?

- ¿Son correctas la gramática y la ortografía?

5. Lectura Lee tu reseña crítica a varios/as compañeros/as. Tomen turnos. Cuando termines de leer tu reseña, tus compañeros/as deben hacerte preguntas. Comenten juntos un punto interesante de tu reseña que les haya llamado la atención. Cuando hayan acabado de leer sus reseñas críticas en grupo, anota en una tabla los puntos más interesantes de las obras de esta lección.

Obras	Puntos interesantes
Mar adentro	
"El revólver"	
"La Tísica"	
"La noche boca arriba"	
"El hijo"	

Lazos DE SANGRE

CONTENIDO

REPASO GRAMATICAL: El subjuntivo I
Pronombres relativos

SOBRE EL DIRECTOR

Juan José Campanella (1959) es un reconocido director de cine y televisión argentino para quien "lo fundamental es mantener siempre la verdad emocional de la escena". *El hijo de la novia* no es la excepción. En todas sus películas (de las que también es coguionista) los personajes sufren profundas crisis existenciales y necesitan restablecer sus lazos° afectivos. En 1979, después de ver *It's a Wonderful Life* de Frank Capra, Campanella abandonó la carrera de Ingeniería para volcarse de lleno al cine, a tal punto que viajó a los Estados Unidos en 1983 para perfeccionarse en la Universidad de Nueva York. En ese país tuvo una exitosa carrera en televisión: dirigió algunos capítulos de *Law & Order* y *House M.D.*, entre otras series, y obtuvo el premio Emmy al mejor director dos veces.

Después de casi veinte años, regresó a Argentina para filmar *El mismo amor, la misma lluvia* (1999), protagonizada por Ricardo Darín, su actor favorito. El anuncio de su padre de ochenta y cinco años de que quería casarse por la Iglesia con su esposa enferma de alzhéimer le dio la idea para el guión de *El hijo de la novia* (2001). Esta película le valió su primera nominación al premio Óscar a la mejor película extranjera, premio que finalmente obtuvo en 2010 con *El secreto de sus ojos* (2009). Campanella es también el director de *Metegol* (2013), la primera película de animación en 3D producida en Argentina.

lazos *bonds*

RICARDO **DARÍN**　HÉCTOR **ALTERIO**　NORMA **ALEANDRO**

EL HIJO DE LA NOVIA

DIRIGIDA POR JUAN JOSÉ CAMPANELLA
CON NATALIA VERBEKE COMO NATY Y EDUARDO BLANCO

PERSONAJES

Rafael *Propietario de un restaurante*

Nino *Padre de Rafael, muy enamorado de su esposa*

Norma *Madre de Rafael, enferma de alzhéimer*

Naty *Novia de Rafael*

El hijo de la novia

Fecha de estreno: 2001
País: Argentina
Género: largometraje
Guión: Fernando Castets, Juan José Campanella
Actores: Ricardo Darín, Hector Alterio, Norma Aleandro, Eduardo Blanco
Duración: 123 minutos

CONTEXTO HISTÓRICO

La inmigración italiana en Argentina

Durante la ola inmigratoria que comenzó en la segunda mitad del siglo XIX, Latinoamérica recibió un gran número de inmigrantes europeos. Al igual que Nino Belvedere en *El hijo de la novia,* la mayoría de los inmigrantes que llegaron a Argentina provenían de Italia. Hoy día, alrededor del 40% de los argentinos tiene un abuelo, un tío o algún pariente cercano nacido en ese país. No es de extrañar, entonces, que la cultura porteña° esté ligada a la cultura italiana. Por ejemplo, el habla de los porteños está salpicada de° italianismos que enriquecieron el vocabulario lunfardo°, como la palabra "laburo", que viene del italiano *lavoro* y significa "trabajo". Muchos compositores de tango, la música típica de Buenos Aires, tienen apellidos italianos. Fueron italianos los propietarios de las mejores confiterías y restaurantes de Buenos Aires, como el Café Tortoni y la Confitería del Molino. Y a la hora de la mesa, la pizza y las pastas son las comidas favoritas de las familias argentinas.

El Hotel de Inmigrantes de Buenos Aires, c. 1912

 Practice more at **vhlcentral.com**.

porteña *of the city of Buenos Aires* **salpicada de** *sprinkled with* **lunfardo** *Buenos Aires slang*

ANTESALA

 1 Aprende y practica el vocabulario de la película en **vhlcentral.com**.

 2 Conversa con un(a) compañero/a sobre los siguientes temas:

- Observa el cartel de promoción de la película en la página anterior. ¿Qué clase de persona te imaginas que es el protagonista? ¿Podrías encontrarlo en cualquier país y época? ¿Qué idea te sugiere el título sobre la historia que vas a ver?

- ¿Cómo asumía la gente los compromisos a principios del siglo XX? ¿Las personas establecían más lazos entonces que ahora? ¿En qué han cambiado las costumbres? ¿Estás de acuerdo con el dicho: "Todo tiempo pasado fue mejor"?

- ¿Te parece que una persona puede alcanzar sus metas sin la ayuda de nadie? ¿Qué ventajas y desventajas puede encontrar un individuo en una comunidad (familiar, religiosa, de país de origen, etc.)?

- En los carteles de promoción de la película se incluye esta pregunta: "Si la vida te pasó de largo, ¿qué esperás para alcanzarla?". ¿Te parece que es posible vivir sin disfrutar de la vida? ¿Cómo puede suceder eso y de qué manera se podría solucionar?

00:00 32:27	Parte 1
32:28 55:56	Parte 2
55:57 1:26:41	Parte 3

TÉCNICA CINEMATOGRÁFICA

La caracterización Para que un personaje nos parezca creíble, debe estar bien caracterizado (*portrayed*). Un personaje adolescente con aspecto de hombre maduro y vestido de traje nos parece inverosímil, y destruye el pacto de "suspensión de incredulidad" que adoptamos cuando entramos al cine.

Rafael vive estresado

Guía para la comprensión

En esta primera parte, la película nos presenta a Rafael, el dueño de un restaurante que vive agobiado (*overwhelmed*) por sus obligaciones. Mientras miras este fragmento, anota todos los problemas familiares, económicos y emocionales a los que se enfrenta. Por ejemplo:

- Es responsable de muchas tareas en el restaurante.
- No le dedica suficiente tiempo a su hija.

Era necesario un susto

Guía para la comprensión

En la segunda parte, Rafael decide cambiar algunas cosas de su vida. Mientras la miras, anota qué cosas se propone cambiar, cuáles logra y cuáles no. Por ejemplo:

Quiere cambiar su estilo de vida. Lo logra.

¿Feliz con el cambio de vida?

Guía para la comprensión

En la tercera parte, Rafael ayuda a su padre, pero aún sigue desorientado. Escribe qué cosas ha resuelto Rafael y cuáles lo angustian.

Preguntas

1. ¿De qué serie de televisión es fanático Rafael?
2. ¿Por qué no es bueno el postre tiramisú en el restaurante?
3. ¿Cuál es la primera reacción de Rafael a la oferta de Marchiolli Internazionale?
4. ¿Por qué está enojada con Rafael su exesposa?
5. ¿A qué se dedica Juan Carlos?
6. ¿Qué planea hacer el padre de Rafael? ¿Qué opina Rafael de su idea?

1. ¿Qué le dice Rafael a Naty sobre lo que planea hacer con su vida después del infarto?
2. ¿Cómo se siente Rafael cuando le anuncia a su padre que quiere vender el restaurante?
3. ¿Por qué tenía éxito el restaurante en los primeros años?
4. Según Naty, ¿a qué le tiene miedo Rafael?
5. ¿Cómo fue la vida de Juan Carlos?
6. ¿Por qué dice Rafael que no cumplió las expectativas de su madre?

1. ¿Cómo reacciona Norma ante la propuesta de matrimonio?
2. ¿Qué pasa cuando Nino llama a sus amigos para invitarlos a la boda?
3. ¿Cómo trata Rafael a Daniel, el novio de Sandra?
4. ¿Qué opina Sandra de los planes de Rafael?
5. ¿Por qué se enfurece Rafael con Juan Carlos?
6. ¿Qué va a hacer Naty para cambiar de aire? ¿Por qué?
7. ¿Cómo se siente Rafael mientras firma el contrato de venta del restaurante? ¿Por qué?

Parte 4

1:26:42
1:43:34

Parte 5

1:43:35
FIN

Rafael se reconcilia con su vida

Guía para la comprensión

En la cuarta parte, Rafael sigue buscando respuestas.
Anota con quiénes habla y qué aprende de cada uno.

Habla con...	Aprende...

¡Vivan los novios!

Guía para la comprensión

En el desenlace, Rafael finalmente logra resolver sus
diferentes problemas. Anota cómo ha cambiado la vida
del protagonista en su papel de...

- novio
- hijo
- padre
- amigo
- empresario

✎ Preguntas

1. ¿Cómo tratan Nacho y Francesco a Rafael después de la venta del restaurante?
2. ¿Por qué Rafael decide ir a hablar con Juan Carlos?
3. ¿Cómo se siente Rafael al leer el poema de Vicky?
4. ¿Permite la Iglesia el casamiento de Nino y Norma? ¿Por qué?
5. ¿Por qué Rafael le pide perdón a Norma?
6. ¿Cómo reacciona ella?

1. Rafael le dice a Naty que quiere tener problemas. ¿Qué tipo de problemas está dispuesto a tener?
2. ¿Se reconcilian Naty y Rafael?
3. ¿Por qué se emociona el "cura" durante la ceremonia?
4. ¿Qué piensa hacer Rafael ahora?
5. ¿Por qué Rafael envía a Juan Carlos a hablar con su exesposa en el restaurante?
6. Según Rafael, ¿en qué se parecen Fred Astaire y Nino?

¿Conoces alguna otra película que tenga escenas retrospectivas?
¿Cuál es el objetivo de esas escenas?

¿Qué otra "historia de formación" conoces? ¿Qué pasa con el
protagonista de esa historia?

1. Cierto o Falso Indica si cada afirmación es cierta o falsa. Corrige las falsas.

1. El representante de la compañía que quiere comprar el restaurante le dice a Rafael que su vida parece un maratón.
2. Antes de que Norma se enfermara, ya tenía problemas con su hijo Rafael.
3. Rafael nunca discute con Sandra, su exesposa, frente a su hija Vicky.
4. Juan Carlos es agente de policía.
5. Al salir del hospital, Rafael quiere irse a vivir a México.
6. En su juventud, Nino era el cocinero del restaurante y Norma atendía a los clientes.
7. Juan Carlos se enamora de Naty, la novia de Rafael.
8. Nino no le permite a Rafael vender el restaurante familiar.
9. Nino y Norma se casan en un asilo para ancianos (*retirement home*).
10. El nombre del nuevo restaurante será "Norma Belvedere".

2. Comprensión Contesta las preguntas con oraciones completas.

1. ¿Quién fundó el restaurante Belvedere? ¿Quién lo atendía y quién está a cargo ahora?
2. ¿Qué hábitos poco saludables tiene Rafael?
3. ¿Qué relación tiene con su padre, Nino?
4. ¿Por qué su madre está en un asilo para ancianos?
5. ¿Qué decide hacer Nino para empezar un ciclo nuevo?
6. ¿Cuánto tiempo hacía que Rafael no veía a su madre? ¿Y a Juan Carlos?
7. ¿Cuál es el punto de inflexión (*turning point*) que cambia la forma de vivir de Rafael?
8. ¿Qué opina Nino de que Rafael venda el restaurante? ¿Qué le aconseja?
9. ¿Por qué no pueden casarse por la Iglesia Nino y Norma?
10. ¿Qué hace Rafael con el dinero que recibe por la venta del restaurante Belvedere?

3. Una crisis Rafael tiene cuarenta y dos años y está lleno de dudas sobre su presente y su futuro. Está atravesando una "crisis de la mediana edad". Contesta las siguientes preguntas sobre diferentes aspectos de su crisis.

1. ¿Qué dudas tiene Rafael sobre su trabajo?
2. ¿Qué problemas tiene en su relación de pareja? ¿Por qué los tiene?
3. ¿Cómo se llevan Rafael y su hija? ¿Cómo deberían llevarse?
4. ¿Cómo afecta a Rafael la vejez de sus padres? ¿Y su propia edad?
5. ¿Cómo reacciona su cuerpo a la crisis que está viviendo?
6. ¿Crees que Rafael encontró su verdadera vocación? ¿Por qué?
7. ¿Te parece Rafael una persona madura? ¿Por qué?
8. ¿Qué cosas aprende de la crisis el protagonista?

4. Técnica cinematográfica Con un(a) compañero/a, analiza la caracterización de algunos personajes secundarios de la película e indica los detalles más importantes.

Ejemplo:

Juan Carlos: Está siempre sonriente. Vive en una casa humilde. Su ropa no es muy elegante. Tiene cabello largo para dar la imagen de un soñador. Es cómico: hace ruidos extraños para relajarse antes de actuar.

- Nino Belvedere
- Norma Belvedere
- Naty
- Vicky
- Francesco, el cocinero
- Daniel, el novio de la exesposa de Rafael

5. Otros temas *El hijo de la novia* es una película sobre las relaciones familiares, pero también trata otros temas. Con dos compañeros/as, comenta las afirmaciones a partir de escenas de la película.

- Las enfermedades que sufrimos o que vemos sufrir nos enseñan cómo deberíamos vivir.
- Los programas de televisión que vemos de niños nos marcan para toda la vida.
- Las empresas familiares tarde o temprano fracasan por ser ineficientes.
- No sabemos que amamos a una persona hasta que corremos el riesgo de perderla.

TALLER DE ESCRITURA

1. La madre de Rafael En una página, narra la historia de Norma Belvedere hasta el día de su matrimonio. Escribe sobre su vida con Nino, la relación con su hijo, sus sueños incumplidos, sus pasiones, sus talentos y su enfermedad. Aunque debes usar tu imaginación, recuerda basar lo que escribas en los acontecimientos que se narran en la película.

2. El hijo Rafael cambia a lo largo de la historia. En una página, describe su evolución siguiendo estos pasos:

1. *Describe su situación al principio de la película.*
2. *Comenta cómo su enfermedad hizo que intentara cambiar.*
3. *Analiza cómo le ayuda la presencia de su amigo Juan Carlos.*
4. *Describe cómo su conversación con su madre le hizo cambiar definitivamente.*
5. *Escribe una conclusión explicando cómo es su situación al final de la película.*
6. *Imagina cómo actuará en el futuro.*

SOBRE EL AUTOR

Gabriel García Márquez (1927–2014) fue un escritor y periodista colombiano, nobel de literatura en 1982 y figura clave del realismo mágico. Proveniente de una familia de once hijos, sus abuelos maternos lo criaron hasta los ocho años. Su abuelo fue el modelo de los "coroneles" que aparecen en su obra y su abuela influyó en su manera de relatar historias fantásticas como si fueran una verdad innegable. De esos años, García Márquez dijo: "Después todo me resultó bastante plano: crecer, estudiar, viajar... nada de eso me llamó la atención".

En 1950 abandonó la carrera de Derecho y se dedicó al periodismo: trabajó para *El Universal, El Heraldo* y *El Espectador*. En 1955 García Márquez viajó a Europa como enviado especial, pero la dictadura cerró el periódico en el que trabajaba y el escritor decidió quedarse en París. Allí, en medio de penurias económicas°, escribió *El coronel no tiene quien le escriba* (1961). Durante las décadas de 1960 y 1970, vivió un exilio voluntario en España y México.

En 1962, publicó *Los funerales de la Mamá Grande,* colección de cuentos de donde proviene "La prodigiosa tarde de Baltazar". Con *Cien años de soledad* (1967), una de las novelas más exitosas de la segunda mitad del siglo XX, debió empeñar° objetos personales para enviar el manuscrito a la editorial. En 1985 obtuvo otro gran éxito con *El amor en los tiempos del cólera,* obra que fue llevada al cine en 2007 con el actor español Javier Bardem.

penurias económicas *financial straits* **empeñar** *pawn*

La prodigiosa tarde de Baltazar /

Fecha de publicación: 1962
Género: cuento
Colección: *Los funerales de la Mamá Grande*
Personajes: Baltazar, Montiel, Úrsula, el doctor Giraldo, Pepe

---

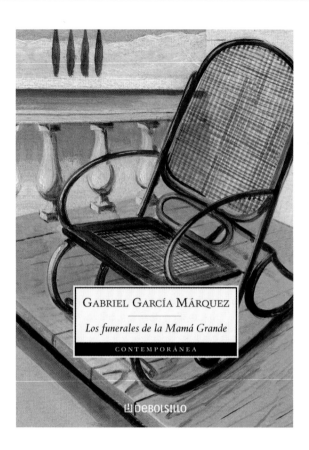

GABRIEL GARCÍA MÁRQUEZ
Los funerales de la Mamá Grande
CONTEMPORÁNEA

⊞ DEBOLSILLO

TÉCNICA LITERARIA

La alegoría

Mediante la alegoría es posible representar una idea a través de personajes, objetos o acciones que cobran un significado simbólico. Como ocurre con la metáfora, con la alegoría se dice una cosa pero, en un nivel más profundo, se expresa otra. De esta manera, la historia presenta un significado literal y otro figurado. Una alegoría conocida es la imagen de la Justicia como una mujer con los ojos vendados° que representa la imparcialidad.

Las historias de García Márquez pueden leerse como alegorías del poder, del tiempo, de la religión. Muchos aspectos de "La prodigiosa tarde de Baltazar" son análogos a la historia bíblica de los Reyes Magos, quienes le hacen ofrendas al Niño Jesús.

• ¿Qué imágenes alegóricas conoces?

• ¿Cómo representarías tú la libertad, la ignorancia o la muerte con una imagen alegórica?

vendados *blindfolded*

CONTEXTO HISTÓRICO

Tensión entre las clases sociales

"La prodigiosa tarde de Baltazar" transcurre en el pueblo mítico de Macondo. Macondo está basado en Aracataca, un pueblo costero del norte de Colombia, donde García Márquez vivió hasta los ocho años. Las condiciones sociales y económicas retratadas en el cuento son típicas de muchos pueblos colombianos de la primera mitad del siglo XX. Con una economía centrada en la agricultura y en la cría de animales, la sociedad estaba dividida entre ricos y pobres, terratenientes y peones, cabecillas políticos y desposeídos. En el cuento, la arrogancia de don Chepe Montiel es un fiel reflejo de cómo muchos ricos trataban a los pobres que les servían. Éstos, por su parte, se comportaban con mucha deferencia ante sus amos, a veces sufriendo indignidades y abusos. En 1928, la lucha entre clases explotó con violencia en Ciénaga, una población cercana a Aracataca. Los trabajadores de las fincas bananeras se habían declarado en huelga en busca de mejores sueldos y condiciones de trabajo. El ejército colombiano abrió fuego ante una multitud que estaba manifestándose. Nunca se supo cuántas personas murieron, pero se estima que fueron más de mil. Este incidente aparece narrado en *Cien años de soledad,* la novela más importante de García Márquez.

Bananeros colombianos a principios del siglo XX

 Practice more at **vhlcentral.com**.

ANTESALA

 1 Aprende y practica el vocabulario del cuento en **vhlcentral.com**.

 2 Contesta las preguntas:

- ¿Qué armas crees que utilizaban los ricos y poderosos para dominar a las clases humildes? ¿Por qué crees que funcionaban estos métodos? ¿Quiénes se ven más beneficiados en la actualidad con la pobreza? ¿Qué recursos se utilizan hoy día para controlar a los más desfavorecidos?

 3 Gabriel García Márquez era un escritor comprometido con la realidad y la situación sociopolítica de su país. En grupos, conversen sobre estos temas:

- ¿Qué tipo de compromiso social puede tener un intelectual con la sociedad en la que vive? ¿Cómo puede influir en la mejora de su país?

- ¿Conoces a algún intelectual o escritor que esté relacionado con el mundo de la política? ¿Qué papel desempeña en la política nacional? ¿A quién favorece más: a los ricos o a los pobres? ¿Por qué?

- ¿Qué es más efectivo: una novela que describe detalladamente la realidad auténtica de un país o la manifestación de un pueblo en las calles como protesta por la política injusta? ¿Por qué?

Beg Mont, *Enjaulado*, 2008 ▶

La prodigiosa tarde de Baltazar

Gabriel García Márquez

LA JAULA° ESTABA TERMINADA. BALTAZAR LA COLGÓ EN EL alero°, por la fuerza de la costumbre, y cuando acabó de almorzar ya se decía por todos lados que era la jaula más bella del mundo. Tanta gente vino a verla, que se formó un tumulto frente a la casa, y Baltazar tuvo que descolgarla y cerrar la carpintería.

—Tienes que afeitarte —le dijo Úrsula, su mujer—. Pareces un capuchino°.

—Es malo afeitarse después del almuerzo —dijo Baltazar.

Tenía una barba de dos semanas, un cabello corto, duro y parado como las crines° de un mulo, y una expresión general de muchacho. Pero era una expresión falsa. En febrero había cumplido 30 años, vivía con Úrsula desde hacía cuatro, sin casarse y sin tener hijos, y la vida le había dado muchos motivos para estar alerta, pero ninguno para estar asustado. Ni siquiera sabía que para algunas personas, la jaula que acababa de hacer era la más bella del mundo. Para él, acostumbrado a hacer jaulas desde niño, aquél

cage

eaves

5

Capuchin monk

mane

10

Ⅱ ¿Cuál es la diferencia entre un artesano y un artista?

> ... su marido había descuidado el trabajo de la carpintería para dedicarse por entero a la jaula...

había sido apenas un trabajo más arduo° que los otros.

—Entonces repósate° un rato —dijo la mujer—. Con esa barba no puedes presentarte en ninguna parte.

Mientras reposaba tuvo que abandonar la hamaca varias veces para mostrar la jaula a los vecinos. Úrsula no le había prestado atención hasta entonces. Estaba disgustada porque su marido había descuidado el trabajo de la carpintería para dedicarse por entero a la jaula, y durante dos semanas había dormido mal, dando tumbos° y hablando disparates°, y no había vuelto a pensar en afeitarse. Pero el disgusto se disipó° ante la jaula terminada. Cuando Baltazar despertó de la siesta, ella le había planchado los pantalones y una camisa, los había puesto en un asiento junto a la hamaca, y había llevado la jaula a la mesa del comedor. La contemplaba en silencio.

—¿Cuánto vas a cobrar? —preguntó.

—No sé —contestó Baltazar—. Voy a pedir treinta pesos para ver si me dan veinte.

—Pide cincuenta —dijo Úrsula—. Te has trasnochado mucho en estos quince días. Además, es bien grande. Creo que es la jaula más grande que he visto en mi vida.

Baltazar empezó a afeitarse.

—¿Crees que me darán los cincuenta pesos?

—Eso no es nada para don Chepe Montiel, y la jaula los vale —dijo Úrsula—. Debías pedir sesenta.

La casa yacía° en una penumbra sofocante. Era la primera semana de abril y el calor parecía menos soportable por el pito° de las chicharras°. Cuando acabó de vestirse, Baltazar abrió la puerta del patio para refrescar la casa, y un grupo de niños entró en el comedor.

La noticia se había extendido. El doctor Octavio Giraldo, un médico viejo, contento de la vida pero cansado de la profesión, pensaba en la jaula de Baltazar mientras almorzaba con su esposa inválida. En la terraza interior donde ponían la mesa en los días de calor, había muchas macetas con flores y dos jaulas con canarios. A su esposa le gustaban los pájaros, y le gustaban tanto que odiaba a los gatos porque eran capaces de comérselos. Pensando en ella, el doctor Giraldo fue esa tarde a visitar a un enfermo, y al regreso pasó por la casa de Baltazar a conocer la jaula.

Había mucha gente en el comedor. Puesta en exhibición sobre la mesa, la enorme cúpula° de alambre° con tres pisos interiores, con pasadizos° y compartimientos especiales para comer y dormir, y trapecios en el espacio reservado al recreo de los pájaros, parecía el modelo reducido de una gigantesca fábrica de hielo. El médico la examinó cuidadosamente, sin tocarla, pensando que en efecto aquella jaula era superior a su propio prestigio, y mucho más bella de lo que había soñado jamás para su mujer.

Margin notes:

⏸ ¿Cómo demuestra Úrsula que es mejor negociante que su esposo?

15 *hard*

rest

20

dando tumbos *tossing and turning* / *nonsense*

disappeared

25

30

35

40

lay

buzzing sound / *cicadas*

45

50

55 *dome / wire / passages*

60

—Esto es una aventura de la imaginación —dijo. Buscó a Baltazar en el grupo, y agregó, fijos en él sus ojos maternales—: Hubieras sido un extraordinario arquitecto.

Baltazar se ruborizó°.

blushed

65

—Gracias —dijo.

—Es verdad —dijo el médico. Tenía una gordura lisa y tierna como la de una mujer que fue hermosa en su juventud, y unas manos delicadas. Su voz parecía la de un cura° hablando en latín—. Ni siquiera será necesario ponerle pájaros —dijo, haciendo girar la jaula frente a los ojos del público, como si la estuviera vendiendo—. Bastará con colgarla entre los árboles para que cante sola. —Volvió a ponerla en la mesa, pensó un momento, mirando la jaula, y dijo:— Bueno, pues me la llevo.

priest

70

—Está vendida —dijo Úrsula.

—Es del hijo de don Chepe Montiel —dijo Baltazar—. La mandó a hacer° expresamente.

la mandó a hacer
commissioned 75

El médico asumió una actitud respetable.

—¿Te dio el modelo?

—No —dijo Baltazar—. Dijo que quería una jaula grande, como ésa, para una pareja de turpiales°.

troupials

80

El médico miró la jaula.

—Pero ésta no es para turpiales.

—Claro que sí, doctor —dijo Baltazar, acercándose a la mesa. Los niños lo rodearon—. Las medidas están bien calculadas —dijo, señalando con el índice los diferentes compartimientos. Luego golpeó la cúpula con los nudillos, y la jaula se llenó de acordes profundos—. Es el alambre más resistente que se puede encontrar, y cada juntura° está soldada° por dentro y por fuera —dijo.

> Esto es una aventura de la imaginación... Hubieras sido un extraordinario arquitecto.

85

joint

welded 90

—Sirve hasta para un loro —intervino uno de los niños.

—Así es —dijo Baltazar.

El médico movió la cabeza.

—Bueno, pero no te dio el modelo —dijo—. No te hizo ningún encargo preciso, aparte de que fuera una jaula grande para turpiales. ¿No es así?

95

—Así es —dijo Baltazar.

—Entonces no hay problema —dijo el médico—. Una cosa es una jaula grande para turpiales y otra cosa es esta jaula. No hay pruebas de que sea ésta la que te mandaron hacer.

—Es esta misma —dijo Baltazar, ofuscado—. Por eso la hice.

100

El médico hizo un gesto de impaciencia.

—Podrías hacer otra —dijo Úrsula, mirando a su marido. Y después, hacia el médico—: Usted no tiene apuro.

—Se la prometí a mi mujer para esta tarde —dijo el médico.

105

—Lo siento mucho, doctor —dijo Baltazar—, pero no se puede vender una cosa que ya está vendida.

⏸ Baltazar no quiere venderle la jaula al doctor. ¿Qué nos indica este hecho sobre el carácter de Baltazar?

⏸ ¿Le gusta la jaula al doctor? ¿Para qué quiere comprarla y por qué se niega Baltazar a vendérsela?

> ... vestido de blanco y acabado de afeitar, con esa expresión de decoroso candor con que los pobres llegan a la casa de los ricos.

El médico se encogió de hombros°. Secándose el sudor del cuello con un pañuelo, contempló la jaula en silencio, sin mover la mirada de un mismo punto indefinido, como se mira un barco que se va.

—¿Cuánto te dieron por ella?

Baltazar buscó a Úrsula sin responder.

—Sesenta pesos —dijo ella.

El médico siguió mirando la jaula.

—Es muy bonita —suspiró—. Sumamente bonita. —Luego, moviéndose hacia la puerta, empezó a abanicarse° con energía, sonriente, y el recuerdo de aquel episodio desapareció para siempre de su memoria.

—Montiel es muy rico —dijo.

En verdad, José Montiel no era tan rico como parecía, pero había sido capaz de todo por llegar a serlo. A pocas cuadras de allí, en una casa atiborrada° de arneses° donde nunca se había sentido un olor que no se pudiera vender, permanecía indiferente a la novedad de la jaula. Su esposa, torturada por la obsesión de la muerte, cerró puertas y ventanas después del almuerzo y yació dos horas con los ojos abiertos en la penumbra del cuarto, mientras José Montiel hacía la siesta. Así la sorprendió un alboroto° de muchas voces. Entonces abrió la puerta de la sala y vio un tumulto frente a la casa, y a Baltazar con la jaula en medio del tumulto, vestido de blanco y acabado de afeitar, con esa expresión de decoroso candor con que los pobres llegan a la casa de los ricos.

—Qué cosa tan maravillosa —exclamó la esposa de José Montiel, con una expresión radiante, conduciendo a Baltazar hacia el interior—. No había visto nada igual en mi vida —dijo, y agregó, indignada con la multitud que se agolpaba° en la puerta—: Pero llévesela para adentro que nos van a convertir la sala en una gallera°.

Baltazar no era un extraño en la casa de José Montiel. En distintas ocasiones, por su eficacia y buen cumplimiento, había sido llamado para hacer trabajos de carpintería menor. Pero nunca se sintió bien entre los ricos. Solía pensar en ellos, en sus mujeres feas y conflictivas, en sus tremendas operaciones quirúrgicas, y experimentaba siempre un sentimiento de piedad. Cuando entraba en sus casas no podía moverse sin arrastrar° los pies.

—¿Está Pepe? —preguntó.

Había puesto la jaula en la mesa del comedor.

—Está en la escuela —dijo la mujer de José Montiel—. Pero ya no debe demorar. —Y agregó:— Montiel se está bañando.

En realidad José Montiel no había tenido tiempo de bañarse. Se estaba dando una urgente fricción de alcohol alcanforado° para salir a ver lo que pasaba. Era un hombre tan prevenido°, que dormía sin ventilador eléctrico para vigilar durante el sueño los rumores de la casa.

—Adelaida —gritó—. ¿Qué es lo que pasa?

---

se encogió de hombros *shrugged*

110

115

fan himself

120

crammed / harnesses

125

racket

130

135

crowded

cockfight pit

140

dragging

145

camphorated

150 *cautious*

⏸ ¿Qué siente Baltazar con respecto a los ricos y por qué?

—Ven a ver qué cosa maravillosa —gritó su mujer.

back of the neck

José Montiel —corpulento y peludo, la toalla colgada en la nuca°— se asomó por la ventana del dormitorio.

—¿Qué es eso?

—La jaula de Pepe —dijo Baltazar.

La mujer lo miró perpleja.

—¿De quién?

—De Pepe —confirmó Baltazar. Y después dirigiéndose a José Montiel—: Pepe me la mandó a hacer.

Nada ocurrió en aquel instante, pero Baltazar se sintió como si le hubieran abierto la puerta del baño. José Montiel salió en calzoncillos del dormitorio.

—Pepe —gritó.

—No ha llegado —murmuró su esposa, inmóvil.

vano de la puerta
doorway

Pepe apareció en el vano de la puerta°. Tenía unos doce años y las mismas pestañas rizadas y el quieto patetismo de su madre.

—Ven acá —le dijo José Montiel—. ¿Tú mandaste a hacer esto?

El niño bajó la cabeza. Agarrándolo por el cabello, José Montiel lo obligó a mirarlo a los ojos.

—Contesta.

El niño se mordió los labios sin responder.

—Montiel —susurró la esposa.

¿Te parece normal que un adulto negocie con un niño? ¿Por qué?

> Entonces emitió un sonido gutural, como el ronquido de un perro, y se lanzó al suelo dando gritos.

⏸ ¿Montiel también admira la jaula como todo el pueblo? ¿Cómo lo sabes?

José Montiel soltó al niño y se volvió hacia Baltazar con una expresión exaltada.

—Lo siento mucho, Baltazar —dijo—. Pero has debido consultarlo conmigo antes de proceder. Sólo a ti se te ocurre contratar con un menor. —A medida que hablaba, su rostro fue recobrando la serenidad. Levantó la jaula sin mirarla y se la dio a Baltazar—. Llévatela en seguida y trata de vendérsela a quien puedas —dijo—. Sobre todo, te ruego que no me discutas. —Le dio una palmadita° en la espalda, y explicó:— El médico me ha prohibido coger rabia°. El niño había permanecido inmóvil, sin parpadear°, hasta que Baltazar lo miró perplejo con la jaula en la mano. Entonces emitió un sonido gutural, como el ronquido de un perro, y se lanzó al suelo dando gritos.

José Montiel lo miraba impasible, mientras la madre trataba de apaciguarlo°.

—No lo levantes —dijo—. Déjalo que se rompa la cabeza contra el suelo y después le echas sal y limón para que rabie con gusto.

El niño chillaba° sin lágrimas, mientras su madre lo sostenía por las muñecas.

—Déjalo —insistió José Montiel.

Baltazar observó al niño como hubiera observado la agonía de un animal contagioso. Eran casi las cuatro. A esa hora, en su casa, Úrsula cantaba una canción muy antigua, mientras cortaba rebanadas de cebolla.

—Pepe —dijo Baltazar.

Se acercó al niño, sonriendo, y le tendió° la jaula. El niño se incorporó de un salto, abrazó la jaula, que era casi tan grande como él, y se quedó mirando a Baltazar a través del tejido metálico, sin saber qué decir. No había derramado una lágrima.

—Baltazar —dijo Montiel, suavemente—. Ya te dije que te la lleves.

—Devuélvela —ordenó la mujer al niño.

—Quédate con ella —dijo Baltazar. Y luego, a José Montiel—: Al fin y al cabo, para eso la hice.

José Montiel lo persiguió hasta la sala.

—No seas tonto, Baltazar —decía, cerrándole el paso—. Llévate tu trasto° para la casa y no hagas más tonterías. No pienso pagarte ni un centavo.

—No importa —dijo Baltazar—. La hice expresamente para regalársela a Pepe. No pensaba cobrar nada.

Cuando Baltazar se abrió paso a través de los curiosos que bloqueaban la puerta, José Montiel daba gritos en el centro de la sala. Estaba muy pálido y sus ojos empezaban a enrojecer.

pat

coger rabia *get angry*

blinking

calm him down

screamed

handed

piece of junk

175
180
185
190
195
200
205
210
215
220

piece of junk

—Estúpido —gritaba—. Llévate tu cacharro°. Lo último que faltaba es que un cualquiera venga a dar órdenes en mi casa. ¡Carajo!

En el salón de billar recibieron a Baltazar con una ovación. Hasta ese momento, pensaba que había hecho una jaula mejor que las otras, que había tenido que regalársela al hijo de José Montiel para que no siguiera llorando, y que ninguna de esas cosas tenía nada de particular. Pero luego se dio cuenta de que todo eso tenía una cierta importancia para muchas personas, y se sintió un poco excitado.

—De manera que te dieron cincuenta pesos por la jaula.

—Sesenta —dijo Baltazar.

Hay... cielo
This is cause for celebration

—Hay que hacer una raya en el cielo° —dijo alguien—. Eres el único que ha logrado sacarle ese montón de plata a don Chepe Montiel. Esto hay que celebrarlo.

round

Le ofrecieron una cerveza, y Baltazar correspondió con una tanda° para todos. Como era la primera vez que bebía, al anochecer estaba completamente borracho, y hablaba de un fabuloso proyecto de mil jaulas de a sesenta pesos, y después de un millón de jaulas hasta completar sesenta millones de pesos.

—Hay que hacer muchas cosas para vendérselas a los ricos antes que se mueran —decía, ciego de la borrachera—. Todos están enfermos y se van a morir. Cómo estarán de jodidos que ya ni siquiera pueden coger bien.

Durante dos horas el tocadiscos automático estuvo por su cuenta tocando sin parar. Todos brindaron por la salud de Baltazar, por su suerte y su fortuna, y por la muerte de los ricos, pero a la hora de la comida lo dejaron solo en el salón.

> ... al anochecer estaba completamente borracho, y hablaba de un fabuloso proyecto de mil jaulas de a sesenta pesos...

Úrsula lo había esperado hasta las ocho, con un plato de carne frita cubierto de rebanadas de cebolla. Alguien le dijo que su marido estaba en el salón de billar, loco de felicidad, brindando cerveza a todo el mundo, pero no lo creyó porque Baltazar no se había emborrachado jamás. Cuando se acostó, casi a la medianoche, Baltazar estaba en un salón iluminado, donde había mesitas de cuatro puestos con sillas alrededor, y una pista de baile al aire libre, por donde se paseaban los alcaravanes°. Tenía la cara embadurnada° de colorete°, y como no podía dar un paso más, pensaba que quería acostarse con dos mujeres en la misma cama. Había gastado tanto, que tuvo que dejar el reloj como garantía, con el compromiso de pagar al día siguiente. Un momento después, despatarrado° por la calle, se dio cuenta de que le estaban quitando los zapatos, pero no quiso abandonar el sueño más feliz de su vida. Las mujeres que pasaron para la misa de cinco no se atrevieron a mirarlo, creyendo que estaba muerto. ■

species of bird / smeared / rouge

sprawled

⏸ ¿Qué quiere celebrar el pueblo con Baltazar?

1. Elegir Indica la opción correcta.

1. Baltazar es...
   a. carpintero.   b. cazador de aves.   c. pintor.
2. Úrsula valora la jaula de Baltazar porque...
   a. es hermosa.   b. vale mucho dinero.   c. la hizo él.
3. Baltazar no quiere venderle la jaula al doctor Giraldo porque...
   a. es antipático.   b. es para otro cliente.   c. no puede pagarla.
4. Al llegar a casa de José Montiel, el protagonista se siente...
   a. incómodo.   b. cansado.   c. como en su casa.
5. Los padres de Pepe no le permiten que se quede con la jaula porque...
   a. ya tiene varias.   b. la encargó sin permiso.   c. es muy grande.
6. Baltazar le regala la jaula al niño porque...
   a. no quiere verla.   b. es su cumpleaños.   c. la había construido para él.

2. Comprensión Contesta las preguntas con oraciones completas.

1. ¿Quién está más preocupado por las apariencias: Baltazar o su esposa?
2. ¿Qué opina Úrsula de que su marido dedique tanto tiempo a la construcción de la jaula? ¿En algún momento cambia de opinión?
3. ¿El médico cambia de actitud cuando Baltazar se niega a venderle la jaula? ¿Por qué?
4. ¿Qué es lo que más le molesta a Baltazar de la gente rica? ¿Cómo lo tratan dentro de la casa de Montiel?
5. ¿Qué quiere celebrar Baltazar cuando invita a todos a una ronda en el bar?

3. Interpretación Analiza los sucesos del cuento para contestar estas preguntas. Luego, compara tus respuestas con las de un(a) compañero/a.

1. ¿Por qué el autor habrá elegido el nombre "Baltazar" para su protagonista?
2. ¿Qué quiere decir el autor con esta descripción del carácter del carpintero: "… la vida le había dado muchos motivos para estar alerta, pero ninguno para estar asustado"?
3. ¿Por qué crees que Baltazar no quiere considerar lo que el doctor le ofrece por su creación?
4. ¿Qué quiere dar a entender Montiel cuando le pide a Baltazar que no le discuta? ¿Por qué se enoja tanto cuando el carpintero le regala la jaula al niño?
5. ¿Cómo se comporta la esposa de Montiel frente a su marido? ¿Por qué?
6. ¿Es el gesto del carpintero propio de una persona de clase humilde? ¿Por qué?
7. ¿Qué representan las jaulas que hace Baltazar?
8. ¿Por qué miente Baltazar? ¿Qué sienten sus vecinos pobres hacia los ricos?
9. ¿Por qué se emborracha el protagonista?
10. ¿Por qué crees que Baltazar al final siente que está viviendo "el sueño más feliz de su vida"? ¿Piensas que para él todo ha valido la pena?

4. **Técnica literaria** Con dos compañeros/as, lee las siguientes citas y contesta las preguntas reflexionando sobre las posibilidades de interpretación alegórica.

"Se acercó al niño, sonriendo, y le entregó la jaula".

1. ¿Qué alegoría se puede encontrar en la figura de Baltazar (a partir de su nombre, su profesión de carpintero, su edad de treinta años, su actitud al regalarle la jaula a Pepe Montiel, etc.)?

"Cuando acabó de almorzar, ya se decía por todos lados que era la jaula más bella del mundo".

2. ¿Qué elementos de la historia pueden leerse como una alegoría del compromiso del artista con su obra?

"Lo único que faltaba es que un cualquiera venga a darme órdenes a mi casa".

3. ¿Qué clase de estructura de poder existe en el pueblo y se retrata en el relato mediante la actitud de Montiel? ¿Qué sentido figurado se puede encontrar en la "desobediencia" de Baltazar?

"Eres el único que ha logrado sacarle ese montón de plata a don Chepe Montiel".

4. ¿Qué comprende finalmente Baltazar del poder de su obra (y de toda obra de arte) al ver la reacción del pueblo ante la supuesta venta de la jaula a Montiel? ¿Cómo propone extenderla a todo el mundo?

5. **Riqueza espiritual o material** Con dos compañeros/as, analiza los siguientes temas. Justifiquen sus respuestas.

- ¿Qué es más enriquecedor para el ser humano: cultivar su mundo interior o disfrutar de los placeres materiales? ¿Es posible encontrar un punto medio?
- ¿Por qué motivos piensas que un individuo puede llegar a sentirse superior a los demás? ¿Cómo influye el dinero y el poder en la conducta de los hombres?

TALLER DE ESCRITURA

1. **Cambio de vida** En un ensayo breve, describe lo que es realmente importante para ti y las cosas que te hacen más feliz. Además, menciona qué cambiarías en tu vida para sentirte más realizado/a como persona y de qué manera llevarías a cabo esos cambios.

2. **Nuevo status social** En un ensayo de una página, describe las ventajas y las desventajas de formar parte de una clase social determinada. Explica por qué esa clase social es la más apropiada para cualquier individuo que busque su propio bienestar. Usa alguno de estos puntos de vista:

1. *La visión de un burgués que goza de una gran fortuna, poder e influencias.*
2. *La perspectiva de un humilde campesino con mucha iniciativa y valores humanos que se siente orgulloso de sus orígenes modestos.*

SOBRE EL AUTOR

Juan Rulfo (1917–1986) nació bajo el nombre de Juan Nepomuceno Carlos Pérez Rulfo Vizcaíno en la ciudad mexicana de Sayula, estado de Jalisco. Pertenecía a una familia acomodada° que había perdido casi todos sus bienes durante la Revolución mexicana. Sus padres, al igual que muchos de sus tíos, murieron cuando Juan era aún niño y por eso debió pasar parte de su infancia en un orfanato de Guadalajara. Probablemente ese temprano contacto con la muerte y la soledad influyó en su estilo literario.

En 1934 se radicó° en la Ciudad de México, donde tuvo diferentes trabajos que le permitieron recorrer todo el país y empaparse° de los más diversos dialectos y costumbres.

En 1953 publicó *El llano en llamas,* una colección de cuentos que incluye "No oyes ladrar los perros" y, dos años más tarde, *Pedro Páramo,* que muchos expertos cuentan entre las mejores novelas de la literatura universal.

En todos sus relatos, Rulfo combinaba la realidad y la fantasía para analizar, con un tono fatalista y oscuro, los problemas socioculturales que sufrían las áreas rurales del México posrevolucionario. A pesar de que su producción literaria no fue demasiado extensa, le bastó para convertirse en uno de los escritores más prestigiosos del siglo XX.

Rulfo dedicó las dos últimas décadas de su vida al Instituto Nacional Indigenista, donde se encargó de la edición de una de las colecciones más importantes de antropología contemporánea y antigua de México.

acomodada *wealthy* **se radicó** *settled* **empaparse** *learn*

No oyes ladrar los perros /

Fecha de publicación: 1953
País: México
Género: cuento
Colección: *El llano en llamas*
Personajes: Ignacio, su padre

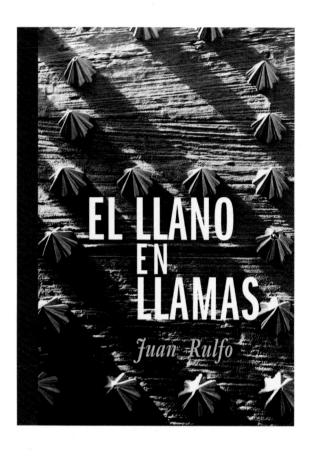

TÉCNICA LITERARIA

In medias res

La técnica literaria de empezar una historia *in medias res* (del latín "en medio de las cosas") es muy utilizada en los cuentos. Consiste en comenzar una narración por la mitad en vez de hacerlo desde el comienzo. De este modo, se logra acelerar el ritmo del relato y captar inmediatamente la atención del lector, que debe esforzarse para comprender lo que sucede.

Aunque parezca una técnica moderna, podemos encontrar ejemplos de un comienzo *in medias res* en *La Odisea* de Homero y en *El Cantar del Mío Cid,* el primer poema épico de la literatura española.

Basándote en lo que acabas de leer, contesta las siguientes preguntas:

- ¿Conoces alguna obra literaria en la que se haya utilizado esta técnica?

- ¿Qué ventajas y desventajas tiene el uso de esta técnica? Justifica tu respuesta.

CONTEXTO HISTÓRICO

La Revolución mexicana

La Revolución mexicana fue, sin dudas, el acontecimiento más relevante de la historia reciente de México. Diferentes grupos sociales se unieron para derrotar al dictador Porfirio Díaz y para mejorar la situación sociopolítica y económica de la población. Querían establecer una nueva constitución y llevar a cabo una importante reforma agraria. Sin embargo, por disputas internas de los sectores revolucionarios, el alzamiento° inicial se transformó en una prolongada guerra civil que duró desde 1910 hasta 1920 y dejó al país sumido° en una profunda crisis.

En ese momento histórico tan conflictivo surgió una generación de escritores comprometidos con la realidad social y política. Juan Rulfo, Rosario Castellanos y Octavio Paz, por ejemplo, denunciaron la difícil situación que atravesaban los campesinos tras la revolución. Describieron con sumo detalle la dicotomía que imperaba en la sociedad mexicana: mientras que unos luchaban con mayor o menor violencia por el cambio, otros mostraban una actitud de resignación y apatía. Esta dicotomía puede percibirse claramente en los personajes de "No oyes ladrar los perros": el padre se resigna a su suerte mientras que el hijo intenta hacer algo al respecto.

Mujeres y niñas practicando el tiro durante la Revolución mexicana, 1911

 Practice more at **vhlcentral.com.**

alzamiento *uprising* sumido *plunged*

ANTESALA

 1 Aprende y practica el vocabulario del cuento en **vhlcentral.com.**

 2 Contesta las preguntas:

- Según tu opinión, ¿cuál es la importancia de la familia en el desarrollo de los jóvenes? ¿Crees que la relación con los familiares puede ser determinante para el futuro de una persona?

- En la lengua española abundan los refranes y dichos populares que se aplican a la vida diaria. "Quien a buen árbol se arrima, buena sombra lo cobija" y "Dime con quién andas y te diré quién eres" son refranes que se relacionan con este cuento.

¿Cuál crees que es su significado? Justifica tu respuesta.

- ¿Alguna vez has tenido un amigo al que se le considerara una mala influencia? ¿Crees que realmente existen las buenas o malas influencias? ¿Por qué?

José Clemente Orozco, *Zapata*, 1930 ▶

NO OYES
LADRAR LOS PERROS

Juan Rulfo

—TÚ QUE VAS ALLÁ ARRIBA, IGNACIO, DIME SI NO OYES ALGUNA
señal de algo o si ves alguna luz en alguna parte.

—No se ve nada.

—Ya debemos estar cerca.

—Sí, pero no se oye nada. 5

—Mira bien.

—No se ve nada.

—Pobre de ti, Ignacio.

La sombra larga y negra de los hombres siguió moviéndose de arriba
abajo, trepándose a las piedras, disminuyendo y creciendo según avanzaba 10
por la orilla del arroyo. Era una sola sombra, tambaleante°.   *staggering*

La luna venía saliendo de la tierra, como una llamarada redonda.

—Ya debemos estar llegando a ese pueblo, Ignacio. Tú que llevas las
orejas de fuera, fíjate a ver si no oyes ladrar los perros. Acuérdate que nos
dijeron que Tonaya estaba detrasito° del monte. Y desde qué horas que 15   *(fam.) right behind*
hemos dejado el monte. Acuérdate, Ignacio.

—Sí, pero no veo rastro° de nada.   *trace*

—Me estoy cansando.

—Bájame.

El viejo se fue reculando° hasta encontrarse con el paredón y se recargó 20   *se fue reculando*
allí, sin soltar la carga de sus hombros. Aunque se le doblaban las piernas,   *stepped back*
no quería sentarse, porque después no hubiera podido levantar el cuerpo
de su hijo, al que allá atrás, horas antes, le habían ayudado a echárselo a la
espalda. Y así lo había traído desde entonces.

—¿Cómo te sientes? 25

—Mal.

Hablaba poco. Cada vez menos. En ratos parecía dormir. En ratos
parecía tener frío. Temblaba. Sabía cuándo le agarraba a su hijo el temblor
por las sacudidas que le daba, y porque los pies se le encajaban en los ijares°   *sides*
como espuelas°. Luego las manos del hijo, que traía trabadas en su pescuezo°, 30   *spurs / neck*

II ¿Para qué el
viejo quiere ver
luces y escuchar
el ladrido de
los perros?

le zarandeaban° la cabeza como si fuera una sonaja. Él apretaba los dientes   *shook*
para no morderse la lengua y cuando acababa aquello le preguntaba:

—¿Te duele mucho?

—Algo —contestaba él.

Primero le había dicho: "Apéame° aquí... Déjame aquí... Vete tú solo. Yo te   *get me off*
alcanzaré mañana o en cuanto me reponga un poco." Se lo había dicho como
cincuenta veces. Ahora ni siquiera eso decía. Allí estaba la luna. Enfrente de
ellos. Una luna grande y colorada que les llenaba de luz los ojos y que estiraba y
oscurecía más su sombra sobre la tierra.

—No veo ya por dónde voy —decía él.

Pero nadie le contestaba.

El otro iba allá arriba, todo iluminado por la luna, con su cara descolorida,
sin sangre, reflejando una luz opaca. Y él acá abajo.

—¿Me oíste, Ignacio? Te digo que no veo bien.

Y el otro se quedaba callado.

Siguió caminando, a tropezones°. Encogía el cuerpo y luego se enderezaba   *a tropezones stumbling*
para volver a tropezar de nuevo.

—Éste no es ningún camino. Nos dijeron que detrás del cerro estaba
Tonaya. Ya hemos pasado el cerro. Y Tonaya no se ve, ni se oye ningún ruido
que nos diga que está cerca. ¿Por qué no quieres decirme qué ves, tú que vas
allá arriba, Ignacio?

—Bájame, padre.

—¿Te sientes mal?

—Sí.

—Te llevaré a Tonaya a como dé lugar. Allí encontraré quien te cuide.
Dicen que allí hay un doctor. Yo te llevaré con él. Te he traído cargando desde
hace horas y no te dejaré tirado aquí para que acaben contigo quienes sean.

Se tambaleó un poco. Dio dos o tres pasos de lado y volvió a enderezarse.

—Te llevaré a Tonaya.

—Bájame.

Su voz se hizo quedita°, apenas murmurada: *soft*

—Quiero acostarme un rato.

—Duérmete allí arriba. Al cabo te llevo bien agarrado.

La luna iba subiendo, casi azul, sobre un cielo claro. La cara del viejo,
mojada en sudor, se llenó de luz. Escondió los ojos para no mirar de frente,
ya que no podía agachar la cabeza agarrotada entre las manos de su hijo.

—Todo esto que hago, no lo hago por usted. Lo hago por su difunta°   *late*
madre. Porque usted fue su hijo. Por eso lo hago. Ella me reconvendría° si   *would scold*
yo lo hubiera dejado tirado allí, donde lo encontré, y no lo hubiera recogido
para llevarlo a que lo curen, como estoy haciéndolo. Es ella la que me da
ánimos, no usted. Comenzando porque a usted no le debo más que puras
dificultades, puras mortificaciones, puras vergüenzas.

Sudaba al hablar. Pero el viento de la noche le secaba el sudor. Y sobre el
sudor seco, volvía a sudar.

—Me derrengaré°, pero llegaré con usted a Tonaya, para que le alivien   *collapse*
esas heridas que le han hecho. Y estoy seguro de que, en cuanto se sienta
usted bien, volverá a sus malos pasos. Eso ya no me importa. Con tal que
se vaya lejos, donde yo no vuelva a saber de usted. Con tal de eso... Porque
para mí usted ya no es mi hijo. He maldecido la sangre que usted tiene de

35

40

45

50

55

60

65

70

75

> ¿Qué prefiere
> Ignacio que haga su
> padre con él? ¿Le
> hace caso el padre?

80 mí. La parte que a mí me tocaba la
he maldecido. He dicho: "¡Que se le
pudra en los riñones la sangre que
yo le di!" Lo dije desde que supe
que usted andaba trajinando por
85 los caminos, viviendo del robo y
matando gente... Y gente buena. Y
si no, allí está mi compadre Tranquilino. El que lo bautizó a usted. El que le
dio su nombre. A él también le tocó la mala suerte de encontrarse con usted.
Desde entonces dije: "Ése no puede ser mi hijo".

90 "Mira a ver si ya ves algo. O si oyes algo. Tú que puedes hacerlo desde
deaf allá arriba, porque yo me siento sordo°."

—No veo nada.

—Peor para ti, Ignacio.

—Tengo sed.

95 —¡Aguántate! Ya debemos estar cerca. Lo que pasa es que ya es muy
noche y han de haber apagado la luz en el pueblo. Pero al menos debías de oír
si ladran los perros. Haz por oír.

—Dame agua.

—Aquí no hay agua. No hay más que piedras. Aguántate. Y aunque la
100 hubiera, no te bajaría a tomar agua. Nadie me ayudaría a subirte otra vez y
yo solo no puedo.

—Tengo mucha sed y mucho sueño.

—Me acuerdo cuando naciste. Así eras entonces. Despertabas con
hambre y comías para volver a dormirte. Y tu madre te daba agua, porque ya
105 te habías acabado la leche de ella. No tenías llenadero. Y eras muy rabioso.
Nunca pensé que con el tiempo se te fuera a subir aquella rabia a la cabeza...
Pero así fue. Tu madre, que descanse en paz, quería que te criaras fuerte.
Creía que cuando tú crecieras irías a ser su sostén. No te tuvo más que a ti.
El otro hijo que iba a tener la mató. Y tú la hubieras matado otra vez si ella
110 estuviera viva a estas alturas.

Sintió que el hombre aquel que llevaba sobre sus hombros dejó de apretar
las rodillas y comenzó a soltar los pies, balanceándolos de un lado para otro.
Y le pareció que la cabeza, allá arriba, se sacudía como si sollozara.

Sobre su cabello sintió que caían gruesas gotas, como de lágrimas.

115 —¿Lloras, Ignacio? Lo hace llorar a usted el recuerdo de su madre,
¿verdad? Pero nunca hizo usted nada por ella. Nos pagó siempre mal. Parece
que, en lugar de cariño, le hubiéramos retacado el cuerpo de maldad. ¿Y ya
ve? Ahora lo han herido. ¿Qué pasó con sus amigos? Los mataron a todos.
Pero ellos no tenían a nadie. Ellos bien hubieran podido decir: "No tenemos
120 a quién darle nuestra lástima." ¿Pero usted, Ignacio?

Allí estaba ya el pueblo. Vio brillar los tejados bajo la luz de la luna. Tuvo
backs of the knees la impresión de que lo aplastaba el peso de su hijo al sentir que las corvas° se le
shed doblaban en el último esfuerzo. Al llegar al primer tejaván° se recostó sobre el
parapet pretil° de la acera y soltó el cuerpo, flojo, como si lo hubieran descoyuntado.

125 Destrabó difícilmente los dedos con que su hijo había venido sosteniéndose
de su cuello y, al quedar libre, oyó cómo por todas partes ladraban los perros.

—¿Y tú no los oías, Ignacio? —dijo—. No me ayudaste ni siquiera con
esta esperanza. ∎

> **Pero al menos debías de oír si ladran los perros. Haz por oír.**

Según el padre, ¿qué habría ocasionado la muerte de la madre si estuviera viva?

1. Cierto o falso Indica si cada afirmación es cierta o falsa. Corrige las falsas.

1. Los personajes no tienen ninguna relación entre sí.
2. El objetivo de los personajes es llegar a Tonaya.
3. La ciudad de Tonaya está a orillas del mar.
4. El padre de Ignacio se llama Tranquilino.
5. La madre de Ignacio lo quería mucho cuando era pequeño.
6. Los personajes van a Tonaya porque el padre está herido.
7. Los amigos de Ignacio han muerto.
8. Los dos protagonistas nunca consiguen llegar al pueblo.
9. La madre de Ignacio los espera en Tonaya.

2. Comprensión Contesta las preguntas con oraciones completas.

1. ¿Por qué los personajes tardan tanto en llegar a su destino?
2. ¿Cómo sube Ignacio a la espalda de su padre?
3. ¿Por qué está herido Ignacio?
4. ¿Qué le pasó a Tranquilino?
5. ¿Qué le pasó a la madre de Ignacio?
6. ¿Por qué el padre no puede oír nada?
7. ¿A qué se dedicaba Ignacio? ¿Tuvo eso algo que ver con su estado actual? ¿Por qué?

3. Interpretación Analiza los sucesos del cuento para contestar estas preguntas. Después, compara tus respuestas con las de un(a) compañero/a.

1. El diálogo, o la ausencia del mismo, ¿de qué modo ilustra la relación entre padre e hijo?
2. El cuento está repleto de simbolismo. ¿Qué crees que significa la presencia de una luna roja al principio del relato?
3. ¿Por qué es tan importante para el padre el ladrido de los perros?
4. Ignacio habla menos a medida que avanza el relato. ¿Cuáles crees que son las razones?
5. ¿Cómo se relacionan el conflicto entre los personajes y el contexto histórico del cuento?
6. ¿Crees que el recuerdo de su madre afecta a Ignacio en su lucha por sobrevivir?
7. ¿Qué crees que pudo llevar a Ignacio a elegir ese tipo de vida?
8. ¿Por qué crees que Ignacio le pide a su padre repetidamente que lo abandone en el camino? Justifica tu respuesta.
9. ¿Qué sintió el padre caer sobre su cabello?
10. ¿Qué sucede al final del cuento? ¿Por qué piensas que el autor no especifica si Ignacio ha muerto?
11. ¿A qué esperanza se refiere el padre al final del cuento? Justifica tu respuesta.

4. Técnica literaria Con un(a) compañero/a, contesta las preguntas sobre el cuento.

1. ¿Por qué crees que el autor eligió esta escena en particular para comenzar el relato? ¿Tiene algún significado especial? ¿Por qué?
2. ¿Aumenta el dramatismo de la historia al comenzarla *in medias res*?
3. ¿Cómo cambiaría la historia si se narraran los hechos desde el principio?
4. ¿Crees que entenderíamos la historia de la misma manera si no se mencionara el pasado de los personajes?
5. ¿Qué papel juega el diálogo en un relato como éste, construido *in medias res*? ¿Cómo cambiaría el efecto del relato si la información fuera transmitida por el narrador, en vez de por el diálogo?

5. Opiniones Con dos compañeros/as, analiza las preguntas y justifica cada respuesta.

1. Si estuvieras en el lugar del padre, ¿habrías actuado del mismo modo? ¿Qué actitud habrías tenido con Ignacio? ¿Le habrías reprochado todo lo ocurrido o lo habrías perdonado?
2. ¿Crees que es posible olvidarlo todo y empezar de nuevo? ¿Qué pasaría si Ignacio se recuperase? ¿Comenzaría una nueva vida o volvería a sus costumbres de antes?
3. ¿Crees que el comportamiento de Ignacio se debía a la situación social o a su propia naturaleza?
4. ¿Cómo influye el contexto histórico en el desarrollo de la obra?
5. Si este cuento se hubiera escrito en la actualidad, ¿crees que el final hubiera sido el mismo? ¿Los personajes se relacionarían de la misma manera? ¿Tendrían las mismas reacciones?

TALLER DE ESCRITURA

1. In medias res La técnica de iniciar una historia *in medias res* se utiliza mucho en el cine y en la literatura. Escribe un relato comenzando por la mitad. Recuerda utilizar herramientas como el diálogo, las escenas retrospectivas y las descripciones para que tu narración sea lo más completa posible.

2. Diálogo Después de pasar dos semanas en el hospital, Ignacio se da cuenta de todo el mal que ha hecho. Por eso, decide cambiar de vida y convertirse en una persona mejor. Piensa que el primer paso debe ser pedirle perdón a su padre y tratar de convencerlo de que ha cambiado. Escribe un posible diálogo entre Ignacio y su padre teniendo en cuenta que este último no cree que Ignacio pueda cambiar. Relee "No oyes ladrar los perros" en busca de información adicional.

SOBRE EL AUTOR

Rubén Darío, el fundador del modernismo latinoamericano, nació en San Pedro de Metapa, Nicaragua, el 18 de enero de 1867. Desde niño, Félix Rubén García Sarmiento —nombre con el que fue bautizado— tuvo una vida intensa e inestable, caracterizada por los viajes, los apremios económicos, los problemas de alcoholismo y los enredos amorosos. Vivió en diferentes países de Centroamérica y en Chile, Argentina, España y Francia.

Si bien se ganó la vida como representante diplomático y como periodista, su verdadera vocación siempre fue la literatura. Gracias a su poesía, conoció el éxito y la fama, aunque también tuvo varios detractores. De hecho, muchas veces lo acusaron de estar demasiado influido por la literatura francesa, especialmente la de Víctor Hugo. A pesar de esas críticas, "Canción de otoño en primavera" es uno de los mayores hitos° del modernismo. El movimiento modernista buscaba separarse de la pomposidad del romanticismo y del estilo despojado del realismo. Como el mismo Rubén Darío lo definió: "El modernismo no es otra cosa que el verso y la prosa castellanos pasados por el fino tamiz° del buen verso y de la buena prosa franceses".

Con sus hermosos versos, Rubén Darío logró una renovación del lenguaje poético y defendió la belleza como el bien supremo. Con el tiempo, se convirtió en referente para una nueva generación de poetas jóvenes de España y de Latinoamérica. Murió en León, Nicaragua, el 6 de febrero de 1916.

hitos *landmarks* **tamiz** *sieve*

Canción de otoño en primavera

Fecha de publicación: 1905
País: Nicaragua
Género: poema
Colección: *Cantos de vida y esperanza, los cisnes y otros poemas*

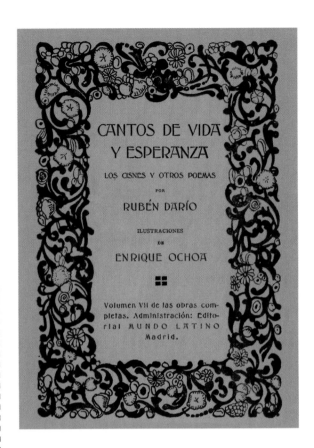

CANTOS DE VIDA Y ESPERANZA

LOS CISNES Y OTROS POEMAS

POR

RUBÉN DARÍO

ILUSTRACIONES
DE

ENRIQUE OCHOA

Volumen VII de las obras completas. Administración: Editorial MUNDO LATINO Madrid.

TÉCNICA LITERARIA

El estilo poético: las sensaciones

Los modernistas consideran que el mundo real es vulgar, materialista y desagradable. Por eso, usan su imaginación para refugiarse en un mundo fantástico y onírico°, donde predominan los símbolos como "el otoño", "el jardín", etc. Los ambientes y paisajes descritos en sus poemas reflejan el mundo interior y el estado de ánimo del poeta. El poeta modernista busca evocar más que nombrar. Por eso, recurre a la sinestesia, una figura retórica que le permite crear imágenes al mezclar los cinco sentidos, especialmente el oído y la vista.

Lee "Canción de otoño en primavera" y contesta las siguientes preguntas:

• ¿Notas algún paralelismo entre los ambientes y los sentimientos del poeta?

• ¿Qué símbolos encuentras en este poema?

onírico *dreamlike*

CONTEXTO HISTÓRICO

El modernismo

El poema "Canción de otoño en primavera" se centra en el paso del tiempo desde la mirada melancólica típica de la poesía modernista. Rubén Darío fue quien sentó las bases de esta poesía, que tiene entre sus temas favoritos el hastío° por la vida cotidiana y la evasión de la realidad. El poeta modernista busca escapar del tiempo y del espacio en el que vive. Evoca paisajes exóticos y un pasado mejor, en el que abundan las princesas, los héroes y los seres de las mitologías clásica y medieval. Probablemente esta perspectiva de la existencia se deba a la profunda crisis espiritual de fines del siglo XIX que encuentra a Hispanoamérica en plena ebullición. España pierde sus últimas colonias en el Caribe, las ciudades se vuelven cosmopolitas y Latinoamérica toma París como referente cultural. En ese momento, surge el movimiento modernista como reacción contra los valores burgueses. Esa corriente no sólo influye en la literatura, sino también en otras disciplinas como la música, la pintura, la escultura y la arquitectura. Frente a una realidad que se percibe inarmónica, se busca refugio en las raíces americanas, en la idealización del amor o en la intimidad de los sentimientos. El poeta Juan Ramón Jiménez lo explica así: "El modernismo era el encuentro de nuevo con

La Casa Batlló, del arquitecto Antonio Gaudí, en Barcelona

la belleza, sepultada durante el siglo XIX por un tono general de poesía burguesa".

 Practice more at **vhlcentral.com.**

hastío *weariness*

ANTESALA

 1 Aprende y practica el vocabulario del poema en **vhlcentral.com.**

 2 Contesta las preguntas:

- ¿Conoces los edificios diseñados por Antonio Gaudí, el máximo exponente español de la arquitectura modernista? ¿Qué diseños adornan las fachadas? ¿Predomina la simplicidad o la búsqueda de la belleza? ¿Qué te hacen sentir?

- ¿Crees que la juventud se puede transformar en una obsesión? ¿Es posible prolongar la juventud gracias a los adelantos de la medicina y de la cosmetología? ¿Qué se pierde y qué se gana cuando se envejece?

 3 En grupos, conversen sobre estos temas:

- ¿Es legítimo para un artista intentar escapar de la realidad o te parece que debe comprometerse con el mundo que lo rodea? ¿Qué te parece más valioso: retratar lo que sucede o resaltar la belleza de la vida?

- ¿Piensas que expresar los sentimientos es cursi (*corny*) o que demuestra valentía? ¿Los hombres pueden expresar sus emociones libremente? ¿Por qué? ¿En qué contexto?

Frida Kahlo, *Retrato de Luther Burbank* (detalle), 1932 ▶

CANCIÓN DE Otoño EN PRIMAVERA

Rubén Darío

Juventud, divino tesoro,
¡ya te vas para no volver!
Cuando quiero llorar, no lloro...
y a veces lloro sin querer.

II ¿Qué palabras nos demuestran el temperamento del poeta frente al paso del tiempo?

Plural ha sido la celeste   5
historia de mi corazón.
Era una dulce niña, en este
mundo de duelo° y aflicción.   *mourning*

Miraba como el alba pura;
sonreía como una flor.   10
Era su cabellera obscura
hecha de noche y de dolor.

Yo era tímido como un niño.
Ella, naturalmente, fue,
para mi amor hecho de armiño°,   15   *ermine (white fur trim with black spots associated with heraldry)*
Herodías y Salomé...

Juventud, divino tesoro
¡ya te vas para no volver...!
Cuando quiero llorar, no lloro,
y a veces lloro sin querer...   20

La otra fue más sensitiva,
y más consoladora y más
halagadora° y expresiva,   *flattering*
cual no pensé encontrar jamás.

Pues a su continua ternura   25
una pasión violenta unía.
En un peplo° de gasa pura   *peplos (garment worn by women in Ancient Greece)*
una bacante se envolvía...

En sus brazos tomó mi ensueño
y lo arrulló° como a un bebé...   30 **lo arrulló** *lulled it asleep*
Y le mató, triste y pequeño
falto de luz, falto de fe...

Juventud, divino tesoro,
¡te fuiste para no volver!
Cuando quiero llorar, no lloro,   35
y a veces lloro sin querer...

Otra juzgó que era mi boca
el estuche de su pasión
y que me roería, loca,
con sus dientes el corazón   40

⏸ ¿Qué cosas
de su pasado se
le aparecen con
intensidad al pensar
en su juventud?

poniendo en un amor de exceso
la mira de su voluntad,
mientras eran abrazo y beso
síntesis de la eternidad:

45   y de nuestra carne ligera
     imaginar siempre un Edén,
     sin pensar que la Primavera
     y la carne acaban también...

     Juventud, divino tesoro,
50   ¡ya te vas para no volver!...
     Cuando quiero llorar, no lloro,
     ¡y a veces lloro sin querer!

     ¡Y las demás!, en tantos climas,
     en tantas tierras, siempre son,
55   si no pretexto de mis rimas,
     fantasmas de mi corazón.

     En vano busqué a la princesa
     que estaba triste de esperar.
     La vida es dura. Amarga y pesa.
60   ¡Ya no hay princesa que cantar!

stubborn   Mas a pesar del tiempo terco°,
     mi sed de amor no tiene fin;
     con el cabello gris me acerco
     a los rosales del jardín...

65   Juventud, divino tesoro,
     ¡ya te vas para no volver! ...
     Cuando quiero llorar, no lloro,
     y a veces lloro sin querer...

     ¡Mas es mía el Alba de oro! ▪

¿El poeta ha renunciado ya a todas las cosas de la vida o todavía se interesa por algo? ¿Cómo lo sabes?

1. Elegir Indica la opción correcta.

1. El poema es sobre la juventud que el poeta...
   a. está viviendo.
   b. recuerda.
   c. ve en quienes lo rodean.

2. La vida, según el poeta, es...
   a. dulce.
   b. dura y pesada.
   c. pura.

3. El poeta se ha enamorado...
   a. una sola vez.
   b. dos o tres veces.
   c. muchas veces.

4. El poeta conoció al primer amor que recuerda...
   a. hace poco.
   b. cuando estaba casado.
   c. cuando era muy joven.

5. El poeta considera a otros amores que tuvo como...
   a. lágrimas.
   b. tesoros.
   c. fantasmas.

6. Cuando se enamoró por primera vez, el poeta...
   a. era muy tímido.
   b. era muy extrovertido.
   c. se sentía triste.

7. El poeta...
   a. ya no cree en el amor.
   b. cree en el amor.
   c. regresó con su primera novia.

8. El tono del poema es...
   a. melancólico.
   b. violento.
   c. feliz.

2. Comprensión Contesta las preguntas con oraciones completas.

1. ¿En qué etapa de la vida estaba el poeta cuando escribió este poema?
2. ¿Cómo ha sido la vida amorosa del poeta?
3. ¿Qué dice el estribillo (*refrain*) sobre la juventud?
4. ¿Qué tienen en común, según el poeta, la primavera y la carne?
5. ¿Cómo describe el poeta a cada mujer que amó en su vida?

3. Interpretación Con un(a) compañero/a, analiza el poema a partir de las siguientes preguntas.

1. ¿Cuál es el tema universal que aparece en este poema?
2. ¿Por qué la juventud es un "divino tesoro" para el poeta?
3. ¿Qué emociones despertaron en él los distintos amores de su vida?
4. ¿Por qué el poeta no llama por su nombre a ninguna de las mujeres que amó?
5. ¿Quién es la princesa que buscó en vano? ¿Todavía tiene tiempo de encontrarla o ya ha renunciado a su búsqueda? ¿Por qué?
6. ¿Por qué se acerca el poeta "a los rosales del jardín"? ¿Qué crees que simbolizan?
7. En tu opinión, ¿qué es el "Alba de oro"? ¿Por qué el poeta dice que es suya?
8. ¿Ha quedado huella de sus amores en el arte del poeta? Explica.
9. ¿Cómo interpretas el título del poema? ¿Te parece apropiado o le pondrías otro?

4. Técnica literaria "Canción de otoño en primavera" es un claro ejemplo de poesía modernista. Con un(a) compañero/a, usa tus conocimientos sobre ese movimiento literario para analizar los siguientes temas.

1. El poeta usa palabras que remiten a distintos sentidos para lograr descripciones más vivas, con musicalidad y color. Busca en el poema todas las imágenes sensoriales y clasifícalas en columnas, según el sentido al que correspondan (vista, tacto, oído, olfato o gusto). ¿Encuentras algunas imágenes donde los sentidos se mezclan?

2. En la poesía modernista suelen aparecer personajes y lugares míticos o históricos que remiten a épocas pasadas y enriquecen las descripciones. Analiza la intención del poeta al nombrar:

- a Herodías y a Salomé
- a una bacante
- el Edén

5. Otoño en primavera ¿Qué te sugieren las estaciones del año? Asocia las estaciones con las palabras del recuadro. Luego, comenta tus elecciones con otros/as dos compañeros/as y contesten juntos estas preguntas: ¿Se puede encontrar belleza en todo tipo de lugares y situaciones? ¿Son convencionales las asociaciones que realizamos o pueden variar de un individuo a otro?

- Primavera
- Verano
- Otoño
- Invierno

abundancia	fuerza	oscuridad	tristeza
comienzo	luz	plenitud	vida
espera	melancolía	quietud	
final	muerte	silencio	

TALLER DE ESCRITURA

1. Yo era En el poema "Canción de otoño en primavera", el poeta no sólo menciona a las mujeres que pasaron por su vida, sino que también describe su mundo interior, su percepción de la vida y su idealización del amor. Escribe un ensayo breve de una página sobre la personalidad del poeta y su decepción frente al paso de los años.

2. Te vas para no volver El poeta mira hacia atrás y recuerda momentos de su vida en los que se sentía más pleno y feliz. Elige alguna situación, época o suceso de tu vida que consideres particularmente fascinante y descríbelo en un ensayo breve:

- *Utiliza imágenes sensoriales y detalles precisos.*
- *Señala de qué forma ves ese mismo suceso tras el paso del tiempo.*
- *Elige un título que revele tu perspectiva actual sobre lo que relataste.*

SOBRE EL AUTOR

Julio Ramón Ribeyro es considerado uno de los mejores cuentistas latinoamericanos. Nació en 1929, en Lima, donde vivió una adolescencia complicada, puesto que la muerte de su padre dejó a la familia en aprietos° económicos. Estudió Letras y Derecho, pero viajar y escribir eran su ambición, así que gracias a una beca de Periodismo pudo irse a vivir a España a los veinte años. Terminada la beca se mudó a París, donde escribió *Los gallinazos sin plumas* (1955), colección de cuentos sobre la vida urbana en Lima. Con este libro Ribeyro se sumó a la Generación del 50 peruana, un grupo de escritores que retrató° la vida de los nuevos personajes marginales de la ciudad.

Vivió en Alemania y en Bélgica, países donde escribió su primera novela, *Crónica de San Gabriel* (1960), publicada luego en Perú. En Europa se dedicó a todo tipo de oficios. Regresó a Lima en 1958 y fue profesor en la ciudad de Ayacucho; sin embargo, pronto volvería a viajar: trabajó en una agencia de noticias en París y como agregado cultural y embajador de Perú ante la UNESCO.

Su adicción al cigarrillo le provocó cáncer de pulmón y en 1973 comenzó un tratamiento intensivo para tratarlo, experiencia que retrató en el libro *Sólo para fumadores* (1987). Su personalidad y la calidad de sus textos fueron reconocidas en todo el ambiente cultural de Perú. En 1983, ganó el Premio Nacional de Literatura. En sus últimos años, vivió entre Europa y Perú, donde murió poco después de recibir el prestigioso Premio de Literatura Latinoamericana y del Caribe Juan Rulfo, en 1994.

aprietos *predicaments* **retrató** *portrayed*

Los gallinazos sin plumas /

Fecha de publicación: 1955
País: Perú
Género: cuento
Colección: *Los gallinazos sin plumas*
Personajes: Efraín, Enrique, don Santos

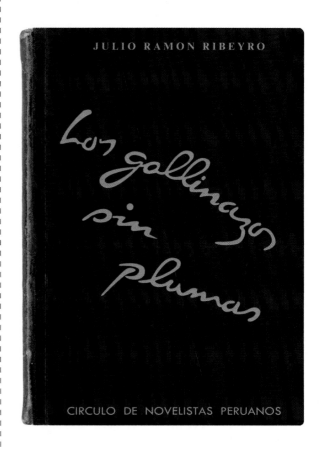

TÉCNICA LITERARIA

La ambientación

Al analizar cuentos, novelas y obras de teatro es habitual pensar en tres componentes principales: la trama, los personajes y la ambientación. Nos preguntamos, por ejemplo, cómo se crea el enigma o qué motiva a un personaje a actuar de una manera u otra. Sin embargo, la ambientación es a veces fundamental, y aún más en textos de autores que, precisamente, quieren hacer una crítica de la sociedad o de las condiciones en que viven los personajes. Para su análisis se debe prestar atención a las descripciones de los lugares donde habitan los personajes, así como a los personajes secundarios que actúan como trasfondo y nos dan pistas sobre cómo es el espacio donde transcurre la acción. Estos elementos del entorno pueden definir lo que puede ocurrir y lo que no.

- ¿Conoces alguna obra literaria en la cual la ambientación desempeñe un papel fundamental?

- ¿Cómo son descritos esos lugares o esos personajes que son parte del entorno?

CONTEXTO HISTÓRICO

Los barrios pobres en América Latina

América Latina no es la región más pobre, pero sí es la más desigual. Como en casi todo el mundo, las mayores oportunidades económicas están en las grandes ciudades. Por eso, con el tiempo, las personas del interior del país se han trasladado a las ciudades. Sin embargo, las ciudades, superpobladas y no muy bien planeadas, no tienen capacidad para aceptar a los migrantes internos. Surgen, entonces, barrios pobres en torno a las ciudades. Allí, millones de personas viven en pésimas condiciones: falta el empleo formal, no hay buenos servicios públicos ni asistencia sanitaria. Estos barrios pobres tienen diferentes nombres según los países: en Argentina son llamados "villas miseria"; en Brasil, "favelas"; en Perú, "pueblos jóvenes"; en México, "ciudades perdidas"; en Venezuela, "ranchos"; y en Chile, "callampas". Todos se encuentran a la afueras de las grandes ciudades y muchos en lugares que no deberían ser habitados, puesto que allí están situados los muladares° y las aguas suelen estar contaminadas por la industria o por los desechos° de la gran ciudad. En estas zonas se puede ver la desigualdad latinoamericana en su forma más cruda: lo que es basura para unos es alimento para otros.

muladares *landfills* **desechos** *waste*

Pueblo joven, Lima, Perú

 Practice more at **vhlcentral.com.**

ANTESALA

 1 Aprende y practica el vocabulario del cuento en **vhlcentral.com.**

 2 En grupos, conversen sobre estos temas:

- En muchos cuentos y películas se relacionan los defectos físicos con los defectos morales. ¿Qué opinas de esta tendencia?

- ¿Qué problemas enfrentan los inmigrantes? Piensa en historias de migrantes que escuchaste de tus padres, tíos o abuelos.

- En tu pueblo o ciudad, ¿hay barrios pobres? ¿Dónde están? ¿Cómo son? ¿Cuáles son los peligros de esos barrios para los niños?

- ¿Te preocupa reciclar? ¿Qué sabes sobre el proceso de reciclado y sobre quiénes trabajan en él?

- Según un estudio reciente, en Estados Unidos se desperdicia el 40% de la comida (veinte libras por persona, por mes). ¿Qué opinas de este dato?

- Otro estudio afirma que los países industrializados echan a la basura casi tanta comida como la que producen los países de África subsahariana (240 millones). ¿Qué conclusiones puedes sacar de la desigualdad en el mundo? ¿Qué consecuencias tiene?

Antonio Berni, *Juanito Laguna va a la ciudad,* 1963 ▶

LOS GALLINAZOS SIN PLUMAS

Julio Ramón Ribeyro

A LAS SEIS DE LA MAÑANA LA CIUDAD SE LEVANTA DE PUNTILLAS° Y comienza a dar sus primeros pasos. Una fina niebla disuelve el perfil de los objetos y crea como una atmósfera encantada. Las personas que recorren la ciudad a esta hora parece que están hechas de otra sustancia, que pertenecen a un orden de vida fantasmal. Las beatas° se arrastran penosamente hasta desaparecer en los pórticos de las iglesias. Los noctámbulos°, macerados por la noche, regresan a sus casas envueltos en sus bufandas y en su melancolía. Los basureros inician por la avenida Pardo su paseo siniestro, armados de escobas y de carretas. A esta hora se ve también obreros caminando hacia el tranvía, policías bostezando contra los árboles, canillitas° morados de frío, sirvientas sacando los cubos de basura. A esta hora, por último, como a una especie de misteriosa consigna, aparecen los gallinazos° sin plumas.

A esta hora el viejo don Santos se pone la pierna de palo y sentándose en el colchón comienza a berrear°:

—¡A levantarse! ¡Efraín, Enrique! ¡Ya es hora!

Los dos muchachos corren a la acequia° del corralón° frotándose los ojos legañosos. Con la tranquilidad de la noche el agua se ha remansado° y en su fondo transparente se ven crecer yerbas y deslizarse ágiles infusorios°. Luego de enjuagarse la cara, coge cada cual su lata y se lanzan a la calle. Don Santos, mientras tanto, se aproxima al chiquero y con su larga vara golpea el lomo de su cerdo que se revuelca entre los desperdicios.

—¡Todavía te falta un poco, marrano°! Pero aguarda no más, que ya llegará tu turno.

Efraín y Enrique se demoran en el camino, trepándose a los árboles para arrancar moras o recogiendo piedras, de aquellas filudas que cortan el aire y hieren por la espalda. Siendo aún la hora celeste llegan a su dominio, una larga calle ornada de casas elegantes que desemboca en el malecón°.

5	tiptoeing
	devout women
	night owls
10	newspaper vendors
	turkey vultures
	to bellow
15	ditch / hut with a large yard
	has formed a pool
20	one-cell organisms
	pig
25	
	esplanade; pier

> **Los hay que merodean por los edificios públicos, otros han elegido los parques o los muladares. Hasta los perros han adquirido sus hábitos, sus itinerarios, sabiamente aleccionados por la miseria.**

❚❚ ¿Quiénes salen a la calle a esta hora del día? ¿Por qué?

Ellos no son los únicos. En otros corralones, en otros suburbios alguien ha dado la voz de alarma y muchos se han levantado. Unos portan latas, otros cajas de cartón, a veces sólo basta un periódico viejo. Sin conocerse forman una especie de organización clandestina que tiene repartida toda la ciudad. Los hay que merodean° por los edificios públicos, otros han elegido los parques o los muladares. Hasta los perros han adquirido sus hábitos, sus itinerarios, sabiamente aleccionados por la miseria.

Efraín y Enrique, después de un breve descanso, empiezan su trabajo. Cada uno escoge una acera de la calle. Los cubos de basura están alineados delante de las puertas. Hay que vaciarlos íntegramente y luego comenzar la exploración. Un cubo de basura es siempre una caja de sorpresas. Se encuentran latas de sardinas, zapatos viejos, pedazos de pan, pericotes muertos, algodones inmundos. A ellos sólo les interesan los restos de comida. En el fondo del chiquero, Pascual recibe cualquier cosa y tiene predilección por las verduras ligeramente descompuestas. La pequeña lata de cada uno se va llenando de tomates podridos, pedazos de sebo, extrañas salsas que no figuran en ningún manual de cocina. No es raro, sin embargo, hacer un hallazgo° valioso. Un día Efraín encontró unos tirantes con los que fabricó una honda°. Otra vez una pera casi buena que devoró en el acto. Enrique, en cambio, tiene suerte para las cajitas de remedios, los pomos brillantes, las escobillas de dientes usadas y otras cosas semejantes que colecciona con avidez.

Después de una rigurosa selección regresan la basura al cubo y se lanzan sobre el próximo. No conviene demorarse mucho porque el enemigo siempre está al acecho°. A veces son sorprendidos por las sirvientas y tienen que huir dejando regado su botín. Pero, con más frecuencia, es el carro de la Baja Policía° el que aparece y entonces la jornada° está perdida.

Cuando el sol asoma sobre las lomas, la hora celeste llega a su fin. La niebla se ha disuelto, las beatas están sumidas en éxtasis, los noctámbulos duermen, los canillitas han repartido los diarios, los obreros trepan a los andamios°. La luz desvanece el mundo mágico del alba. Los gallinazos sin plumas han regresado a su nido.

Don Santos los esperaba con el café preparado.

—A ver, ¿qué cosa me han traído?

Husmeaba entre las latas y si la provisión estaba buena hacía siempre el mismo comentario:

—Pascual tendrá banquete hoy día.

Pero la mayoría de las veces estallaba:

30

35

prowl

40

45

50

find

55 slingshot

60

lying in wait

(Per.) waste collectors / day of work

65

climb up the scaffolding

70

75 —¡Idiotas! ¿Qué han hecho hoy día? ¡Se han puesto a jugar seguramente! ¡Pascual se morirá de hambre!

Ellos huían hacia el emparrado, con las orejas ardiendo de los pescozones°, mientras el viejo se arrastraba hasta el chiquero. Desde el fondo de su reducto el cerdo empezaba a gruñir. Don Santos le aventaba la comida.

slaps on the neck

80 —¡Mi pobre Pascual! Hoy día te quedarás con hambre por culpa de estos zamarros. Ellos no te engríen como yo. ¡Habrá que zurrarlos° para que aprendan!

to beat them

¿Cómo trata don Santos, el abuelo, a los niños?

Al comenzar el invierno el cerdo estaba convertido en una especie de monstruo insaciable. Todo le parecía poco y don Santos se vengaba en sus nietos del hambre del animal. Los obligaba a levantarse más temprano, a invadir los terrenos ajenos en busca de más desperdicios. Por último los forzó a que se dirigieran hasta el muladar que estaba al borde del mar.

85

—Allí encontrarán más cosas. Será más fácil además porque todo está junto.

90 Un domingo, Efraín y Enrique llegaron al barranco. Los carros de la Baja Policía, siguiendo una huella de tierra, descargaban la basura sobre una pendiente de piedras. Visto desde el malecón, el muladar formaba una especie de acantilado oscuro y humeante, donde los gallinazos y los perros se desplazaban como hormigas. Desde lejos los muchachos arrojaron

howling 95 piedras para espantar a sus enemigos. El perro se retiró aullando°. Cuando

nauseating estuvieron cerca sintieron un olor nauseabundo° que penetró hasta sus pulmones. Los pies se les hundían en un alto de plumas, de excrementos, de materias descompuestas o quemadas. Enterrando las manos comenzaron la exploración. A veces, bajo un periódico amarillento, descubrían una

100 carroña devorada a medias. En los acantilados próximos los gallinazos espiaban impacientes y algunos se acercaban saltando de piedra en piedra, como si quisieran acorralarlos. Efraín gritaba para intimidarlos y sus gritos resonaban en el desfiladero y hacían desprenderse guijarros que rodaban hasta el mar. Después de una hora de trabajo regresaron al corralón con los

105 cubos llenos.

—¡Bravo! —exclamó don Santos—. Habrá que repetir esto dos o tres veces por semana.

Desde entonces, los miércoles y los domingos, Efraín y Enrique hacían el trote hasta el muladar. Pronto formaron parte de la extraña fauna de

110 esos lugares y los gallinazos, acostumbrados a su presencia, laboraban a su lado, graznando, aleteando, escarbando° con sus picos amarillos, como ayudándolos a descubrir la pista de la preciosa suciedad.

cawing, flapping their wings, digging

Fue al regresar de una de esas excursiones que Efraín sintió un dolor en la planta del pie. Un vidrio le había causado una pequeña herida. Al día

115 siguiente tenía el pie hinchado, no obstante lo cual prosiguió su trabajo. Cuando regresaron no podía casi caminar, pero don Santos no se percató° de

he noticed ello, pues tenía visita. Acompañado de un hombre gordo que tenía las manos manchadas de sangre, observaba el chiquero.

—Dentro de veinte o treinta días vendré por acá —decía el hombre—.

120 Para esa fecha creo que podrá estar a punto.

Cuando partió, don Santos echaba fuego por los ojos.

—¡A trabajar! ¡A trabajar! ¡De ahora en adelante habrá que aumentar la ración de Pascual! El negocio anda sobre rieles°. *on track*

A la mañana siguiente, sin embargo, cuando don Santos despertó a sus 125 nietos, Efraín no se pudo levantar.

—Tiene una herida en el pie —explicó Enrique—. Ayer se cortó con un vidrio.

Don Santos examinó el pie de su nieto. La infección había comenzado.

—¡Esas son patrañas°! Que se lave el pie en la acequia y que se envuelva *lies* con un trapo. 130

—¡Pero si le duele! —intervino Enrique—. No puede caminar bien.

Don Santos meditó un momento. Desde el chiquero llegaban los gruñidos de Pascual.

—¿Y a mí? —preguntó dándose un palmazo en la pierna de palo—. ¿Acaso no me duele la pierna? Y yo tengo setenta años y yo trabajo... ¡Hay 135 que dejarse de mañas!

Efraín salió a la calle con su lata, apoyado en el hombro de su hermano. Media hora después regresaron con los cubos casi vacíos.

—¡No podía más! —dijo Enrique al abuelo—. Efraín está medio cojo°. *lame*

Don Santos observó a sus nietos como si meditara una sentencia. 140

—Bien, bien —dijo rascándose la barba rala y cogiendo a Efraín del pescuezo lo arreó° hacia el cuarto—. ¡Los enfermos a la cama! ¡A podrirse sobre *spurred on* el colchón! Y tú harás la tarea de tu hermano. ¡Vete ahora mismo al muladar!

Cerca del mediodía Enrique regresó con los cubos repletos. Lo seguía un extraño visitante: un perro escuálido y medio sarnoso. 145

—Lo encontré en el muladar —explicó Enrique— y me ha venido siguiendo.

Don Santos cogió la vara.

—¡Una boca más en el corralón!

Enrique levantó al perro contra su pecho y huyó hacia la puerta.

—¡No le hagas nada, abuelito! Le daré yo de mi comida. 150

Don Santos se acercó, hundiendo su pierna de palo en el lodo.

—¡Nada de perros aquí! ¡Ya tengo bastante con ustedes!

Enrique abrió la puerta de la calle.

—Si se va él, me voy yo también.

El abuelo se detuvo. Enrique aprovechó para insistir: 155

—No come casi nada..., mira lo flaco que está. Además, desde que Efraín está enfermo, me ayudará. Conoce bien el muladar y tiene buena nariz para la basura.

Don Santos reflexionó, mirando el cielo donde se condensaba la garúa°. Sin decir nada, soltó la vara, cogió los cubos y se fue rengueando° 160 *drizzle / limping* hasta el chiquero.

Enrique sonrió de alegría y con su amigo aferrado al corazón corrió donde su hermano.

—¡Pascual, Pascual..., Pascualito! —cantaba el abuelo.

—Tú te llamarás Pedro —dijo Enrique acariciando la cabeza de su perro 165 e ingresó donde Efraín.

⏸ ¿Qué le sucedió a Efraín?

Su alegría se esfumó: Efraín inundado de sudor se revolcaba de dolor sobre el colchón. Tenía el pie hinchado, como si fuera de jebe° y estuviera lleno de aire. Los dedos habían perdido casi su forma.

rubber

170 —Te he traído este regalo, mira —dijo mostrando al perro—. Se llama Pedro, es para ti, para que te acompañe... Cuando yo me vaya al muladar te lo dejaré y los dos jugarán todo el día. Le enseñarás a que te traiga piedras en la boca.

¿Y el abuelo? —preguntó Efraín extendiendo su mano hacia el animal.

175 —El abuelo no dice nada —suspiró Enrique.

Ambos miraron hacia la puerta. La garúa había empezado a caer. La voz del abuelo llegaba:

—¡Pascual, Pascual..., Pascualito!

¿Quién es Pedro? ¿Quién es Pascual?

Esa misma noche salió luna llena. Ambos nietos se inquietaron, porque en
180 esa época el abuelo se ponía intratable. Desde el atardecer lo vieron rondando por el corralón, hablando solo, dando de varillazos al emparrado. Por momentos se aproximaba al cuarto, echaba una mirada a su interior y al ver a sus nietos silenciosos, lanzaba un salivazo cargado de rencor. Pedro le tenía miedo y cada vez que lo veía se acurrucaba y quedaba inmóvil como una piedra.

filth 185 —¡Mugre°, nada más que mugre! —repitió toda la noche el abuelo, mirando la luna.

A la mañana siguiente Enrique amaneció resfriado. El viejo, que lo sintió estornudar en la madrugada, no dijo nada. En el fondo, sin embargo, presentía una catástrofe.
190 Si Enrique se enfermaba, ¿quién se ocuparía de Pascual? La voracidad del cerdo crecía con su gordura. Gruñía por las tardes con el hocico enterrado en el fango. Del corralón
195 de Nemesio, que vivía a una cuadra, se habían venido a quejar.

Al segundo día sucedió lo inevitable: Enrique no se pudo levantar. Había tosido toda la noche y la mañana lo sorprendió
200 temblando, quemado por la fiebre.

—¿Tú también? —preguntó el abuelo.

> ¡Ustedes son basura, nada más que basura! ¡Unos pobres gallinazos sin plumas! Ya verán cómo les saco ventaja. El abuelo está fuerte todavía. ¡Pero, eso sí, hoy día no habrá comida para ustedes!

Enrique señaló su pecho, que roncaba. El abuelo salió furioso del cuarto. Cinco minutos después regresó.
205 —¡Está muy mal engañarme de esta manera! —plañía—. Abusan de mí porque no puedo caminar. Saben bien que soy viejo, que soy cojo. ¡De otra manera los mandaría al diablo y me ocuparía yo solo de Pascual!

Efraín se despertó quejándose y Enrique comenzó a toser.

210 —¡Pero no importa! Yo me encargaré de él. ¡Ustedes son basura, nada más que basura! ¡Unos pobres gallinazos sin plumas! Ya verán cómo les saco ventaja. El abuelo está fuerte todavía. ¡Pero, eso sí, hoy día no habrá comida

> Solamente Enrique sentía crecer en su corazón un miedo extraño y al mirar a los ojos del abuelo creía desconocerlo, como si ellos hubieran perdido su expresión humana.

⏸ ¿Qué problema tiene Enrique?

para ustedes! ¡No habrá comida hasta que no puedan levantarse y trabajar!

A través del umbral lo vieron levantar las latas en vilo y volcarse en la calle. Media hora después regresó aplastado°. Sin la ligereza de sus nietos el carro de la Baja Policía le había ganado. Los perros, además, habían querido morderlo.

—¡Pedazos de mugre! ¡Ya saben, se quedarán sin comida hasta que no trabajen!

Al día siguiente trató de repetir la operación pero tuvo que renunciar. Su pierna de palo había perdido la costumbre de las pistas de asfalto, de las duras aceras y cada paso que daba era como un lanzazo en la ingle. A la hora celeste del tercer día quedó desplomado en su colchón, sin otro ánimo que para el insulto.

—¡Si se muere de hambre —gritaba—, será por culpa de ustedes!

Desde entonces empezaron unos días angustiosos, interminables. Los tres pasaban el día encerrados en el cuarto, sin hablar, sufriendo una especie de reclusión forzosa. Efraín se revolcaba sin tregua, Enrique tosía, Pedro se levantaba y, después de hacer un recorrido por el corralón, regresaba con una piedra en la boca, que depositaba en las manos de sus amos. Don Santos, a medio acostar, jugaba con su pierna de palo y les lanzaba miradas feroces. A mediodía se arrastraba hasta la esquina del terreno donde crecían verduras y preparaba su almuerzo que devoraba en secreto. A veces aventaba a la cama de sus nietos alguna lechuga o una zanahoria cruda, con el propósito de excitar su apetito creyendo así hacer más refinado su castigo.

Efraín ya no tenía fuerzas ni para quejarse. Solamente Enrique sentía crecer en su corazón un miedo extraño y al mirar a los ojos del abuelo creía desconocerlo, como si ellos hubieran perdido su expresión humana. Por las noches, cuando la luna se levantaba, cogía a Pedro entre sus brazos y lo aplastaba tiernamente hasta hacerlo gemir. A esa hora el cerdo comenzaba a gruñir y el abuelo se quejaba como si lo estuvieran ahorcando. A veces se ceñía la pierna de palo y salía al corralón. A la luz de la luna Enrique lo veía ir diez veces del chiquero a la huerta, levantando los puños, atropellando lo que encontraba en su camino. Por último reingresaba al cuarto y se quedaba mirándolos fijamente, como si quisiera hacerlos responsables del hambre de Pascual.

La última noche de luna llena nadie pudo dormir. Pascual lanzaba verdaderos rugidos. Enrique había oído decir que los cerdos, cuando tenían hambre, se volvían locos como los hombres. El abuelo permaneció en vela, sin apagar siquiera el farol. Esta vez no salió al corralón ni maldijo entre dientes. Hundido en su colchón miraba fijamente la puerta. Parecía amasar dentro de sí una cólera muy vieja, jugar con ella, aprestarse a dispararla. Cuando el cielo comenzó a desteñirse sobre las lomas, abrió la boca,

(fig.) distraught

> **Al entrar al corralón sintió un aire opresor, resistente, que lo obligó a detenerse. Era como si allí, en el dintel, terminara un mundo y comenzara otro...**

mantuvo su oscura oquedad vuelta hacia sus nietos y lanzó un rugido.

—¡Arriba, arriba, arriba! —los golpes comenzaron a llover—. ¡A levantarse haraganes! ¿Hasta cuándo vamos a estar así? ¡Esto se acabó! ¡De pie!...

Efraín se echó a llorar, Enrique se levantó, aplastándose contra la pared. Los ojos del abuelo parecían fascinarlo hasta volverlo insensible a los golpes. Veía la vara alzarse y abatirse sobre su cabeza como si fuera una vara de cartón. Al fin pudo reaccionar.

—¡A Efraín no! ¡Él no tiene la culpa! ¡Déjame a mí solo, yo saldré, yo iré al muladar!

El abuelo se contuvo jadeante°. Tardó mucho en recuperar el aliento. — *panting*

—Ahora mismo... al muladar... lleva dos cubos, cuatro cubos...

Enrique se apartó, cogió los cubos y se alejó a la carrera. La fatiga del hambre y de la convalecencia lo hacían trastabillar. Cuando abrió la puerta del corralón, Pedro quiso seguirlo.

—Tú no. Quédate aquí cuidando a Efraín.

Y se lanzó a la calle respirando a pleno pulmón el aire de la mañana. En el camino comió yerbas, estuvo a punto de mascar la tierra. Todo lo veía a través de una niebla mágica. La debilidad lo hacía ligero, etéreo: volaba casi como un pájaro. En el muladar se sintió un gallinazo más entre los gallinazos. Cuando los cubos estuvieron rebosantes emprendió el regreso. Las beatas, los noctámbulos, los canillitas descalzos, todas las secreciones del alba comenzaban a dispersarse por la ciudad. Enrique, devuelto a su mundo, caminaba feliz entre ellos, en su mundo de perros y fantasmas, tocado por la hora celeste.

Al entrar al corralón sintió un aire opresor, resistente, que lo obligó a detenerse. Era como si allí, en el dintel°, terminara un mundo y — *threshold* comenzara otro fabricado de barro, de rugidos, de absurdas penitencias. Lo sorprendente era, sin embargo, que esta vez reinaba en el corralón una calma cargada de malos presagios°, como si toda la violencia estuviera en — *bad omens* equilibrio, a punto de desplomarse. El abuelo, parado al borde del chiquero, miraba hacia el fondo. Parecía un árbol creciendo desde su pierna de palo. Enrique hizo ruido pero el abuelo no se movió.

—¡Aquí están los cubos!

Don Santos le volvió la espalda y quedó inmóvil. Enrique soltó los cubos y corrió intrigado hasta el cuarto. Efraín, apenas lo vio, comenzó a gemir:

—Pedro..., Pedro...

—¿Qué pasa?

—Pedro ha mordido al abuelo... El abuelo cogió la vara... Después lo sentí aullar.

Enrique salió del cuarto.

305 —¡Pedro, ven aquí! ¿Dónde estás, Pedro?

Nadie le respondió. El abuelo seguía inmóvil, con la mirada en la pared. Enrique tuvo un mal presentimiento. De un salto se acercó al viejo.

—¿Dónde está Pedro?

310 Su mirada descendió al chiquero. Pascual devoraba algo en medio del

tail lodo. Aún quedaban las piernas y el rabo° del perro.

—¡No! —gritó Enrique tapándose los ojos—. ¡No, no! —y a través de las

avoided lágrimas buscó la mirada del abuelo. Este la rehuyó°, girando torpemente sobre su pierna de palo. Enrique comenzó a danzar en torno suyo,

kicking 315 prendiéndose de su camisa, gritando, pataleando°, tratando de mirar sus ojos, de encontrar una respuesta.

—¿Por qué has hecho eso? ¿Por qué?

El abuelo no respondía. Por último, impaciente, dio un manotón a su nieto que lo hizo rodar por tierra. Desde allí Enrique observó al viejo que,

320 erguido como un gigante, miraba obstinadamente el festín de Pascual. Estirando la mano encontró la vara que tenía el extremo manchado de sangre. Con ella se levantó de puntillas y se acercó al viejo.

—¡Voltea! —gritó—. ¡Voltea!

Cuando don Santos se volvió, divisó la vara que cortaba el aire y se

smashed into his cheekbone 325 estrellaba contra su pómulo°.

—¡Toma! —chilló Enrique y levantó nuevamente la mano. Pero súbitamente se detuvo, temeroso de lo que estaba haciendo y, lanzando la vara a su alrededor, miró al abuelo casi arrepentido. El viejo, cogiéndose el rostro, retrocedió un paso, su pierna de palo tocó tierra húmeda, resbaló y,

plunged 330 dando un alarido, se precipitó° de espaldas al chiquero.

Enrique retrocedió unos pasos. Primero aguzó el oído, pero no se escuchaba ningún ruido. Poco a poco se fue aproximando. El abuelo, con la pata de palo quebrada, estaba de espaldas en el fango. Tenía la boca abierta y sus ojos buscaban a Pascual, que se había refugiado en un ángulo y husmeaba

335 sospechosamente en el lodo.

Enrique se fue retirando, con el mismo sigilo con que se había

to distinguish him aproximado. Probablemente el abuelo alcanzó a divisarlo° pues mientras corría hacia el cuarto le pareció que lo llamaba por su nombre, con un tono de ternura que él nunca había escuchado.

340 —¡A mí, Enrique, a mí! ...

—¡Pronto! —exclamó Enrique, precipitándose sobre su hermano—. ¡Pronto, Efraín! ¡El viejo se ha caído al chiquero! ¡Debemos irnos de acá!

—¿Adónde? —preguntó Efraín.

—¡Adonde sea, al muladar, donde podamos comer algo, donde

345 los gallinazos!

—¡No me puedo parar!

Enrique cogió a su hermano con ambas manos y lo estrechó contra su pecho. Abrazados hasta formar una sola persona cruzaron lentamente el corralón. Cuando abrieron el portón de la calle se dieron cuenta de que la

350 hora celeste había terminado y que la ciudad, despierta y viva, abría ante

jaw ellos su gigantesca mandíbula°.

battle Desde el chiquero llegaba el rumor de una batalla°. ∎

🔊 ¿Qué le pasó a Pedro?

🔊 ¿Adónde van Enrique y Efraín? ¿Por qué?

1. Cierto o falso Indica si cada afirmación es cierta o falsa. Corrige las falsas.

1. El cuento está ambientado en el campo.
2. Mientras Efraín y Enrique buscan comida, el abuelo los espera.
3. La Baja Policía permite que niños como Efraín y Enrique busquen comida en la basura.
4. Pascual es delicado y sólo come algunos alimentos.
5. Don Santos trata a los hermanos de manera muy violenta.
6. Don Santos tiene una pierna de palo.
7. Cuando Efraín se enferma Enrique se queda a cuidarlo.
8. Don Santos alimenta bien a los hermanos porque deben salir a trabajar.
9. Don Santos golpea a Pedro y lo mata.
10. Al final, los hermanos se van y don Santos queda en el chiquero cerca de Pascual.

2. Comprensión Contesta las preguntas con oraciones completas.

1. ¿En qué momento del día trabajan las personas que buscan en la basura?
2. ¿Dónde empiezan a buscar entre los desechos Efraín y Enrique?
3. ¿Para qué quiere alimentar don Santos a Pascual?
4. ¿Cuántos días por semana iban al muladar Efraín y Enrique?
5. ¿Cómo se infecta el pie Efraín?
6. ¿Cómo reacciona el abuelo a la llegada de Pedro?
7. ¿Qué le sucede a don Santos cuando sale a buscar en la basura?
8. ¿Qué pasa con el cuerpo de Pedro cuando muere?
9. ¿A qué "batalla" se refiere el final del cuento?

3. Interpretación Analiza las preguntas y contesta con oraciones completas.

1. ¿Quiénes son los "gallinazos sin plumas"?
2. ¿Cómo es la relación entre Efraín y Enrique?
3. ¿Qué hace el hombre que viene a visitar a don Santos?
4. ¿Cómo hace Enrique para convencer a don Santos de que acepte a Pedro?
5. En general, ¿cómo trata don Santos a los niños?
6. ¿Por qué don Santos no puede salir a trabajar?
7. ¿Por qué Enrique golpea a don Santos con la vara?
8. ¿Qué puede pasar al final del cuento con don Santos?
9. ¿Qué emociones evoca la imagen final de una "gigantesca mandíbula"? ¿A qué hace referencia esta imagen?

4. Técnica literaria Con un(a) compañero/a, contesta las preguntas.

1. ¿Qué atmósfera crea el primer párrafo? ¿Por qué crees que el autor prefirió comenzar con este ambiente de las seis de la mañana?

2. ¿Cómo imaginas la ciudad? ¿Qué tamaño tiene? ¿Dónde está ubicada? ¿Qué época del año es?

3. En el muladar los niños compiten con los animales. ¿Qué sugiere esta imagen sobre la sociedad en que viven?

4. El olor es un protagonista del ambiente de este cuento. ¿Qué tipos de olores hay y qué efecto crean cuando lo lees?

5. Al final del cuento "la ciudad abre su mandíbula". Compara esta referencia sobre el ambiente que enfrentan los niños con la situación que enfrenta el abuelo.

5. Opiniones Con dos compañeros/as, analiza las preguntas y justifica cada respuesta.

1. Un refrán dice "La basura de unos es el tesoro de otros". ¿En qué casos es esto verdad? Piensa en tus propias experiencias.

2. ¿Qué puede hacer el Estado para ayudar a niños como Enrique y Efraín? ¿Y qué pueden hacer los ciudadanos?

3. ¿Crees que vivimos en una sociedad darwiniana como la del cuento, donde sólo "sobreviven" los aptos y fuertes? Explica.

4. ¿Por qué crees que el autor eligió a niños como protagonistas y víctimas? ¿Por qué eligió dos y no uno solo?

5. La crueldad parece ser uno de los temas centrales del cuento: ¿quiénes son crueles? Considera no sólo los personajes, sino también el ambiente en el que viven.

6. Al final, Efraín queda cojo como don Santos, tal vez para siempre. ¿Qué sugiere esto sobre la vida en los barrios pobres?

TALLER DE ESCRITURA

1. Don Santos Imagina que eres el abuelo de los niños, don Santos. Asume su punto de vista. En una página, escribe una narración siguiendo el orden de estas preguntas:

- *¿Cómo te sientes en tu situación de discapacidad?*

- *¿Qué sientes por tus nietos? ¿Cómo los tratas?*

- *¿Qué esperas del futuro?*

2. El futuro Imagina la vida que tienen Efraín y Enrique después de abandonar al abuelo. En una página, narra lo que les pasa. Sigue este orden:

- *Primero, describe cómo están cuando abandonan a don Santos.*

- *Luego, explica cómo deciden adónde ir.*

- *Después, imagina cómo son sus vidas: ¿siguen viviendo del muladar?, ¿consiguen trabajo?, ¿educación?*

- *Por último, imagina qué pasó con los hermanos luego de diez años.*

✒ UN INFORME LITERARIO

Escribe un informe literario basado en una de las obras de esta lección. Un informe literario muestra la información objetiva de una obra y describe lo que el lector/espectador siente y piensa cuando se acerca a ella, así como cuáles son las intenciones del/de la autor(a) o director(a).

Plan de escritura

Comienza completando una tabla con las características de cada obra. Esta tabla te ayudará a preparar tu informe literario.

	personajes principales	ambiente	temas centrales
El hijo de la novia	Rafael, Nino, Norma, Juan Carlos, Naty		
"La prodigiosa tarde de Baltazar"			Tensión entre clases sociales
"No oyes ladrar los perros"		México rural, principios siglo XX	
"Canción de otoño en primavera"			
"Los gallinazos sin plumas"			

Planificar y preparar la escritura

1. **Estrategia: Investigar la obra**

   • Ahora puedes seleccionar una de las obras que aparecen en el cuadro anterior.

   • Reúne información sobre el autor y el contexto histórico de la obra. Considera también las circunstancias (sociales, personales, etc.) en las que se desarrolla la acción de la historia.

   • ¿Quién es el personaje principal de la obra? ¿Cómo lo describirías?

   • ¿Qué le sucede al personaje principal? Piensa en los eventos más importantes.

2. **Estrategia: Clasificar la información**

   • Utiliza un diagrama como éste para organizar los detalles más importantes que encontraste en tu investigación sobre la obra.

Ambiente/contexto

la Revolución mexicana
posrevolución
…

Temas

cambio social
sociedad posrevolucionaria
relación padre-hijo
…

Personajes y argumento

Ignacio
padre de Ignacio
…

Escribir

3. Tu informe Ahora puedes escribir el informe, siguiendo estos pasos:

- **Datos de la obra:** Incluye primero el nombre del autor, el título y el año y lugar de publicación de la obra.

- **Breve resumen:** Resume el argumento de la obra de manera breve; incluye sólo los eventos más importantes. Aquí también debes escribir sobre el ambiente, el contexto histórico, los personajes y cómo influyen estos elementos en el desarrollo de la obra.

- **Conclusión:** Explica la impresión que te causó la obra. ¿Cuál crees que fue la intención del autor? ¿Cuál es la idea principal que ilustra esta historia? ¿Cómo lo hace? (Presta atención al estilo de escritura, al ambiente y al tono de la obra).

Revisar y leer

4. Revisión Pídele a un(a) compañero/a que lea el informe y sugiera cómo mejorarlo. Revísalo, incorpora sus sugerencias y presta atención a los siguientes elementos:

- ¿Incluiste todos los datos necesarios de la obra?

- ¿Tu resumen es breve y se centra en los eventos más importantes de la historia? ¿Utilizas la información que reuniste en tu investigación para hablar del argumento de la obra?

- ¿La conclusión expresa tu impresión de la obra? ¿Explica la intención del autor? ¿Y la idea principal de la historia?

- ¿Son correctas la gramática y la ortografía?

5. Lectura Lee tu informe a varios/as compañeros/as. Tomen turnos. Cuando termines de leer tu informe, tus compañeros/as deben hacerte preguntas. Comenten juntos un punto interesante de tu informe que les haya llamado la atención.

- Cuando hayan acabado de leer sus informes en grupo, anota en una tabla los puntos más interesantes de las obras de esta lección.

Obras	Puntos interesantes
El hijo de la novia	
"La prodigiosa tarde de Baltazar"	
"No oyes ladrar los perros"	
"Canción de otoño en primavera"	
"Los gallinazos sin plumas"	

UNA *cuestión* DE GÉNERO

CONTENIDO

REPASO GRAMATICAL: El subjuntivo II
Usos del se I

SOBRE EL DIRECTOR

Pedro Almodóvar nació en 1949 en Calzada de Calatrava, un pequeño pueblo español. Desde muy joven supo que quería dedicar su vida al séptimo arte. Por eso, a los dieciséis años, se marchó a Madrid, solo y sin dinero, para hacer realidad su sueño. El hecho de que el dictador Francisco Franco hubiera cerrado la Escuela Oficial de Cine no lo desalentó ni lo distrajo de su objetivo. Buscó un empleo que le permitiera pagar sus gastos y se zambulló° en la Movida madrileña de los años 70. En esa época formó un grupo de música punk, hizo teatro, colaboró en diversas revistas y filmó algunos cortometrajes con su cámara súper 8. Además, conoció a muchas de las personas que más adelante participarían en sus proyectos, como la actriz Carmen Maura.

En 1980, Almodóvar finalmente logró hacerse un lugar en el cine comercial con el largometraje *Pepi, Luci, Bom y otras chicas del montón*. En ese proyecto, que atrajo mucho interés, dejó entrever su fascinación por el universo femenino y por las grandes ciudades, en especial Madrid. En 1988, *Mujeres al borde de un ataque de nervios* le dio prestigio internacional y una nominación a los premios Óscar, que finalmente ganó en 1999 por *Todo sobre mi madre* y en 2002 por *Hable con ella*.

Muchos actores, como Antonio Banderas y Penélope Cruz, se consagraron° de la mano de este gran director y productor. En la actualidad, Pedro Almodóvar es considerado uno de los hombres más influyentes y talentosos de la industria cinematográfica.

zambulló *immersed* **consagraron** *triumphed*

Mujeres al borde de un ataque de nervios /

Fecha de estreno: 1988
País: España **Género:** largometraje
Guión: Pedro Almodóvar
Actores: Carmen Maura, Antonio Banderas, Fernando Guillén, Julieta Serrano, María Barranco, Rossy de Palma
Duración: 90 minutos

EL DESEO, S. A.
LAURENFILM *presentan*

MUJERES al borde de un ataque de NERVIOS

un film de ALMODÓVAR

PERSONAJES

Pepa *Actriz, acaba de ser abandonada por su amante*

Lucía *Exesposa de Iván, con problemas psicológicos*

Candela *Amiga de Pepa que huye de la policía*

Iván *Amante de Pepa, un verdadero donjuán*

Carlos *Hijo de Iván*

Marisa *Novia de Carlos*

CONTEXTO CULTURAL

La Transición y la Movida

El 20 de noviembre de 1975, y tras casi cuarenta años en el gobierno, el dictador Francisco Franco murió. Su sucesor, el rey Juan Carlos I, decidió dar los primeros pasos hacia la instauración° de la democracia. Los años después de la dictadura se conocieron como la *Transición*. Las nuevas generaciones, hartas° de la represión franquista, comenzaron a expresarse abiertamente. Rechazaron los valores tradicionales y reivindicaron los valores individuales y privados. Ya no buscaban certezas, sino placer y éxito. La población de España dejó de ser mayoritariamente rural y católica para convertirse en una sociedad más urbana y laica.

Décadas más tarde, Almodóvar describiría esos cambios sociales a través de su propia experiencia: "Crecí, gocé, sufrí, engordé° y me desarrollé en Madrid. Y muchas de esas cosas las realicé al mismo ritmo que la ciudad". Gracias a su participación en la *Movida madrileña* —un movimiento contracultural

La Gran Vía en Madrid

que influyó en todas las ramas del arte— el cineasta presenció la transformación de la capital española en un centro cosmopolita y moderno. Posiblemente esa sea una de las razones por las que eligió retratar la cultura urbana en *Mujeres al borde de un ataque de nervios*. Almodóvar está convencido de que es el ingrediente que hace universales a sus películas. Después de todo, hay elementos comunes en las realidades de todas las metrópolis del mundo.

Practice more at **vhlcentral.com**.

instauración *establishment* **hartas** *fed up* **engordé** *put on weight*

ANTESALA

1 Aprende y practica el vocabulario de la película en **vhlcentral.com**.

2 Conversa con un(a) compañero/a sobre los siguientes temas:

- ¿Qué impresión te causa el título *Mujeres al borde de un ataque de nervios*? ¿Quiénes crees que protagonizarán la película? ¿En qué clase de situaciones se encontrarán?

- En algunas películas, los personajes femeninos dominan la acción; en otras, lo hacen los personajes masculinos. ¿Recuerdas ejemplos de unas y otras? Anota qué protagonistas esperarías ver en películas sobre estos temas:

  - guerra
  - recuerdos de amores pasados
  - *westerns*
  - club de lectura de Jane Austen
  - viajes intergalácticos
  - el mundo de la alta costura

- Un refrán dice: "Mujeres juntas, ¡ni difuntas (*deceased*)!". ¿Estás de acuerdo? ¿Crees que las amistades entre mujeres son más fuertes que las amistades entre hombres? ¿Cómo son diferentes?

- ¿Piensas que las mujeres son más propensas (*prone*) a sufrir "ataques de nervios"? ¿Por qué? Lee la siguiente lista y subraya los temas que, en tu opinión, podrían aparecer en la película que vas a ver:

  - la violencia
  - las emociones profundas
  - el éxito profesional
  - el amor romántico
  - el triunfo sobre un enemigo poderoso
  - las bromas pesadas y de mal gusto

00:00
32:36 ── Parte 1

32:37
52:08 ── Parte 2

52:09
FIN ── Parte 3

TÉCNICA CINEMATOGRÁFICA

El melodrama Decimos que una escena es melodramática cuando vemos una demostración abierta y enfática, casi

Pepa busca a Iván

Guía para la comprensión

La primera parte de la película es una montaña rusa (*roller coaster*) de emociones para la protagonista. Mientras la miras, anota cómo te parece que se siente Pepa y por qué. Por ejemplo:

- Mientras duerme, Pepa parece estar preocupada.
- Cuando despierta, Pepa se desespera por atender el teléfono.
- Cuando habla con Germán, el director, Pepa…

Pepa escucha a su amiga

Guía para la comprensión

En la segunda parte, vemos que Pepa no es la única mujer al borde de un ataque de nervios. A medida que vayas conociendo las historias de Lucía, Candela y Marisa, anota descripciones breves de sus historias y preocupaciones.

- Candela: Conoció a un terrorista y se enamoró.
- Marisa: Está enamorada de Carlos…

Pepa enfrenta a otra mujer

Guía para la comprensión

La tercera y última parte se desarrolla en tres lugares: en la calle donde se ubica el edificio de Pepa, en el apartamento y en el aeropuerto. Haz una lista de lo que sucede en cada lugar. Por ejemplo:

Calle: Iván viene a buscar la maleta; Pepa tira la maleta a la basura; Paulina Morales espera en el coche; …

Preguntas

1. ¿Qué está soñando Pepa al comienzo?
2. ¿Qué le pide Iván a Pepa en su mensaje telefónico?
3. ¿Adónde va Pepa antes de dirigirse al estudio?
4. ¿A qué se dedican Pepa e Iván?
5. ¿Cómo reacciona Lucía cuando Pepa la llama?
6. ¿Qué pone Pepa en su gazpacho?
7. ¿Qué hace Candela cuando ve en televisión la noticia de los terroristas chiitas? ¿Por qué?
8. ¿De qué se da cuenta Pepa cuando ve la foto de Iván y de Carlos?

---

1. ¿Por qué van Carlos y Marisa al edificio de Pepa?
2. ¿Qué descubre Carlos en la habitación de Pepa?
3. ¿Sabe Carlos dónde está Iván?
4. ¿Qué le dijo Iván a Pepa hace una semana?
5. ¿Por qué intenta suicidarse Candela?
6. ¿Qué abogada le recomienda Carlos a Pepa? ¿Por qué?
7. ¿Por qué Marisa se queda profundamente dormida?
8. ¿Por qué llama Carlos a la policía?

---

1. ¿Por qué Pepa le dice a Candela que se van de viaje?
2. ¿Por qué la exesposa de Iván va a la casa de Pepa?
3. ¿Quiénes criaron a Carlos? ¿Por qué?
4. ¿Iván le dice la verdad a Pepa en su mensaje de despedida?
5. ¿Adónde quiere ir Iván?
6. ¿Por qué fue Pepa al aeropuerto?
7. Al final, ¿qué le cuenta Pepa a Marisa sobre sí misma?

---

ser sofisticadamente irónicos, porque sus características permiten parodiar las ambigüedades morales de una sociedad. En sus primeros largometrajes, Almodóvar cultivó la estética melodramática: en sus películas abundan las canciones de amor, las coincidencias inverosímiles, los llantos, las tragedias

personales. Mediante el exagerado melodrama logra que hasta la crítica social más aguda se vuelva algo cómico y entretenido.

¿Cuál fue la última película o serie de televisión melodramática que viste? ¿Cuáles suelen ser los papeles de los hombres y de las

1. Cierto o falso Indica si cada afirmación es cierta o falsa. Corrige las falsas.

1. Iván quiere recuperar su maleta porque abandonó a Pepa.
2. Pepa va a la farmacia a comprar vitaminas porque está enferma.
3. Marisa y Carlos van a ver a Pepa porque descubrieron que es amante de Iván.
4. Pepa le da una bofetada a Paulina Morales.
5. Iván nunca le dijo a Pepa que tenía un hijo.
6. A Carlos lo criaron Iván y Lucía.
7. Iván está en el aeropuerto para supervisar un atentado terrorista.
8. Lucía salió del hospital porque estaba curada.

2. Comprensión Contesta las preguntas con oraciones completas.

1. ¿A quién(es) llama Iván desde el estudio?
2. ¿De qué "está harta" Pepa?
3. ¿Cuál es el problema de Candela?
4. ¿Quién es Paulina Morales y por qué la conoce Carlos?
5. ¿Qué delito cometió Candela, según Pepa?
6. ¿Por qué Pepa se da cuenta de que Iván le miente en su mensaje telefónico?
7. ¿Qué le sucedió a Lucía cuando Iván la abandonó?
8. ¿Por qué va la policía a la casa de Pepa?
9. ¿Qué le hizo recobrar la memoria a Lucía?
10. ¿Se va finalmente de viaje Iván? ¿Con quién?

3. Interpretación En la película no sólo vemos la historia de desamor entre Pepa e Iván, sino también las vidas de otros personajes. Con un(a) compañero/a, contesta las preguntas sobre las diferentes relaciones de Pepa.

Pepa y Candela
1. ¿Quién es mayor? ¿Quién ayuda a quién y de qué manera?
2. ¿Es siempre comprensiva Pepa con Candela?

Pepa y Carlos
1. ¿Qué siente Pepa por Carlos? ¿Le tiene cariño u odio?
2. ¿Está contenta de haberlo conocido? ¿Por qué?

Pepa y Marisa
1. ¿Por qué sufre Marisa? ¿Pepa comprende su sufrimiento?
2. ¿Se vuelven amigas en algún momento de la película?

Pepa y Lucía
1. ¿Tiene motivos Lucía para odiar a Pepa?
2. ¿Qué opina Pepa de Lucía?

4. **Técnica cinematográfica** En *Mujeres al borde de un ataque de nervios,* Almodóvar incluyó elementos típicos de los melodramas: al principio y al final se escuchan boleros, y casi todos los personajes sufren por amor. Con dos compañeros/as, contesta las siguientes preguntas sobre el largometraje.

Escenas

¿Qué críticas se hacen a las relaciones entre hombres y mujeres en estas escenas?

Escena 1: Pepa en el estudio de grabación (10:30–10:56)
Escena 2: Marisa en la cocina de Pepa (40:30–40:38)
Escena 3: Candela en la terraza (41:24–42:08)
Escena 4: Lucía en el apartamento de Pepa (1:14:10–1:15:30)

Boleros

¿Qué historias narran estas canciones? ¿Cómo se relacionan con la película?

Bolero 1: "Soy infeliz" (créditos iniciales)   *Bolero 2:* "Puro teatro" (créditos finales)

5. **Al borde** Algunos personajes de la película parecen estar dispuestos a todo por amor. Con tres compañeros/as, comenta las siguientes afirmaciones sobre el amor. Ilustren sus conclusiones con ejemplos de la película.

- Amar es entregarse a otro sin pedir nada a cambio.
- Cuando una persona se enamora, no puede ver los defectos de su pareja.
- La consecuencia del amor no correspondido es la falta de amor por uno mismo.

TALLER DE ESCRITURA

1. **Iván el terrible** Sabemos que Iván es un hombre mujeriego y seductor. Sin embargo, como dice muchas mentiras, desconocemos sus verdaderos sentimientos. Escribe una autobiografía de una página donde Iván describa detalladamente lo que piensa sobre su vida amorosa. Sigue estos pasos.

1. *Describe por qué se separó de Lucía.*
2. *Comenta cómo fue su relación con Pepa y por qué se separaron.*
3. *Indica qué planes hizo con Paulina Morales y por qué.*
4. *Describe cómo se sintió en el aeropuerto.*
5. *Explica por qué es (o ha sido) mujeriego.*
6. *Escribe, como conclusión, qué piensa hacer en el futuro.*

2. **Moraleja** ¿Qué pasará después? En un ensayo de una página, escribe cómo imaginas el futuro de Pepa, Candela o Marisa. Básate en sus personalidades y en sus experiencias pasadas. ¿Ha aprendido algo el personaje? ¿Cambia su actitud ante el amor? ¿Valora más la amistad? ¿Es más independiente? ¿Confía más o menos en los hombres? ¿Controla mejor sus propias emociones?

SOBRE LA AUTORA

Rosario Castellanos nació en Ciudad de México en 1925, pero pasó toda su infancia y parte de su adolescencia en Chiapas. A los dieciséis años, regresó a la capital de su país para cursar estudios superiores de Filosofía en la Universidad Autónoma de México (UNAM). Fue narradora, poetisa, ensayista, dramaturga, diplomática y profesora universitaria. A su vez, fue una ferviente defensora de los derechos de dos grupos relegados por la sociedad mexicana del siglo XX: los indígenas y las mujeres.

Era tal la preocupación de Castellanos por la causa indigenista que el escritor portugués José Saramago la bautizó como "la embajadora de Chiapas". Ese compromiso quedó reflejado en relatos y novelas como *Balún Canán* (1957), *Ciudad Real* (1960) y *Oficio de tinieblas* (1962), que componen la trilogía más importante de la narrativa mexicana sobre la vida indígena.

Castellanos llegó a convertirse en una figura representativa del feminismo más activo de su época. En sus escritos planteó la problemática de la sumisión femenina en un entorno sexista. También exigió la igualdad social e intelectual entre hombres y mujeres. Obras como *Mujer que sabe latín* (1973) y *El eterno femenino* (1975), publicada póstumamente, muestran un análisis irónico –y a la vez melancólico– del rol de la mujer en la sociedad.

En 1971, Castellanos fue nombrada embajadora de México en Israel. Tres años más tarde, murió a causa de un accidente doméstico. Sin embargo, las observaciones de esta brillante intelectual siguen vigentes en la actualidad.

El eterno femenino /

Fecha de publicación: 1975
País: México
Género: teatro
Personajes: Lupita, Lupita (hija), Juanito

TÉCNICA LITERARIA

El monólogo

El monólogo es un recurso estilístico muy usado por los escritores, especialmente en las obras de teatro. Esta técnica permite describir detalladamente el mundo interior de los protagonistas. El personaje habla a solas consigo mismo, y muestra su personalidad y sus sentimientos. De esta forma, el espectador puede apreciar la psicología del protagonista mientras éste reflexiona libremente. En *El eterno femenino*, por ejemplo, Castellanos nos permite acceder a los pensamientos de Lupita para que después comprendamos mejor sus acciones.

- ¿Conoces otras obras literarias en las que se utilice el monólogo? Intenta nombrar tres ejemplos.

- ¿Cómo crees que influye el monólogo del personaje en el espectador? ¿Piensas que afecta los sentimientos que le inspira el personaje? ¿Por qué?

CONTEXTO CULTURAL

El teatro mexicano

El teatro occidental llegó a México durante la época de la Colonia. En ese entonces, cumplía una misión evangelizadora: las obras teatrales mostraban la vida y la muerte de Jesucristo o determinados episodios de la Biblia. Más tarde, en el siglo XVII, grandes escritores como Juan Ruiz de Alarcón y sor Juana Inés de la Cruz reflejaron en sus obras las influencias del Siglo de Oro español. Tras esa etapa, en los siglos XVIII y XIX, el teatro se volcó hacia el romanticismo, con autores como Fernando Calderón.

Con el tiempo, las obras teatrales fueron adecuándose a los intereses nacionales. De hecho, tras la independencia y revolución mexicanas, los dramaturgos llevaron la problemática social del país a los escenarios. En el siglo XX, comenzaron a convivir los nuevos modelos vanguardistas de representación escénica con géneros clásicos contemporáneos, como la zarzuela° o la comedia.

Pero el teatro genuinamente nacional surgió aproximadamente a mediados del siglo XX. El realismo influyó en las técnicas experimentales de Xavier Villaurrutia, Salvador Novo y Rodolfo Usigli. De ese modo, se generó un teatro mexicano con personalidad propia que tomaba en cuenta la realidad que vivían sus espectadores.

La obra de Rosario Castellanos se ubica dentro de esa nueva concepción del teatro. En su breve pero

Representación de la obra *El gesticulador* (1947) de **Rodolfo Usigli**

significativa incursión en el género —sólo escribió *El eterno femenino*—, la escritora describió desde un punto de vista cómico y feminista el rol de la mujer en la historia de la sociedad mexicana.

 Practice more at **vhlcentral.com.**

zarzuela *traditional Spanish operetta*

ANTESALA

 1 Aprende y practica el vocabulario de la obra en **vhlcentral.com.**

 2 Contesta las preguntas:

- ¿Qué opinas del rol del ama de casa? ¿Piensas que es una elección o una imposición social? ¿Por qué? Describe al menos cinco ventajas y cinco desventajas de dedicarse a cuidar de la casa y de la familia en vez de seguir una carrera profesional.

- Un conocido refrán afirma: "Mujer que sabe latín no tiene marido ni tiene buen fin" (Rosario Castellanos lo usó como título de uno de sus ensayos). ¿Cuál crees que es el significado de ese refrán? ¿Estás de acuerdo o en desacuerdo? Justifica tus respuestas.

- Uno de los temas tratados en *El eterno femenino* es la infidelidad. ¿Qué opinión tienes sobre ese tema? ¿Piensas que se puede perdonar bajo determinadas circunstancias? ¿Cuáles? ¿Qué consejo le darías a un(a) amigo/a que sospecha que su pareja lo/la engaña?

Francisco José de Goya y Lucientes, *La maja vestida*, c. 1803 ▶

EL
eterno
femenino

La cruda realidad (fragmento)

Rosario Castellanos

PERSONAJES

Lupita I (madre), mujer de mediana edad

Lupita II (hija), niña pequeña

Juanito (hijo), niño pequeño

- -

Sala de recibir de un matrimonio de la clase media. Los muebles comienzan a deteriorarse por la agresividad constante de los niños y la infructuosa lucha del ama de casa por mantenerlos "presentables". El ama de casa, Lupita, acaba de perder un round más en esta pelea desigual y se recupera sentándose en el sillón más cómodo. Su aspecto físico hace juego con el de los muebles. Tubos en la cabeza, cara embarrada de crema rejuvenecedora, bata que conoció mejores días. Para hacerse la ilusión de que descansa se pone a leer una revista para mujeres y come chocolates que no van a contribuir a mejorar su aspecto. En el cuarto contiguo se oye el ruido de dos niños —varón y hembrecita, como se dice— que pelean. Mechudos° y sucios, se asoman alternativa y fugazmente.

5

10 *unkempt*

LUPITA II ¡Mamá! ¡Juanito me pellizcó!

LUPITA I *(Sin interrumpir su lectura ni dejar de satisfacer su gula°.)* Rasgúñalo° tú para que queden parejos.

gluttony / Scratch (him)

Se oye de inmediato un alarido, y aparece Juanito.

JUANITO ¡Mamá! ¡Lupita me rasguñó!

15

LUPITA I Pellízcala. ¿Qué no se te ocurre nada? *(Juanito se marcha y cumple la orden. Sobreviene el alarido correspondiente.)* Si no tuvieran a quién salir no podría yo creer que mis hijos fueran un par de tarados°. Todo hay que decírselo. Que si come, que si no te asomes a la ventana que te vas a caer,

morons

II ¿Qué sentimientos o emociones parecen despertar en Lupita sus hijos? ¿Qué piensa de ellos?

que si báñate, que si... Como si yo no tuviera cosas más importantes que hacer que atenderlos. *(Leyendo en voz alta la revista.)* "La educación de los hijos es un asunto muy delicado que no puede dejarse en manos de cualquiera." *(Sin transición Lupita continúa su monólogo entrecortado de chocolate.)* ¡Dios me libre de la nana° que los malcría o del kinder que los vuelve desamorados! La que tiene que sacrificarse es la madre. La madre, que aceptó la responsabilidad completa. De los hijos. Y también de la casa. Gracias a Dios, la mía es una tacita de plata. *(Como iluminados por un relámpago, se ven fantasmas de amigas que husmean, que pasan el dedo sobre las superficies y que todo lo encuentran infecto. Hacen un gesto de repugnancia y se desvanecen.)* Ni una brizna de polvo°. Y en cuanto a mi persona, no he descuidado jamás mi apariencia. ¿Qué retiene al marido sino una mujer siempre bien arreglada, siempre esbelta, lucidora? Por eso es que mi pobre Juan está cada día más enamorado de mí. Todas las semanas, es infalible como el Papa, me regala un ramo de flores. Cuando no es un ramo de flores, es una alhajita. Dicen que según el sapo, así es la pedrada. *(Timbre de la puerta. Es un mensajero que deposita un paquete minúsculo en la mano del ama de casa. Lupita firma el recibo, no da propina, cierra la puerta en las narices del mensajero y busca la tarjeta. Lee.)* "Para mi gatita de su Micifuz." ¡Qué chistoso! Juan nunca me había llamado su gatita. ¡Ay, los hombres son tan caprichosos! *(Desenvuelve el paquete y saca un bikini, inverosímil por su tamaño. Lo contempla estupefacta.)* Bueno, aquí ha habido una equivocación, porque lo que es yo *(midiéndose el bikini sobre la ropa)* ni en sueños. Hablaré con la secretaria de mi Juan, que es la encargada de mandarme los regalos. *(Lupita va al teléfono, marca un número.)* ¿Bueno? Sí, señorita. Aquí la señora Pérez. Sí, para llamarle la atención sobre un envío que acabo de recibir. No, no, no, no. Lo del bikini me parece muy buena idea. Pero la talla... Es demasiado grande para mí. Enorme. ¿Podría usted arreglar el cambio en la tienda? Yo sé que con la ropa es muy difícil, pero cuando se trata de una equivocación tan palpable... ¿Qué le pasa? ¿De dónde me sale usted llamándome también Gatita? Yo soy la señora de Pérez. La legítima, ¿comprende? ¿Quiere usted hacerme el favor de explicarme lo que me dijo? ¿Bueno? ¿Bueno? *(Cuelga, furiosa.)* Se cortó la comunicación. ∎

nanny

brizna de polvo
speck of dust

⏸ ¿De qué manera Lupita logra estar satisfecha con su vida?

1. Elegir Indica la opción correcta.

1. A Lupita sólo le preocupan _____
   a. sus hijos.
   b. las apariencias.
   c. las necesidades de su marido.

2. El comportamiento de sus hijos es _____
   a. tranquilo.
   b. violento.
   c. respetuoso.

3. El aspecto de los niños es _____
   a. igual al de su madre.
   b. inmejorable.
   c. limpio.

4. Lupita es una madre _____
   a. sacrificada.
   b. torpe e indiferente.
   c. cariñosa.

5. Una nana se encarga de _____
   a. cuidar a los niños.
   b. remodelar la casa.
   c. pagar las cuentas.

6. Juan compró un regalo para _____
   a. su esposa.
   b. su secretaria.
   c. su amante.

7. Juan tiene una amante _____
   a. más delgada que Lupita.
   b. poco atractiva.
   c. igual a Lupita.

8. Gatita es el apodo de _____
   a. Lupita.
   b. la amante de Juan.
   c. la nana.

2. Comprensión Contesta las preguntas con oraciones completas.

1. ¿Cuáles son los quehaceres de Lupita?
2. ¿Cuánto tiempo ocupa en la educación de sus hijos?
3. ¿De qué manera cuida Lupita de su aspecto físico?
4. ¿Por qué se pone a leer una revista?
5. ¿Por qué gritan los niños?
6. Según Lupita, ¿qué cosas hace Juan para ocuparse de ella y de sus hijos?
7. ¿Por qué recibe Lupita un bikini de parte de su marido?

3. Interpretación Analiza las preguntas y contesta con oraciones completas.

1. ¿Por qué Lupita quiere que sus hijos estén "presentables"?
2. ¿Por qué quiere cuidar tanto de su aspecto físico?
3. ¿De qué cosas debe encargarse un ama de casa de su clase social?
4. ¿Está satisfecha Lupita con su desempeño como madre y esposa?
5. ¿Por qué suele Juan regalarle flores o joyas a su esposa?
6. ¿Por qué se sorprende Lupita al leer la tarjeta que vino con el regalo?
7. ¿Qué dice Lupita para sugerirnos que sabe que su marido tiene una amante?
8. ¿Qué molesta más a Lupita: que Juan tenga una amante o que haya habido una equivocación con su regalo?

4. Técnica literaria Basándote en el uso del monólogo en *El eterno femenino*, contesta las preguntas.

1. ¿Qué estaba haciendo Lupita antes de comenzar su monólogo?
2. ¿Qué pistas hay en la obra acerca del carácter de Lupita?
3. ¿A quiénes van dirigidas las críticas sobre la educación de los hijos?
4. ¿Qué opina Lupita sobre la limpieza de su casa y qué hace pensar al espectador que está equivocada?
5. ¿Cómo se siente respecto a su aspecto físico? ¿Qué hace para mantenerlo?
6. ¿Qué piensa Lupita sobre su marido?

5. Conversación Con dos compañeros/as, contesten las siguientes preguntas. Justifiquen sus respuestas.

- ¿Qué tipo de gente está obsesionada con las apariencias?
- ¿Por qué crees que hay personas que juzgan a los demás por el aspecto físico?
- ¿Cómo piensas que se sienten esas personas respecto a su propio aspecto?
- ¿Qué motivos pueden hacer que las personas se mientan a sí mismas?
- ¿Qué beneficios crees que obtienen con ello?
- ¿Qué consejos le darías a una persona que se preocupa demasiado por la opinión de los demás?

TALLER DE ESCRITURA

1. El mundo al revés En la obra de Rosario Castellanos, Juan es el encargado de mantener a su familia y engaña a su mujer. Imagina que los papeles se invierten: Lupita es quien sale a trabajar y engaña a su marido con su profesor de yoga, por ejemplo. Reescribe la historia con este nuevo argumento. Puedes añadir los detalles que creas convenientes.

2. La dura realidad En *El eterno femenino*, Lupita se engaña a sí misma sobre sus hijos, su marido, etc. para sentirse mejor. Pero ¿qué ocurriría si un día abandonara su casa y a su familia? Redacta una carta en la que Lupita, desde la distancia, justifique su huida del hogar y la decisión de abandonar a los suyos ante la imposibilidad de seguir viviendo una mentira.

SOBRE EL AUTOR

Jorge Luis Borges nació en Buenos Aires en 1899. Por influencia de su abuela inglesa, creció hablando inglés y español. En 1914, se trasladó con sus padres a Europa, con la esperanza de encontrar un tratamiento adecuado para su ceguera progresiva. Cuando regresó a Argentina, en 1921, Borges fundó una importante revista literaria y comenzó a publicar cuentos, ensayos y poemas. No sólo fue un escritor talentoso, sino también un lector ávido y erudito. Estudió varios idiomas y se familiarizó con las más diversas tradiciones. Escribió cuentos inspirados en doctrinas filosóficas, paradojas matemáticas y religiones esotéricas que adaptaba para sus propios fines, haciendo atribuciones falsas o aludiendo a autores o textos imaginarios. Entre sus figuras favoritas estaban los laberintos, los sueños, los espejos, los gauchos y, por supuesto, las bibliotecas. A mediados de la década de 1950 quedó ciego, pero siguió viajando incansablemente y se convirtió en una figura pública. Su obra se hizo conocida en todo el mundo, sobre todo sus colecciones de cuentos *Ficciones* (1944) y *El Aleph* (1949), que incluye el cuento "Emma Zunz". Murió en Ginebra, Suiza, en 1986. Actualmente, es considerado uno de los autores más importantes de la literatura universal, por la calidad de sus escritos, sus descripciones de diferentes tradiciones culturales y la universalidad de los temas que trató. "Emma Zunz" permite apreciar la riqueza de matices de los escritos de Borges. Aparentemente se trata de un cuento policial, pero si se hace un análisis más profundo, se perciben referencias a los complejos de Edipo y de Electra descritos por Freud.

Emma Zunz /

Fecha de publicación: 1949
País: Argentina
Género: cuento
Colección: *El Aleph*
Personajes: Emma, Loewenthal

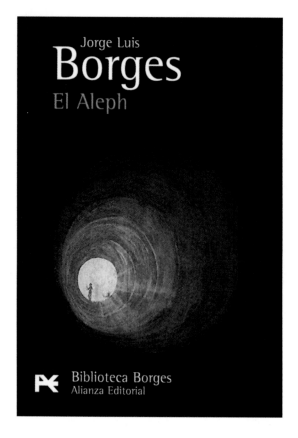

Jorge Luis
Borges
El Aleph

Biblioteca Borges
Alianza Editorial

TÉCNICA LITERARIA

La intertextualidad

Muchas veces, los textos hacen referencia a obras creadas con anterioridad. Esa relación entre uno o varios relatos se llama *intertextualidad*.

Referencias a las mitologías griega y romana suelen ser comunes en la literatura occidental. Al escribir el cuento "Emma Zunz", por ejemplo, Borges se inspiró en una obra que el poeta griego Sófocles escribió en el siglo V a.C.: *Electra*. En esa tragedia, la protagonista descubre que su madre ha participado en el asesinato de su amado padre y decide vengarse a cualquier precio.

Cuando leas "Emma Zunz", piensa en la relación intertextual entre el relato de Borges y la tragedia de Sófocles.

- ¿Piensas que conocer los intertextos influye en la lectura que se hace de un relato? ¿Cómo?
- ¿Has leído recientemente un relato que tenga un intertexto claro? ¿Cuál?

CONTEXTO CULTURAL

La comunidad judía en Argentina

En la ciudad de Buenos Aires reside una de las comunidades de origen judío más grandes del mundo. La inmigración provino principalmente de Rusia y de Europa oriental a fines del siglo XIX y principios del siglo XX. Aunque algunos "gauchos judíos" vivían en el campo, casi toda la colectividad se instaló en la capital argentina. Estos inmigrantes pronto ocuparon cargos de importancia en la política, el comercio, las humanidades y las ciencias. También se destacaron en el ámbito industrial: gran parte de los propietarios de las pequeñas y medianas fábricas que surgieron en la primera mitad del siglo XX era de origen judío. A pesar de imponer ciertas limitaciones, Argentina fue el país latinoamericano que recibió más refugiados judíos entre las dos guerras mundiales. La oleada inmigratoria terminó a fines de la década de 1940, cuando se creó el Estado de Israel. Sin embargo, la presencia judía es notable incluso en nuestros días. Una curiosidad: el único McDonald's *kosher* que existe fuera de Israel está en el centro de Buenos Aires.

McDonald's *kosher* en el centro de Buenos Aires

 Practice more at **vhlcentral.com.**

ANTESALA

 1 Aprende y practica el vocabulario del cuento en **vhlcentral.com.**

 2 Contesta las preguntas:

- Según un dicho inglés, la venganza es un plato que se sirve frío. ¿Crees que hay algo de verdad en esa afirmación? ¿Por qué? ¿Existen diferentes tipos de venganza? ¿Cuáles te parece que son las principales razones por las que las personas buscan venganza?

3 En grupos, contesten estas preguntas:

- ¿Por qué los trabajadores organizan huelgas? ¿Qué tipo de situación crees que se produce cuando algunos empleados hacen una huelga y otros deciden mantenerse al margen?

- Los marineros solían tener mala fama. ¿Por qué se dice que tienen "un amor en cada puerto" y que son infieles? ¿Qué tipo de ambiente te imaginas que se forma en un puerto? ¿Por qué?

EMMA ZUNZ

Jorge Luis Borges

EL CATORCE DE ENERO DE 1922, EMMA ZUNZ, AL VOLVER DE LA
fábrica de tejidos Tarbuch y Loewenthal, halló en el fondo del zaguán° una
carta, fechada en el Brasil, por la que supo que su padre había muerto. La
engañaron, a primera vista, el sello y el sobre; luego, la inquietó la letra
desconocida. Nueve o diez líneas borroneadas querían colmar la hoja; Emma
leyó que el señor Maier había ingerido por error una fuerte dosis de veronal y
había fallecido° el tres del corriente en el hospital de Bagé. Un compañero de
pensión° de su padre firmaba la noticia, un tal Fein o Fain, de Río Grande,
que no podía saber que se dirigía a la hija del muerto.

Emma dejó caer el papel. Su primera impresión fue de malestar en el
vientre y en las rodillas; luego de ciega culpa, de irrealidad, de frío, de temor;
luego, quiso ya estar en el día siguiente. Acto continuo comprendió que
esa voluntad era inútil porque la muerte de su padre era lo único que había
sucedido en el mundo, y seguiría sucediendo sin fin. Recogió el papel y se fue
a su cuarto. Furtivamente lo guardó en un cajón, como si de algún modo ya
conociera los hechos ulteriores. Ya había empezado a vislumbrarlos, tal vez;
ya era la que sería.

hallway

5

died

guesthouse

10

15

❚❚ ¿Cómo se
siente Emma ante
la noticia que recibe
en la carta?

> ... y cuando la primera luz definió el rectángulo de la ventana, ya estaba perfecto su plan.

⏸ ¿Cuál es el recuerdo de su padre que Emma tiene fijado en la mente? ¿Qué significa para ella?

En la creciente oscuridad, Emma lloró hasta el fin de aquel día del suicidio de Manuel Maier, que en los antiguos días felices fue Emanuel Zunz. Recordó veraneos en una chacra, cerca de Gualeguay, recordó (trató de recordar) a su madre, recordó la casita de Lanús que les remataron°, recordó los amarillos losanges de una ventana, recordó el auto de prisión°, el oprobio, recordó los anónimos con el suelto sobre «el desfalco° del cajero», recordó (pero eso jamás lo olvidaba) que su padre, la última noche, le había jurado que el ladrón era Loewenthal. Loewenthal, Aarón Loewenthal, antes gerente de la fábrica y ahora uno de los dueños. Emma, desde 1916, guardaba el secreto. A nadie se lo había revelado, ni siquiera a su mejor amiga, Elsa Urstein. Quizá rehuía la profana incredulidad; quizá creía que el secreto era un vínculo entre ella y el ausente. Loewenthal no sabía que ella sabía; Emma Zunz derivaba de ese hecho ínfimo un sentimiento de poder.

No durmió aquella noche, y cuando la primera luz definió el rectángulo de la ventana, ya estaba perfecto su plan. Procuró que ese día, que le pareció interminable, fuera como los otros. Había en la fábrica rumores de huelga; Emma se declaró, como siempre, contra toda violencia. A las seis, concluido el trabajo, fue con Elsa a un club de mujeres, que tiene gimnasio y pileta. Se inscribieron; tuvo que repetir y deletrear su nombre y su apellido, tuvo que festejar las bromas vulgares que comentan la revisación. Con Elsa y con la menor de las Kronfuss discutió a qué cinematógrafo irían el domingo a la tarde. Luego, se habló de novios y nadie esperó que Emma hablara. En abril cumpliría diecinueve años, pero los hombres le inspiraban, aún, un temor casi patológico... De vuelta, preparó una sopa de tapioca y unas legumbres, comió temprano, se acostó y se obligó a dormir. Así, laborioso y trivial, pasó el viernes quince, la víspera.

El sábado, la impaciencia la despertó. La impaciencia, no la inquietud, y el singular alivio de estar en aquel día, por fin. Ya no tenía que tramar y que imaginar; dentro de algunas horas alcanzaría la simplicidad de los hechos. Leyó en La Prensa que el Nordstjärnan, de Malmö, zarparía° esa noche del dique 3; llamó por teléfono a Loewenthal, insinuó que deseaba comunicar, sin que lo supieran las otras, algo sobre la huelga y prometió pasar por el escritorio, al oscurecer. Le temblaba la voz; el temblor convenía a una delatora. Ningún otro hecho memorable ocurrió esa mañana. Emma trabajó hasta las doce y fijó con Elsa y con Perla Kronfuss los pormenores° del paseo del domingo. Se acostó después de almorzar y recapituló, cerrados los ojos, el plan que había tramado. Pensó que la etapa final sería menos horrible que la primera y que le depararía, sin duda, el sabor de la victoria y de la justicia. De pronto, alarmada, se levantó y corrió al cajón de la cómoda. Lo abrió; debajo del retrato de Milton Sills, donde la había dejado la antenoche, estaba la carta de Fain. Nadie podía haberla visto; la empezó a leer y la rompió.

was auctioned

committal order

embezzlement

would set sail

details

inadmissible

Referir con alguna realidad los hechos de esa tarde sería difícil y quizá improcedente°. Un atributo de lo infernal es la irrealidad, un atributo que parece mitigar sus terrores y que los agrava tal vez. ¿Cómo hacer verosímil
70 una acción en la que casi no creyó quien la ejecutaba, cómo recuperar ese breve caos que hoy la memoria de Emma Zunz repudia y confunde? Emma vivía por Almagro, en la calle Liniers; nos consta que esa tarde fue al puerto. Acaso en el infame Paseo de Julio se vio multiplicada en espejos, publicada por luces y desnudada por los ojos hambrientos, pero más razonable es

wandered

conjeturar que al principio erró°, inadvertida, por la indiferente recova...
75 Entró en dos o tres bares, vio la rutina o los manejos de otras mujeres. Dio al fin con hombres del Nordstjärnan. De uno, muy joven, temió que le inspirara alguna ternura y optó por otro, quizá más bajo que ella y grosero, para que la pureza del horror no fuera mitigada. El hombre la condujo a una puerta y después a un turbio zaguán y después a una escalera tortuosa y después a un
80 vestíbulo (en el que había una vidriera con losanges idénticos a los de la casa en Lanús) y después a un pasillo y después a una puerta que se cerró. Los hechos graves están fuera del tiempo, ya porque en ellos el pasado inmediato

cut

queda como tronchado° del porvenir, ya porque no parecen consecutivas las partes que los forman.
85 ¿En aquel tiempo fuera del tiempo, en aquel desorden perplejo de sensaciones inconexas y atroces, pensó Emma Zunz una sola vez en el muerto que motivaba el sacrificio? Yo tengo para mí que pensó una vez y que en ese momento peligró su desesperado propósito. Pensó (no pudo no pensar) que su padre le había hecho a su madre la cosa horrible que a ella ahora le
90 hacían. Lo pensó con débil asombro y se refugió, en seguida, en el vértigo. El hombre, sueco o finlandés, no hablaba español; fue una herramienta para Emma como ésta lo fue para él, pero ella sirvió para el goce y él para la justicia. Cuando se quedó sola, Emma no abrió en seguida los ojos. En la mesa de luz estaba el dinero que había dejado el hombre: Emma se incorporó
95 y lo rompió como antes había roto la carta. Romper dinero es una impiedad, como tirar el pan; Emma se arrepintió, apenas lo hizo. Un acto de soberbia y en aquel día...
100 El temor se perdió en la tristeza de su cuerpo, en el asco. El asco y la tristeza la encadenaban, pero Emma lentamente se levantó y procedió a vestirse. En el cuarto no quedaban
105 colores vivos; el último crepúsculo

⏸ Qué actitud es mejor ante un mal paso necesario? ¿Por qué?

> Un atributo de lo infernal es la irrealidad, un atributo que parece mitigar sus terrores y que los agrava tal vez.

se agravaba. Emma pudo salir sin que lo advirtieran; en la esquina subió a un Lacroze, que iba al oeste. Eligió, conforme a su plan, el asiento más delantero, para que no le vieran la cara. Quizá le confortó verificar, en el insípido trajín°

hustle and bustle / lo acaecido what had happened

de las calles, que lo acaecido° no había contaminado las cosas. Viajó por
got off 110 barrios decrecientes y opacos, viéndolos y olvidándolos en el acto, y se apeó° en una de las bocacalles de Warnes. Paradójicamente su fatiga venía a ser una fuerza, pues la obligaba a concentrarse en los pormenores de la aventura y le ocultaba el fondo y el fin.

Aarón Loewenthal era, para todos, un hombre serio; para sus pocos íntimos, un avaro°. Vivía en los altos de la fábrica, solo. Establecido en el desmantelado arrabal°, temía a los ladrones; en el patio de la fábrica había un gran perro y en el cajón de su escritorio, nadie lo ignoraba, un revólver. Había llorado con decoro, el año anterior, la inesperada muerte de su mujer —¡una Gauss, que le trajo una buena dote°!—, pero el dinero era su verdadera pasión. Con íntimo bochorno° se sabía menos apto para ganarlo que para conservarlo. Era muy religioso; creía tener con el Señor un pacto secreto, que lo eximía de obrar bien, a trueque de° oraciones y devociones. Calvo, corpulento, enlutado, de quevedos° ahumados y barba rubia, esperaba de pie, junto a la ventana, el informe confidencial de la obrera Zunz.

La vio empujar la verja° (que él había entornado a propósito) y cruzar el patio sombrío. La vio hacer un pequeño rodeo cuando el perro atado ladró. Los labios de Emma se atareaban como los de quien reza en voz baja; cansados, repetían la sentencia que el señor Loewenthal oiría antes de morir.

115 *miser*

suburb

dowry

120 *embarrassment*

a trueque de *in exchange for*

pince-nez (spectacles)

125 *wrought-iron gate*

🔘 ¿Para qué ensaya Emma las palabras que va a decirle a Loewenthal?

130 Las cosas no ocurrieron como había previsto Emma Zunz. Desde la madrugada anterior, ella se había soñado muchas veces, dirigiendo el firme revólver,

135 forzando al miserable a confesar la miserable culpa y exponiendo la intrépida estratagema que permitiría a la Justicia de Dios triunfar de la justicia humana.

140 (No por temor, sino por ser un instrumento de la Justicia, ella no

would seal quería ser castigada.) Luego, un solo balazo en mitad del pecho rubricaría° la suerte de Loewenthal. Pero las cosas no ocurrieron así.

Ante Aarón Loewenthal, más que la urgencia de vengar a su padre,

indignity 145 Emma sintió la de castigar el ultraje° padecido por ello. No podía no matarlo,

dishonor después de esa minuciosa deshonra°. Tampoco tenía tiempo que perder en

a fuer de as a teatralerías. Sentada, tímida, pidió excusas a Loewenthal, invocó (a fuer de° delatora) las obligaciones de la lealtad, pronunció algunos nombres, dio a entender otros y se cortó como si la venciera el temor. Logró que Loewenthal

150 saliera a buscar una copa de agua. Cuando éste, incrédulo de tales

fuss aspavientos°, pero indulgente, volvió del comedor, Emma ya había sacado del cajón el pesado revólver. Apretó el gatillo dos veces. El considerable cuerpo se desplomó como si los estampidos y el humo lo hubieran roto, el vaso de agua se rompió, la cara la miró con asombro y cólera, la boca de la cara la injurió en español y en ídisch. Las malas palabras° no cejaban°;

malas palabras dirty words / no cejaban did not cease 155 Emma tuvo que hacer fuego otra vez. En el patio, el perro encadenado rompió a ladrar, y una efusión de brusca sangre manó de los labios obscenos y manchó la barba y la ropa. Emma inició la acusación que había preparado («He vengado a mi padre y no me podrán castigar...»), pero no la acabó, porque el señor Loewenthal ya había muerto. No supo nunca si

160 alcanzó a comprender.

Los ladridos tirantes° le recordaron que no podía, aún, descansar.

mounting Desordenó el diván, desabrochó el saco del cadáver, le quitó los quevedos salpicados y los dejó sobre el fichero. Luego tomó el teléfono y repitió lo que

165 tantas veces repetiría, con esas y con otras palabras: «Ha ocurrido una cosa que es increíble... El señor Loewenthal me hizo venir con el pretexto de la huelga... Abusó de mí, lo maté...»

La historia era increíble, en efecto, pero se impuso a todos, porque sustancialmente era cierta. Verdadero era el tono de Emma Zunz,

decency 170 verdadero el pudor°, verdadero el odio. Verdadero también era el ultraje que había padecido; sólo eran falsas las circunstancias, la hora y uno o dos nombres propios. ▪

> Verdadero también era el ultraje que había padecido; sólo eran falsas las circunstancias, la hora y uno o dos nombres propios.

⏸ ¿Cuál es el sentimiento inesperado que surge en Emma al cumplir la parte final de su venganza?

1. Elegir Indica la opción correcta.

1. Emma recibe una carta...
   a. a fines de 1922.
   b. de un compañero de pensión de su padre.
   c. de su padre.

2. El señor Maier...
   a. murió junto con el padre de Emma.
   b. era en realidad Emanuel Zunz.
   c. era un alcohólico conocido por el padre de Emma.

3. Su padre le dijo a Emma que...
   a. el culpable del robo era Loewenthal.
   b. él había robado el dinero de la fábrica.
   c. debía vengarse.

4. A Emma los hombres le ocasionaban...
   a. temor.
   b. una secreta pasión.
   c. confusión.

5. Emma rompió la carta...
   a. porque estaba enfurecida.
   b. porque no quería que nadie más la leyera.
   c. porque no entendía la letra.

6. Emma dijo que mató a Loewenthal porque...
   a. abusó de ella.
   b. había provocado la muerte de su padre.
   c. quería que ella hablara de la huelga.

2. Comprensión Contesta las preguntas con oraciones completas.

1. ¿Quién era Manuel Maier? ¿Qué secreto le contó a Emma?

2. ¿Quién había sido acusado por "el desfalco del cajero"?

3. ¿Qué hizo Emma cuando salió del trabajo el viernes?

4. ¿Qué le dijo Emma a Loewenthal cuando lo llamó el sábado por la mañana?

5. ¿Cómo era el marinero que eligió Emma? ¿Por qué lo eligió?

6. ¿Cómo se sintió Emma después de vender su cuerpo al marinero?

7. ¿Qué pensaba Loewenthal de la religión?

8. ¿Por qué Emma desordenó el diván y le quitó los anteojos y le desabrochó el saco a Loewenthal?

3. Interpretación Con dos compañeros/as, debate si Emma realmente hace un acto de justicia al final del cuento. Evalúa las siguientes declaraciones y usa tus opiniones como base para tu argumento.

1. No sabemos si el padre de Emma se suicidó.

2. Es extraño que se haya suicidado seis años después de huir a Brasil.

3. No sabemos si Emanuel Zunz era inocente.

4. Emma no busca hacer justicia por la muerte de su padre sino por la honra de su padre, acusado de ser ladrón.

5. Si ella quería justicia, debería haberse dejado castigar por el crimen que cometió.

6. Emma dice que hace justicia divina, pero la justicia divina no la hacen las personas.

4. Técnica literaria Al igual que Electra en la mitología griega, Emma se venga de la muerte de su padre. En psicología se llama "complejo de Electra" al afecto excesivo que una hija siente por su padre. ¿Cuál es la psicología de Emma? Con un(a) compañero/a, contesta las siguientes preguntas sobre su vida.

1. ¿Cómo fue la infancia de Emma? ¿Qué sucedió con su padre por entonces?
2. ¿Qué relación tuvo Emma con su madre?
3. ¿Por qué Emma no tiene novio?
4. ¿Con quién vive? ¿Qué tipo de vida tiene?
5. ¿Por qué dice el narrador que, una vez enfrentada a Loewenthal, "más que la urgencia de vengar a su padre, Emma sintió la de castigar el ultraje padecido por ello"?

5. ¿Venganza o justicia? Para Emma, ¿matar a Loewenthal es hacer justicia o es vengarse? Con tres compañeros/as, analiza si los siguientes ejemplos son casos de justicia o de venganza.

- El país A comienza a exigir a los ciudadanos del país B que presenten una visa especial para entrar en el país A. El gobierno del país B decide también exigirles una visa especial de ingreso a los ciudadanos del país A.
- Después de sufrir una intoxicación en el restaurante "La chalupa veloz", Susana inicia una campaña en Internet para que nadie vaya a comer allí.
- Durante cinco años, Karina le declara su amor a Roberto. Roberto no le presta atención, pero finalmente le dice que también está enamorado de ella. Karina entonces lo abandona.

TALLER DE ESCRITURA

1. Elsa, narradora Elsa Urstein es la mejor amiga de Emma. En una página, escribe lo que sucede en el cuento desde el punto de vista de Elsa; considera qué cosas sabe ella y qué cosas no. Sigue estos pasos como guía.

1. ¿Qué relación tiene con Emma?
2. ¿Qué hizo con Emma el viernes?
3. ¿Cómo fue la conversación entre Emma, Perla Kronfuss y Elsa?
4. ¿Cuándo supo lo que le sucedió a Emma?
5. ¿Cómo reaccionó?
6. ¿Cómo cree que se siente Emma?
7. ¿Qué piensa que le sucederá a Emma en el futuro?

2. Escenografías En el cuento se mencionan varios lugares de la ciudad y, sin describirlos en detalle, el narrador nos da una idea de cómo son. En una página, describe cómo son dos de las escenografías a partir de los datos del cuento. Deja volar tu imaginación para hacer una descripción más completa.

- *La casa de Lanús donde creció Emma Zunz*
- *El puerto y el Paseo de Julio*
- *La fábrica de tejidos Tarbuch y Loewenthal*
- *La casa donde vive Emma Zunz cuando recibe la carta de Brasil*

SOBRE LA AUTORA

Mercè Sarrias es una de las representantes del nuevo teatro español del siglo XXI. Nacida en Barcelona en 1966, desde muy joven mostró un gran interés por la escritura. Se matriculó en Ciencias de la Información en la Universidad Autónoma de Barcelona, de donde se licenció en Periodismo. A partir de entonces, completó su formación en prestigiosos talleres de escritura, como el de la Sala Beckett en Barcelona y el del Royal Court Theater de Londres.

A mediados de los años noventa, Sarrias comenzó a presentar su obra teatral en castellano al gran público. Luego de escribir *Al tren* (1995), publicó *África 30* (1997, 2001), *La mujer y el detective* (2000), *Un aire ausente* (2004) y su pieza corta, *Una lucha muy personal* (2006). Recientemente, ha participado en proyectos como la obra colectiva *L'any que ve serà millor* (2011) y *Quebec-Barcelona* (2012). Sin embargo, la creatividad de Sarrias no se limita sólo al teatro. Ha sido guionista de televisión, autora de cuentos con el grupo Hermanas Miranda y periodista en los diarios *Avui* (catalán) y *El observador.*

Sarrias explora todos los medios que le permitan mostrar su creatividad. De hecho, si algo ha caracterizado su obra es el multilingüismo, ya que ha publicado en español, catalán, francés e inglés.

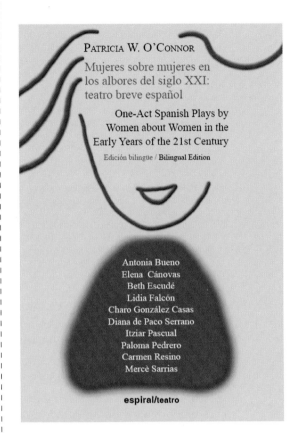

TÉCNICA LITERARIA

El humor

El humor no es sólo una actitud: es todo lo que nos hace reír. Existe el humor verbal, basado en el absurdo y en las metáforas del lenguaje (como los comentarios irónicos), y el humor de situaciones o caracteres (como las desventuras del Quijote). Pero el humor también permite tratar temas serios. Un toque de humor ayuda a revelar verdades, creencias y pensamientos que dichos de otra forma causarían tensión, rechazo, frustración, etc. En *Una lucha muy personal*, Marta enfrenta a la empleada del depósito de la grúa con un zapato en la mano tras haberse caído en un pozo, en la calle. Bajo la lupa del humor, la obra nos hace reflexionar sobre el estrés que domina su vida.

- La transgresión y el doble sentido aportan humor a un texto. ¿Qué otros recursos humorísticos conoces?
- Busca ejemplos de películas en las que se trate un tema serio con humor. Justifica tu respuesta.

Una lucha muy personal

Fecha de publicación: 2006
País: España
Género: teatro
Colección: *Mujeres sobre mujeres en los albores del siglo XXI: teatro breve español*
Personajes: Marta, Sonia, hombre

CONTEXTO HISTÓRICO

Las mujeres en el teatro español contemporáneo

Es un hecho que las mujeres en la España contemporánea escriben tan libremente como los hombres. Sin embargo, hubo que esperar para que incursionaran como dramaturgas en las mismas condiciones que ellos.

Durante la época franquista, las dramaturgas españolas imitaron los modelos masculinos e incluso algunas usaron seudónimos masculinos (Caterina Albert firmaba como Víctor Català). En las obras de Dora Sedano, Julia Maura y Ana Diosdado, por ejemplo, los personajes femeninos aceptaban sumisamente° su papel en la sociedad. Tras la muerte de Franco en 1975, autoras como Paloma Pedrero, Concha Romero y Pilar Pombo ya no presentaban un estereotipo de mujer desde la mirada masculina.

Durante las últimas décadas del siglo XX surgió una nueva generación de autoras españolas que ejercen su talento como periodistas, universitarias o guionistas. A ese grupo pertenecen Mercè Sarrias, Itziar Pascual y Yolanda Pallín, entre otras. Esas autoras trabajan en diversos géneros (poesía, narrativa, teatro) y en diversos medios (televisión, radio, prensa). Como sus homólogos° masculinos, reciben premios por sus obras y se agrupan para participar en proyectos colectivos, como Hermanas Miranda y Proyecto Vaca.

La dramaturga Itziar Pascual

Además, abordan una temática urbana y de relaciones personales que se acerca más a su realidad. Así, en *Una lucha muy personal*, Marta, separada y con una hija adolescente a la que no entiende, se enfrenta a la burocracia y a la autoridad.

 Practice more at **vhlcentral.com.**

sumisamente *obediently* **homólogos** *counterparts*

ANTESALA

 1 Aprende y practica el vocabulario de la obra en **vhlcentral.com.**

 2 Con dos compañeros/as, conversa sobre estos temas:

- ¿Has vivido alguna situación en la que te has tenido que enfrentar a la burocracia? ¿Cómo te sentiste? ¿Cómo se solucionó el problema?

- Imagina un universo alternativo en el que no existiera la burocracia. ¿Cómo crees que afectaría la vida diaria de la gente?

- Muchas veces centramos demasiado nuestra atención en solucionar un problema que, a simple vista, no es tan importante para evitar enfrentarnos a situaciones de mayor gravedad. ¿Crees que ésta es la mejor manera de abordar un problema? ¿Alguna vez has vivido una situación parecida? ¿Te ayudó centrarte en la situación menos importante primero? ¿Cómo?

- En ocasiones, algunas normas (*rules*) parecen algo contradictorias o no están planteadas de forma muy clara. ¿Has vivido alguna situación en la que una norma te afectara de forma negativa? ¿Cómo lo solucionaste?

Una lucha *muy* personal

Mercè Sarrias

PERSONAJES
Marta, 40 años
Sonia, 40 años
Hombre

- -

Depósito de la grúa°. Es un garaje inmenso. Hay una valla° que impide la salida   *tow truck / gate*
de los coches y un mostrador grande, con un cristal grueso donde hay algunos
anuncios y un cartel donde se indica que no se puede fumar. Una persiana, que
en estos momentos está arriba, permite abrir y cerrar el servicio de mostrador.
Es donde los "damnificados°" rellenan los papeles y pagan para recuperar   5 *victims*
su vehículo. Es domingo. Tras el mostrador, Sonia, una mujer rubia, teñida,
alrededor de los cuarenta, mira impasible hacia delante. Está ausente. Entra
***Marta,** también de cuarenta años, vestida elegantemente. Camina poco a poco*
*con un zapato manchado de barro en la mano. **Marta** atraviesa todo el espacio*
*y se dirige al mostrador. Coloca el zapato ante **Sonia.** Está furiosa. **Sonia** no*   10
se inmuta°. Se miran.   *no se inmuta*
    does not flinch

MARTA Vengo a buscar el coche.
SONIA ¿Quiere hacer el favor de dejar el zapato en el suelo?

> ***Marta** no lo hace.*

MARTA Me he caído. En las obras. Hay un agujero de más de un metro.   15
Hace dos meses que hay un agujero de más de un metro. He retrocedido
para ver mejor el vacío° que había dejado el coche y he caído. *(Levanta*   *empty space*
el zapato lleno de barro.) Ciento veinticinco euros.
SONIA No debería comprar zapatos tan caros. *(Le da unos papeles.)* Son
ciento cincuenta euros.   20

¿Cómo se
presenta Marta ante
Sonia? ¿Intenta
generar su simpatía
o provocarla?

*Marta firma los papeles y se queda mirando a **Sonia.***

MARTA No tengo el dinero.

Sonia recoge los papeles.

MARTA No lo tendré hasta final de mes.

SONIA Si deja el coche aquí hasta final de mes, le costará un ojo de la cara°. Tendrá que vender todos sus zapatos.

MARTA ¿Por qué es tan idiota?

*Suena un timbre. **Sonia** baja la persiana del mostrador.*

MARTA ¿Pero qué hace?

SONIA (*Tras la persiana.*) He acabado el turno°. Ahora vendrá mi compañero y discute con él.

MARTA ¿Pero dónde está?

SONIA No lo sé. Siempre llega tarde. (*Pausa.*) ¿Se puede saber por qué siempre aparca el coche en el mismo sitio si sabe que está prohibido?

MARTA Se equivoca. No está prohibido. Es la señal la que está mal puesta. Está desplazada hacia un lado porque hay un árbol que impide que esté en el sitio correcto, pero donde realmente no se puede aparcar es más a la derecha. ¿Lo entiende?

SONIA Lo que no entiendo es cómo se ha dejado llevar el coche seis veces en un mes.

MARTA Es cuestión de principios.

SONIA Póngase el zapato, cogerá frío.

*Marta se emociona, casi llora. **Sonia** la oye.*

SONIA ¿Pero qué hace?

MARTA Nada. Nada. No hago nada.

*Marta coge el zapato del mostrador y se lo pone. **Sonia** sale de detrás del mostrador. Lleva el bolso, una bolsa y una mesa de camping con dos sillas plegables°. La abre, coloca las sillas y de dentro de la bolsa saca una botella de vino y dos copas. **Marta** la mira sorprendida. **Sonia** se sienta en una silla y le hace una señal con la cabeza para que se siente en la otra. **Marta** lo hace. **Sonia** abre la botella sin prisas y sirve el vino. Saca un paquete de cigarrillos y le ofrece tabaco a **Marta**, que lo rechaza. Se enciende un cigarrillo, que fuma lentamente, mientras bebe. Es un momento de relax después del trabajo. **Marta** también bebe. Silencio.*

SONIA ¿Mejor?

Marta mueve afirmativamente la cabeza.

MARTA ¿Dejará que me lleve el coche?

(marginal notes)

25 **un ojo de la cara**
an arm and a leg

30 *shift*

35

40

folding

50

55

⏸ ¿Qué reacción tiene Sonia ante las palabras y la actitud de Marta? ¿Por qué reacciona de esa manera?

rules **SONIA** No puedo. No está permitido. Las normas° son las normas.

60 **MARTA** Pero…

SONIA No hay nada que hacer.

Silencio.

SONIA Podemos tratar de conseguir el dinero.

MARTA ¿Nosotras?

65 **SONIA** Vamos a ver. ¿Tiene familia?

MARTA (*Incómoda.*) Tengo una hija. Tiene quince años.

SONIA ¿Tendrá un padre?

MARTA No, en este sentido, no lo tiene.

SONIA ¿Y ella, unos ahorros?

70 **MARTA** ¿Pretende que le coja el dinero a mi hija?

SONIA Oh, alguna solución tendremos que encontrar.

coveralls *Entra el substituto de **Sonia.** Es un hombre largo y delgado que lleva un mono° de trabajo y el periódico bajo el brazo. Saluda con la cabeza.*

75 **SONIA** Tarde.

HOMBRE Hoy prácticamente no hay servicio.

MARTA Entonces, ¿por qué han cogido mi coche?

HOMBRE Porque estaba provocando.

El hombre desaparece tras el mostrador, abre un poco la persiana y coge el periódico y se pone a leer.

80

MARTA Cabrones.

remorse **SONIA** Debería mostrar signos de arrepentimiento°.

MARTA Hablaré con mi hija.

SONIA Así me gusta.

85 **MARTA** Quiere que le compre una moto.

SONIA Vamos mal.

MARTA ¿Lo ve?

SONIA Sí, lo veo. ¿Más vino?

MARTA Y su padre le ha dicho que le compraba.

90 **SONIA** Cabrón.

MARTA ¿Lo ve?

*Marta se bebe el vino de golpe. Las dos se quedan en silencio. Se hace oscuro lentamente. **Sonia** se duerme. **Marta**, quieta, despierta. Se va.*

Sobre el oscuro total, se oye de golpe un coche que arranca a toda velocidad y una valla que se rompe. Y una risa.

95

shouting **SONIA** (*Chillando°.*) ¡Eh! ▪

¿Se hace cargo Marta de lo que sucede para solucionar las cosas? ¿Qué demuestran sus acciones?

1. Cierto o falso Indica si cada afirmación es cierta o falsa. Corrige las falsas.

1. Marta va al depósito de la grúa para recoger su motocicleta.
2. A Marta le parece injusto que la grúa se haya llevado su vehículo.
3. Es la primera vez que la grúa se lleva el vehículo de Marta.
4. Marta no tenía el dinero para pagar la multa y recoger su coche.
5. El compañero de Sonia siempre llega tarde.
6. Sonia le devuelve a Marta su coche sin exigirle el pago de la multa.
7. Sonia le ofrece a Marta una cerveza.
8. Marta tiene una hija de quince años.
9. La hija de Marta quiere que su madre le compre una motocicleta.
10. Sonia le recomienda a Marta que no le pida el dinero a su hija.

2. Comprensión Contesta las preguntas con oraciones completas.

1. ¿Por qué va Marta al depósito de la grúa?
2. ¿Por qué lleva Marta un zapato en la mano?
3. ¿Dónde se cayó Marta? ¿Por qué se cayó?
4. ¿Cuánto tiene que pagar Marta por la multa?
5. ¿Por qué no puede dejar Marta el coche en el depósito de la grúa hasta final de mes?
6. ¿Qué le propone Sonia a Marta para conseguir el dinero necesario para pagar la multa?
7. ¿Por qué aparcaba Marta el coche siempre en el mismo lugar?
8. ¿Qué hace Marta cuando Sonia se duerme?

3. Interpretación Con un(a) compañero/a, analiza las preguntas y contesta con oraciones completas.

1. ¿Por qué Marta casi se pone a llorar cuando Sonia le pide que se ponga el zapato? Justifica tu respuesta.
2. ¿Qué piensa Marta de la burocracia? ¿Cómo lo sabes?
3. ¿Qué aspecto de la burocracia personifica el compañero de Sonia?
4. ¿Crees que Sonia comprende a Marta? ¿Y Marta a Sonia? ¿Por qué?
5. Según tu opinión, ¿Sonia quiere ayudar a Marta? ¿De qué manera? Justifica tu respuesta.
6. ¿Te parece que Marta y el padre de su hija se llevan bien? Justifica tu respuesta.
7. ¿Crees que Marta de verdad estaba "provocando", como dice el compañero de Sonia?
8. ¿Qué crees que intenta comunicar Marta cuando justifica su reincidencia diciendo que "es cuestión de principios"?
9. ¿Qué intenta conseguir Marta cuando escapa del depósito de la grúa al final de la obra? Justifica tu respuesta.

4. Técnica literaria Con un(a) compañero/a, contesta las siguientes preguntas sobre el uso del humor en *Una lucha muy personal*.

1. ¿De qué manera Mercè Sarrias utiliza el humor en esta obra? Cita algunos ejemplos concretos.
2. ¿Cuáles son los temas serios que la autora trata en la obra a través del humor?
3. ¿Qué reacción busca provocar en el lector al utilizar esta técnica? ¿Crees que lo consigue?
4. "El humor quita gravedad, pero no importancia". Explica el significado de esta oración en el contexto de *Una lucha muy personal*.

5. Opiniones Con tres compañeros/as, contesta las preguntas y justifica cada respuesta.

1. Si estuvieras en el lugar de Marta, ¿habrías actuado del mismo modo? ¿Crees que la forma en la que Sonia y su compañero tratan a Marta tiene alguna relación con el desenlace de la historia? ¿Por qué?
2. Sonia y su compañero de trabajo toman diferentes posturas ante la situación de Marta. Analiza qué tipo de actitud presenta cada uno. Luego, escribe un diálogo que refleje la conversación que ambos tendrían al día siguiente de la visita de Marta al depósito de la grúa.
3. ¿Cuál habría sido la mejor manera de mejorar la situación a la que se enfrentaba Marta? Comenta posibles alternativas (violencia, diálogo, etc.) para solucionar el conflicto.
4. ¿Es normal la posición que toma Sonia ante los problemas de Marta? ¿Por qué? ¿Qué habrías hecho tú en la misma situación? ¿Compartes su reacción o habrías actuado de otra manera?

TALLER DE ESCRITURA

1. Puntos de vista Debido a su huida, Marta es llevada a juicio para resolver lo ocurrido en el depósito de la grúa. Una vez en el juzgado, el juez llama a declarar a Sonia, la trabajadora del depósito. Imagina que eres la persona que está a cargo de transcribir las declaraciones en el juzgado. Describe en tercera persona, la declaración de Sonia. Antes de escribir, piensa si Sonia declararía desde su punto de vista como burócrata o como persona que entiende y se identifica con la situación de la acusada.

2. Reflexiones Hacia la mitad de la obra, Sonia le dice a Marta que ella no puede ayudarla porque "las normas son las normas". ¿Cuál es tu opinión acerca de esta afirmación? ¿Compartes la actitud de Sonia o piensas que la ley, como dice Marta, no siempre es justa y se pueden hacer excepciones? Escribe un ensayo breve en el que justifiques tus ideas con ejemplos.

SOBRE EL AUTOR

Mario Vargas Llosa obtuvo el Premio Nobel de Literatura en 2010 "por su cartografía de las estructuras del poder y sus imágenes mordaces de la resistencia del individuo, su rebelión y su derrota". Se ubicó así en el centro de atención de la literatura mundial, aunque desde la aparición de su primera novela, *La ciudad y los perros* (1963), ni la crítica ni el público apartaron nunca su mirada de este talentoso escritor peruano nacido en Arequipa en 1936.

Según confesó en su autobiografía *El pez en el agua* (1993), Vargas Llosa comenzó a escribir para rebelarse contra la autoridad de su padre. Trabajó como aprendiz de periodista en un diario de Lima y, al terminar el colegio, estudió Derecho y Literatura. A pesar de la oposición familiar, se casó a los diecinueve años con su tía política Julia Urquidi, diez años mayor que él. El matrimonio terminaría en 1964, pero serviría de inspiración para la novela autobiográfica *La tía Julia y el escribidor* (1977). En 1958, Vargas Llosa viajó a Europa, donde permaneció varios años y comenzó a construir su brillante carrera con novelas como *La casa verde* (1966) y *Conversación en la Catedral* (1969). A lo largo de su carrera, ha explorado diversos géneros y temáticas, entre ellos, la novela erótica con *Elogio de la madrastra* (1988) y su continuación *Los cuadernos de don Rigoberto* (1997). En 1990 se postuló para° la presidencia de Perú, pero perdió las elecciones. En 1994 fue nombrado miembro de la Real Academia Española. Ese mismo año recibió el Premio Miguel de Cervantes.

se postuló para *run for*

Elogio de la madrastra /

Fecha de publicación: 1988
País: Perú
Género: novela
Personajes: Fonchito, Justiniana

ELOGIO DE LA MADRASTRA

Mario Vargas Llosa

TÉCNICA LITERARIA

La caracterización

La caracterización de un personaje se logra a través de detalles que retratan su apariencia física y su personalidad. Sin embargo, un autor también puede caracterizar a un personaje a través de sus interacciones con otros personajes. En particular, podemos conocer a los personajes principales según la opinión que los personajes secundarios tienen sobre ellos. El personaje secundario actúa así como un filtro de la información, y el lector debe deducir el carácter del personaje principal. En *Elogio de la madrastra*, las preguntas y los comentarios de Justiniana nos revelan gradualmente la personalidad de Fonchito.

• Lee la pregunta inicial de *Elogio de la madrastra*. ¿Qué dudas instala Justiniana en la mente del lector acerca de Fonchito?

• ¿Qué libro o película recuerdas en que el personaje principal estuviera caracterizado de esta manera?

CONTEXTO CULTURAL

El posmodernismo

¿Moda, momento histórico o variedad de movimientos artísticos, filosóficos y culturales del siglo XX? El rasgo esencial del posmodernismo es paradójicamente la dificultad de definirlo, porque en él conviven muchas formas diferentes de ver el mundo y de vivir en él. El relativismo cultural, el vacío de ideales y la moral autónoma son algunos de sus temas sobresalientes.

En literatura, los posmodernistas reniegan° del optimismo modernista con respecto a la capacidad del lenguaje para retratar la realidad y a la capacidad de la razón para explicarlo todo. Abandonan las técnicas clásicas y buscan la libertad en estilo, forma y fondo; experimentan con el abandono de la narración lineal y el uso de varios puntos de vista, y rechazan la objetividad en beneficio de la subjetividad. Los críticos han señalado que, a partir de *Pantaleón y las visitadoras* y especialmente de *La tía Julia y el escribidor,* Vargas Llosa deja atrás el modernismo de sus primeras obras, construidas con mucha seriedad y gran complejidad técnica, para internarse en el posmodernismo con novelas como *Elogio de la madrastra,* donde crea ciertos paralelos entre la sexualidad y la estética en un tono más ligero y con humor satírico.

Juan Muñoz, *Towards the Corner* **(detalle), 1998**

 Practice more at **vhlcentral.com.**

reniegan *deny*

ANTESALA

 1 Aprende y practica el vocabulario de la novela en **vhlcentral.com.**

 2 Observa con atención el cuadro que ilustra la novela y contesta las preguntas:

- ¿Qué ves en la imagen? ¿Qué te hace sentir? ¿Qué clase de historia te parece que cuenta?

 3 En grupos, contesten estas preguntas:

- ¿Piensas que los niños son naturalmente inocentes o, por el contrario, malvados? ¿Por qué? ¿Todos los seres humanos nacen buenos y luego se corrompen, o es al revés? ¿Qué importancia crees que tiene el entorno y la educación en ese proceso?

- ¿Recuerdas alguna mentira que hayas dicho cuando eras niño? ¿Crees que algunas mentiras pueden ser aceptables? ¿Por qué? ¿Qué efectos (positivos y negativos) crees que causan las mentiras a largo plazo? ¿Mentir, engañar y hacer trampa es lo mismo?

Fernando Botero, *Pedro,* 1974 ▶

Elogio
DE LA
madrastra

(fragmento)

Mario Vargas Llosa

—¿NUNCA TIENES REMORDIMIENTOS, FONCHITO? —PREGUNTÓ Justiniana, de pronto. Iba recogiendo y doblando sobre una silla la ropa que el niño se quitaba de cualquier manera, lanzándosela luego con pases de basquet.

—¿Remordimientos? —se asombró la cristalina voz—. ¿Y de qué, Justita? 5

Ella, agachada para coger un par de medias de rombos verdes y granates°, lo espió a través del espejo de la cómoda°: Alfonso acababa de sentarse al filo de la cama y se ponía el pantalón del pijama, encogiendo y estirando las piernas. Justiniana vio asomar sus pies blancos y esbeltos, de talones rosados, los vio mover los diez dedos como haciendo ejercicios. Por 10 fin, su mirada encontró la del niño, quien al instante le sonrió.

—No me pongas esa cara de mosquita muerta°, Foncho —dijo, incorporándose. Se sobó° las caderas y suspiró, observando al niño perpleja. Sentía que, una vez más, iba a vencerla la rabia—. Yo no soy ella. A mí, con esa carita de niño santo no me compras ni me engañas. Dime la verdad, por 15 una vez. ¿No tienes remordimientos? ¿Ni uno solo?

Alfonso lanzó una carcajada, abriendo los brazos, y se dejó caer de espaldas en la cama. Pataleó, con las piernas levantadas, disparando y recibiendo la imaginaria pelota. Su risa era fuerte y elocuente y Justiniana no descubrió en ella ni una sombra de burla o de mala intención. "Miéchica°", 20 pensó, "quién entiende a este mocoso°".

Ⅱ ¿Qué piensa Justiniana de Foncho y qué siente al hablar con él?

maroon / chest of drawers

No me pongas esa cara de mosquita muerta *Don't look at me so innocently* rubbed

Damn

brat

> **Se volvió hacia el niño, asustada, pensando que había dicho más de lo prudente. Desde lo ocurrido, ya no se fiaba de nada...**

—Te juro por Dios que no sé de qué me estás hablando —exclamó el niño, sentándose. Besó con convicción sus dedos cruzados—. ¿O me estás haciendo una adivinanza, Justita?

—Métete en la cama de una vez que te puedes resfriar. No tengo ninguna gana de cuidarte.

Alfonso la obedeció en el acto. Saltó, levantó las sábanas, se deslizó entre ellas ágilmente y se acomodó la almohada bajo la espalda. Luego, se quedó mirando a la muchacha de una manera mimosa y consentida, como si fuera a recibir un premio. Los cabellos le cubrían la frente y sus grandes ojos azules fosforecían en la semipenumbra en que se hallaban, pues la luz de la lamparilla se detenía en sus mejillas. Tenía la boca sin labios entreabierta luciendo la blanquísima hilera de dientes que se acababa de cepillar.

—Te estoy hablando de doña Lucrecia, diablito, y lo sabes muy bien, así que no te hagas° —dijo ella—. ¿No te da pena lo que hiciste?

—Ah, era de ella —exclamó el niño, decepcionado, como si el tema resultara demasiado obvio y aburrido para él. Se encogió de hombros y no vaciló lo más mínimo al añadir—: ¿Por qué me daría pena? Si hubiera sido mi mamá, me habría dado. ¿Acaso lo era?

No había rencor° ni cólera cuando hablaba de ella en su tono ni en su expresión: pero esa indiferencia era lo que, precisamente, irritaba a Justiniana.

—Hiciste que tu papá la botara de esta casa como un perro —susurró, apagada, tristona, sin volver la cabeza hacia él, los ojos fijos en el entarimado° lustroso—. Le mentiste primero a ella y después a él. Hiciste que se separaran, cuando eran tan felices. Por tu culpa, ella debe ser ahora la mujer más desgraciada del mundo. Y don Rigoberto también, desde que se separó de tu madrastra° parece un alma en pena. ¿No te das cuenta cómo le han caído encima los años en unos pocos días? ¿Tampoco eso te da remordimientos? Y se ha vuelto un beato° y un cucufato° como no he visto. Los hombres se vuelven así cuando sienten que van a morirse. ¡Y todo por tu culpa, bandido!

Se volvió hacia el niño, asustada, pensando que había dicho más de lo prudente. Desde lo ocurrido, ya no se fiaba de nada ni de nadie en esta casa. La cabeza de Fonchito se había adelantado hacia ella y el cono dorado de la lamparilla la circundaba igual que una corona. Su sorpresa parecía ilimitada.

—Pero, si yo no hice nada, Justita —tartamudeó°, pestañeando, y ella vio que la manzana de Adán subía y bajaba por su cuello como un animalito nervioso—. Yo nunca he mentido a nadie y menos a mi papá.

II ¿La pregunta de Justiniana hace reflexionar a Foncho? ¿Cómo se muestra él con respecto al tema?

25 / 30 / 35 / 40 **no te hagas** *don't pretend you don't understand* / 45 *resentment* / 50 *floorboards* / 55 *stepmother* / *pious person / self-righteous person* / 60 / 65 *stuttered*

Justiniana sintió que le ardía la cara.

—¡Le mentiste a todo el mundo, Foncho! —alzó la voz. Pero se calló, tapándose la boca, pues en ese instante se oyó, arriba, correr el agua del lavador. Don Rigoberto había empezado sus abluciones nocturnas, las que, desde la partida de doña Lucrecia, eran mucho más breves. Ahora se acostaba siempre temprano y ya no se le oía tarareando zarzuelas mientras se aseaba. Cuando Justiniana volvió a hablar lo hizo bajito, sermoneando° al niño con su dedo índice—. Y me mentiste a mí también, por supuesto. Cuando pienso que me tragué el cuento de que te ibas a matar porque doña Lucrecia no te quería.

Ahora sí, bruscamente, la cara del niño se indignó.

—No era mentira —dijo, cogiéndola de un brazo y sacudiéndola—. Era cierto, era tal cual. Si mi madrastra me seguía tratando como en esos días, me hubiera matado. ¡Te lo juro que me hubiera, Justita!

La muchacha le retiró el brazo de mal modo y se apartó de la cama.

—No jures en vano que Dios te puede castigar —murmuró.

Fue a la ventana y, al correr las cortinas, advirtió que en el cielo destellaban unas cuantas estrellas. Se quedó mirándolas, sorprendida. Qué raro ver esas lucecitas titilantes en vez de la neblina acostumbrada. Cuando se dio vuelta, el niño había cogido el libro que tenía en el velador° y, acomodándose la almohada, se disponía a leer. De nuevo se lo notaba tranquilo y contento, en paz con su conciencia y con el mundo.

—Por lo menos dime una cosa, Fonchito.

Arriba, el agua del lavador corría con un murmullo constante e idéntico, y en el techo dos gatos maullaban, peleando o fornicando.

—¿Qué, Justita?

—¿Lo planeaste todo desde el principio? La pantomima de que la querías tanto, eso de subirte al techo a espiarla cuando se bañaba, la carta amenazando con matarte. ¿Hiciste todo eso de a mentiras? ¿Sólo para que ella te quisiera y después poder ir a acusarle a tu papá que te estaba corrompiendo°?

El niño colocó el libro en el velador, señalando la página con un lápiz. Una mueca° ofendida desarmó su cara.

—¡Yo nunca dije que ella me estaba corrompiendo, Justita!

> De nuevo se lo notaba tranquilo y contento, en paz con su conciencia y con el mundo.

—exclamó, escandalizado, azotando° el aire con una de sus manos—. Eso te lo estás inventando tú, no me hagas trampas. Fue mi papá el que dijo que me estaba corrompiendo. Yo sólo escribí esa composición, contando lo que hacíamos. La verdad, pues. No mentí en nada. Yo no tengo la culpa de que él la botara. A lo mejor lo que él dijo era cierto. A lo mejor ella me estaba corrompiendo. Si mi papá lo dijo, así será. ¿Por qué te preocupas tanto por eso? ¿Preferirías haberte ido con ella que quedarte en esta casa?

Marginal notes (left):
70
lecturing
75
80
85
bedside table
90
95
corrupting
100
grimace
105 *beating*
110

Marginal note (right):
⏸ ¿Por qué Justiniana baja el tono de voz cuando escucha a don Rigoberto?

Justiniana apoyó la espalda en el estante donde Alfonso tenía sus libros de aventuras, los gallardetes° y diplomas y las fotos de colegio. Entrecerró los ojos y pensó: "Tendría que haberme ido hace rato, es verdad". Desde la partida de doña Lucrecia tenía el presentimiento de que también a ella la acechaba un peligro aquí y vivía sobre ascuas°, con la permanente sensación de que si se descuidaba un instante caería también en una emboscada° de la que saldría peor que la madrastra. Había sido una imprudencia encarar° al niño de ese modo. No lo haría nunca más porque Fonchito, aunque lo fuera en edad, no era un niño, sino alguien con más mañas° y retorcimientos que todos los viejos que ella conocía. Y, sin embargo, sin embargo, mirando esa carita dulce, esas facciones° de muñequito, quién se lo hubiera creído.

—¿Estás enojada conmigo por algo? —lo oyó decir, compungido°.

Mejor no provocarlo más; mejor, hacer las paces°.

—No, no lo estoy —respondió, avanzando hacia la puerta—. No leas mucho que mañana tienes colegio. Buenas noches.

—Justita.

Se volvió a mirarlo ya con una mano en la perilla.

—¿Qué quieres?

—No te enojes conmigo, por favor. —Le imploraba con los ojos y con las largas pestañas batientes; le rogaba con la boquita fruncida en un semipuchero° y con los hoyuelos de las mejillas latiendo—. Yo a ti te quiero mucho. Pero tú, en cambio, me odias ¿no, Justita?

Hablaba como si fuera a romper en llanto.

—No te odio, zonzo°, cómo te voy a odiar.

Arriba, el agua seguía corriendo, con un sonido uniforme, interrumpido por breves espasmos, y se oía también, de cuando en cuando, los pasos de don Rigoberto yendo de un lado a otro del cuarto de baño.

> **Y, sin embargo, sin embargo, mirando esa carita dulce, esas facciones de muñequito, quién se lo hubiera creído.**

—Si es verdad que no me odias, dame siquiera un beso de despedida. Como antes, pues, ¿te has olvidado?

Ella dudó un momento, pero luego asintió. Fue hasta la cama, se inclinó y lo besó rápidamente en los cabellos. Pero el niño la retuvo, echándole los brazos al cuello, y haciéndole gracias y monerías°, hasta que Justiniana, a pesar de sí misma, le sonrió. Viéndolo así, sacando la lengua, revolviendo los ojos, meciendo la cabeza, alzando y bajando los hombros, no parecía el diablillo cruel y frío que llevaba dentro, sino el niñito lindo que era por fuera.

—Ya, ya, déjate de payasadas y a dormir, Foncho.

Volvió a besarlo en los cabellos y suspiró. Y a pesar de que acababa de prometerse que no volvería a hablarle de aquello, de pronto se oyó decir,

---

⏸ ¿De dónde le surge a Justiniana la idea de que debe marcharse de la casa?

---

pennants

115

sobre ascuas *on tenterhooks*

ambush

to stand up to

120

bad habits

features

sorrowful

125 **hacer las paces** *to bury the hatchet*

130

semi-pout

135

silly

140

145

haciéndole gracias y monerías *clowning around*

150

155

strands

apresurada, contemplando esas hebras° doradas que le rozaban la nariz:

160 —¿Hiciste todo eso por doña Eloísa? ¿Porque no querías que nadie reemplazara a tu mamá? ¿Porque no podías aguantar que doña Lucrecia ocupara el lugar de 165 ella en esta casa?

Sintió que el niño se quedaba rígido y en silencio, como

> **Con auténtica alegría, como festejándose una gracia. Fresca, rotunda, sana, infantil, su risa borraba el sonido del agua del lavador...**

meditando lo que debía responder. Después, los bracitos enlazados en su cuello presionaron para obligarla a bajar la cabeza, de modo que la boquita 170 sin labios pudiera acercarse a su oído. Pero en vez de oírlo musitar el secreto que esperaba sintió que la mordisqueaba y besaba, en el borde de la oreja y el comienzo del cuello, hasta estremecerla de cosquillas.

—Lo hice por ti, Justita —lo oyó susurrar, con aterciopelada ternura—, no por mi mamá. Para que se fuera de esta casa y nos quedáramos solitos mi 175 papá, yo y tú. Porque yo a ti...

La muchacha sintió que, sorpresivamente, la boca del niño se aplastaba contra la suya.

—Dios mío, Dios mío —se desprendió de sus brazos, empujándolo, sacudiéndolo. A tropezones° salió del cuarto, frotándose la boca,
A tropezones *in fits and starts*
crossing herself 180 persignándose°. Le parecía que si no tomaba aire su corazón estallaría de rabia—. Dios mío, Dios mío.

Ya afuera, en el pasillo, oyó que Fonchito reía otra vez. No con sarcasmo, no burlándose del rubor y la indignación que la colmaban. Con auténtica alegría, como festejándose una gracia. Fresca, rotunda, sana, 185 infantil, su risa borraba el sonido del agua del lavador, parecía llenar toda la noche y subir hasta esas estrellas que, por una vez, habían asomado en el cielo barroso de Lima. ■

🅿 ¿Por qué el niño ríe de esa manera al ver la reacción de Justiniana?

1. Elegir Indica la opción correcta.

1. Justiniana cuida a Fonchito porque es la...
   a. abuela.   b. madrastra.   c. empleada.

2. Fonchito nunca tiene...
   a. remordimientos.   b. malos pensamientos.   c. ganas de ir a dormir.

3. Cuando Justiniana le reprocha lo que hizo, él le dice que..
   a. no entiende.   b. no le importa.   c. no se meta.

4. Según Justiniana, Fonchito hizo que su papá echara a su esposa con...
   a. un secreto.   b. una broma.   c. una mentira.

5. Desde que se separó, don Rigoberto está...
   a. feliz.   b. triste.   c. cansado.

6. Fonchito había dicho que, como Lucrecia no lo quería, se iba a...
   a. matar.   b. escapar.   c. deprimir.

7. Justiniana tiene la sensación de que la acecha (*awaits*) una...
   a. bendición.   b. imprudencia.   c. trampa.

8. Por fuera, Fonchito es un niño lindo, pero por dentro es...
   a. un niño asustado.   b. un diablillo cruel y frío.   c. una criatura confundida.

2. Comprensión Contesta las preguntas con oraciones completas.

1. ¿Cómo es Fonchito físicamente? ¿Y de carácter?

2. ¿Qué sentimientos tiene Justiniana hacia Fonchito?

3. ¿Qué le pasó a Lucrecia? ¿Por qué Fonchito no siente pena por ella?

4. ¿De qué acusa Justiniana a Fonchito?

5. ¿Cómo se comporta don Rigoberto desde que su esposa no está?

6. ¿Por qué, tras la partida de doña Lucrecia, Justiniana piensa que ella debería irse también?

7. ¿Con qué argumentos Fonchito convence a Justiniana para que le dé un beso?

3. Interpretación Con un(a) compañero/a, contesta las preguntas.

1. ¿Por qué Fonchito le produce confusión a Justiniana? ¿Qué tiene de raro su comportamiento?

2. ¿Cómo imaginas a don Rigoberto? ¿Qué clase de hombre te parece que es?

3. ¿Cuál crees que es el peligro que presiente Justiniana? ¿Por qué?

4. ¿Por qué le dice Fonchito que todo lo hizo por ella? ¿Es cierto o tiene otros motivos?

5. Justiniana le dice a Fonchito: "No me pongas esa cara de mosquita muerta. Yo no soy ella". ¿Qué sentido cobran sus dichos al final del relato?

6. ¿Qué crees que quiere Fonchito? ¿Cuál es su estrategia?

7. ¿Al final se descubre la verdad de lo que pasó? ¿Qué crees que sucedió realmente?

8. ¿Piensas que la situación entre don Rigoberto y Lucrecia podría solucionarse o eso sería imposible? ¿Por qué?

4. **Técnica literaria** Con dos compañeros/as, repasa la técnica de la caracterización y desarrolla los siguientes temas.

1. La pregunta de Justiniana a Fonchito sobre "lo que hiciste" funciona como una alerta para el lector. Luego, ella la repite varias veces en el relato.

   Pregunta 1: ¿Nunca tienes remordimientos?
   Pregunta 2: ¿Lo planeaste todo desde el principio?
   Pregunta 3: ¿Hiciste todo eso por doña Eloísa?

   ¿Qué es lo que realmente quiere saber Justiniana? ¿Por qué va cambiando la pregunta? ¿Qué idea te transmiten esas preguntas acerca de la personalidad de Fonchito?

2. Justiniana se dirige al niño utilizando varios diminutivos: "Fonchito" (por Alfonso), "carita de niño santo", "diablito", etc. Marca todos los diminutivos que encuentres. ¿Qué rasgo de la personalidad de Fonchito intentan subrayar? ¿Qué versión de la verdad parecen apoyar?

3. ¿En qué momento encuentra respuesta la pregunta inicial de Justiniana? Cita la oración o el párrafo donde aparece y explica qué sentido tiene.

5. **Tabú** Lo que es tabú en una cultura no tiene por qué serlo en otra. Con tres compañeros/as, contesta las preguntas.

- ¿Qué actitudes son consideradas tabúes en la cultura occidental?
- ¿Opinas que está bien respetar los tabúes sociales o no? ¿Por qué?
- ¿Qué tabúes conoces que hayan cambiado con el tiempo o para ciertos grupos de la civilización occidental?
- ¿Hay algunos tabúes que te parece necesario desterrar de la sociedad?
- ¿Crees que existen valores absolutos que todo ser humano debe respetar? ¿Cuáles?

TALLER DE ESCRITURA

1. **La amenaza de Fonchito** Según el fragmento, Fonchito escribió una carta en la que amenazaba con suicidarse. Imagina cómo puede haber sido esa carta y escríbela, aprovechando al máximo los recursos del lenguaje emotivo. Ten en cuenta la personalidad de Fonchito y el efecto que realmente buscaba provocar con la carta.

2. **Las tres verdades** Se suele decir que siempre hay tres versiones de las cosas: la tuya, la mía y la verdad. En un ensayo de una página, narra lo que sucedió en la casa de don Rigoberto a partir del punto de vista de uno de los personajes. Sigue los pasos indicados en la siguiente columna:

1. *Relee los sucesos que tuvieron lugar y la información que aparece sobre la personalidad de cada uno de los protagonistas. Haz una lista de cómo se dieron los acontecimientos para seguir el orden cronológico.*

2. *Recrea los cambios que se dieron en la casa a partir de la llegada de Lucrecia, la madrastra, e imagina cómo se sintió el personaje que elegiste.*

3. *Explica el desenlace de los hechos y qué le ocurrió a tu personaje.*

4. *Concluye con un comentario sobre los proyectos o la visión que tiene para su futuro, tras la partida de Lucrecia y con la nueva situación que se da en la casa.*

✍ ANÁLISIS DE UN PERSONAJE

Escribe un análisis de uno de los personajes que aparecen en una de las obras de esta lección. En este tipo de análisis se describen y se comentan las características del personaje en referencia a lo que sucede en la obra.

Plan de escritura

Comienza completando una tabla con las características de cada obra. Esta tabla te ayudará a preparar tu análisis del personaje.

	personajes principales	ambiente	temas centrales
Mujeres al borde de un ataque de nervios		Madrid, años 80	
El eterno femenino			
"Emma Zunz"			venganza
Una lucha muy personal	Marta, Sonia		
Elogio de la madrastra			

Planificar y preparar la escritura

1. Estrategia: Analizar la obra y uno de sus personajes

- Con la información de la tabla, elige una de las obras y haz una lista de todos sus personajes. ¿Quiénes son los protagonistas? ¿Quiénes son los personajes secundarios?

- Fíjate en los detalles sobre la apariencia y la personalidad de cada personaje. ¿Cómo lo describe el/la autor(a) o el/la director(a)? ¿Tiene características físicas o psíquicas peculiares?

- Piensa en lo que sucede en la historia. ¿Qué problema trata de resolver el personaje?

- Analiza la actuación del personaje en la obra. ¿Qué decisiones tiene que tomar para resolver sus problemas? ¿Qué te dice su manera de actuar sobre su personalidad? Toma notas. Utiliza esta información en tu descripción del personaje.

- Reúne ejemplos de la obra que prueben las características del personaje. Puedes utilizar citas o describir con tus propias palabras alguna escena en particular.

2. Estrategia: Mapa de ideas

- Organiza la información sobre tu personaje en un mapa de ideas como éste.

MAPA DE IDEAS

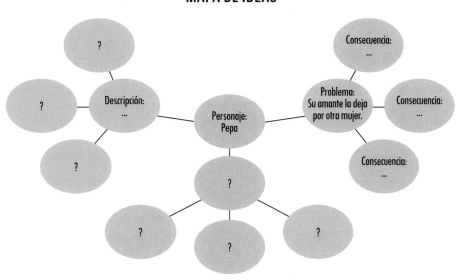

Escribir

3. Tu análisis de un personaje Ahora puedes escribir tu análisis del personaje. Utiliza la información que has reunido. Sigue estos pasos para escribir:

- **Introducción:** Presenta al personaje que vas a analizar. Describe brevemente la conclusión a la que has llegado sobre cada uno.

- **Análisis:** Escribe el análisis del personaje. Descríbelo: identifica el tipo de personaje y su personalidad. Comenta el problema al que se enfrenta y cómo reacciona. Presenta tus conclusiones con la ayuda de ejemplos concretos de la obra que apoyen tu análisis.

- **Conclusión:** Resume tus conclusiones sobre el personaje que analizaste.

Revisar y leer

4. Revisión Pídele a un(a) compañero/a que lea tu análisis y sugiera cómo mejorarlo. Revísalo e incorpora sus sugerencias. Presta atención a los siguientes elementos:

- ¿Presentaste al personaje y tu conclusión correctamente?

- ¿Describes al personaje teniendo en cuenta sus características y el problema al que se enfrenta en la historia? ¿Incluyes ejemplos de la obra que apoyen tu análisis?

- ¿Expresas claramente tus conclusiones sobre el personaje que analizaste?

- ¿Son correctas la gramática y la ortografía?

5. Lectura Lee tu análisis de un personaje a varios/as compañeros/as. Tomen turnos. Cuando termines de leer tu análisis, tus compañeros/as deben hacerte preguntas. Comenten juntos un punto interesante de tu análisis que les haya llamado la atención.

LA *moral* A PRUEBA

CONTENIDO

SOBRE EL DIRECTOR

Carlos Carrera nació en Ciudad de México en 1962. Cuando tenía sólo doce años, comenzó a realizar cortometrajes animados: moldeaba sus personajes con plastilina y los filmaba con una cámara súper 8 prestada°.

Al referirse a su temprana vocación, este talentoso director y guionista declaró: "Siempre quise hacer cine. Como no podía buscar a unos amigos para hacer ficción, empecé trabajando en animación".

Estudió Ciencias de la Comunicación y luego ingresó en el Centro de Capacitación Cinematográfica. Al terminar sus estudios, ya tenía filmados varios cortometrajes y su primera película, *La mujer de Benjamín* (1991). Recibió numerosos premios nacionales e internacionales por sus siguientes obras, como *La vida conyugal* (1993) y *El héroe* (1994), pero conoció la fama internacional con *El crimen del padre Amaro* (2002).

Esa película se convirtió en una de las producciones más taquilleras° de la historia del cine mexicano. A pesar de su enorme éxito, recibió duras críticas por parte de la Iglesia católica y de los grupos más conservadores de la sociedad. Hubo varios intentos de boicot e incluso amenazas directas a los realizadores. A pesar de la polémica, el largometraje ganó nueve premios Ariel de la industria cinematográfica mexicana y fue nominado al Óscar como mejor película extranjera.

En los últimos años, Carlos Carrera ha filmado simultáneamente ficción y animación. Sus trabajos más recientes son *De la infancia* (2010) y el largometraje animado en 3D *Ana y Bruno* (2015).

prestada *borrowed* **taquilleras** *box office success*

PERSONAJES

Padre Amaro *Sacerdote recién ordenado*

Padre Natalio *Sacerdote luchador y comprometido*

Amelia *Hija de la Sanjuanera, joven devota*

Padre Benito *Cura párroco de Los Reyes*

El obispo *Religioso poderoso y pragmático*

Agustina Sanjuanera *Dueña de la posada del pueblo*

El crimen del padre Amaro

Fecha de estreno: 2002
País: México **Género:** largometraje
Guión: Vicente Leñero sobre una novela de José María Eça de Queiroz
Actores: Gael García Bernal, Ana Claudia Talancón, Sancho Gracia, Angélica Aragón
Duración: 118 minutos

CONTEXTO HISTÓRICO

Estructuras de poder

Carlos Carrera afirma que cuando filmó *El crimen del padre Amaro* su intención era "ver cómo se maneja el poder y cómo un personaje sacrifica lo que piensa y lo que quiere por seguir ese camino del poder".

La estrecha° relación entre la Iglesia y las estructuras políticas y económicas tiene muchos siglos de historia. En la Edad Media, la influencia de los mandatarios religiosos solía superar a la de los propios reyes. Durante la Conquista española, la Iglesia envió misioneros para evangelizar a la población nativa. De este modo, la institución religiosa funcionó como una herramienta legitimadora de la imposición política y cultural de España. Aún así, algunos sacerdotes, como los padres Antonio de Montesinos y Bartolomé de las Casas, protestaron contra la explotación y el maltrato° a los indígenas.

En el siglo XX, surgió un movimiento religioso de origen iberoamericano conocido como la Teología de la Liberación. Esta corriente insiste en que la salvación cristiana no es posible sin libertad económica, política y social. Por eso, cuestiona

Anónimo, *La conquista de México por los españoles* (detalle), c. 1860

abiertamente el papel de la Iglesia en Latinoamérica y su relación con los grupos más poderosos.

 Practice more at **vhlcentral.com**.

estrecha *close* **maltrato** *mistreatment*

ANTESALA

 1 Aprende y practica el vocabulario de la película en **vhlcentral.com**.

 2 Conversa con un(a) compañero/a sobre los siguientes temas:

- Mira el cartel de promoción de la película y piensa en el nombre. ¿Qué temas te parece que pueden tratarse en el largometraje? ¿Cuál puede ser "el crimen" que se menciona?

- ¿Piensas que la religión es un aspecto secundario de las comunidades o que puede ejercer una influencia determinante? ¿Qué efectos positivos y negativos tiene en la vida de las personas?

- ¿Qué opinas de las instituciones que exigen obediencia absoluta, como el Ejército y la Iglesia? ¿Te parece que es posible obedecer sin que en algún punto surjan conflictos personales?

- ¿Estás de acuerdo con la expresión "El fin justifica los medios"? ¿Crees que a veces hay que sacrificar ideas o deseos para cumplir con objetivos?

21:31
44:35 ——— Parte 2

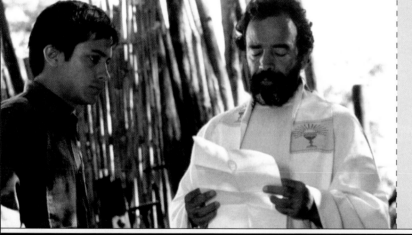

44:36
1:05:09 ——— Parte 3

TÉCNICA CINEMATOGRÁFICA

La angulación En el momento de la filmación, el director manipula cuidadosamente la posición de la cámara para cada toma. Esa técnica, llamada *angulación,* permite guiar al espectador, influir en sus emociones, sugerirle cómo es la relación que une a dos o

Un joven sacerdote llega al pueblo

Guía para la comprensión

En la primera parte comenzarás a conocer al padre Amaro. Mientras la miras, identifica cómo se comporta frente a diferentes personajes. Por ejemplo:

Ante el hombre del autobús: Es generoso, le da su dinero.

Ante el padre Benito: Es…

Relaciones peligrosas

Guía para la comprensión

En la segunda parte conocerás mejor el pueblo y a los personajes secundarios. Mientras la miras, describe las personalidades y las actitudes de esos personajes en notas muy breves.

- La Sanjuanera
- Dionisia, la bruja
- El padre Natalio
- El Chato Aguilar
- El obispo
- El presidente municipal

El triunfo de la tentación

Guía para la comprensión

En la tercera parte se profundizan las diferencias entre el padre Amaro, el padre Natalio y Rubén. Describe la personalidad y el comportamiento de cada uno. Por ejemplo:

El padre Amaro: Es tranquilo, diplomático, …

El padre Natalio: Es…

Rubén: Es…

Preguntas

1. ¿Qué le da el padre Amaro al anciano antes de bajarse del autobús? ¿Por qué lo hace?
2. ¿A qué se dedica Amelia en la iglesia?
3. ¿Hace cuánto que se ordenó el padre Amaro?
4. Según el padre Benito, ¿por qué el obispo envió a Amaro a Los Reyes?
5. ¿Por qué el padre de Rubén opina que Amelia no es una buena novia para su hijo?
6. ¿Cumple el padre Benito con su voto de castidad?
7. ¿Qué lugar van a visitar Amelia y el padre Amaro?
8. ¿Qué pecado confiesa Amelia?

---

1. ¿De qué se acusa al padre Natalio?
2. Según el padre Natalio, ¿cuál es el verdadero problema de su comunidad?
3. ¿Qué le pide la Sanjuanera al padre Amaro?
4. ¿Qué quiso hacer Dionisia con Getsemaní, la hija de Martín?
5. ¿Qué va a hacer el padre Benito al rancho del Chato Aguilar?
6. ¿Qué descubre Rubén en su investigación?

---

1. ¿Qué le promete el obispo al padre Amaro?
2. ¿Cómo convence el padre Amaro al director para que publiquen la retractación?
3. ¿Por qué el padre Amaro va a ver al padre Natalio?
4. ¿Qué reacción provocan las palabras del padre Amaro en la población de Los Reyes?
5. ¿Por qué se enferma el padre Benito?
6. ¿Cómo reacciona Rubén cuando ve al padre Amaro en la calle? ¿Por qué?

Existen tres tipos de angulación: normal, en picado y en contrapicado. Si la angulación es *normal*, la cámara se encuentra a la altura del objeto o de la mirada del personaje filmado. Esa angulación es la más frecuente y se considera neutra, ya que no tiene valor expresivo y no determina ninguna relación especial entre los objetos o los personajes.

En cambio, si la angulación es *en picado*, la cámara se ubica por encima de la escena y apunta hacia abajo. En ese caso, se añade valor expresivo, ya que la perspectiva hace que el personaje u objeto enfocado parezca más pequeño que su entorno. Cuando el director elige esta angulación, quiere mostrar inferioridad, fatalidad, impotencia o incluso humillación.

▶

1:04:36
1:31:53

Parte 4

1:31:54
FIN

Parte 5

El verdadero padre Amaro

Guía para la comprensión

En la cuarta parte Amelia comienza a conocer las verdaderas cualidades y prioridades del padre Amaro. Mientras la miras, anota los descubrimientos de Amelia. Por ejemplo:

Amelia descubre que el padre Amaro sabe mentir ante los demás, que sabe fingir, …

Preguntas

1. ¿Para qué le dice el padre Amaro a Martín que necesita un cuarto?
2. Según el padre Benito, ¿vale la pena que Amelia intente enseñarle religión a Getsemaní?
3. ¿En qué piensa el padre Amaro mientras seduce a Amelia en el cuarto?
4. Cuando Amelia le propone que deje el sacerdocio (*priesthood*), ¿cómo reacciona el padre Amaro?
5. ¿Qué hace el padre Benito cuando descubre la relación entre Amaro y Amelia?
6. ¿Por qué el padre Benito se siente extorsionado por el padre Amaro?
7. ¿Quién ayuda a llevar al padre Benito a la ciudad de México?
8. ¿Está dispuesto el padre Amaro a abandonar su carrera por Amelia y el bebé?
9. ¿Por qué Amelia decide hablar con Rubén?

Un final inesperado

Guía para la comprensión

En la última parte de la película, se resuelven las historias de varios personajes principales y secundarios. Anota qué sucede con cada uno de ellos.

- Amelia
- El padre Amaro
- Martín
- El padre Benito
- El padre Natalio

1. ¿Qué le propone el padre Amaro a Amelia?
2. ¿Quién los ayuda con su plan?
3. ¿Qué noticia le da el padre Amaro al padre Natalio?
4. ¿Qué va a hacer el padre Natalio?
5. ¿Qué le pide Amelia a la Virgen? ¿Y Amaro?
6. ¿Qué le sucede a Amelia durante la operación?
7. Según los comentarios del pueblo, ¿quién dejó embarazada a Amelia?
8. ¿Qué hace el padre Benito cuando el padre Amaro comienza la ceremonia?

1. Emparejar Relaciona lo que sucede en *El crimen del padre Amaro* con los personajes correspondientes (algunos sucesos pueden relacionarse con más de un personaje).

_____ 1. Desobedece al obispo.

_____ 2. Hace la limpieza en la casa de los sacerdotes.

_____ 3. Acepta dinero del narcotráfico.

_____ 4. Acaba de llegar al pueblo.

_____ 5. Vive en una casa llena de gatos.

_____ 6. Se queda a vivir con los campesinos.

_____ 7. Miente.

_____ 8. Se encuentra a escondidas con el padre Benito.

_____ 9. Está enamorado de Amelia.

_____ 10. Escribe en un periódico.

_____ 11. Enseña catequesis en la parroquia.

_____ 12. Es excomulgado.

a. padre Amaro
b. Dionisia
c. padre Natalio
d. Rubén
e. Amelia
f. padre Benito
g. La Sanjuanera

2. Comprensión Contesta las preguntas con oraciones completas.

1. ¿Dónde y cómo se conocen el padre Amaro y Amelia?

2. ¿De qué se acusa al padre Natalio?

3. ¿Quién le da al padre Benito el dinero necesario para construir el dispensario?

4. ¿A quién o quiénes considera el padre Natalio que debe su obediencia?

5. ¿Qué es el infierno para el padre Benito?

6. ¿Por qué Rubén se pelea con el padre Amaro?

7. ¿En qué lugar se encuentran el padre Amaro y Amelia? ¿Con qué excusa lo hacen?

8. ¿Qué provoca el ataque cardíaco del padre Benito?

9. ¿Cuáles son las propuestas que el padre Amaro le hace a Amelia para solucionar el problema de su embarazo?

10. ¿Qué se comenta en el pueblo sobre lo que le sucedió a Amelia?

3. Interpretación En *El crimen del padre Amaro,* varias esferas de poder se relacionan entre sí. Contesta las preguntas sobre esas relaciones.

1. ¿Cómo es el vínculo entre la Iglesia y los narcotraficantes?

2. ¿Hay disidentes en la Iglesia?

3. ¿El periodismo es independiente de los otros poderes?

4. ¿Qué relación hay entre el Gobierno (el presidente municipal) y la Iglesia?

5. ¿Existen vínculos entre el Gobierno y los narcotraficantes?

6. ¿Cómo tratan los narcotraficantes a los habitantes del pueblo? ¿Y a los de las montañas?

4. **Técnica cinematográfica** El director de *El crimen del padre Amaro* quiso mostrarnos diferentes relaciones de poder por medio de la angulación. Con un(a) compañero/a, analiza la ubicación de la cámara a lo largo de la película. ¿Qué angulación se eligió para filmar a los personajes? ¿Qué emociones se evocan en cada caso? Completa la tabla.

	el padre Amaro	Amelia	el padre Benito	la Sanjuanera	el padre Natalio
Descripción de la escena					
Angulación					
Emoción evocada					

5. **La relatividad de las cosas** En *El crimen del padre Amaro* se plantean varias preguntas sobre la moralidad de ciertas conductas. En grupos, analicen las opiniones de algunos de los personajes. Comenten sus conclusiones a la clase.

- El dinero de los narcotraficantes no es malo si permite construir hospitales.
- El celibato debería ser una alternativa para los sacerdotes, no una obligación.
- En algunos casos es mejor guardar las apariencias que provocar un escándalo en la comunidad.
- Los medios de comunicación no siempre deberían divulgar sus investigaciones.

TALLER DE ESCRITURA

1. **La bruja** A pesar de ser un personaje secundario, Dionisia aparece en muchas escenas de la película. Vuelve a mirar la película y escribe un ensayo de no menos de una página sobre Dionisia. Describe su personalidad, sus acciones y las consecuencias de esas acciones.

2. **Caminos alternativos** El padre Amaro decide ignorar los pedidos de varios personajes. En un ensayo de una página, analiza sus decisiones. Sigue estos pasos.

1. *La Sanjuanera le pide que convenza a Amelia de reconciliarse con Rubén.*
2. *El padre Natalio le pide que vaya con él a vivir a las montañas.*
3. *El padre Benito le pide que deje de relacionarse con Amelia.*
4. *Amelia le pide que deje el sacerdocio y huyan juntos.*

SOBRE LA AUTORA

Ana María Matute, una de las escritoras españolas más relevantes del siglo XX, nació en Barcelona el 26 de julio de 1925. Su interés por la literatura surgió cuando era muy joven: escribió e ilustró su primer cuento a los cinco años, y a los diecisiete terminó su primera novela, *Pequeño teatro* (1954), que se publicó casi una década más tarde.

En 1948, se dio a conocer en los círculos literarios con la novela *Los Abel,* en la que describió la posguerra española desde un punto de vista infantil. Muchas de sus obras están protagonizadas por niños o adolescentes. Algunos temas recurrentes en sus escritos son la soledad, la incomunicación y la necesidad de escapar de la vida cotidiana.

Si bien Matute no demostró adscribirse° a ninguna ideología política, sus obras se caracterizaron por mostrar un gran compromiso social. Como muchos escritores de su época, tuvo una fuerte influencia realista, pero forjó un estilo propio al complementar el realismo con algo de fantasía.

A lo largo de su prolífica carrera, Matute recibió múltiples galardones nacionales e internacionales. Desde 1996 formó parte de la Real Academia Española (fue la tercera mujer en ingresar en más de trescientos años). Sus obras fueron traducidas a veintitrés idiomas. En noviembre de 2010, recibió el Premio Cervantes en honor a sus contribuciones literarias. La escritora murió el 25 de junio de 2014, en su ciudad natal, Barcelona.

adscribirse *to follow*

Ana María Matute: Historias de la Artámila

DESTINO

TÉCNICA LITERARIA

El aforismo

Los aforismos son oraciones concisas que provienen de la experiencia y se consideran verdades por convención social. A pesar de su brevedad, casi siempre tienen un carácter poético debido a que encierran juegos de palabras. Los escritores a veces incluyen aforismos en sus obras para propiciar un cambio argumental o transmitir una moraleja.

En "La conciencia", el vagabundo a veces se expresa a través de aforismos. De esa manera, su personaje resulta más pintoresco e interesante. Cuando leas el cuento, intenta ubicar los aforismos y analizar su significado.

- ¿Crees que es posible resumir verdades universales en una oración? Justifica tu respuesta.

- ¿Conoces otros tipos de enunciados breves que tengan una estructura parecida a la de los aforismos? ¿Cuáles?

La conciencia

Fecha de publicación: 1961
País: España
Género: cuento
Colección: *Historias de la Artámila*
Personajes: Mariana, Antonio, el viejo vagabundo, Marcelina, Salomé, Constantino

CONTEXTO HISTÓRICO

El campo en la obra de Ana María Matute

Ana María Matute formó parte de la generación de autores que surgió después de la guerra civil española. Estos escritores sentían la necesidad de retratar la realidad que los rodeaba. Dado que hasta ese entonces la sociedad española había sido principalmente rural, muchas de sus historias estaban enmarcadas en el campo. En el caso de Matute, su conexión con el ámbito rural era aún más significativa, ya que la escritora pasó gran parte de su infancia en Mansilla de la Sierra, un pequeño pueblo de La Rioja, en el norte de España.

En "La conciencia", al igual que en muchas otras de sus obras, Matute reflejó la pobreza y la decadencia del campo español. La historia se desarrolla en un minúsculo pueblo rural donde la mayoría de los habitantes son pobres y deben trabajar duramente para poder salir adelante. El relato sugiere que la industria empezaba a reemplazar la explotación rural que hasta entonces había sido la base fundamental de la economía española. Si bien en la década de 1960, cuando se publicó *Historias de la Artámila,* la industrialización ya era una realidad, la escritora catalana aún pensaba que la esencia del pueblo estaba en el campo.

El pueblo de Fitero en La Rioja, España

 Practice more at **vhlcentral.com.**

ANTESALA

 1 Aprende y practica el vocabulario del cuento en **vhlcentral.com.**

 2 Con dos compañeros/as, conversa sobre estos temas:

- Los chismes y los secretos pueden ser armas de doble filo. ¿Cuál te parece que es la mejor manera de enfrentar un chantaje? ¿Se te ocurre alguna situación en la que un chantaje sea moralmente justificable?

- ¿Has hecho alguna vez algo de lo que luego te arrepintieras? ¿Has tenido que guardar alguna vez un secreto propio o de otra persona?

- ¿Piensas que existe *la voz de la conciencia*? ¿Cómo la definirías: como un mandato social o como un sentimiento innato? ¿Por qué?

- Un proverbio dice que "Sabe más el diablo por viejo que por diablo". ¿Crees que esa afirmación es correcta? ¿Por qué? ¿Conoces algún otro proverbio que exprese una idea similar?

LA
conciencia

Ana María Matute

YA NO PODÍA MÁS. ESTABA CONVENCIDA DE QUE NO PODRÍA resistir más tiempo la presencia de aquel odioso vagabundo. Estaba decidida a terminar. Acabar de una vez, por malo que fuera, antes que soportar su tiranía.

Llevaba cerca de quince días en aquella lucha. Lo que no comprendía era la tolerancia de Antonio para con aquel hombre. No: verdaderamente, era extraño.

El vagabundo pidió hospitalidad por una noche: la noche del Miércoles de ceniza, exactamente, cuando se batía el viento arrastrando un polvo negruzco°, arremolinado, que azotaba los vidrios de las ventanas con un crujido reseco. Luego, el viento cesó. Llegó una calma extraña a la tierra, y ella pensó, mientras cerraba y ajustaba los postigos°:

—No me gusta esta calma.

Efectivamente, no había echado aún el pasador° de la puerta cuando llegó aquel hombre. Oyó su llamada sonando atrás, en la puertecilla de la cocina:

—Posadera°...

Mariana tuvo un sobresalto°. El hombre, viejo y andrajoso°, estaba allí, con el sombrero en la mano, en actitud de mendigar.

5	
10	*blackish*
	shutters
	bolt
15	
	Innkeeper
	fright / ragged

II ¿Qué función tiene la descripción del clima en la noche del Miércoles de ceniza?

—Dios le ampare... empezó a decir. Pero los ojillos del vagabundo le miraban de un modo extraño. De un modo que le cortó las palabras.

Muchos hombres como él pedían la gracia del techo, en las noches de invierno. Pero algo había en aquel hombre que la atemorizó sin motivo.

El vagabundo empezó a recitar su cantinela°: «Por una noche, que le dejaran dormir en la cuadra°; un pedazo de pan y la cuadra: no pedía más. Se anunciaba la tormenta...»

En efecto, allá afuera, Mariana oyó el redoble° de la lluvia contra los maderos° de la puerta. Una lluvia sorda, gruesa, anuncio de la tormenta próxima.

—Estoy sola —dijo Mariana secamente—. Quiero decir... cuando mi marido está por los caminos no quiero gente desconocida en casa. Vete, y que Dios te ampare.

Pero el vagabundo se estaba quieto, mirándola. Lentamente, se puso su sombrero, y dijo:

—Soy un pobre viejo, posadera. Nunca hice mal a nadie. Pido bien poco: un pedazo de pan...

En aquel momento las dos criadas, Marcelina y Salomé, entraron corriendo. Venían de la huerta, con los delantales sobre la cabeza, gritando y riendo. Mariana sintió un raro alivio al verlas.

—Bueno —dijo—. Está bien... Pero sólo por esta noche. Que mañana cuando me levante no te encuentre aquí...

El viejo se inclinó, sonriendo, y dijo un extraño romance de gracias.

Mariana subió la escalera° y fue a acostarse. Durante la noche la tormenta azotó las ventanas de la alcoba y tuvo un mal dormir.

A la mañana siguiente, al bajar a la cocina, daban las ocho en el reloj de sobre la cómoda. Al entrar se quedó sorprendida e irritada. Sentado a la mesa, tranquilo y reposado, el vagabundo desayunaba opíparamente°: huevos fritos, un gran trozo de pan tierno, vino... Mariana sintió un coletazo de ira, tal vez entremezclado de temor, y se encaró con Salomé, que, tranquilamente se afanaba° en el hogar:

> **Sus palabras se cortaban, se enredaban, por la rabia que la iba dominando.**

—¡Salomé! —dijo, y su voz le sonó áspera, dura—. ¿Quién te ordenó dar a este hombre... y cómo no se ha marchado al alba?

Sus palabras se cortaban, se enredaban, por la rabia que la iba dominando. Salomé se quedó boquiabierta°, con la espumadera° en alto, que goteaba contra el suelo.

—Pero yo... —dijo—. El me dijo...

El vagabundo se había levantado y con lentitud se limpiaba los labios contra la manga.

—Señora —dijo—, señora, usted no recuerda... usted dijo anoche: «Que le den al pobre viejo una cama en el altillo°, y que le den de comer cuanto pida.» ¿No lo dijo anoche la señora posadera? Yo lo oía bien claro... ¿O está arrepentida ahora?

🔘 ¿Cómo se siente Mariana cuando baja a la cocina y encuentra al vagabundo allí?

story
stable
drumroll
timbers
stairs
sumptuously
worked
astonished / skimmer
attic

20
25
30
35
40
45
50
55
60
65

Mariana quiso decir algo, pero de pronto se le había helado la voz. El viejo la miraba intensamente, con sus ojillos negros y penetrantes. Dio media vuelta, y desasosegada° salió por la puerta de la cocina, hacia el huerto.

on edge

El día amaneció gris, pero la lluvia había cesado. Mariana se estremeció de frío. La hierba estaba empapada, y allá lejos la carretera se borraba en una neblina sutil. Oyó detrás de ella la voz del viejo, y sin querer, apretó las manos una contra otra.

> Oyó detrás de ella la voz del viejo, y sin querer, apretó las manos una contra otra.

—Quisiera hablarle algo, señora posadera... Algo sin importancia.

Mariana siguió inmóvil, mirando hacia la carretera.

—Yo soy un viejo vagabundo... pero a veces, los viejos vagabundos se enteran de las cosas. Sí: yo estaba *allí. Yo lo vi,* señora posadera. *Lo vi, con estos ojos...*

Mariana abrió la boca. Pero no pudo decir nada.

—¿Qué estás hablando ahí, perro? —dijo—. ¡Te advierto que mi marido llegará con el carro a las diez, y no aguanta bromas de nadie!

—¡Ya lo sé, ya lo sé que no aguanta bromas de nadie! —dijo el vagabundo—. Por eso, no querrá que sepa nada... nada de lo que yo vi aquel día. ¿No es verdad?

Mariana se volvió rápidamente. La ira había desaparecido. Su corazón latía, confuso. «¿Qué dice? ¿Qué es lo que sabe... ? ¿Qué es lo que vio?» Pero ató su lengua. Se limitó a mirarle, llena de odio y de miedo. El viejo sonreía con sus encías sucias y peladas.

—Me quedaré aquí un tiempo, buena posadera: sí, un tiempo, para reponer fuerzas, hasta que vuelva el sol. Porque ya soy viejo y tengo las piernas muy cansadas. Muy cansadas...

Mariana echó a correr. El viento, fino, le daba en la cara. Cuando llegó al borde del pozo° se paró. El corazón parecía salírsele del pecho.

well

Aquél fue el primer día. Luego, llegó Antonio con el carro. Antonio subía mercancías de Palomar, cada semana. Además de posaderos, tenían el único comercio de la aldea. Su casa, ancha y grande, rodeada por el huerto, estaba a la entrada del pueblo. Vivían con desahogo°, y en el pueblo Antonio tenía fama de rico. «Fama de rico», pensaba Mariana, desazonada°. Desde la llegada del odioso vagabundo, estaba pálida, desganada°. «Y si no lo fuera, ¿me habría casado con él, acaso?» No. No era difícil comprender por qué se había casado con aquel hombre brutal, que tenía catorce años más que ella. Un hombre hosco° y temido, solitario. Ella era guapa. Sí: todo el pueblo lo sabía y decía que era guapa. También Constantino, que estaba enamorado de ella. Pero Constantino era un simple aparcero°, como ella. Y ella estaba harta de pasar hambre, y trabajos, y tristezas. Sí; estaba harta. Por eso se casó con Antonio.

comfortably
uneasy
lethargic

surly

sharecropper

Mariana sentía un temblor extraño. Hacía cerca de quince días que el viejo entró en la posada. Dormía, comía y se despiojaba° descaradamente

deloused

II ¿Con qué argumento Mariana intenta asustar al viejo? ¿Funciona?

> Ya no podía verlo.
> La sola idea le hacía
> castañetear los
> dientes. Sabía que
> Antonio la mataría.

al sol, en los ratos en que éste lucía, junto a la puerta del huerto. El primer día Antonio preguntó:

—¿Y ése, qué pinta ahí?

—Me dio lástima —dijo ella, apretando entre los dedos los flecos° de su chal—. Es tan viejo... y hace tan mal tiempo...

Antonio no dijo nada. Le pareció que se iba hacia el viejo como para echarle de allí. Y ella corrió escaleras arriba. Tenía miedo. Sí. Tenía mucho miedo... «Si el viejo vio a Constantino subir al castaño°, bajo la ventana. Si le vio saltar a la habitación, las noches que iba Antonio con el carro, de camino...» ¿Qué podía querer decir, si no, con aquello de lo vi todo, sí, lo vi con estos ojos?

Ya no podía más. No: ya no podía más. El viejo no se limitaba a vivir en la casa. Pedía dinero, ya. Había empezado a pedir dinero, también. Y lo extraño es que Antonio no volvió a hablar de él. Se limitaba a ignorarle. Sólo que, de cuando en cuando, la miraba a ella. Mariana sentía la fijeza de sus ojos grandes, negros y lucientes, y temblaba.

Aquella tarde Antonio se marchaba a Palomar. Estaba terminando de uncir° los mulos al carro, y oía las voces del mozo mezcladas a las de Salomé, que le ayudaba. Mariana sentía frío. «No puedo más. Ya no puedo más. Vivir así es imposible. Le diré que se marche, que se vaya. La vida no es vida con esta amenaza.» Se sentía enferma. Enferma de miedo. Lo de Constantino, por su miedo, había cesado. Ya no podía verlo. La sola idea le hacía castañetear° los dientes. Sabía que Antonio la mataría. Estaba segura de que la mataría. Le conocía bien.

Cuando vio el carro perdiéndose por la carretera bajó a la cocina. El viejo dormitaba° junto al fuego. Le contempló, y se dijo: «Si tuviera valor le mataría.» Allí estaban las tenazas° de hierro, a su alcance. Pero no lo haría. Sabía que no podía hacerlo. «Soy cobarde. Soy una gran cobarde y tengo amor a la vida.» Esto la perdía: «Este amor a la vida...»

—Viejo —exclamó. Aunque habló en voz queda°, el vagabundo abrió uno de sus ojillos maliciosos. «No dormía», se dijo Mariana. «No dormía. Es un viejo zorro.»

—Ven conmigo —le dijo—. Te he de hablar.

El viejo la siguió hasta el pozo. Allí Mariana se volvió a mirarle.

—Puedes hacer lo que quieras, perro. Puedes decirlo todo a mi marido, si quieres. Pero tú te marchas. Te vas de esta casa, en seguida...

El viejo calló unos segundos. Luego, sonrió.

—¿Cuándo vuelve el señor posadero?

Mariana estaba blanca. El viejo observó su rostro hermoso, sus ojeras°. Había adelgazado.

—Vete —dijo Mariana—. Vete en seguida.

Estaba decidida. Sí: en sus ojos lo leía el vagabundo. Estaba decidida y desesperada. Él tenía experiencia y conocía esos ojos. «Ya no hay nada que

° fringes
° chestnut tree
° yoke
° chatter
° dozed
° tongs
en voz queda *softly*
° bags under the eyes

115 / 120 / 125 / 130 / 135 / 140 / 145 / 150 / 155

⏸ ¿Qué lleva a Mariana a pensar en matar al vagabundo? ¿Por qué no lo hace?

hacer», se dijo, con filosofía. «Ha terminado el buen tiempo. Acabaron las comidas sustanciosas, el colchón, el abrigo. Adelante, viejo perro, adelante. Hay que seguir.»

—Está bien —dijo—. Me iré. Pero él lo sabrá todo...

Mariana seguía en silencio. Quizás estaba aún más pálida. De pronto, el viejo tuvo un ligero° temor: «Esta es capaz de hacer algo gordo. Sí: es de esa clase de gente que se cuelga de un árbol o cosa así.» Sintió piedad°. Era joven, aún, y hermosa.

—Bueno —dijo—. Ha ganado la señora posadera. Me voy... ¿qué le vamos a hacer? La verdad, nunca me hice demasiadas ilusiones... Claro que pasé muy buen tiempo aquí. No olvidaré los guisos° de Salomé ni el vinito del señor posadero... No lo olvidaré. Me voy.

—Ahora mismo —dijo ella, de prisa—. Ahora mismo, vete... ¡Y ya puedes correr, si quieres alcanzarle a él! Ya puedes correr, con tus cuentos sucios, viejo perro...

El vagabundo sonrió con dulzura. Recogió su cayado° y su zurrón°. Iba a salir, pero, ya en la empalizada, se volvió:

—Naturalmente, señora posadera, *yo no vi nada.* Vamos: ni siquiera sé si había algo que ver. Pero llevo muchos años de camino, ¡tantos años de camino! Nadie hay en el mundo con la conciencia pura, ni siquiera los niños. No: ni los niños siquiera, hermosa posadera. Mira a un niño a los ojos, y dile «¡Lo sé todo! Anda con cuidado...» Y el niño temblará. Temblará como tú, hermosa posadera.

Mariana sintió algo extraño, como un crujido, en el corazón. No sabía si era amargo, o lleno de una violenta alegría. No lo sabía. Movió los labios y fue a decir algo. Pero el viejo vagabundo cerró la puerta de la empalizada tras él, y se volvió a mirarla. Su risa era maligna, al decir:

> Mariana seguía en silencio. Quizás estaba aún más pálida. De pronto, el viejo tuvo un ligero temor...

—Un consejo, posadera: vigila a tu Antonio. Sí: el señor posadero también tiene motivos para permitir la holganza° en su casa a los viejos pordioseros°. ¡Motivos muy buenos, juraría yo, por el modo como me miró!

La niebla, por el camino, se espesaba, se hacía baja. Mariana le vio partir, hasta perderse en la lejanía°. ◼

**Glosses (left margin):**

160

slight

mercy

165

casseroles

170

crook / haversack

175

180

185

190

idleness

beggars

distance

¿Qué posibilidad asusta al viejo y por qué se apiada de Mariana?

1. **Cierto o falso** Indica si cada afirmación es cierta o falsa. Corrige las falsas.

1. La posadera invita al vagabundo a pasar la noche en su posada.
2. El vagabundo se quiere quedar en la posada el mayor tiempo posible.
3. Mariana está muy enamorada de Antonio.
4. Mariana se casó con Antonio por dinero.
5. El vagabundo era un buen huésped y se conformaba con muy poco.
6. Antonio se enfada y echa al vagabundo de la posada.
7. En realidad, el vagabundo no vio nada.
8. Antonio no le oculta nada a Mariana.

2. **Comprensión** Contesta las preguntas con oraciones completas.

1. ¿Por qué el vagabundo se detiene en la posada?
2. ¿Por qué Mariana deja pasar al vagabundo?
3. ¿Cómo consigue el vagabundo quedarse en la posada tanto tiempo?
4. ¿Cuál es el secreto de Mariana?
5. ¿Por qué le preocupa tanto a Mariana que Antonio descubra su secreto?
6. ¿Cuál es el motivo que hace que el vagabundo abandone finalmente la posada?
7. ¿Por qué el vagabundo pensaba que su plan funcionaría?

3. **Interpretación** Analiza los sucesos del cuento para contestar estas preguntas. Luego, compara tus respuestas con las de un(a) compañero/a.

1. ¿Sabía el vagabundo realmente lo que Mariana había hecho? ¿Por qué le dice que *no ha visto nada*? ¿Qué quiere evitar?
2. ¿Crees que el vagabundo ya había utilizado esta técnica antes?
3. ¿Piensas que Mariana es feliz en su matrimonio?
4. Al comienzo del cuento, el vagabundo le dice a Salomé que la posadera había ordenado que lo trataran bien. ¿Por qué lo hizo?
5. Si Antonio era una persona malhumorada y poco amigable, ¿por qué no expulsó al vagabundo de la posada?
6. ¿Por qué Mariana no le pide ayuda a Constantino para echar al vagabundo?
7. Si el vagabundo no se hubiera ido, ¿qué crees que habría hecho Mariana? Justifica tu respuesta.

4. Técnica literaria Con un(a) compañero/a, contesta las siguientes preguntas relacionadas con el uso de aforismos en el cuento.

1. ¿Qué aforismo o aforismos aparecen en "La conciencia"?
2. Según tu opinión, ¿por qué la autora usa esta técnica en la obra? ¿Qué reacción consigue provocar en los personajes? ¿Y en el lector?
3. ¿Qué quiere decir el aforismo "La buena conciencia es la mejor almohada para dormir"? ¿Cómo se relaciona con el texto?
4. Los aforismos surgen a partir de la experiencia. ¿Cómo se relaciona esa característica con la figura del vagabundo?
5. Por lo general, los aforismos expresan verdades, reglas o moralejas. ¿Crees que las palabras finales del vagabundo influirán en la visión que Mariana tiene de la realidad? Justifica tu respuesta.

5. Opiniones Con dos compañeros/as, analiza las preguntas. No olviden justificar sus respuestas.

- Según el vagabundo, Antonio también tiene un secreto. ¿Crees que es cierto, o piensas que el vagabundo solamente quiere confundir a Mariana? ¿Cuál podría ser el secreto de Antonio?
- Si estuvieras en el lugar de Mariana, ¿habrías actuado del mismo modo? Analiza diferentes maneras de afrontar su situación.
- Si estuvieras en el lugar del vagabundo, ¿le habrías dicho la verdad a Mariana antes o habrías actuado de la misma manera que él? ¿Piensas que el vagabundo es una persona malvada o solamente intenta sobrevivir?

TALLER DE ESCRITURA

1. Confesiones Antonio se siente tan atormentado por su secreto que decide escribirle una carta a Mariana para contárselo. Imagina cómo puede ser esa carta y escríbela. Acuérdate de utilizar el formato adecuado: indica la fecha, y las fórmulas de saludo y de despedida. Vuelve a leer el cuento para buscar datos que te ayuden a escribir la carta.

2. Con la conciencia limpia Hacia el final del relato, el vagabundo justifica sus acciones diciendo que "Nadie hay en el mundo con la conciencia pura, ni siquiera los niños". ¿Estás de acuerdo con esa afirmación? ¿Por qué? En un ensayo de una página, explica tu punto de vista. Incluye ejemplos para justificar tus ideas. Intenta utilizar aforismos o refranes que refuercen tu argumentación.

SOBRE EL AUTOR

Ricardo Palma (1833–1919) nació en el seno de una familia humilde de Lima, Perú. Siempre dispuesto a dar a conocer sus opiniones, ya a los quince años era director de un periódico satírico llamado *El Diablo.* Allí analizaba las épocas turbulentas de la sociedad en que vivía. Años más tarde estudió Derecho, fue voluntario de la Marina y se dedicó a la política. Su interés por los asuntos públicos le trajo algunos problemas (debió exiliarse en Chile desde 1860 hasta 1862), pero también le permitió acceder a cargos importantes: fue nombrado cónsul, senador y funcionario del Ministerio de Guerra y Marina. También hizo numerosos aportes a la cultura de su país: fue miembro de la Real Academia de la Historia e integrante de la Academia Peruana de la Lengua. Además, se encargó de la reconstrucción de la Biblioteca Nacional, que tras los saqueos sufridos durante la guerra del Pacífico (1879–1883) había quedado destruida.

A pesar de ser un hombre de acción, nunca dejó de lado la literatura. Durante toda su vida leyó incansablemente, coleccionó libros y recopiló historias. Su biblioteca personal era considerada la más importante de Perú. Aunque Palma incursionó en la poesía romántica y el teatro, se destacó por su prosa incisiva y divertida. De todas sus obras, quizás las más recordadas sean sus *Tradiciones,* que publicó en varias etapas entre 1872 y 1910. La picardía y el ingenio con los que narró hechos y anécdotas populares de su tierra causaron una verdadera revolución en la prosa hispanoamericana.

El alacrán de fray Gómez

Fecha de publicación: 1889
País: Perú
Género: tradición
Colección: *Tradiciones peruanas,* Séptima Serie
Personajes: fray Gómez, San Francisco Solano, el buhonero, el usurero

TÉCNICA LITERARIA

Los *exempla*

Durante la Edad Media, eran muy comunes los cuentos, fábulas y leyendas que buscaban instruir de una manera entretenida. Estos textos, llamados *exempla* (ejemplos, en latín), se transmitían oralmente y se difundían de pueblo en pueblo. Los personajes eran siempre arquetípicos: más que tener una personalidad individual y única, ilustraban patrones de conducta y actitudes. En nuestros días, los cuentos infantiles y las fábulas cumplen la función de *exempla.*

Cuando leas "El alacrán de fray Gómez", intenta contestar estas preguntas:

- ¿Qué comportamientos ilustran los tres milagros? ¿Podrían considerarse ejemplos de conducta? ¿Por qué?

- ¿Cuáles son las moralejas que se desprenden del relato? ¿Conoces algún cuento o fábula que deje una enseñanza similar?

CONTEXTO CULTURAL

La creación de las *tradiciones peruanas*

A mediados del siglo XIX, los países
hispanoamericanos estaban aún en formación tras
haberse independizado políticamente de España.
Entonces, los intelectuales latinoamericanos se
plantearon la necesidad de que sus países lograran
también una independencia artística y cultural.
La tarea no era sencilla: las jóvenes naciones
debían desarrollar una identidad, una historia y
una tradición propias.

Ese desafío inspiró a Ricardo Palma a reunir y a
documentar las anécdotas, los episodios cotidianos
y las costumbres de su Perú natal. Entonces, creó
un género al que llamó *tradiciones peruanas*. Se
calcula que escribió más de quinientos relatos, que
inicialmente aparecieron publicados en periódicos
y que más tarde se compilaron en varios libros.
En algunas de esas obras, además de retratar las
costumbres de la época, recordó con una extraña
mezcla de burla y nostalgia los años de la colonia.
La principal característica de sus textos es el
uso de un estilo cercano a la oralidad, y de un
humor ágil y vivaz. Dado que Palma buscaba
capturar el espíritu de su nación, usó un lenguaje
coloquial e incluyó numerosos peruanismos.
En las oportunidades en las que utilizó palabras
solemnes, lo hizo con ironía, y cuando mencionó
grandes hechos históricos o políticos, fue solamente
para dar un contexto adecuado a los relatos.

La Plaza Mayor y la catedral de Lima, Perú, 1920

 Practice more at **vhlcentral.com**.

ANTESALA

 1 Aprende y practica el vocabulario
del cuento en **vhlcentral.com**.

 2 Contesta las preguntas:

- ¿Alguna vez has oído la expresión
  "la fe mueve montañas"?
  ¿Conoces algún caso en el que la
  fe de una persona le haya
  permitido lograr algo que parecía
  imposible? ¿Qué factores crees
  que pueden influir en la fe de las
  personas? ¿Por qué?

3 Con tres compañeros/as,
conversa sobre estos temas:

- Durante la Edad Media la gente
  creía mucho en los milagros.
  ¿Cuáles podrían ser los motivos de
  esa fe? ¿Cambió nuestra actitud
  ante lo "milagroso" o cambió
  nuestra definición de "milagro"?
  Menciona dos aspectos positivos y
  dos aspectos negativos de creer en
  los milagros.

4 Investiga cómo funcionan los
empeños (*pawning*). ¿En qué
casos las personas deben recurrir
al empeño? ¿Por qué a veces el
prestamista (*pawnbroker*) abusa
de la situación? ¿Qué diferencia
hay entre dar un préstamo por
interés y ser usurero/a?

El Greco (Doménikos Theotokópoulos), *Santo Domingo en oración*, c. 1593 ▶

EL
alacrán DE
fray Gómez

Ricardo Palma

A Casimiro Prieto Valdés

> Principio principiando;
> principiar quiero,
> por ver si principiando
> principiar puedo.

In diebus illis, digo, cuando yo era muchacho, oía con frecuencia a las
viejas exclamar, ponderando° el mérito y precio de una alhaja:

—¡Esto vale tanto como el alacrán° de fray Gómez! Tengo una chica,
remate de lo bueno, flor de la gracia y espumita de la sal, con unos ojos más
pícaros y trapisondistas° que un par de escribanos:

> chica que se parece
> al lucero del alba
> cuando amanece,

al cual pimpollo° he bautizado, en mi paternal chochera, con el mote° de
alacrancito de fray Gómez. Y explicar el dicho de las viejas y el sentido del
piropo con que agasajo a mi Angélica, es lo que me propongo, amigo y
camarada Prieto, con esta tradición.

El sastre paga deudas con puntadas, y yo no tengo otra manera de
satisfacer la literaria que con usted he contraído que dedicándole estos
cuatro palotes°.

⓫ ¿Cómo conoce
el narrador el dicho
sobre el alacrán de
fray Gómez?

5

° praising
° scorpion

° conniving

10

° bud / nickname

15

° lines

I

Este era un lego° contemporáneo de don Juan de la Pipirindica, el de la valiente pica, y de San Francisco Solano; el cual lego desempeñaba en Lima, en el convento de los padres seráficos, las funciones de refitolero° en la enfermería u hospital de los devotos frailes. El pueblo lo llamaba fray Gómez, y fray Gómez lo llamaban las crónicas conventuales, y la tradición lo conoce por fray Gómez. Creo que hasta en el expediente que para su beatificación y canonización existe en Roma no se le da otro nombre.

Fray Gómez hizo en mi tierra milagros a mantas°, sin darse cuenta de ellos y como quién no quiere la cosa. Era de suyo milagrero, como aquel que hablaba en verso sin sospecharlo.

Sucedió que un día iba el lego por el puente, cuando un caballo desbocado° arrojó sobre las losas al jinete. El infeliz quedó patitieso, con la cabeza hecha una criba y arrojando sangre por la boca y narices.

—¡Se descalabró, se descalabró! —gritaba la gente—. ¡Que vayan a San Lázaro, por el santo óleo!

Y todo era bullicio y alharaca°.

Fray Gómez acercóse pausadamente al que yacía en tierra, púsole sobre la boca el cordón de su hábito, echóle tres bendiciones, y sin más médico ni más botica el descalabrado se levantó tan fresco, como si golpe no hubiera recibido.

—¡Milagro! ¡Milagro! ¡Viva fray Gómez! —exclamaron los espectadores.

Y en su entusiasmo intentaron llevar en triunfo al lego. Éste, para substraerse° a la popular ovación, echó a correr camino de su convento y se encerró en su celda. La crónica franciscana cuenta esto último de manera distinta. Dice que fray Gómez, para escapar de sus aplaudidores, se elevó en los aires y voló desde el puente hasta la torre de su convento. Yo ni lo niego ni lo afirmo. Puede que sí y puede que no. Tratándose de maravillas, no gasto tinta en defenderlas ni en refutarlas.

Aquel día estaba fray Gómez en vena° de hacer milagros, pues cuando salió de su celda se encaminó a la enfermería, donde encontró a San Francisco Solano acostado sobre una tarima°, víctima de una furiosa jaqueca°. Pulsólo el lego y le dijo:

—Su paternidad está muy débil, y haría bien en tomar algún alimento.

—Hermano —contestó el santo—, no tengo apetito.

—Haga un esfuerzo, reverendo padre, y pase siquiera un bocado.

Y tanto insistió el refitolero, que el enfermo, por librarse de exigencias que picaban ya en majadería°, ideó pedirle lo que hasta para el virrey habría sido imposible conseguir, por no ser la estación propicia para satisfacer el antojo.

—Pues mire, hermanito, sólo comería con gusto un par de pejerreyes°.

Fray Gómez metió la mano derecha dentro de la manga izquierda, y sacó un par de pejerreyes tan fresquitos que parecían acabados de salir del mar.

> **Fray Gómez hizo en mi tierra milagros a mantas, sin darse cuenta de ellos y como quién no quiere la cosa.**

⏸ ¿De qué manera cura fray Gómez al jinete herido?

---

20 *lay brother*

person in charge of refectory

25

milagros a mantas hundreds of miracles

30 *caballo desbocado runaway horse*

35 *fuss*

40

to avoid

45

50

estar en vena to be in the mood

55 *dais / headache*

60 *stupidity*

silversides (type of fish)

65

—Aquí los tiene su paternidad, y que en salud se le conviertan. Voy a guisarlos.

Y ello es que con los benditos pejerreyes quedó San Francisco curado como por ensalmo°.

como por ensalmo
as if by magic

Me parece que estos dos milagritos de que incidentalmente me he ocupado no son paja picada. Dejo en mi tintero otros muchos de nuestro lego, porque no me he propuesto relatar su vida y milagros.

> Estaba una mañana fray Gómez en su celda, entregado a la meditación, cuando dieron a la puerta unos discretos golpecitos...

Sin embargo, apuntaré, para satisfacer curiosidades exigentes, que sobre la puerta de la primera celda del pequeño claustro°, que hasta hoy sirve de enfermería, hay un lienzo pintado al óleo representando estos dos milagros, con la siguiente inscripción:

cloister

"El Venerable Fray Gómez. —Nació en Extremadura en 1560. Vistió el hábito en Chuquisaca en 1580. Vino a Lima en 1587—. Enfermero fue cuarenta años, ejercitando todas las virtudes, dotado de favores y dones celestiales. Fue su vida un continuo milagro. Falleció en 2 de mayo de 1631, con fama de santidad. En el año siguiente se colocó el cadáver en la capilla de Aranzazú, y en 13 de octubre de 1810 se pasó debajo del altar mayor, a la bóveda° donde son sepultados los padres del convento. Presenció la traslación de los restos el señor doctor don Bartolomé María de las Heras. Se restauró este venerable retrato en 30 de noviembre de 1882, por M. Zamundio."

vault

II

Estaba una mañana fray Gómez en su celda, entregado a la meditación, cuando dieron a la puerta unos discretos golpecitos, y una voz de quejumbroso° timbre dijo:

plaintive

—*Deo gratias...* ¡Alabado sea el Señor!

—Por siempre jamás, amén. Entre, hermanito —contestó fray Gómez.

Y penetró en la humildísima celda un individuo algo desharrapado°, *vera efigies* del hombre a quien acongojan° pobrezas, pero en cuyo rostro se dejaba adivinar la proverbial honradez del castellano viejo.

ragged

distress

Todo el mobiliario de la celda se componía de cuatro sillones de vaqueta, una mesa mugrienta y una tarima sin colchón, sábanas ni abrigo, y con una piedra por cabezal o almohada.

—Tome asiento, hermano, y dígame sin rodeos° lo que por acá le trae —dijo fray Gómez.

sin rodeos
without beating around the bush

—Es el caso, padre, que yo soy hombre de bien a carta cabal...

—Se le conoce, y que persevere deseo, que así merecerá en esta vida terrena la paz de la conciencia, y en la otra la bienaventuranza.

—Y es el caso que soy buhonero°, que vivo cargado de familia y que mi comercio no cunde° por falta de medios, que no por holgazanería y escasez de industria en mí.

peddler

gets far

—Me alegro, hermano, que a quien honradamente trabaja Dios le acude.

¿Cómo recibe el fraile al hombre que interrumpe su meditación? ¿Qué clase de personalidad demuestra con sus actos?

> ... vete a pedirle el dinero a fray Gómez, que si él lo quiere, mendicante y pobre como es, medio encontrará...

¿De dónde saca este hombre la idea de ir a pedirle dinero a fray Gómez?

—Pero es el caso, padre, que hasta ahora Dios se me hace el sordo, y en acorrerme° tarda...

—No desespere, hermano; no desespere.

—Pues es el caso que a muchas puertas he llegado en demanda de habilitación por quinientos duros, y todas las he encontrado con cerrojo y cerrojillo. Y es el caso que anoche, en mis cavilaciones°, yo mismo me dije a mí mismo: "¡Ea!, Jerónimo, buen ánimo y vete a pedirle el dinero a fray Gómez, que si él lo quiere, mendicante y pobre como es, medio encontrará para sacarte del apuro." Y es el caso que aquí estoy porque he venido, y a su paternidad le pido y ruego que me preste esa puchuela° por seis meses, seguro que no será por mí por quien se diga:

> En el mundo hay devotos
> de ciertos santos;
> la gratitud les dura
> lo que el milagro;
> que un beneficio
> da siempre vida a ingratos
> desconocidos.

help me

115

deep thought

120

125 *small amount*

130

—¿Cómo ha podido imaginarse, hijo, que en esta triste celda encontraría ese caudal?

—Es el caso, padre, que no acertaría a responderle, pero tengo fe en que no me dejará ir desconsolado.

—La fe lo salvará, hermano. Espere un momento.

Y paseando los ojos por las desnudas y blanqueadas paredes de la celda, vio un alacrán que caminaba tranquilamente sobre el marco de la ventana. Fray Gómez arrancó una página de un libro viejo, dirigióse a la ventana, cogió con delicadeza a la sabandija°, la envolvió en el papel, y tornándose hacia el castellano viejo, le dijo:

—Tome, buen hombre, y empeñe esta alhajita; no olvide, sí, devolvérmela dentro de seis meses.

El buhonero se deshizo en frases de agradecimiento, se despidió de fray Gómez y más que de prisa se encaminó a la tienda.

La joya era espléndida, verdadera alhaja de reina morisca, por decir lo menos. Era un prendedor° figurando un alacrán. El cuerpo lo formaba una magnífica esmeralda engarzada sobre oro, y la cabeza un grueso brillante con dos rubíes por ojos.

El usurero, que era hombre conocedor, vio la alhaja con codicia, y ofreció al necesitado adelantarle dos mil duros por ella; pero nuestro español se empeñó en no aceptar otro préstamo que el de quinientos duros por seis meses, y con un interés judaico, se entiende. Extendiéronse y firmáronse los documentos o papeletas de estilo, acariciando el agiotista° la esperanza de que a la postre el dueño de la prenda acudiría por más dinero, que con el recargo de intereses lo convertiría en propietario de joya tan valiosa por su mérito intrínseco y artístico.

Y con este capitalito fuele tan prósperamente en su comercio, que a la terminación del plazo pudo desempeñar la prenda, y, envuelta en el papel en que la recibiera, se la devolvió a fray Gómez.

Éste tomó el alacrán, lo puso sobre el alféizar° de la ventana, le echó una bendición y dijo:

—Animalito de Dios, sigue tu camino.

Y el alacrán echó a andar libremente por las paredes de la celda.

Y vieja, pelleja,
aquí dio fin la conseja. ∎

Margin line numbers and glosses:

135

140 bug

145

brooch

150

usurer 155

160

windowsill

165

II ¿Qué nos indica el hecho de que el hombre acepta solamente quinientos duros por la joya?

1. Cierto o falso Indica si cada afirmación es cierta o falsa. Corrige las falsas.

1. El propósito del relato es explicar un proverbio que el narrador oía cuando era joven.
2. Fray Gómez se esforzaba mucho para producir milagros.
3. Uno de los milagros de fray Gómez fue curar a un hombre que se había caído de un caballo.
4. A fray Gómez le gustaba que la gente lo felicitara por sus milagros.
5. San Francisco Solano sólo quería comer un tipo de pescado.
6. Un día fray Gómez le dio dinero a un hombre que lo necesitaba.
7. Fray Gómez convirtió un alacrán en un prendedor.
8. El buhonero empeñó la alhaja por un año.
9. Cuando se cumplió el plazo del préstamo, el buhonero no pudo recuperar el alacrán.
10. El alacrán quedó convertido en una alhaja maravillosa.

2. Comprensión Contesta las preguntas con oraciones completas.

1. Una joya que vale "tanto como el alacrán de fray Gómez", ¿vale mucho o poco?
2. ¿Por qué el jinete se cayó del caballo?
3. ¿Qué hizo fray Gómez después de hacer el milagro?
4. ¿En qué época vivió fray Gómez? ¿Cuántos años vivió?
5. ¿Qué aspecto tenía la celda de fray Gómez?
6. ¿Por qué Jerónimo le pidió dinero a fray Gómez si sabía que el fraile no tenía?
7. ¿Tiene buenas intenciones el prestamista?
8. ¿Cómo le fue en su comercio a Jerónimo?

3. Interpretación Con un(a) compañero/a, contesta las siguientes preguntas sobre "El alacrán de fray Gómez".

1. ¿A qué piensas que se debe el interés del narrador por la frase de las viejas?
2. ¿Qué le resulta curioso del nombre "fray Gómez"? (Lee detenidamente el segundo párrafo.)
3. ¿Por qué resulta cómica la manera de narrar la recuperación del jinete?
4. ¿Cómo reacciona el narrador ante las dos versiones de la huída de fray Gómez?
5. ¿Qué insinúa el narrador con la palabra "milagritos"?
6. ¿Qué opinión parece tener el narrador sobre los procedimientos de canonización?
7. ¿Por qué el narrador describe la habitación de fray Gómez?
8. ¿Cómo se comporta el alacrán al final del relato? ¿Qué efecto tiene esto en el lector?

4. Técnica literaria En "El alacrán de fray Gómez", Palma utiliza la técnica de los *exempla* para mostrar diferentes patrones de conducta. Con un(a) compañero/a, analiza la manera de comportarse de los personajes y el mensaje que el autor quiso transmitir.

1. En la obra aparecen ejemplos de conducta positivos y negativos. Describe las actitudes y las reacciones de los siguientes personajes:
   - fray Gómez
   - el buhonero
   - el usurero
2. ¿Qué tienen en común los personajes positivos de la obra? ¿Por qué piensas que es así?
3. ¿Qué relación encuentras entre la conducta de los personajes y la recompensa que reciben al final?
4. ¿Cuál podría ser la moraleja de cada uno de los milagros?
5. ¿Qué elementos estilísticos del cuento son propios de la fábula?

5. Una cuestión de fe Con tres compañeros/as, comenta las siguientes opiniones sobre la influencia de la fe y las religiones en la vida pública.

- Los objetores de conciencia sólo quieren evadir la obligación de defender a su país.
- Los gobernantes deben ser religiosos para que su buena moral esté garantizada.
- Las personas que creen en la curación a través de la fe deben ser obligadas a consultar a un médico. La función de la religión es curar almas, no cuerpos.
- Todos los niños deben recibir educación religiosa de algún tipo.

TALLER DE ESCRITURA

1. El expediente de fray Gómez El relato de Palma habla sobre un expediente de la vida y obra de fray Gómez. Escribe una biografía de no menos de una página que describa la vida del fraile desde su nacimiento hasta su muerte. Asegúrate de contestar todas estas preguntas.

1. *¿Dónde nació?*
2. *¿En qué países vivió?*
3. *¿A qué orden religiosa perteneció? ¿Qué tareas cumplía en el convento?*
4. *¿Cómo fue su actitud ante las obligaciones que tenía que cumplir?*
5. *¿Cómo era su personalidad?*
6. *¿Le gustaba que lo admiraran?*
7. *¿Qué milagros hizo?*
8. *¿Dónde murió?*

2. ¿San Gómez? Investiga cuáles son las condiciones que una persona tiene que cumplir para ser canonizada como santo o santa. Luego, escribe un ensayo de una página sobre por qué fray Gómez debería convertirse en "San Gómez" o no.

SOBRE EL AUTOR

Juan Bosch (1909–2001) fue presidente de la República Dominicana, fundó dos partidos políticos y se destacó como el más notable escritor de cuentos de su país. Según el propio Bosch, "hay una obra mía […] que ha sido escrita, forjada al solo estímulo de mi amor por el pueblo dominicano. Me refiero a mis cuentos". Bosch comenzó a trabajar de muy joven en varias tiendas comerciales y viajó por España, Venezuela y el Caribe.

En 1933, tras regresar a su país, publicó *Camino Real,* su primer libro de cuentos, y años más tarde la novela *La Mañosa* (1936), aclamada por la crítica nacional. Estuvo en prisión por oponerse al dictador Trujillo, y en 1938 se marchó a un exilio que duraría veintitrés años. Fue entonces cuando escribió "La Nochebuena de Encarnación Mendoza", "Luis Pie", "El indio Manuel Sicuri" y otros cuentos que luego fueron recopilados en *Cuentos escritos en el exilio* (1962), una colección centrada en la realidad sociocultural de los campos dominicanos, sus conflictos y sus luchas.

Si bien su narrativa trata temas dominicanos, se ocupa esencialmente del hombre y los sistemas que lo oprimen, lo que le da una validez universal. Cuando Trujillo fue asesinado en 1961, Bosch regresó y ganó las primeras elecciones presidenciales democráticas de su país. Aunque fue derrocado por un golpe militar siete meses después, aún hoy se le recuerda como un político honesto. Desde ese momento se dedicó al género ensayístico y a la historia, al tiempo que continuó participando activamente en política.

La Nochebuena de Encarnación Mendoza

Fecha de publicación: 1962
País: República Dominicana
Género: cuento
Colección: *Cuentos escritos en el exilio*
Personajes: Encarnación Mendoza, Mundito, sargento Rey, Nemesio Arroyo, Nina

TÉCNICA LITERARIA

El desenlace

Los finales sorpresivos dan un cierre memorable a las historias. Para que un desenlace provoque sorpresa no debe ser violento ni puede estar desconectado del resto del cuento. Por eso, el escritor debe "despistar"° al lector, apartar su atención de algo y convencerlo de otra cosa para finalmente dejarlo atónito frente a una revelación asombrosa. Esta clase de final hace que el lector vuelva atrás y revise toda la narración para descubrir esas pistas° que había pasado por alto.

- Cuando leas "La Nochebuena de Encarnación Mendoza" de Juan Bosch, busca las pistas que indican lo que ocurrirá en el final. ¿Qué expectativa se crea desde el comienzo?

- Muchos libros y películas concluyen con un giro inesperado que cambia la percepción de toda la historia. ¿Recuerdas algún ejemplo?

despistar *mislead* **pistas** *clues*

CONTEXTO HISTÓRICO

Raíces de la violencia

La República Dominicana comparte el territorio de la isla La Española con Haití. Allí desembarcó Colón en 1492 y allí se construyeron la primera universidad y la primera catedral del continente. Desde su independencia de España en 1821, el país estuvo convulsionado° por las luchas contra poderes externos, la guerra civil, los golpes militares y la opresión de las libertades. En el siglo XX sufrió la larga dictadura de Trujillo, quien se apoderó del gobierno durante treinta años y aplastó° a la oposición utilizando la tortura, la represión y la cárcel. Uno de los episodios más violentos de esa época fue el asesinato en 1960 de las hermanas Mirabal, quienes se oponían a su régimen. Tras el asesinato de Trujillo en 1961, Juan Bosch llegó al poder como presidente de la mano del Partido Revolucionario Dominicano, partido que él mismo fundó durante su exilio en Cuba. Sus principales propuestas incluían la reforma agraria y la democratización de las estructuras sociales, políticas y culturales, pero su derrocamiento

Mercado en Ciudad Trujillo, República Dominicana, 1959

impidió esos cambios profundos. En las últimas décadas, la República Dominicana ha tenido un régimen democrático estable con elecciones cada cuatro años.

 Practice more at **vhlcentral.com.**

convulsionado *thrown into confusion* **aplastó** *crushed*

ANTESALA

 1 Aprende y practica el vocabulario del cuento en **vhlcentral.com**.

 2 En Internet, observa con atención los cuadros del pintor mexicano Diego Rivera que ilustran el cuento (*Mural Río Juchitán, La noche de los pobres, Los explotadores, La molendera* y *Campesinos*) *y contesta las preguntas:* ¿Qué situaciones ves reflejadas en ellos? ¿Qué están haciendo las personas que aparecen allí? ¿Qué clase de vida piensas que tienen?

 3 En grupos, conversen sobre estos temas:

- ¿Crees en el destino? ¿Piensas que es cierto que existe una fuerza que juega con las vidas de las personas y se divierte oponiéndose a sus planes?

- ¿Te parece que la justicia y la ley no siempre van por el mismo camino? ¿Puedes dar ejemplos? ¿Piensas que la venganza juega un papel importante en el castigo de un crimen? Si te hicieran daño, ¿buscarías venganza?

- ¿Se celebra la Navidad en tu país? ¿De qué manera se celebra? ¿Qué significado tiene esa fiesta (y otras fiestas tradicionales) para las familias? ¿Imaginas que será igual en otros países, clases sociales, culturas? ¿Por qué?

LA Nochebuena DE Encarnación Mendoza

Juan Bosch

CON SU SENSIBLE OJO DE PRÓFUGO° ENCARNACIÓN MENDOZA   *fugitive*
había distinguido el perfil de un árbol a veinte pasos, razón por la cual pensó
que la noche iba a decaer. Anduvo acertado en su cálculo; donde empezó a
equivocarse fue al sacar conclusiones de esa observación. Pues como el día se
acercaba era de rigor° buscar escondite, y él se preguntaba si debía internarse   **de rigor**
en los cerros que tenía a su derecha o en el cañaveral° que le quedaba a la   *indispensable*
izquierda. Para su desgracia, escogió el cañaveral. Hora y media más tarde el   *sugarcane plantation*
sol del día 24 alumbraba los campos y calentaba ligeramente a Encarnación
Mendoza, que yacía bocarriba tendido sobre hojas de caña.

    A las siete de la mañana los hechos parecían estar sucediéndose tal como   10
había pensado el fugitivo; nadie había pasado por las trochas° cercanas.
Por otra parte la brisa era fresca y tal vez llovería, como casi todos los   *paths*
años en Nochebuena. Y aunque no lloviera los hombres no saldrían de la
bodega, donde estarían desde temprano consumiendo ron, hablando a
gritos y tratando de alegrarse como lo mandaba la costumbre. En cambio,   15
de haber tirado hacia los cerros no podría sentirse tan seguro. Él conocía

⏸ ¿Qué busca
Encarnación Mendoza
y por qué?

bien el lugar; las familias que vivían en las hondonadas producían leña, yuca y algún maíz. Si cualquiera de los hombres que habitaban los bohíos° de por allí bajaba aquel día para vender bastimentos en la bodega del batey° y acertaba a verlo, estaba perdido. En leguas a la redonda no había quién se atreviera a silenciar el encuentro. Jamás sería perdonado el que encubriera a Encarnación Mendoza: y aunque no se hablaba del asunto todos los vecinos de la comarca° sabían que aquel que le viera debía dar cuenta inmediata al puesto de guardia más cercano.

Empezaba a sentirse tranquilo Encarnación Mendoza, porque tenía la seguridad de que había escogido el mejor lugar para esconderse durante el día, cuando comenzó el destino a jugar en su contra.

Pues a esa hora la madre de Mundito pensaba igual que el prófugo: nadie pasaría por las trochas en la mañana, y si Mundito apuraba el paso haría el viaje a la bodega antes de que comenzaran a transitar los caminos los habituales borrachos del día de Nochebuena. La madre de Mundito tenía unos cuantos centavos que había ido guardando de lo poco que cobraba lavando ropa y revendiendo gallinas en el cruce de la carretera, que le quedaba al poniente°, a casi medio día de marcha. Con esos centavos podía mandar a Mundito a la bodega para que comprara harina, bacalao° y algo de manteca. Aunque lo hiciera pobremente, quería celebrar la Nochebuena con sus seis pequeños hijos, siquiera° fuera comiendo frituras de bacalao.

El caserío donde ellos vivían —del lado de los cerros, en el camino que dividía los cañaverales de las tierras incultas— tendría catorce o quince malas viviendas, la mayor parte techadas de yaguas°. Al salir de la suya, con el encargo de ir a la bodega, Mundito se detuvo un momento en medio del barro seco por donde en los días de zafra° transitaban las carretas cargadas de caña. Era largo el trayecto hasta la bodega. El cielo se veía claro, radiante de luz que se esparcía sobre el horizonte de cogollos de caña; era grata la brisa y dulcemente triste el silencio. ¿Por qué ir solo, aburriéndose de caminar por trochas siempre iguales? Durante diez segundos Mundito pensó entrar al bohío vecino, donde seis semanas antes una perra negra había parido seis cachorros. Los dueños del animal habían regalado cinco, pero quedaba uno "para amamantar a madre", y en él había puesto Mundito todo el interés que la falta de ternura había acumulado en su pequeña alma. Con sus nueve años cargados de precoz sabiduría, el niño era consciente de que si llevaba al cachorrillo tendría que cargarlo casi todo el tiempo, porque no podría hacer tanta distancia por sí solo. Mundito sentía que esa idea casi le autorizaba a disponer del perrito. De súbito, sin pensarlo más, corrió hacia la casucha° gritando:

—¡Doña Ofelia, emprésteme° a Azabache, que lo voy a llevar allí!

Empezaba a sentirse tranquilo Encarnación Mendoza, porque tenía la seguridad de que había escogido el mejor lugar...

Margin notes:

° huts
° sugar company town

20

° region

25

30

° west
° codfish

° at least

40 ° royal palms

° sugarcane harvest

45

50

55

60 ° dog kennel

° lend me

*Margin question:*

⏸ ¿En qué pensamiento coincide la madre de Mundito con Encarnación Mendoza? ¿Los dos tienen razón o se equivocan?

Oyéranle o no, ya él había pedido autorización, y eso bastaba. Entró como un torbellino, tomó el animalejo en brazos y salió corriendo, a toda marcha, hasta que se perdió a lo lejos. Y así empezó el destino a jugar en los planes de Encarnación Mendoza.

Porque ocurrió que cuando, poco antes de las nueve, el niño Mundito pasaba frente al tablón° de

> ... quedó paralizado: había visto al hombre. Pero para él no era simplemente un hombre sino algo imponente y terrible; era un cadáver.

caña donde estaba escondido el fugitivo, cansado, o simplemente movido por esa especie de indiferencia por lo actual y curiosidad por lo inmediato que es privilegio de los animales pequeños, Azabache se metió en el cañaveral. Encarnación Mendoza oyó la voz del niño ordenando al perrito que se detuviera. Durante un segundo temió que el muchacho fuera la avanzada° de algún grupo. Estaba clara la mañana. Con su agudo ojo de prófugo él podía ver hasta dónde se lo permitía el barullo de tallos y hojas. Allí, al alcance de su mirada, estaba el niño. Encarnación Mendoza no tenía pelo de tonto. Rápidamente calculó que si lo hallaban atisbando era hombre perdido; lo mejor sería hacerse el dormido, dando la espalda al lado por donde sentía el ruido. Para mayor seguridad, se cubrió la cara con el sombrero.

El negro cachorrillo correteó; jugando con las hojas de caña, pretendiendo saltar, torpe de movimientos, y cuando vio al fugitivo echado empezó a soltar diminutos y graciosos ladridos. Llamándolo a voces y gateando° para avanzar, Mundito iba acercándose cuando de pronto quedó paralizado: había visto al hombre. Pero para él no era simplemente un hombre sino algo imponente y terrible; era un cadáver°. De otra manera no se explicaba su presencia allí y mucho menos su postura. El terror le dejó frío. En el primer momento pensó huir, y hacerlo en silencio para que el cadáver no se diera cuenta. Pero le parecía un crimen dejar a Azabache abandonado, expuesto al peligro de que el muerto se molestara con sus ladridos y lo reventara apretándolo con las manos. Incapaz de irse sin el animalito e incapaz de quedarse allí, el niño sentía que desfallecía°. Sin intervención de su voluntad levantó una mano, fijó la mirada en el difunto, temblando mientras el perrillo reculaba° y lanzaba sus pequeños ladridos. Mundito estaba seguro de que el cadáver iba a levantarse de momento. En su miedo, pretendió adelantarse al muerto: pegó un saltó sobre el cachorrillo, al cual agarró con nerviosa violencia por el pescuezo°, y a seguidas, cabeceando contra las cañas, cortándose el rostro y las manos, impulsado por el terror, ahogándose, echó a correr hacia la bodega. Al llegar allí, a punto de desfallecer por el esfuerzo y el pavor, gritó señalando hacia el lejano lugar de su aventura:

—¡En la Colonia Adela hay un hombre muerto!

A lo que un vozarrón áspero respondió gritando:

—¿Qué tá° diciendo ese muchacho?

Margin glosses: plot of land / advance party / crawling / corpse / fainted / moved backwards / neck / está

🔘 ¿Qué decide hacer Encarnación al ver que se acerca un niño?

> Era un impulso bestial el que le empujaba a ir, una fuerza ciega a la cual no podía resistir.

Y como era la voz del sargento Rey, jefe de puesto del Central, obtuvo el mayor interés de parte de los presentes así como los datos que solicitó del muchacho. El día de Nochebuena no podía contarse con el juez de La Romana para hacer el levantamiento del cadáver, pues debía andar por la Capital disfrutando sus vacaciones de fin de año. Pero el sargento era expeditivo; quince minutos después de haber oído a Mundito el sargento Rey iba con dos números° y diez o doce curiosos hacia el sitio donde yacía el presunto cadáver. Eso no había entrado en los planes de Encarnación Mendoza.

El propósito de Encarnación Mendoza era pasar la Nochebuena con su mujer y sus hijos. Escondiéndose de día y caminando de noche había recorrido leguas y leguas, desde las primeras estribaciones° de la Cordillera, en la provincia del Seybo, rehuyendo todo encuentro y esquivando bohíos, corrales y cortes de árboles o quemas de tierras. En toda la región se sabía que él había dado muerte al cabo° Pomares, y nadie ignoraba que era hombre condenado donde se le encontrara. No debía dejarse ver de persona alguna, excepto de Nina y de sus hijos. Y los vería sólo una hora o dos, durante la Nochebuena. Tenía ya seis meses huyendo, pues fue el día de San Juan cuando ocurrieron los hechos que le costaron la vida al cabo Pomares.

Necesariamente debía ver a su mujer y a sus hijos. Era un impulso bestial el que le empujaba a ir, una fuerza ciega a la cual no podía resistir. Con todo y ser tan limpio de sentimientos, Encarnación Mendoza comprendía que con el deseo de abrazar a su mujer y de contarles un cuento a los niños iba confundida una sombra de celos. Pero además necesitaba ver la casucha, la luz de la lámpara iluminando la habitación donde se reunían cuando él volvía del trabajo y los muchachos le rodeaban para que él los hiciera reír con sus ocurrencias°. El cuerpo le pedía ver hasta el sucio camino, que se hacía lodazal° en los tiempos de lluvia. Tenía que ir o se moriría de una pena tremenda.

Encarnación Mendoza estaba acostumbrado a hacer lo que deseaba; nunca deseaba nada malo, y se respetaba a sí mismo. Por respeto a sí mismo sucedió lo del día de San Juan, cuando el cabo Pomares le faltó° pegándole en la cara, a él, que por no ofender no bebía y que no tenía más afán que su familia. Sucediera lo que sucediera, y aunque el mismo Diablo hiciera oposición, Encarnación Mendoza pasaría la Nochebuena en su bohío. Solo imaginar que Nina y los muchachos estarían tristes, sin un peso para celebrar la fiesta, tal vez llorando por él, le partía el alma y le hacía maldecir° de dolor.

Pero el plan se había enredado algo. Era cosa de ponerse a pensar si el muchacho hablaría o se quedaría callado. Se había ido corriendo, a lo que pudo colegir° Encarnación por la rapidez de los pasos, y tal vez pensó que

---

⏸ ¿Quiénes son las únicas personas ante las que se dejará ver Encarnación esa Nochebuena? ¿Por qué?

110

115 privates

120 foothills

125 corporal

130

135 witty remarks
quagmire

140 faltó al respeto
disrespected him

145

curse

150

deduce

laborer

se trataba de un peón° dormido. Acaso hubiera sido prudente alejarse de allí, meterse en otro tablón de caña. Sin embargo, valía la pena pensarlo dos

155 veces, porque si tenía la fatalidad de que alguien pasara por la trocha de ida o
rush de vuelta, y le veía cruzando camino y le reconocía, era hombre perdido. No debía precipitarse°; ahí, por de pronto, estaba seguro. A las nueve de la noche podría salir; caminar con cautela orillando los cerros, y estaría en su casa a las once, tal vez a las once y un cuarto. Sabía lo que iba a hacer; llamaría por la ventana de la habitación en voz baja y le diría a Nina que abriera, que

160 era él, su marido. Ya le parecía estar viendo a Nina con su negro pelo caído
chin sobre las mejillas, los ojos oscuros y brillantes, la boca carnosa, la barbilla° saliente. Ese momento de la llegada era la razón de ser de su vida; no podía
caught arriesgarse a ser cogido° antes. Cambiar de tablón en pleno día era correr riesgo. Lo mejor sería descansar, dormir...

165 Despertó al tropel de pasos y a la voz del niño que decía:
Estaba —Taba° ahí, sargento.

—¿Pero en cuál tablón; en ése o en el de allá?

—En ése —aseguró el niño.

"En ése" podía significar que el muchacho estaba señalando hacia el

170 que ocupaba Encarnación, hacia uno vecino o hacia el de enfrente. Porque a juzgar por las voces el niño y el sargento se hallaban en la trocha, tal vez en un punto intermedio entre varios tablones de caña. Dependía de hacia dónde estaba señalando el niño cuando decía "ése". La situación era realmente grave, porque de lo que no había duda era de que ya había gente localizando

175 al fugitivo. El momento, pues, no era de dudar, sino de actuar. Rápido en la decisión, Encarnación Mendoza comenzó a gatear con suma cautela, cuidándose de que el ruido que pudiera hacer se confundiera con el de las hojas del cañaveral batidas por la brisa. Había que salir de allí

180 pronto, sin perder un minuto. Oyó la áspera voz del sargento:

—¡Métase por ahí, Nemesio, que yo voy por aquí! ¡Usté, Solito,

185 quédese por aquí!

Se oían murmullos y comentarios.

> Sin duda las cosas estaban poniéndose feas. Feas para él y feas para el muchacho, quienquiera que fuese.

Mientras se alejaba, agachado, con paso felino, Encarnación podía colegir que había varios hombres en el grupo que le buscaba. Sin duda las cosas estaban poniéndose feas.

190 Feas para él y feas para el muchacho, quienquiera que fuese. Porque cuando el sargento Rey y el número Nemesio Arroyo recorrieron el tablón de caña en que se habían metido, maltratando los tallos más tiernos y cortándose las manos y los brazos, y no vieron cadáver alguno, empezaron a creer que era broma lo del hombre muerto en la Colonia Adela.

estás 195 —¿Tú ta° seguro que fue aquí, muchacho? —preguntó el sargento.

—Sí, aquí era —afirmó Mundito, bastante asustado ya.

¿Cómo llegan los soldados hasta el lugar donde se esconde Encarnación? ¿Qué esperan encontrar allí?

> El sargento clavó en el niño una mirada fija, escalofriante, que lo llenó de pavor.

—Son cosa° de muchacho, sargento; ahí no hay nadie —terció° el número Arroyo.

El sargento clavó en el niño una mirada fija, escalofriante°, que lo llenó de pavor.

—Mire, yo venía por aquí con Azabache —empezó a explicar Mundito— y lo diba° corriendo asina° —lo cual dijo al tiempo que ponía el perrito en el suelo—, y él cogió y se metió ahí.

Pero el número Solito Ruiz interrumpió la escenificación° de Mundito preguntando:

—¿Cómo era el muerto?

—Yo no le vide° la cara —dijo el niño, temblando de miedo—; solamente le vide la ropa. Tenía un sombrero en la cara. Taba asina, de lao°...

—¿De qué color era el pantalón? —inquirió el sargento.

—Azul, y la camisa como amarilla, y tenía un sombrero negro encima de la cara...

Pero el pobre Mundito apenas podía hablar; se hallaba aterrorizado, con ganas de llorar. A su infantil idea de las cosas, el muerto se había ido de allí sólo para vengarse de su denuncia y hacerlo quedar como un mentiroso. Seguramente en la noche le saldría en la casa y lo perseguiría toda la vida.

De todas maneras, supiéralo o no Mundito, en ese tablón de cañas no darían con el cadáver. Encarnación Mendoza había cruzado con sorprendente celeridad hacia otro tablón, y después hacia otro más; y ya iba atravesando la trocha para meterse en un tercero cuando el niño, despachado por el sargento, pasaba corriendo con el perrillo bajo el brazo. Su miedo lo paró en seco° al ver el torso y una pierna del difunto que entraban en el cañaveral. No podía ser otro, dado que la ropa era la que había visto por la mañana.

—¡Ta aquí, sargento; ta aquí! —gritó señalando hacia el punto por donde se había perdido el fugitivo—. ¡Dentró° ahí!

Y como tenía mucho miedo siguió su carrera hacia su casa, ahogándose, lleno de lástima consigo mismo por el lío en que se había metido. El sargento, y con él los soldados y curiosos que le acompañaban, se había vuelto al oír la voz del chiquillo.

—Cosa de muchacho —dijo calmosamente Nemesio Arroyo.

Pero el sargento, viejo en su oficio, era suspicaz:

—Vea, algo hay. ¡Rodiemo ese tablón di una ve°! —gritó.

Y así empezó la cacería°, sin que los cazadores supieran qué pieza perseguían.

Era poco más de media mañana. Repartidos en grupos, cada militar iba seguido de tres o cuatro peones, buscando aquí y allá, corriendo por las trochas, todos un poco bebidos y todos excitados. Lentamente, las pequeñas nubes azul oscuro que descansaban al ras del horizonte empezaron a crecer y a ascender cielo arriba. Encarnación Mendoza sabía ya que estaba más o

**Margin glosses (right):**

cosas
intervened
200
hair-raising
205 iba / así
dramatization
210 vi
lado
215
220
en seco *suddenly*
225
Entró
230
¡Rodeemos ese tablón de una vez!
235 *hunt*
240

Margin note (left):

¿Quién ve a Encarnación cuando está a punto de huir, y da aviso a los soldados?

surrounded

search

echarle mano laying their hands on him

245

se atenía a abode by

250

255

260

dos números

265

seemed to

270

hindered

275

280

accurate

weeds 285

menos cercado°. Sólo que a diferencia de sus perseguidores —que ignoraban a quién buscaban—, él pensaba que el registro° del cañaveral obedecía al propósito de echarle mano° y cobrarle lo ocurrido el día de San Juan.

Sin saber a ciencia cierta dónde estaban los soldados, el fugitivo se atenía° a su instinto y a su voluntad de escapar; y se corría de un tablón a otro, esquivando el encuentro con los soldados. Estaba ya a tanta distancia de ellos que si se hubiera quedado tranquilo hubiese podido esperar hasta el oscurecer sin peligro de ser localizado. Pero no se hallaba seguro y seguía pasando de tablón a tablón. Al cruzar una trocha fue visto de lejos, y una voz proclamó a todo pulmón:

—¡Allá va, sargento, allá va; y se parece a Encarnación Mendoza!

¡Encarnación Mendoza! De golpe todo el mundo quedó paralizado. ¡Encarnación Mendoza!

—¡Vengan! —demandó el sargento a gritos; y a seguidas echó a correr, el revólver en la mano, hacia donde señalaba el peón que había visto al prófugo.

Era ya cerca de mediodía, y aunque los crecientes nubarrones convertían en sofocante y caluroso el ambiente, los cazadores del hombre apenas lo notaban; corrían y corrían, pegando voces, zigzagueando, disparando sobre las cañas. Encarnación se dejó ver sobre una trocha distante, sólo un momento, huyendo con la velocidad de una sombra fugaz, y no dio tiempo al número Solito Ruiz para apuntarle su fusil.

—¡Que vaya uno al batey y diga de mi parte que me manden do número°! —ordenó a gritos el sargento.

Nerviosos, excitados, respirando sonoramente y tratando de mirar hacia todos los ángulos a un tiempo, los perseguidores corrían de un lado a otro dándose voces entre sí, recomendándose prudencia cuando alguno amagaba° meterse entre las cañas.

Pasó el mediodía. Llegaron no dos, sino tres números y como nueve o diez peones más; se dispersaron en grupos y la cacería se extendió a varios tablones. A la distancia se veían pasar de pronto un soldado y cuatro o cinco peones, lo cual entorpecía° los movimientos, pues era arriesgado tirar si gente amiga estaba al otro extremo. Del batey iban saliendo hombres y hasta alguna mujer; y en la bodega no quedó sino el dependiente, preguntando a todo hijo de Dios que cruzaba si "ya lo habían cogido".

¿Por qué los cazadores casi no notan el calor que hace?

> Encarnación se dejó ver sobre una trocha distante, sólo un momento...

Encarnación Mendoza no era hombre fácil. Pero a eso de las tres, en el camino que dividía el cañaveral de los cerros, esto es, a más de dos horas del batey, un tiro certero° le rompió la columna vertebral al tiempo que cruzaba para internarse en la maleza°. Se revolcaba en la tierra, manando sangre, cuando recibió catorce tiros más, pues los soldados iban disparándole

> **... él había salido de la Cordillera a pasar la Nochebuena en su casa, no en el batey, vivo o muerto.**

⏸ ¿Por qué el sargento quiere llegar ese mismo día a Macorís?

a medida que se acercaban. Y justamente entonces empezaban a caer las primeras gotas de la lluvia que había comenzado a insinuarse a media mañana.

Estaba muerto Encarnación Mendoza. Conservaba las líneas del rostro, aunque tenía los dientes destrozados por un balazo de máuser. Era día de Nochebuena y él había salido de la Cordillera a pasar la Nochebuena en su casa, no en el batey, vivo o muerto. Comenzaba a llover, y el sargento estaba pensando algo. Si él sacaba el cadáver a la carretera, que estaba hacia el poniente, podía llevarlo ese mismo día a Macorís y entregarle ese regalo de Pascuas al capitán; si lo llevaba al batey tendría que coger allí un tren del ingenio° para ir a la Romana, y como el tren podría tardar mucho en salir llegaría a la ciudad tarde en la noche, tal vez demasiado tarde para trasladarse a Macorís. En la carretera las cosas son distintas; pasan con frecuencia vehículos, él podría detener un automóvil, hacer bajar la gente y meter el cadáver o subirlo sobre la carga de un camión.

—¡Búsquese un caballo ya memo° que vamo° a sacar ese vagabundo a la carretera —dijo dirigiéndose al que tenía más cerca.

No apareció caballo sino burro; y eso, pasadas ya las cuatro, cuando el aguacero° pesado hacía sonar sin descanso los sembrados de caña. El sargento no quería perder tiempo. Varios peones, estorbándose los unos a los otros, colocaron el cadáver atravesado sobre el asno y lo amarraron como pudieron. Seguido por dos soldados y tres curiosos a los que escogió para que arrearan° el burro, el sargento ordenó la marcha bajo la lluvia.

No resultó fácil el camino. Tres veces, antes de llegar al primer caserío, el muerto resbaló y quedó colgado bajo el vientre del asno. Éste resoplaba° y hacía esfuerzos para trotar entre el barro, que ya empezaba a formarse. Cubiertos sólo con sus sombreros de reglamento al principio, los soldados echaron mano a pedazos de yaguas, a hojas grandes arrancadas a los árboles, o se guarecían° en el cañaveral de rato en rato, cuando la lluvia arreciaba° más. La lúgubre comitiva anduvo sin cesar la mayor parte del tiempo; en silencio, la voz de un soldado comentaba:

—Vea ese sinvergüenza.

O simplemente aludía al cabo Pomares, cuya sangre había sido al fin vengada.

Oscureció del todo, sin duda más temprano que de costumbre por efectos de la lluvia; y con la oscuridad el camino se hizo más difícil, razón por la cual la marcha se tornó lenta. Serían más de las siete, y apenas llovía entonces, cuando uno de los peones dijo:

—Allá se ve una lucecita.

—Sí, del caserío —explicó el sargento; y al instante urdió° un plan del que se sintió enormemente satisfecho. Pues al sargento no le bastaba la muerte de

290

295

300 *sugar refinery*

305 *mismo / vamos*

downpour

310

spur on

315 *puffed*

se guarecían took shelter / got worse

320

325

330 *devised*

Encarnación Mendoza. El sargento quería algo más. Así, cuando un cuarto de hora después se vio frente a la primera casucha del lugar, ordenó con su áspera voz:

335 —Desamarren ese muerto y tírenlo ahí adentro, que no podemo° seguir mojándono°.

podemos
mojándonos

Decía esto cuando la lluvia era tan escasa que parecía a punto de cesar; y al hablar observaba a los hombres que se afanaban en° la tarea de librar el cadáver de cuerdas. Cuando el cuerpo estuvo suelto llamó a la puerta de

se afanaban en
did their best

340 la casucha justo a tiempo para que la mujer que salió a abrir recibiera sobre los pies, tirado como el de un perro, el cuerpo de Encarnación Mendoza. El muerto estaba empapado en agua, sangre y lodo, y tenía los dientes destrozados por un tiro, lo que le daba a su rostro antes sereno y bondadoso la apariencia de estar haciendo una mueca horrible.

345 La mujer miró aquella masa inerte; sus ojos cobraron de golpe la inexpresiva fijeza de la locura; y llevándose una mano a la boca comenzó a retroceder lentamente, hasta que a tres pasos paró y corrió desolada sobre el cadáver al tiempo que gritaba:

—¡Hay m'shijo°, se han quedao güérfano°... han matao° a Encarnación!

mis hijos / quedado
huérfanos / matado

350 Espantados, atropellándose, los niños salieron de la habitación, lanzándose a las faldas de la madre.

Entonces se oyó una voz infantil en la que se confundían llanto y horror:

—¡Mamá, mi mamá!... ¡Ese fue el muerto que yo vide hoy en el cañaveral! ∎

¿Cómo había cambiado el rostro de Encarnación? ¿Quién es la mujer ante quien arrojan su cuerpo?

1. Cierto o falso Indica si cada afirmación es cierta o falsa. Corrige las falsas.

1. Encarnación Mendoza asesinó a varias personas.
2. La policía ha ordenado que cualquiera que lo vea dé aviso inmediatamente.
3. La madre de Mundito trabaja lavando ropa y vendiendo gallinas.
4. Mundito va a hacer las compras con un perro que toma prestado.
5. Al ver a Encarnación en el cañaveral, Mundito cree que es un borracho.
6. Mundito reconoce a su padre por el sombrero que éste lleva puesto.
7. El niño corre a avisarle a la policía para cobrar una recompensa.
8. El sargento Rey le hace caso enseguida.
9. Cuando se da cuenta de que está rodeado, Encarnación Mendoza se entrega.

2. Comprensión Contesta las preguntas con oraciones completas.

1. ¿Qué día ocurren los hechos relatados en el cuento?
2. ¿Por qué se esconde Encarnación Mendoza?
3. ¿Qué motivos tiene para regresar a su pueblo?
4. ¿Cómo consiguió la madre de Mundito el dinero para la cena de ese día?
5. ¿Quién descubre el escondite de Encarnación en el cañaveral?
6. ¿De qué tiene miedo Mundito cuando vuelve con la policía y no encuentra al hombre?
7. ¿Con qué coincide el momento en que empiezan a caer las primeras gotas de lluvia?
8. ¿Qué se descubre al final de la historia sobre Mundito y Encarnación Mendoza?

3. Interpretación Con dos compañeros/as, vuelve a leer el cuento y contesta las preguntas.

1. ¿Cuál es el estado de ánimo de Encarnación Mendoza al comienzo del cuento? ¿Tiene esperanzas de lograr su propósito?
2. ¿Cuál es el crimen por el que persiguen a Mendoza? ¿Crees que es un criminal peligroso o una víctima de las circunstancias?
3. ¿Te parece que Mendoza se equivocó en sus decisiones o que algo intervino para arruinar su plan?
4. ¿Piensas que la razón para que nadie "se atreviera a silenciar el encuentro" en caso de ver a Mendoza era un gran respeto por la ley? ¿Qué otra razón podría haber para esa conducta?
5. ¿Por qué al sargento no le bastaba la muerte de Mendoza? ¿Qué otra cosa quería?
6. ¿Qué significado le encuentras al título del cuento?
7. ¿Cuál es la razón de la desgracia de Encarnación Mendoza y la de su familia? ¿Piensas que su delito y su muerte son producto de la fatalidad de la vida o del sistema social opresivo?

4. Técnica literaria "[La primera frase de un cuento] determina el ritmo y la tensión de la pieza. Un cuento que comienza bien, casi siempre termina bien", escribió Bosch en *Apuntes sobre el arte de escribir cuentos.* Con un(a) compañero/a, contesta las siguientes preguntas.

El principio
- Desde el comienzo, y en más de una ocasión, se hace referencia a la vista de Mendoza, así como a sus cálculos y previsiones. ¿Logra Mendoza ver todo lo que debería ver y anticiparse a los hechos? ¿Por qué?
- Mendoza es presentado como un prófugo y así lo ven sus perseguidores. ¿Qué otros aspectos de su vida se describen? ¿Cuál surge en el desenlace sorpresivo? ¿Quién es realmente Encarnación Mendoza?

El final
- La suerte de Mendoza cambia de pronto. ¿Podría haberse salvado en distintos momentos de la historia? ¿Cómo y cuándo?
- ¿Qué pistas en el relato, directas e indirectas, anuncian lo que le va a ocurrir a Mendoza?
- El relato no termina con la muerte de Encarnación, sino que continúa un poco más. ¿Qué le agrega esa extensión al relato? ¿Crees que el efecto sería el mismo si terminara antes?

5. Dicotomías En este cuento, Juan Bosch plantea los hechos de injusticia social como si se debieran a la intervención de un destino que juega fatalmente con la vida de los personajes. Con dos compañeros/as, analiza esa dicotomía "destino versus voluntad". Luego, debatan sobre una de estas otras dicotomías y comenten su conclusión con el resto de la clase.

a. libertad ⟷ orden

b. castigo ⟷ venganza

c. propiedad privada ⟷ bienestar social

d. dignidad personal ⟷ obediencia civil

TALLER DE ESCRITURA

1. Cambio de suerte Elige un momento de la trama en el que las cosas se complican para Encarnación. Imagina que, por el contrario, la historia cambia para mejor y que el prófugo es ayudado por el destino. Escribe otro final del relato a partir de ese evento afortunado.

2. Hablando de Encarnación Mendoza Escribe una carta a un periódico como si fueras un vecino de la región donde ocurrieron los hechos del cuento. Relata cómo ocurrió la muerte de Encarnación Mendoza y toma su caso como argumento para defender una postura contra el sistema judicial.

1. Establece el objetivo de tu carta.

2. Presenta brevemente la historia de Encarnación Mendoza para enfocarte en el tema que te interesa. Explica por qué ese tema es importante para ti.

3. Trata de enumerar argumentos que apoyen tu objetivo. Busca ejemplos en la historia.

4. Mantén un tono objetivo e incluye al final un llamado a cambiar lo que te parece perjudicial de la situación.

SOBRE EL AUTOR

Sergio Vodanovic, de ascendencia croata pero de nacionalidad chilena, nació en 1926 en Split, Croacia. Aunque se desenvolvió en varios campos profesionales, como la abogacía, el periodismo y la televisión, es por su actividad como dramaturgo que se le considera figura clave en el teatro chileno de los años cincuenta y sesenta.

Su dedicación plena a los escenarios lo llevó a estudiar técnica teatral en las universidades estadounidenses de Yale y Columbia, así como a impartir clases de técnica dramática y a dirigir talleres de escritura en Chile en la Universidad Católica y en la Universidad de Concepción. Precisamente, fue en ese ambiente universitario donde se dio un significativo cambio de estilo en su producción.

Sus primeras obras, como *Mi mujer necesita marido* (1953) y *La cigüeña también espera* (1955), fueron comedias ligeras representadas por compañías teatrales comerciales. A partir de una segunda etapa, más experimental y comprometida, que se inició con su obra *Deja que los perros ladren* (1959), Vodanovic profundizó en el neorrealismo. De esta manera logra censurar y analizar problemas de carácter sociopolítico como la corrupción de la clase media chilena o la superioridad de la clases altas. La trilogía *Viña: Tres comedias en traje de baño* (1964) es un claro ejemplo de esa intencionalidad crítica. El dramaturgo falleció en 2001 en Santiago de Chile.

El delantal blanco

Fecha de publicación: 1956
País: Chile
Género: teatro
Colección: *Viña: Tres comedias en traje de baño*
Personajes: la señora, la empleada, dos jóvenes, una jovencita, un caballero distinguido

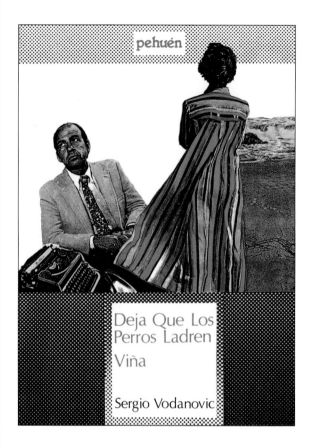

TÉCNICA LITERARIA

El clímax

Las distintas acciones o circunstancias que dan forma al argumento de una obra literaria se acumulan de manera ascendente. La emoción y el misterio aumentan gradualmente, y el momento de la resolución de la trama se vuelve cada vez más apremiante°. Es entonces cuando se llega al clímax, el momento en que el conflicto alcanza su máxima tensión. No debe confundirse con el desenlace, que le sigue inmediatamente después y donde el conflicto se resuelve para los protagonistas.

Cuando leas *El delantal blanco,* intenta identificar el clímax y los elementos que llevaron a él.

- Piensa en un cuento que hayas leído o en una película que hayas visto recientemente. ¿Puedes reconocer el clímax? Justifica tu respuesta.

- El anticlímax, o caída del interés narrativo, es el concepto contrario al clímax. Investiga este recurso narrativo en Internet y da ejemplos.

apremiante *pressing*

CONTEXTO HISTÓRICO

Inestabilidad política y económica

En la segunda mitad del siglo XX, Chile sufrió una serie de dificultades en todos los sectores de la sociedad: recesión, golpes de Estado, reformas obreras y agrarias, etc. Finalizadas las Guerras Mundiales, el país se alineó con las potencias occidentales en la guerra fría. Esta adhesión° trajo el conflicto internacional a Chile. Así, en 1948 se aprobó la Ley de Defensa de la Democracia, que proscribió al Partido Comunista y motivó que un número significativo de militantes fuera transferido a campos de detenidos. En lo respectivo a la política interior, ni la Alianza Democrática de Gabriel González Videla ni el populismo derechista de Carlos Ibáñez del Campo consiguieron acabar con el tradicionalismo conservador, por lo que las clases privilegiadas continuaron en el poder. A pesar de las huelgas, los estratos sociales más desfavorecidos, en especial los estratos compuestos por agricultores y mineros, no mejoraron su situación.

En *El delantal blanco*, Vodanovic refleja con humor el complejo clima social de la época. De hecho, muestra el desprecio de la clase alta hacia

La policía chilena traslada prisioneros políticos a una cárcel en 1973.

los sectores más pobres y se burla de la idea de que el comunismo era el origen de todos los males.

 Practice more at **vhlcentral.com.**

adhesión *support*

---

 1 Aprende y practica el vocabulario de la obra en **vhlcentral.com**.

 2 Contesta las preguntas:

- ¿Cómo era la situación de Chile a mediados del siglo XX? ¿Qué estratos sociales poseían el poder del país? ¿Qué les ocurrió a las clases más desfavorecidas? Cuando leas la obra de Vodanovic, relaciona la situación política de Chile de esa época con lo que sucede en la obra. Busca ejemplos en el texto para justificar tu respuesta.

3 En grupos, conversen sobre estos temas:

- ¿Cuáles son algunos estereotipos acerca de las clases sociales? ¿Es posible saber a qué clase social pertenece una persona con tan sólo mirarla? ¿Es cierto el refrán que dice "Aunque la mona se vista de seda, mona se queda"? ¿Qué factores favorecen la movilidad social?

- ¿Quién tiene verdaderamente el poder en un país: la clase alta o la clase obrera? ¿Por qué? ¿En qué medida crees que funciona la frase "La unión hace la fuerza" en el contexto político de una nación?

- En tu infancia, ¿jugabas a disfrazarte (*dress-up*)? ¿Cuál era tu disfraz (*costume*) preferido? ¿Por qué?

EL delantal blanco

Sergio Vodanovic

PERSONAJES

La señora, 30 años.

La empleada, 20 años.

Dos jóvenes

La jovencita

El caballero distinguido

- -

*La playa. Al fondo, una carpa°. Frente a ella, sentadas a su sombra, **la señora**
y **la empleada**. **La señora** está en traje de baño y, sobre él, usa un blusón° de
toalla blanca que le cubre hasta las caderas. Su tez está tostada por un largo
veraneo. **La empleada** viste su uniforme blanco. **La señora** es una mujer de
treinta años, pelo claro, rostro atrayente aunque algo duro. **La empleada** tiene
veinte años, tez blanca, pelo negro, rostro plácido y agradable.*

beach cabana
robe

5

LA SEÑORA (*Gritando hacia su pequeño hijo, a quien no ve y que se supone está
a la orilla del mar, justamente, al borde del escenario.*) ¡Alvarito! ¡Alvarito!
¡No le tire arena a la niñita! ¡Métase al agua! Está rica... ¡Alvarito, no! ¡No
le deshaga el castillo a la niñita! Juegue con ella... Sí, mi hijito... juegue.

10

LA EMPLEADA Es tan peleador...

LA SEÑORA Salió al padre° ... Es inútil corregirlo. Tiene una personalidad
dominante que le viene de su padre, de su abuelo, de su abuela... ¡sobre todo
de su abuela!

Salió al padre
*He is just like
his father*

LA EMPLEADA ¿Vendrá el caballero mañana?

15

¿A qué atribuye
la madre el carácter
peleador de su hijo
Alvarito?

LA SEÑORA *(Se encoge de hombros con desgano°.)* ¡No sé! Ya estamos en marzo, todas mis amigas han regresado y Álvaro me tiene todavía aburriéndome en la playa. Él dice que quiere que el niño aproveche las vacaciones, pero para mí que es él quien está aprovechando. *(Se saca el blusón y se tiende a tomar sol.)* ¡Sol! ¡Sol! Tres meses tomando sol. Estoy intoxicada de sol. *(Mirando inspectivamente a* **La empleada***)* ¿Qué haces tú para no quemarte°?

LA EMPLEADA He salido tan poco de la casa...

LA SEÑORA ¿Y qué querías? Viniste a trabajar, no a veranear. Estás recibiendo sueldo°, ¿no?

LA EMPLEADA Sí, señora. Yo sólo contestaba su pregunta...

La señora permanece tendida recibiendo el sol. La empleada saca de una bolsa de género° una revista de historietas fotografiadas y principia a leer.

LA SEÑORA ¿Qué haces?

LA EMPLEADA Leo esta revista.

LA SEÑORA ¿La compraste tú?

LA EMPLEADA Sí, señora.

LA SEÑORA No se te paga tan mal, entonces, si puedes comprarte tus revistas, ¿eh?

La empleada no contesta y vuelve a mirar la revista.

LA SEÑORA ¡Claro! Tú leyendo y que Alvarito reviente°, que se ahogue...

LA EMPLEADA Pero si está jugando con la niñita...

LA SEÑORA Si te traje a la playa es para que vigilaras a Alvarito y no para que te pusieras a leer.

La empleada deja la revista y se incorpora para ir donde está Alvarito.

LA SEÑORA ¡No! Lo puedes vigilar desde aquí. Quédate a mi lado, pero observa al niño. ¿Sabes? Me gusta venir contigo a la playa.

LA EMPLEADA ¿Por qué?

LA SEÑORA Bueno... no sé... Será por lo mismo que me gusta venir en el auto, aunque la casa esté a dos cuadras. Me gusta que vean el auto. Todos los días, hay alguien que se para al lado de él y lo mira y comenta. No cualquiera tiene un auto como el de nosotros... Claro, tú no te das cuenta de la diferencia. Estás demasiado acostumbrada a lo bueno... Dime... ¿Cómo es tu casa?

LA EMPLEADA Yo no tengo casa.

LA SEÑORA No habrás nacido empleada, supongo. Tienes que haberte criado en alguna parte, debes haber tenido padres... ¿Eres del campo?

LA EMPLEADA Sí.

LA SEÑORA Y tuviste ganas de conocer la ciudad, ¿ah?

LA EMPLEADA No. Me gustaba allá.

LA SEÑORA ¿Por qué te viniste, entonces?

LA EMPLEADA Tenía que trabajar.

---

con desgano
unenthusiastically

20

get sunburned

25   *salary*

cloth

30

35   que Alvarito reviente
to heck with Alvarito

II   ¿Se divierte la señora en la playa? ¿Qué pretende que haga la empleada mientras la acompaña?

40

45

50

55

tenant farmers

LA SEÑORA No me vengas con ese cuento. Conozco la vida de los inquilinos° en el campo. Lo pasan bien. Les regalan una cuadra para que cultiven. Tienen alimentos gratis y hasta les sobra para vender. Algunos tienen hasta sus
60 vaquitas... ¿Tus padres tenían vacas?

LA EMPLEADA Sí, señora. Una.

LA SEÑORA ¿Ves? ¿Qué más quieren? ¡Alvarito! ¡No se meta tan allá que puede venir una ola! ¿Qué edad tienes?

LA EMPLEADA ¿Yo?

65 **LA SEÑORA** A ti te estoy hablando. No estoy loca para hablar sola.

Ando en los veintiuno
I'm about 21

LA EMPLEADA Ando en los veintiuno°...

LA SEÑORA ¡Veintiuno! A los veintiuno yo me casé. ¿No has pensado en casarte?

La empleada baja la vista y no contesta.

LA SEÑORA ¡Las cosas que se me ocurre preguntar! ¿Para qué querrías
70 casarte? En la casa tienes de todo: comida, una buena pieza, delantales limpios... Y si te casaras... ¿Qué es lo que tendrías? Te llenarías de chiquillos, no más.

LA EMPLEADA (*Como para sí.*) Me gustaría casarme...

LA SEÑORA ¡Tonterías! Cosas que se te ocurren por leer historias de amor en
75 las revistas baratas... Acuérdate de esto: los príncipes azules ya no existen. No es el color lo que importa, sino el bolsillo. Cuando mis padres no me

boyfriend
aceptaban un pololo° porque no tenía plata, yo me indignaba, pero llegó

large farms
Álvaro con sus industrias y sus fundos° y no quedaron contentos hasta que lo casaron conmigo. A mí no me gustaba porque era gordo y tenía la

sorberse los mocos 80 costumbre de sorberse los mocos°, pero después en el matrimonio, uno se
sniffle
acostumbra a todo. Y llega a la conclusión que todo da lo mismo, salvo la plata. Sin la plata no somos nada. Yo tengo plata, tú no tienes. Ésa es toda la diferencia entre nosotras. ¿No te parece?

LA EMPLEADA Sí, pero...

85 **LA SEÑORA** ¡Ah! Lo crees ¿eh? Pero es mentira. Hay algo que es más importante que la plata: la clase. Eso no se compra. Se tiene o no se tiene.

pigsty
Álvaro no tiene clase. Yo sí la tengo. Y podría vivir en una pocilga° y todos se darían cuenta de que soy alguien. No una cualquiera. Alguien. Te das cuenta, ¿verdad?

90 **LA EMPLEADA** Sí, señora.

LA SEÑORA A ver... Pásame esa revista. (*La empleada lo hace. La señora la hojea. Mira algo y lanza una carcajada.*) ¿Y esto lees tú?

LA EMPLEADA Me entretengo, señora.

lower-class person
LA SEÑORA ¡Qué ridículo! ¡Qué ridículo! Mira a este roto° vestido de
95 smoking. Cualquiera se da cuenta que está tan incómodo en él como un
girdle
hipopótamo con faja°... (*Vuelve a mirar en la revista.*) ¡Y es el conde de Lamarquina! ¡El conde de Lamarquina! A ver... ¿Qué es lo que dice el conde? (*Leyendo.*) "Hija mía, no permitiré jamás que te cases con Roberto. Él es un plebeyo. Recuerda que por nuestras venas corre sangre azul." ¿Y
100 ésta es la hija del conde?

LA EMPLEADA Sí. Se llama María. Es una niña sencilla y buena. Está enamorada de Roberto, que es el jardinero del castillo. El conde no lo

⏸ ¿Por qué la señora le desaconseja el matrimonio a la empleada? ¿Cuál es su propia experiencia con el matrimonio?

permite. Pero... ¿sabe? Yo creo que todo va a terminar bien. Porque en el número anterior Roberto le dijo a María que no había conocido a sus padres y cuando no se conoce a los padres, es seguro que ellos son gente rica y aristócrata que perdieron al niño de chico o lo secuestraron...   105

LA SEÑORA ¿Y tú crees todo eso?

LA EMPLEADA Es bonito, señora.

LA SEÑORA ¿Qué es tan bonito?

LA EMPLEADA Que lleguen a pasar cosas así. Que un día cualquiera, uno sepa   110
que es otra persona, que en vez de ser pobre, se es rica; que en vez de ser nadie se es alguien, así como dice Ud...

LA SEÑORA Pero no te das cuenta que no puede ser... Mira a la hija... ¿Me has visto a mí alguna vez usando unos aros° así? ¿Has visto a alguna de   *earrings*
mis amigas con una cosa tan espantosa? ¿Y el peinado? Es detestable. ¿No   115
te das cuenta que una mujer así no puede ser aristócrata?... ¿A ver? Sale fotografiado aquí el jardinero...

LA EMPLEADA Sí. En los cuadros° del final. (*Le muestra en la revista.* **La señora**   *frames*
ríe encantada.)

LA SEÑORA ¿Y éste crees tú que puede ser un hijo de aristócrata? ¿Con esa   120
nariz? ¿Con ese pelo? Mira... Imagínate que mañana me rapten° a Alvarito.   *kidnap*
¿Crees tú que va a dejar por eso de tener su aire de distinción?

LA EMPLEADA ¡Mire, señora! Alvarito le botó° el castillo de arena a la niñita   *knocked down*
de una patada.

LA SEÑORA ¿Ves? Tiene cuatro años y ya sabe lo que es mandar, lo que es no   125
importarle los demás. Eso no se aprende. Viene en la sangre.

LA EMPLEADA (*Incorporándose.*) Voy a ir a buscarlo.

LA SEÑORA Déjalo. Se está divirtiendo.

La empleada *se desabrocha el primer botón de su delantal y hace un gesto*
en el que muestra estar acalorada.   130

LA SEÑORA ¿Tienes calor?

LA EMPLEADA El sol está picando° fuerte.   *scorching*

LA SEÑORA ¿No tienes traje de baño?

LA EMPLEADA No.

LA SEÑORA ¿No te has puesto nunca traje de baño?   135

LA EMPLEADA ¡Ah, sí!

LA SEÑORA ¿Cuándo?

LA EMPLEADA Antes de emplearme. A veces, los domingos, hacíamos excursiones a la playa en el camión del tío de una amiga.

LA SEÑORA ¿Y se bañaban?   140

LA EMPLEADA En la playa grande de Cartagena. Arrendábamos° trajes de   *rented*
baño y pasábamos todo el día en la playa. Llevábamos de comer y...

LA SEÑORA (*Divertida.*) ¿Arrendaban trajes de baño?

LA EMPLEADA Sí. Hay una señora que arrienda en la misma playa.

LA SEÑORA Una vez con Álvaro, nos detuvimos en Cartagena a echar   145
bencina° al auto y miramos a la playa. ¡Era tan gracioso! ¡Y esos trajes de   *gasoline*
baño arrendados! Unos eran tan grandes que hacían bolsas por todos los

¿Para qué mira la señora la revista de fotonovelas? ¿Por qué se divierte con las respuestas de su empleada?

backside

lados y otros quedaban tan chicos que las mujeres andaban con el traste° afuera. ¿De cuáles arrendabas tú? ¿De los grandes o de los chicos?

sulky 150

La empleada *mira al suelo taimada°.*

LA SEÑORA Debe ser curioso... Mirar el mundo desde un traje de baño arrendado o envuelta en un vestido barato... o con uniforme de empleada como el que usas tú... Algo parecido le debe suceder a esta gente que se fotografía para estas historietas: se ponen smoking o un traje de baile y debe ser diferente la forma como miran a los demás, como se sienten ellos mismos... Cuando yo me puse mi primer par de medias°, el mundo entero cambió para mí. Los demás eran diferentes; yo era diferente y el único cambio efectivo era que tenía puesto un par de medias... Dime... ¿Cómo se ve el mundo cuando se está vestida con un delantal blanco?

155

panty hose

LA EMPLEADA (*Tímidamente.*) Igual... La arena tiene el mismo color... las nubes son iguales... Supongo.

160

LA SEÑORA Pero no... Es diferente. Mira. Yo con este traje de baño, con este blusón de toalla, tendida sobre la arena, sé que estoy en "mi lugar", que esto me pertenece... En cambio tú, vestida como empleada sabes que la playa no es tu lugar, que eres diferente... Y eso, eso te debe hacer ver todo distinto.

165

LA EMPLEADA No sé.

LA SEÑORA Mira. Se me ha ocurrido algo. Préstame tu delantal.

LA EMPLEADA ¿Cómo?

LA SEÑORA Préstame tu delantal.

LA EMPLEADA Pero... ¿Para qué?

170

LA SEÑORA Quiero ver cómo se ve el mundo, qué apariencia tiene la playa cuando se la ve encerrada en un delantal de empleada.

LA EMPLEADA ¿Ahora?

LA SEÑORA Sí, ahora.

LA EMPLEADA Pero es que... No tengo un vestido debajo.

175

LA SEÑORA (*Tirándole el blusón.*) Toma... Ponte esto.

LA EMPLEADA Voy a quedar en calzones...

LA SEÑORA Es lo suficientemente largo como para cubrirte. Y en todo caso vas a mostrar menos que lo que mostrabas con los trajes de baño que arrendabas en Cartagena. (*Se levanta y obliga a levantarse a **la empleada**.*) Ya. Métete en la carpa y cámbiate. (*Prácticamente obliga a **la empleada** a entrar a la carpa y luego lanza al interior de ella el blusón de toalla. Se dirige al primer plano° y le habla a su hijo.*)

180

primer plano *foreground*

LA SEÑORA Alvarito, métase un poco al agua. Mójese las patitas siquiera... No sea tan de rulo°... ¡Eso es! ¿Ves que es rica el agüita? (*Se vuelve hacia la carpa y habla hacia dentro de ella.*) ¿Estás lista? (*Entra a la carpa.*)

No sea tan de rulo
Don't be so chicken 185

*Después de un instante sale **la empleada** vestida con el blusón de toalla. Se ha prendido el pelo hacia atrás y su aspecto ya difiere algo de la tímida muchacha que conocemos. Con delicadeza se tiende de bruces° sobre la arena. Sale **la señora** abotonándose aún su delantal blanco. Se va a sentar delante de **la empleada**, pero vuelve un poco más atrás.*

de bruces *face down*

190

⏸ ¿Por qué intercambian ropa la empleada y la señora? ¿De quién es la idea y para qué?

LA SEÑORA No. Adelante no. Una empleada en la playa se sienta siempre un poco más atrás que su patrona°. (*Se sienta sobre sus pantorrillas y mira, divertida, en todas direcciones.*)

boss

La empleada cambia de postura con displicencia. La señora toma la revista de la empleada y principia a leerla. Al principio, hay una sonrisa irónica en sus labios que desaparece luego al interesarse por la lectura. Al leer mueve los labios. La empleada, con naturalidad, toma de la bolsa de playa de la señora un frasco de aceite bronceador° y principia a extenderlo con lentitud por sus piernas. La señora la ve. Intenta una reacción reprobatoria, pero queda desconcertada.

195

aceite bronceador
tanning oil

200

LA SEÑORA ¿Qué haces?

La empleada no contesta. La señora opta por seguir la lectura. Vigilando de vez en vez con la vista lo que hace la empleada. Ésta ahora se ha sentado y se mira detenidamente las uñas.

205

LA SEÑORA ¿Por qué te miras las uñas?
LA EMPLEADA Tengo que arreglármelas°.
LA SEÑORA Nunca te había visto antes mirarte las uñas.
LA EMPLEADA No se me había ocurrido.
LA SEÑORA Este delantal acalora.
LA EMPLEADA Son los mejores y los más durables.
LA SEÑORA Lo sé. Yo los compré.
LA EMPLEADA Le queda bien.
LA SEÑORA (*Divertida.*) Y tú no te ves nada de mal con esa tenida°... (*Se ríe.*) Cualquiera se equivocaría. Más de un jovencito te podría hacer la corte° ... ¡Sería como para contarlo!
LA EMPLEADA Alvarito se está metiendo muy adentro. Vaya a vigilarlo.
LA SEÑORA (*Se levanta inmediatamente y se adelanta.*) ¡Alvarito! ¡Alvarito! No se vaya tan adentro... Puede venir una ola. (*Recapacita de pronto y se vuelve desconcertada hacia la empleada.*) ¿Por qué no fuiste?
LA EMPLEADA ¿Adónde?
LA SEÑORA ¿Por qué me dijiste que yo fuera a vigilar a Alvarito?
LA EMPLEADA (*Con naturalidad.*) Ud. lleva el delantal blanco.
LA SEÑORA Te gusta el juego, ¿ah?

arreglármelas
do my nails

210

clothes
215 hacer la corte *woo*

220

🎧 ¿Qué hace la señora cuando la empleada le ordena que vigile a Alvarito?

Una pelota de goma, impulsada por un niño que juega cerca, ha caído a los pies de la empleada. Ella la mira y no hace ningún movimiento. Luego mira a la señora. Ésta, instintivamente, se dirige a la pelota y la tira en la dirección en que vino. La empleada busca en la bolsa de playa de la señora y se pone sus anteojos para el sol.

225

LA SEÑORA (*Molesta.*) ¿Quién te ha autorizado para que uses mis anteojos?
LA EMPLEADA ¿Cómo se ve la playa vestida con un delantal blanco?
LA SEÑORA Es gracioso. ¿Y tú? ¿Cómo ves la playa ahora?

230

LA EMPLEADA Es gracioso.

LA SEÑORA (*Molesta.*) ¿Dónde está la gracia?

235 **LA EMPLEADA** En que no hay diferencia.

LA SEÑORA ¿Cómo?

LA EMPLEADA Ud. con el delantal blanco es la empleada, yo con este blusón y los anteojos oscuros soy la señora.

LA SEÑORA ¿Cómo?... ¿Cómo te atreves a decir eso?

240 **LA EMPLEADA** ¿Se habría molestado en recoger la pelota si no estuviese vestida de empleada?

LA SEÑORA Estamos jugando.

LA EMPLEADA ¿Cuándo?

LA SEÑORA Ahora.

245 **LA EMPLEADA** ¿Y antes?

LA SEÑORA ¿Antes?

LA EMPLEADA Sí. Cuando yo estaba vestida de empleada...

LA SEÑORA Eso no es juego. Es la realidad.

LA EMPLEADA ¿Por qué?

250 **LA SEÑORA** Porque sí.

LA EMPLEADA Un juego... un juego más largo... como el "paco-ladrón"°. A unos les corresponde ser "pacos", a otros "ladrones".

LA SEÑORA (*Indignada.*) ¡Ud. se está insolentando!

LA EMPLEADA ¡No me grites! ¡La insolente eres tú!

255 **LA SEÑORA** ¿Qué significa eso? ¿Ud. me está tuteando?

LA EMPLEADA ¿Y acaso tú no me tratas de tú?

LA SEÑORA ¿Yo?

LA EMPLEADA Sí.

LA SEÑORA ¡Basta ya! ¡Se acabó este juego!

260 **LA EMPLEADA** ¡A mí me gusta!

LA SEÑORA ¡Se acabó! (*Se acerca violentamente a **la empleada**.*)

LA EMPLEADA (*Firme.*) ¡Retírese!

***La señora** se detiene sorprendida.*

LA SEÑORA ¿Te has vuelto loca?

265 **LA EMPLEADA** ¡Me he vuelto señora!

LA SEÑORA Te puedo despedir en cualquier momento.

LA EMPLEADA (*Explota en grandes carcajadas, como si lo que hubiera oído fuera el chiste más gracioso que jamás ha escuchado.*)

LA SEÑORA ¿Pero de qué te ríes?

270 **LA EMPLEADA** (*Sin dejar de reír.*) ¡Es tan ridículo!

LA SEÑORA ¿Qué? ¿Qué es tan ridículo?

LA EMPLEADA Que me despida... ¡vestida así! ¿Dónde se ha visto a una empleada despedir a su patrona?

LA SEÑORA ¡Sácate esos anteojos! ¡Sácate el blusón! ¡Son míos!

275 **LA EMPLEADA** ¡Vaya a ver al niño!

---

paco-ladrón
cops and robbers

🔘 ¿A cuál de las dos mujeres le resulta ahora graciosa la situación? ¿Por qué se enoja la otra?

LA SEÑORA Se acabó el juego, te he dicho. O me devuelves mis cosas o te las saco.

LA EMPLEADA ¡Cuidado! No estamos solas en la playa.

LA SEÑORA ¿Y qué hay con eso? ¿Crees que por estar vestida con un uniforme blanco no van a reconocer quién es la empleada y quién la señora?

LA EMPLEADA *(Serena.)* No me levante la voz. 280

La señora exasperada se lanza sobre *la empleada* y trata de sacarle el blusón a viva fuerza.

LA SEÑORA *(Mientras forcejea.)* ¡China°! ¡Ya te voy a enseñar quién soy! ¿Qué te has creído? ¡Te voy a meter presa!   *servant*

Un grupo de bañistas ha acudido a ver la riña°. Dos jóvenes, una muchacha y un señor de edad madura y de apariencia muy distinguida. Antes que puedan intervenir, la empleada ya ha dominado la situación manteniendo bien sujeta a la señora contra la arena. Ésta sigue gritando ad libitum expresiones como: "rota cochina"... "¿ya te la vas a ver con mi marido"... "te voy a mandar presa"... "esto es el colmo°", etc., etc.   285 *fight*   290 *esto es el colmo this is the last straw*

UN JOVEN ¿Qué sucede?

EL OTRO JOVEN ¿Es un ataque°?   *fit*

LA JOVENCITA Se volvió loca.

UN JOVEN Puede que sea efecto de una insolación.

EL OTRO JOVEN ¿Podemos ayudarla? 295

LA EMPLEADA Sí. Por favor. Llévensela. Hay una posta° por aquí cerca...   *emergency aid station*

EL OTRO JOVEN Yo soy estudiante de Medicina. Le pondremos una inyección para que se duerma por un buen tiempo.

LA SEÑORA ¡Imbéciles! ¡Yo soy la patrona! Me llamo Patricia Hurtado, mi marido es Álvaro Jiménez, el político... 300

LA JOVENCITA *(Riéndose.)* Cree ser la señora.

UN JOVEN Está loca.

EL OTRO JOVEN Un ataque de histeria.

UN JOVEN Llevémosla.

LA EMPLEADA Yo no los acompaño... Tengo que cuidar a mi hijito... Está ahí, bañándose... 305

LA SEÑORA ¡Es una mentirosa! ¡Nos cambiamos de vestido sólo por jugar! ¡Ni siquiera tiene traje de baño! ¡Debajo del blusón está en calzones! ¡Mírenla!

EL OTRO JOVEN *(Haciéndole un gesto al joven.)* ¡Vamos! Tú la tomas por los pies y yo por los brazos. 310

LA JOVENCITA ¡Qué risa! ¡Dice que está en calzones!

Los dos jóvenes toman a la señora y se la llevan, mientras ésta se resiste y sigue gritando.

LA SEÑORA ¡Suéltenme! ¡Yo no estoy loca! ¡Es ella! ¡Llamen a Alvarito! ¡Él me reconocerá! 315

⏸ ¿Por qué la gente cree lo que dice la empleada y no lo que afirma la señora?

Mutis° de los dos **jóvenes** *llevando en peso a* **la señora**. **La empleada** *se tiende sobre la arena, como si nada hubiera sucedido, aprontándose para un prolongado baño del sol.*

Exit

EL CABALLERO DISTINGUIDO ¿Está Ud. bien, señora? ¿Puedo serle útil en algo?

320 **LA EMPLEADA** *(Mira inspectivamente al* **señor distinguido** *y sonríe con amabilidad.)* Gracias. Estoy bien.

EL CABALLERO DISTINGUIDO Es el símbolo de nuestro tiempo. Nadie parece darse cuenta, pero a cada rato, en cada momento sucede algo así.

LA EMPLEADA ¿Qué?

325 **EL CABALLERO DISTINGUIDO** La subversión del orden establecido. Los viejos quieren ser jóvenes; los jóvenes quieren ser viejos; los pobres quieren ser ricos y los ricos quieren ser pobres. Sí, señora. Asómbrese Ud. También hay ricos que quieren ser pobres. ¿Mi nuera? Va todas las tardes a tejer con mujeres de poblaciones callampas°. ¡Y le gusta hacerlo! *(Transición.)* ¿Hace
330 mucho tiempo que está con Ud.?

shanty

LA EMPLEADA ¿Quién?

EL CABALLERO DISTINGUIDO *(Haciendo un gesto hacia la dirección en que se llevaron a* **la señora**.*)* Su empleada.

LA EMPLEADA *(Dudando. Haciendo memoria.)* Poco más de un año.

335 **EL CABALLERO DISTINGUIDO** Y así le paga a usted. ¡Queriéndose hacer pasar por una señora! ¡Como si no se reconociera a primera vista quién es quién! ¿Sabe Ud. por qué suceden estas cosas?

LA EMPLEADA ¿Por qué?

EL CABALLERO DISTINGUIDO *(Con aire misterioso.)* El comunismo...

340 **LA EMPLEADA** ¡Ah!

EL CABALLERO DISTINGUIDO *(Tranquilizado.)* Pero no nos inquietemos. El orden está establecido. Al final, siempre el orden se establece... Es un hecho... Sobre eso no hay discusión... *(Transición.)* Ahora, con permiso, señora. Voy a hacer mi footing diario. Es muy conveniente a mi edad. Para
345 la circulación, ¿sabe? Y Ud. quede tranquila. El sol es el mejor sedante. *(Ceremoniosamente.)* A sus órdenes, señora. *(Inicia el mutis. Se vuelve.)* Y no sea muy dura con su empleada, después que se haya tranquilizado... Después de todo... Tal vez tengamos algo de culpa nosotros mismos... ¿Quién puede decirlo? *(***El caballero distinguido** *hace mutis.)*

350 *La empleada* *cambia de posición. Se tiende de espaldas para recibir el sol en la cara. De pronto se acuerda de Alvarito. Mira hacia donde él está.)*

LA EMPLEADA ¡Alvarito! ¡Cuidado con sentarse en esa roca! Se puede hacer una nana en° el pie... Eso es, corra por la arenita... Eso es, mi hijito... *(Y
355 mientras* **la empleada** *mira con ternura y delectación maternal cómo Alvarito juega a la orilla del mar se cierra lentamente el Telón.)* ∎

hacer una nana en hurt

¿Cuál es la opinión del señor sobre lo que vio entre la señora y su empleada? ¿Qué lo tranquiliza?

1. Elegir Indica la opción correcta.

1. ¿Cómo es la señora?
   a. vieja   b. fea   c. atractiva
2. ¿Cómo es la empleada?
   a. joven   b. rubia   c. seria
3. ¿Qué lee la empleada en la playa?
   a. el periódico   b. *El Quijote*   c. una revista
4. ¿De qué manera han llegado los tres a la playa?
   a. a pie   b. en autobús   c. en auto
5. ¿Qué es más importante que el dinero para la señora?
   a. la belleza   b. la clase   c. el poder
6. ¿Qué se le ocurre hacer a la señora?
   a. jugar con el hijo   b. ponerse el delantal de la empleada   c. pedir un aperitivo
7. ¿Qué toma la empleada del bolso de la señora?
   a. la crema solar   b. el monedero   c. las gafas de sol
8. ¿Quiénes se llevan a la señora a la fuerza?
   a. tres ancianos   b. dos jóvenes   c. dos mujeres
9. ¿Cómo se comporta la empleada con el caballero distinguido?
   a. Le sigue el juego   b. Confiesa que es la empleada.   c. Le pide una cita.

2. Comprensión Contesta las preguntas con oraciones completas.

1. ¿Qué lleva puesto la señora para estar en la playa?
2. ¿Quién está más bronceada de las dos? ¿Por qué?
3. ¿Por qué tuvo que abandonar el campo la empleada?
4. ¿Por qué le parece bonita la historia de la fotonovela a la empleada?
5. ¿Cuándo solía ponerse la empleada traje de baño?
6. ¿Cómo reacciona la empleada cuando la señora le dice que podría despedirla?
7. ¿Cómo reacciona la señora al ver que la empleada no quiere terminar el juego?

3. Interpretación Analiza las preguntas y responde con oraciones completas.

1. ¿Qué motivo cree la señora que tiene su marido para enviarla tres meses a la playa?
2. ¿Por qué le gusta a la señora ir con la empleada a la playa?
3. ¿Por qué quiere saber la señora detalles de la vida personal de la empleada?
4. ¿Qué tipo de carácter tiene la señora? ¿Coincide con el de las clases altas? ¿Por qué?
5. ¿Qué lleva a la señora a comportarse como la empleada cuando se pone el delantal?
6. ¿Por qué opina la señora que es más importante tener clase que dinero?
7. ¿Por qué culpa el caballero distinguido al comunismo por todo lo ocurrido?
8. ¿Por qué llama *mi hijito* la empleada a Alvarito?

4. Técnica literaria Con un(a) compañero/a, contesta las siguientes preguntas sobre el uso del clímax en *El delantal blanco*.

1. ¿Qué elementos de tensión existen en la conversación entre las dos mujeres? Cita tres ejemplos.
2. ¿Cuál es el hilo argumental que conduce a los personajes hacia el clímax?
3. ¿Qué actúa como detonante del momento climático?
4. ¿En qué momento tiene lugar el clímax de la historia? ¿Qué ocurre entonces?
5. ¿Cómo crees que se siente el espectador en ese preciso momento?
6. ¿Cuándo concluye el clímax de la historia?

5. Conversación Con dos compañeros/as, analiza las preguntas y justifica cada respuesta.

- ¿Cómo crees que influye la riqueza material en la formación de un individuo? ¿Es un factor indiscutiblemente positivo o puede afectar a las personas de manera negativa? ¿Por qué?
- ¿Qué es más importante para el ser humano: una buena situación económica o una buena formación intelectual? ¿Por qué?
- ¿En qué medida es cierto el dicho "El hambre agudiza el ingenio (*necessity is the mother of invention*)"? ¿Qué otros factores llevan a las personas a ejercitar el ingenio?
- ¿Por qué un alto nivel económico suele infundir una sensación de superioridad a la gente? ¿Cómo crees que se sienten realmente estas personas: vacías o realizadas? ¿Por qué?
- El "arribismo" consiste en progresar socialmente por medios rápidos. ¿Crees que nuestra sociedad valora el arribismo? ¿A qué puede deberse eso?

TALLER DE ESCRITURA

1. Con mucha clase Escribe un breve ensayo sobre la vida de una persona que pertenece a la misma clase social que la señora protagonista de *El delantal blanco*. Ten en cuenta los siguientes aspectos.

- *su rutina*
- *sus inclinaciones políticas*
- *sus impresiones acerca de otras clases sociales*
- *sus aspiraciones para el futuro*

2. Suplantación rentable Desde la perspectiva interesada de la empleada de la obra, inventa el posible diálogo que ella podría comenzar con un distinguido pretendiente. Ten en cuenta que el joven desconoce que ella es la empleada y coquetea despreocupadamente con ella para intentar conseguir una cita.

◗ UN ENSAYO DE CAUSA Y EFECTO

En las obras de esta lección hay eventos o acciones (las causas) que llevan a una consecuencia (el efecto). Escribe un ensayo de causa y efecto sobre una de las obras que estudiaste en esta lección.

Plan de escritura

Comienza completando una tabla con información sobre cada obra. Esta tabla te ayudará a preparar tu ensayo de causa y efecto.

	efecto	causa principal	causas secundarias
El crimen del padre Amaro			
"La conciencia"			
"El alacrán de fray Gómez"			
"La Nochebuena de Encarnación Mendoza"			
El delantal blanco			

Planificar y preparar la escritura

1. **Estrategia: Diagrama para organizar las ideas** Elige la obra sobre la que deseas escribir y describe el desenlace (el efecto) en esa historia. Anota las razones de lo sucedido (las causas) en un diagrama como el que aparece a continuación, que se basa en "La Nochebuena de Encarnación Mendoza"

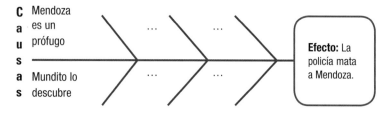

2. **Estrategia: Investigar causas y efectos**

- Toma como punto de partida los datos que has anotado en tu diagrama. Piensa en las causas que llevan a un efecto en la historia.

- Analiza los detalles de las causas que llevan al efecto. Por ejemplo, la Iglesia católica y la religión en *El crimen del padre Amaro* o las diferencias entre las clases sociales en *El delantal blanco*.

Escribir

3. Tu ensayo Ahora puedes escribir tu ensayo. Utiliza la información que has reunido. Sigue estos pasos para escribir.

- **Introducción:** Presenta el efecto que deseas analizar en la obra que elegiste. Debes explicar también su contexto e importancia en el desarrollo de los eventos de la historia.

- **Desarrollo:** Explica todas las causas que tuvieron como consecuencia ese efecto. Conéctalas de manera lógica. Relaciona las causas con el efecto; es decir, explica con detalle cómo éstas concluyen en el efecto.

- **Conclusión:** Termina con una explicación de cómo se podría haber evitado o acelerado lo sucedido.

Revisar y leer

4. Revisión Pídele a un(a) compañero/a que lea tu ensayo y sugiera cómo mejorarlo. Revísalo, incorpora sus sugerencias y presta atención a los siguientes elementos.

- ¿Presentaste el efecto? ¿Presentaste las causas? ¿Explicaste el contexto de la obra?

- ¿Explicaste la conexión entre el efecto y sus causas?

- ¿La conclusión explica tu interpretación de lo sucedido?

- ¿Son correctas la gramática y la ortografía?

5. Lectura Lee tu ensayo a varios/as compañeros/as. Tomen turnos. Cuando termines de leer tu ensayo, tus compañeros/as deben hacerte preguntas. Comenten juntos un punto interesante de tu ensayo que les haya llamado la atención.

- Cuando hayan acabado de leer sus ensayos en grupo, anota en una tabla los puntos más interesantes de las obras de esta lección.

Obras	Puntos interesantes
El crimen del padre Amaro	
"La conciencia"	
"El alacrán de fray Gómez"	
"La Nochebuena de Encarnación Mendoza"	
El delantal blanco	

Introducción

Este glosario contiene las palabras y expresiones que se glosan en **Intrigas**.
Los números indican la lección en la que se presenta dicha palabra o expresión.

Abreviaturas empleadas en este glosario

adj.	adjetivo	*m.*	masculino
adv.	adverbio	*pl.*	plural
f.	femenino	*sing.*	singular
interj.	interjección	*v.*	verbo
loc.	locución		

A

a fuer de *loc.* as a **5**
a la inversa *loc.* conversely **1**
a la vera del *loc.* by the side of **3**
a tientas *loc.* feeling one's way around **3**
a tropezones *adv., loc.* stumbling **4**; in fits and starts **5**
a trueque de *loc.* in exchange for **5**
abanicarse *v.* to fan oneself **4**
abarcar *v.* to cover **1**
abnegado/a *adj.* self-sacrificing **2**
abocado/a *adj.* dedicated to **1**
abra *f.* clearing **3**
acaecer *v.* to happen **5**
aceite (*m.*) **bronceador** tanning oil **6**
acera *f.* sidewalk **3**
acequia *f.* ditch **4**
acólito *m.* altar boy **3**
acomodado/a *adj.* wealthy **4**
acongojar *v.* to distress **6**
acorralar *v.* to trap **3**
acorrer *v.* to help **6**
acostarse *v.* to sleep with **1**
acuidad *f.* sharpness **2**
ademán *m.* gesture **1**
adhesión *f.* support **6**
adscribirse *v.* to follow **6**
afanado/a en *adj.* intent on **3**
afanarse *v.* to work **6**
afanarse (*v.*) **en** to do one's best **6**
afín *adj.* related **3**
agiotista *m., f.* usurer **6**
agolparse *v.* to crowd **4**
agravio *m.* offense **1**
aguacero *m.* downpour **3, 6**
aguantarse *v.* to bear it **2**
aguzado/a *adj.* sharp **2**
ahondar *v.* to delve **3**
ahuyentar *v.* to banish **3**
ajado/a *adj.* worn-out **1**
al acecho *loc.* lying in wait **4**

al alba *loc.* at dawn **2**
alacrán *m.* scorpion **6**
alambrado *m.* wire fence **3**
alambre *m.* wire **4**
alba *adj.* white **1**
albeante *adj.* reflecting a bright white color **3**
alboroto *m.* racket **4**
alcanforado/a *adj.* camphorated **4**
alcaraván *m.* species of bird **4**
alcoba *f.* bedroom **6**
alero *m.* eves **4**
aletear *v.* to flap the wings **4**
alféizar *m.* windowsill **6**
alharaca *f.* fuss **6**
alpargatas *f., pl.* espadrilles **3**
altillo *m.* attic **6**
alzamiento *m.* uprising **4**
alzarse to rise up **3**
amagar *v.* to seem to **6**
ambientado/a *adj.* set **1**
ámbito *m.* circles **3**
amenguar *v.* to diminish **3**
amigazo *m.* pal **3**
andar (*v.*) **en los (veintiuno)** to be about (21 years of age) **6**
andarse (*v.*) **con melindres** to be picky **2**
andrajoso/a *adj.* ragged **6**
anzuelo *m.* hook **5**
apaciguar *v.* to appease, to calm (someone) down **3, 4**
aparcero/a *m., f.* sharecropper **6**
apearse *v.* to get off **4, 5**
aplastar *v.* to crush **6**
aplastado/a *adj.* (fig.) distraught **4**
apoyo *m.* flow of milk **3**
apremiante *adj.* pressing **6**
aprieto *m.* predicament **4**
arboleda *f.* grove **2**
ardid *m.* trick **3**
arduo/a *adj.* hard **4**
armazón *m., f.* frames (glasses) **1**
armero *m.* gunsmith **3**

armiño *m.* ermine (white fur trim with black spots associated with heraldry) **4**
arnés *m.* harness **4**
aro *m.* earring **6**
arrabal *m.* suburb **5**
arrastrar *v.* to drag **4**
arrear *v.* to spur on **4, 6**
arreciar *v.* to get worse **6**
arreglarse (*v.*) **(el pelo, las uñas)** to do (one's hair, nails, etc.) **6**
arrendar *v.* to rent **6**
arrepentimiento *m.* remorse **5**
arrullar *v.* to lull asleep **4**
articulista *m., f.* columnist **1**
aspaviento *m.* fuss **5**
astucia *f.* guile **1**
atabal *m.* kettle drum **3**
ataque *m.* fit **6**
atenerse (*v.*) **a** to abide by **6**
atentado *m.* attack **2**
atiborrado/a *adj.* crammed **4**
aullar *v.* to howl **4**
auto (*m.*) **de prisión** committal order **5**
autodidacta *m., f.* self-taught person **1**
avanzada *f.* advance party **6**
avaro/a *m., f.* miser **5**
azotar *v.* to beat **5**
azucena *f.* white lily **1**

B

babosear *v.* to talk nonsense **2**
bacalao *m.* codfish **6**
Baja Policía *f.* (*Per.*) waste collectors **4**
banco (*m.*) **de mecánica** work bench **3**
banda (*f.*) **sonora** soundtrack **3**
bañado *m.* marshland **3**
barbilla *f.* chin **6**
barrunto *m.* suspicion **2**
batalla *f.* battle **4**
batey *m.* sugar company town **6**
beato/a *m., f.* pious person **4**
bencina *f.* gasoline **6**

bengala *f.* flare **2**
berrear *v.* to bellow **4**
blusón *m.* robe **6**
bocanada *f.* blast **3**
bochorno *m.* embarrassment **5**
bohío *m.* hut **6**
boquiabierto/a *adj.* astonished **6**
borrador *m.* draft **1**
botar *v.* to knock down **6**
bóveda *f.* vault **6**
brasa *f.* ember **3**
brizna (*f.*) **de polvo** speck of dust **5**
buche *m.* mouthful **3**
buhonero *m.* peddler **6**
burdo/a *adj.* coarse **3**

C

caballo (*m.*) **desbocado** runaway horse **6**
cabo *m.* corporal **6**
cacería *f.* hunt **6**
cacharro *m.* piece of junk **4**
cadáver *m.* corpse **6**
callampas *f., pl.* shanty **6**
callejón (*m.*) **sin salida** dead-end street **1**
calzada *f.* road **3**
camilla *f.* stretcher **3**
candente *adj.* burning **3**
canillita *m., f.* newspaper vendor **4**
cantinela *f.* story **6**
canto *m.* stone **2**
cañaveral *m.* sugarcane plantation **6**
capataz(a) *m.* foreman, forewoman **3**
capuchino *m.* Capuchin monk **4**
carpa *f.* beach cabana **6**
cartucho *m.* cartridge **3**
castañetear *v.* to chatter **6**
castaño *m.* chestnut tree **6**
casto/a *adj.* chaste **1**
casucha *f.* dog kennel **6**
caudaloso/a *adj.* plentiful **3**
cavilación *f.* deep thought **6**
cayado *m.* crook **6**
caza (*f.*) **de pelo** rabbit hunting **3**
cegato/a *adj.* near-sighted **1**
cejar *v.* to cease **5**
celo *m.* conscientiousness **2**
centelleo *m.* spark **3**
ceñidor *m.* girdle **3**
cercado/a *adj.* surrounded **6**
cerrojo *m.* bolt. **3**
certero/a *adj.* accurate **6**
chacra *f.* small farm **5**
chicharra *f.* cicada **4**
chicotear *v.* to whip **3**
chicuelo/a *m., f.* little kid **3**
chillar *v.* to scream **4**; to shout **5**

china *f.* servant **6**
chiquillo/a *m., f.* kid **2**
chirriar *v.* to squeak **3**
chitón *interj.* hush **2**
chocar *v.* to surprise **2**
choclo *m.* corn **3**
cielo (*m.*) **raso** ceiling **3**
ciénaga *f.* swamp **3**
cinegético/a *adj.* hunting **3**
claustro *m.* cloister **6**
coger (*v.*) **rabia** to get angry **4**
cogido/a *adj.* caught **6**
cojo/a *adj.* lame **4**
colegir *v.* to guess **3**; to deduce **6**
colorete *m.* rouge **4**
comarca *f.* region **6**
como por ensalmo *loc., adv.* as if
  by magic **6**
cómoda *f.* chest of drawers **5**
compungido/a *adj.* sorrowful **5**
con desgano *loc., adv.* unenthusiastically **6**
conceder *v.* to grant **2**
conducto *m.* channel **2**
confluir *v.* to merge **2**
conformarse *v.* to resign oneself **2**
congoja *f.* grief **1**
consagrar *v.* to triumph **5**
consagrarse *v.* to establish himself **1**
convulsionado/a *adj.* thrown into
  confusion **6**
cónyuge *m., f.* spouse **1**
corralón *m.* hut with a large yard **4**
corromper *v.* to corrupt **5**
cortarle el aliento *v.* to take someone's
  breath away **1**
corva *f.* back of the knee **4**
costarle (*v.*) **un ojo de la cara** to cost
  an arm and a leg **5**
costillar *m.* side of beef **3**
crines *f., pl.* mane **4**
crispación *f.* tension **3**
cuadra *f.* stable **6**
cuadro *m.* frame **6**
cucufato/a *m., f.* self-righteous person **5**
cundir *v.* to get far **6**
cúpula *f.* dome **4**
cura *m.* priest **4**
cuzco *m.* little dog **3**

D

damnificado/a *m., f.* victim **5**
dar (*v.*) **rodeos** beat about the bush **1**
dar (*v.*) **tumbos** to toss and turn **4**
darle (*v.*) **rabia (a alguien)** *loc.* to incense
  (someone) **3**
darse (*v.*) **por sentados** to be taken
  for granted **1**

de bruces *loc., adv.* face down **6**
de cuando en cuando *loc.* from time
  to time **3**
de golpe *loc., adv.* all of a sudden **3**
de puntillas *loc., adv.* tiptoeing **4**
de rigor *loc., adj.* indispensable **6**
de veras *loc., adv.* really **3**
decena *f.* ten **3**
decir (*v.*) **sin rodeos** to tell without beating
  around the bush **6**
delicadeza *f.* refinement, frailty **2**
deparar *v.* to offer **3**
depurar *v.* to purge **2**
derrengarse *v.* to collapse **4**
derrocar *v.* to overthrow **2**
derrotar *v.* to defeat **2**
derrumbar *v.* to crumble **1**
desabrido/a *adj.* dull **1**
desafío *m.* challenge **1**
(con) desahogo *adv.* comfortably **6**
desasosegado/a *adj.* on edge **6**
desazonado/a *adj.* uneasy **6**
desecho *m.* waste **4**
desfalco *m.* embezzlement **5**
desfallecer *v.* to faint **6**
desgana *f.* reluctantly **1**
desganado/a *adj.* lethargic **6**
desharrapado/a *adj.* ragged **6**
deshonra *f.* dishonor **5**
despatarrado/a *adj.* sprawled **4**
despiojar *v.* to delouse **6**
despistar *v.* to mislead **6**
detrasito *adv., fam.* right behind **4**
deudos *m., pl.* relatives **1**
difunto/a *adj.* late **4**
dintel *m.* threshold **4**
disiparse *v.* to disappear **4**
disparate *m.* nonsense **4**
dispuesto/a (*adj.*) **a hacer** ready to do **1**
divisar *v.* to distinguish **4**
docencia *f.* teaching **3**
dorado/a *adj.* golden **1**
dormitar *v.* to doze **6**
dote *f.* dowry **5**
duelo *m.* mourning **4**

E

echarle (*v.*) **mano** to lay hands
  on someone **6**
embadurnar *v.* to smear **4**
emboscada *f.* ambush **5**
empaparse to learn **4**
empeñar *v.* to pawn **4**
empeñarse *v.* to insist **2**
emprestar *v.* to lend **6**
empurpurar *v.* to blush **3**
en cartel *loc.* playing **1**

en cueros *loc.* naked **2**
en la lejanía *loc.* in the distance **6**
en seco *loc.* suddenly **6**
en voz queda *loc., adv.* softly **6**
enajenarse *v.* to become deranged, unhinged **3**
encajarle (*v.*) **(algo a alguien)** to give someone something **1**
encaje *m.* lace **2**
encarar *v.* to stand up to **5**
encarnar *v.* to play the part of **1**
encerrado/a *adj.* locked in **1**
encía *f.* gum **1**
encogerse (*v.*) **de hombros** to shrug **4**
engordar *v.* to put on weight **5**
engranajes *m., pl.* machinery **2**
enrarecido/a *adj.* tense **2**
ensanchar *v.* to widen **3**
entarimado *m.* floorboards **5**
entornado/a *adj.* half-closed **3**
entorpecer *v.* to hinder **6**
enyesado/a *adj.* in a plaster cast **3**
erizar (*v.*) **los pelos** to make your hair stand on end **1**
errar *v.* to wander **5**
esbozar (*v.*) **una sonrisa** *loc.* to give a hint of a smile **3**
escalofriante *adj.* hair-raising **6**
escarbar *v.* to dig **4**
escarcha *f.* frost **1**
escasez *f.* lack **3**
escenificación *f.* dramatization **6**
escopeta *f.* shotgun **3**
esmerilado/a *adj.* like frosted glass **1**
espartillo *m.* esparto grass **3**
espuela *f.* spur **4**
espumadera *f.* skimmer **6**
estampido *m.* bang **3**
estancia *f.* ranch **3**
estaqueado/a *adj.* staked **3**
estar (*v.*) **en su derecho** to have the right of way **3**
estar (*v.*) **en vena** to be in the mood **6**
estrecho/a *adj.* close **1, 6**
estrellar contra su pómulo to smash into his cheekbone **4**
estribaciones *f., pl.* foothills **6**
estropeado/a *adj.* damaged **3**
estupor *m.* astonishment **1**
euskera *m.* Basque **3**

F

facción *f.* feature **5**
faja *f.* girdle **6**
fallecer *v.* to die **5**
fango *m.* mud **2**
fiero/a *adj.* furious **2**

fleco *m.* fringe **6**
fluir *v.* to flow **1**
fosa (*f.*) **común** common grave **2**
francotirador(a) *m., f.* sniper **2**
franquear *v.* to get through **2**
frisar (*v.*) **en** to approach **3**
fulguración *f.* flash of light **3**
fundo *m.* large farm **6**
fusil *m.* rifle **2**
fusilar *v.* to execute **2**

G

gallardete *m.* pennant **5**
gallera *f.* cockfight pit **4**
gallinazo *m.* turkey vulture **4**
ganarles (*v.*) **de mano** to beat them **2**
gangoso/a *adj.* nasal **1**
gañán *m.* farmhand **2**
garúa *f.* drizzle **4**
garza *f.* heron **3**
gastar (*v.*) **una broma** *loc.* to play a joke **2**
gatear *v.* to crawl **6**
gavilla (*f.*) **de trigo** wheat sheaf **2**
gemelos (*m., pl.*) **de teatro** opera glasses **3**
género *m.* cloth **6**
gentío *m.* crowd **2**
gollete *m.* bottleneck **3**
golondrina *f.* swallow **3**
golosamente *adv.* avidly **3**
golpe (*m.*) **de estado** coup (d'état) **2**
granate *adj.* maroon **5**
graznar *v.* to caw **4**
grúa *f.* tow truck **5**
guacho/a *adj.* abandoned **3**
guardapolvo *m.* lab coat **3**
guarecerse *v.* to take shelter **6**
guiso *m.* casserole **6**
gula *f.* gluttony **5**
gusto *m.* pleasure **2**

H

hacer (*v.*) **gracias y monerías** to clown around **5**
hacer (*v.*) **la corte** to woo **6**
hacer (*v.*) **las paces** to bury the hatchet **5**
hacerse (*v.*) **una nana** to get hurt **6**
hacinado/a *adj.* overcrowded **2**
halagador(a) *adj.* flattering **4**
hallar (*v.*) **cabida** to find room **3**
hallazgo *m.* find **4**
hambruna *f.* famine **3**
harto/a *adj.* fed up **5**
hastío *m.* weariness **4**
hay que hacer una raya en el cielo *loc.* this is cause for celebration **4**
hebilla *f.* buckle **3**

hebra *f.* strand **5**
hechicero/a *m., f.* sorcerer **1**
herir *v.* to wound **2**
hinchado/a *adj.* swollen **3**
hito *m.* landmark **4**
hoja *f.* blade **3**
holganza *f.* idleness **6**
homólogo/a *m., f.* counterpart **5**
honda *f.* slingshot **4**
hosco/a *adj.* surly **6**
huella (*f.*) **dactilar** fingerprint **1**

I

ijar *m.* side **4**
impensable *adj.* inconceivable **1**
imperante *adj.* prevailing **3**
imperar *v.* to prevail **2**
impregnado/a *adj.* soaked **3**
improcedente *adj.* inadmissible **5**
incursionar *v.* to venture **2**
infamante *adj.* defamatory **3**
infusorio *m.* one-cell organism **4**
ingenio *m.* sugar refinery **6**
inmiscuirse *v.* to interfere **2**
inmutarse *v.* flinch **5**
inodoro *m.* toilet **1**
inquieto/a *adj.* restless **1**
inquilino/a *m., f.* farmer **6**
inquina *f.* ill will **3**
insomne *adj.* sleepless **1**
instauración *f.* establishment **5**

J

jadeante *adj.* panting **3**
jaqueca *f.* headache **6**
jaula *f.* cage **4**
jebe *m.* rubber **4**
jornada *f.* day of work **4**
joroba *f.* hump **2**
juntura *f.* joint **4**

L

laja *f.* slab **3**
lamer *v.* to lick **3**
lápida *f.* headstone **3**
lazo *m.* bond **4**
lego *m.* lay brother **6**
lejanía *f.* distance **6**
lema *m.* motto **2**
lentejuela *f.* sequin **2**
letras *f., pl.* Humanities **1**
levarse *v.* to rise **1**
liceo *m.* secondary school **1**
ligarse (*v.*) **encima** to land on top of someone **3**

ligero/a *adj.* slight **6**
limar *v.* to file down **3**
limítrofe *adj.* borderline **1**
linde *f.* limit **3**
litera *f.* sleeping car **1**
llamarada *f.* flare **2**
localidad *f.* ticket **1**
lodazal *m.* quagmire **6**
lunfardo/a *adj.* Buenos Aires slang **4**
lupanar *m.* brothel **2**
luto *m.* mourning **2**

M

madero *m.* timber **6**
madrastra *f.* stepmother **5**
madrugada *f.* dawn **1**
magisterio *m.* teaching **1**
majadería *f.* stupidity **6**
malabarismo *m.* balancing act **1**
malas palabras (*f., pl.*) dirty words **5**
maldecir *v.* to curse **6**
malecón *m.* esplanade; pier **4**
maleza *f.* weeds **6**
malos presagios (*m., pl.*) bad omens **4**
maltrato *m.* mistreatment **6**
mandar (*v.*) **a hacer** to commission **4**
mandar (*v.*) **la parte** to boast **1**
mandíbula *f.* jaw **4**
mano (*f.*) **del almirez** pestle **2**
mantehuelos (*m., pl.*) **de cristianar** baptism clothes **2**
maña *f.* bad habit **5**
marasmo *m.* wasting **3**
marchito/a *adj.* withered **3**
marisma *f.* marsh **3**
marjal *m.* marsh **2**
maroma *f.* rope **2**
marrano/a *adj.* filthy **2**; *m., f.* pig **4**
mazmorra *f.* dungeon **3**
mechudo/a *adj.* unkempt **5**
medias *f., pl.* panty hose **6**
menguante *adj.* waning **3**
merodear *v.* to prowl **4**
meseta *f.* plateau **3**
miéchica *loc.* damn **5**
milagros (*m., pl.*) **a mantas** hundreds of miracles **6**
miope *adj.* near-sighted **1**
misericordia *f.* compassion **3**
mocoso/a *m., f.* brat **5**
modorra *f.* drowsiness **3**
moldear *v.* to shape **3**
monigote *m.* rugrat **2**
mono *m.* coveralls **5**
monte *m.* scrubland **3**
morsa *f.* bench vise **3**

mote *m.* nickname **6**
mueca *f.* grimace **5**
mugre *f.* filth **4**
muladar *m.* landfill **4**
mulilla (*f.*) **sin desbravar** wild mule **2**
musitar *v.* to whisper **3**
muslo *m.* thigh **3**
mutis *m.* exit **6**

N

nana *f.* lullaby **1**; nanny **5**
nauseabundo/a *adj.* nauseating **4**
necio/a *adj.* stupid **3**
negruzco/a *adj.* blackish **6**
nimio/a *adj.* trivial **3**
níveo/a *adj.* snow-white **1**
noctámbulo/a *adj.* night owl **4**
norma *f.* rule **5**
novel *adj.* first-time **3**
nublo *m.* cloud **2**
nuca *f.* back of the neck **4**
nudillo *m.* knuckle **1**
números *m., pl.* privates **6**

O

ocurrencia *f.* witty remark **6**
ojeras *f., pl.* bags under the eyes **6**
oledor(a) *adj.* nosy **2**
opíparamente *adv.* sumptuously **6**
ordeñar *v.* to milk **3**
otorgar *v.* to bestow **3**

P

pabellón *m.* hospital building **3**
paco-ladrón *m.* cops and robbers game **6**
padrastro *m.* step-father **3**
paisano/a *m., f.* peasant **3**
palmadita *f.* pat **4**
palote *m.* line **6**
pámpano *m.* grapevine **1**
pantano *m.* swamp **3**
parentela *f.* extended family **3**
parpadear *v.* to blink **4**
parto *m.* childbirth **2**
pasadizo *m.* passage **4**
pasador *m.* bolt **6**
patalear *v.* to kick **4**
patraña *f.* lie **4**
patrón/patrona *m., f.* boss **6**
pava *f.* kettle **3**
pedernal *m.* flint **2**
pedregullo *m.* gravel **3**
pedrisco *m.* hail **2**
pejerrey *m.* silverside (type of fish) **6**

pensión *f.* guesthouse **5**
penurias (*f.*) **económicas** financial straits **4**
peón/peona *m., f.* farm worker **3**; laborer **6**
peplo *m.* peplos (garment worn by women in Ancient Greece) **4**
percatarse *v.* to notice **4**
percutir *v.* to hit **3**
persignarse *v.* to cross oneself **5**
pescozón *m.* slap on the neck **4**
pescuezo *m.* neck **4, 6**
picada *f.* trail **3**
picado/a *adj.* interested **2**
picar *v.* to be scorching **6**
piedad *f.* mercy **6**
pillar *v.* to catch **2**
pimpollo *m.* bud **6**
pique *m.* narrow trail **3**
pista *f.* clue **6**
pitanga *f.* Surinam cherry plant **3**
pito *m.* buzzing sound **4**
placa *f.* X-ray **3**
plantarse *v.* to show up **1**
plasmar to express, to give expression to **3**
plegable *adj.* folding **5**
plegaria *f.* prayer **3**
pocilga *f.* pigsty **6**
pololo/a *m., f.* boyfriend/girlfriend **6**
ponderar *v.* to praise **6**
ponerle (*v.*) **la cara de mosquita muerta** to look at someone very innocently **5**
poniente *m.* west **6**
pordiosero/a beggar **6**
pormenor *m.* detail **5**
porrazo *m.* beating **2**
porteño/a *adj.* of the city of Buenos Aires **4**
portero/a *m., f.* superintendent **3**
porvenir *m.* future **3**
posadero/a *m., f.* innkeeper **6**
posta *f.* emergency aid station **6**
postigo *m.* shutter **6**
postularse (*v.*) **para** to run for **5**
pozo *m.* well **6**
precipitarse *v.* to plunge **4**; to rush **6**
preestreno *m.* preview **1**
prendedor *m.* brooch **6**
prepa *f.* pre-university courses **1**
prestado/a *adj.* borrowed **6**
pretil *m.* parapet **4**
prevenido/a *adj.* cautious **4**
primer plano *m.* foreground **6**
prófugo/a *m., f.* fugitive **6**
propinar *v.* to give **1**
proscripto/a *adj.* banned **3**
puchuela *f.* small amount **6**
pudor *m.* decency **5**
pueblo (*m.*) **natal** hometown **1**

punzada *f.* sharp pain **3**
puñal *m.* dagger **3**

Q

que ____ reviente *loc.* to heck with ____ **6**
quedito/a *adj.* soft **4**
quejumbroso/a *adj.* plaintive **6**
quemarse *v.* to get sunburned **6**
quevedos *m., pl.* pince-nez (spectacles) **5**

R

rabo *m.* tail **4**
radicarse to settle **4**
radio *f.* radiology **3**
radio (*m.*) **de acción** field of action **3**
raptar *v.* kidnap **6**
rasguñar *v.* to scratch **5**
rasguño *m.* scratch **3**
rastro *m.* trace **4**
razonado/a *adj.* well-reasoned **3**
recado *m.* message **2**
recelo *m.* suspicion **3**
recibido/a *adj.* graduated **1**
reconvenir *v.* to scold **4**
recostar *v.* to lean **1**
recular *v.* to step back **4**; to move backwards **6**
redoble *m.* drumroll **6**
refitolero/a *m., f.* person in charge of refectory **6**
refucilar *v.* to flash **3**
registro *m.* search **6**
rehuir *v.* to avoid **4**
reivindicar *v.* to vindicate **1**
remansarse *v.* to forme a pool **4**
rematar *v.* to auction **5**
remiso/a *adj.* reluctant **1**
rencor *m.* resentment **5**
renegar *v.* to deny **5**
renguear *v.* to limp **4**
repartición *f.* government office **2**
reponerse *v.* to recover **1**
reposar *v.* to rest **4**
rescoldo *m.* lingering feeling **1**
resoplar *v.* to puff **6**
retratar *v.* to portray **2**
retrógrado/a *adj.* reactionary **1**
rezongo *m.* telling-off **3**
rezumar *v.* to ooze **3**
riña *f.* fight **6**
rodeado/a *adj.* surrounded **1**
romper (*v.*) **con** break up with **1**
ronquido *m.* snore **1**
ronronear *v.* to purr **3**

roto/a *m., f.* lower-class person **6**
rozagante *adj.* healthy **3**
ruborizarse *v.* to blush **4**
rubricar *v.* to seal **5**
rumbo *m.* course **1**

S

sabandija *f.* bug **6**
salir (*v.*) **al padre** to be just like one's father **6**
salitre *m.* salt residue **1**
salpicado/a (*adj.*) **de** sprinkled with **4**
secuestro *m.* kidnapping **2**
sede *f.* seat **2**
segador(a) *m., f.* harvester **2**
según el sapo, así es la pedrada *loc.* you get what you deserve **5**
selva *f.* jungle **3**
semanario *m.* weekly paper **1**
semblante *m.* countenance **3**
semipuchero *m.* semi-pout **5**
ser (*v.*) **de rulo** *loc.* to be chicken **6**
ser (*v.*) **el colmo** *loc.* to be the last straw **6**
sermonear *v.* to lecture **5**
seto *m.* hedge **3**
sibilino/a *adj.* enigmatic **2**
sien *f.* temple **3**
sindical *m.* labor union **2**
sin rodeos *loc.* without beating around the bush **6**
siquiera *adv.* at least **6**
sitio *m.* siege **2**
sobar *v.* to rub **5**
soberbia *f.* arrogance **5**
sobrado/a *adj.* to spare **3**
sobre ascuas *loc.* on tenterhooks **5**
sobre rieles *loc.* on track **4**
sobresalto *m.* fright **6**
soldar *v.* to weld **4**
sollozo *m.* sob **1**
sombrío/a *adj.* gloomy **3**
someter *v.* to subjugate **2**
sorberse (*v.*) **los mocos** to sniffle **6**
sordo/a *adj.* deaf **4**
substraerse *v.* to avoid **6**
sudor *m.* sweat **2**
sueldo *m.* salary **6**
sumido/a *adj.* plunged **4**
súplica *f.* plea **3**
surucuá *m.* species of bird **3**
suturar *v.* to stitch **3**

T

tabique *m.* wall **2**
tablón *m.* plot of land **6**
taimado/a *adj.* sulky **6**

tajante *adj.* categorical **1**
tambaleante *adj.* staggering **4**
tamiz *m.* sieve **4**
tanda *f.* round **4**
taparrabos *m.* loincloth **3**
taquillero/a *adj.* box office success **6**
tarado/a *m.f.* moron **5**
tarima *f.* dais **6**
tartamudear *v.* to stutter **5**
tejaván *m.* shed **4**
temblón/temblona *adj.* shivering **2**
tenazas *f., pl.* tongs **6**
tender *v.* to hand **4**
(no) tener (*v.*) **ley** to (not) care about **2**
tener (*v.*) **un miedo cerval** to be terrified **3**
tenida *f.* clothes **6**
tentar *v.* to feel **2**
teocalli *m.* Aztec temple **3**
terciar *v.* to intervene **6**
terco/a *adj.* stubborn **4**
terrateniente *m., f.* landowner **2**
tersura *f.* smoothness **3**
tez *f.* complexion, skin **3**
tinieblas *f., pl.* darkness **3**
tirante *adj.* mounting **5**
tisis *f.* tuberculosis **3**
tizón *m.* charred stick **3**
torbellino *m.* whirl **4**
tosco/a *adj.* coarse **3**
trajín *m.* hustle and bustle **5**
tranco *m.* threshold **2**
trapisondista *adj.* conniving **6**
trasfondo *m.* undertone **3**
traste *m.* backside **6**
trasto *m.* piece of junk **4**
trepar a los andamios *v.* to climb up the scaffolding **4**
trocha *f.* path **6**
tronchado/a *adj.* cut **5**
tuerto/a *adj.* one-eyed **2**
turno *m.* shift **5**
turpial *m.* troupial **4**

U

ultraje *m.* indignity **5**
uncir *v.* to yoke **6**
urdir *v.* to devise **6**

V

vacío *m.* empty space **5**
vaivén *m.* swinging **3**
valla *f.* gate **5**
vano (*m.*) **de la puerta** doorway **4**
velador *m.* bedside table **5**
velar *v.* to keep watch **3**

vendado/a *adj.* blindfolded **4**
veraz *adj.* truthful **1**
verdugo *m.* tyrant **3**
verja *f.* wrought-iron gate **5**
vernáculo/a *adj.* native **3**
vestíbulo *m.* foyer **1**
víbora *f.* snake **3**
vigilante *m., f.* watchman **1**
virar *v.* to turn **3**
vivac *m.* bivouac **3**
volcar *v.* to turn **1**
volverse *v.* to turn to **2**
voraz *adj.* avid **3**

Y

yacer *v.* to lie **4**
yacútoro *m.* species of bird **3**
yagua *f.* royal palm **6**

Z

zafarse (*v.*) **de** to get rid of **3**
zafra *f.* sugarcane harvest **6**
zaguán *m.* hallway **3, 5**
zamarrear *v.* to shake **3**
zambullirse *v.* to immerse **5**
zarandear *v.* to shake **4**
zarpar *v.* to set sail **5**
zarzuela *f.* traditional Spanish operetta **5**
zonzo/a *adj.* silly **5**
zurrar *v.* to beat **4**
zurrón *m.* haversack **6**

Text Credits

14 © Ángeles Mastretta.

22 Reproduced from: "Tú me quieres blanca" from *El dulce daño* by Alfonsina Storni (1918).

30 © Fundación Mario Benedetti c/o Schavelzon Graham Agencia Literaria www.schavelzongraham.com.

38 © Roberto Bolaño, 1997. Originally published by Editorial Anagrama S.A.

56 Courtesy of Luisa Valenzuela. Reproduced from: "Los Censores", *Cuentos completos y uno más*, © Luisa Valenzuela, 1998.

64 Pablo Neruda, "Explico algunas cosas", *Tercera Residencia*, © 1947, Pablo Neruda y Fundación Pablo Neruda.

72 © Herederos de Federico García Lorca.

102 Reproduced from: "El revolver" by Emilia Pardo Barzan, 1895.

110 Reproduced from: "La tísca", *Macachines* by Javier de Viana, 1910.

118 Julio Cortázar, "La noche boca arriba", *Final del juego*. © Julio Cortázar, 1956 y Herederos de Julio Cortázar.

130 Reproduced from: "El hijo", *Más allá* by Horacio Quiroga, 1935.

152 Gabriel García Márquez, "La prodigiosa tarde de Baltazar", *Los Funerales de la Mamá Grande* © 1969, Gabriel García Márquez y Herederos de Gabriel García Márquez.

164 Juan Rulfo, "No oyes ladrar los perros", *El llano en llamas*, © Juan Rulfo, herederos de Juan Rulfo, 1953.

172 Reproduced from: "Canción de otoño en primavera", *Cantos de vida y esperanza* by Rubén Darío, 1905.

180 Courtesy of Julio Ramon Ribeyro. Reproduced from: "Los gallinazos sin plumas", *Los gallinazos sin plumas* by Julio Ramon Ribeyro, 1955.

204 "El eterno femenino" by Rosario Castellanos. Copyright © 1998, *Fondo de Cultura Económica*. All rights reserved. Mexico, D.F.

210 "Emma Zunz" from *EL ALEPH* by Jorge Luis Borges. Copyright © 1995 by Maria Kodama, used by permission of The Wylie Agency LLC.

220 Courtesy of Mercè Sarrias Fornés. Reproduced from: "Una lucha muy personal" by Mercè Sarrias Fornés, 1966.

228 Mario Vargas Llosa, fragment of *Elogio de la madrastra*. © Mario Vargas Llosa, 1988.

250 Ana María Matute, "La conciencia", *Historias de la Artámila* © Ana María Matute, 1961 y Herederos de Ana María Matute.

260 Reproduced from: "El alacran de Fray Gomez", *Tradiciones peruanas: Séptima serie* by Ricardo Palma.

270 Courtesy of Carmen Quidello de Bosch. Reproduced from: "La nochebuena de Encarnacion Mendoza" by Juan Bosch.

284 Courtesy of Betty Johnson Dreckmann. Reproduced from: *El delantal blanco* by Sergio Vodanovic, 1956.

Image Credits

Cover: José Luis Barcia Fernández.

Lesson 1: 4 (l) Clasos/CON/Getty Images; (r) Imcine/Newscom; **5** VEGAP, Madrid/Artists Rights Society (ARS), New York; **12** (l) Quim Llenas/Cover/Getty Images; (r) HarperCollins Publishers; **13** Ciro Cesar/La Opinoin Photos/Newscom; **15** Richard Radstone; **17** Freitag/Corbis; **20** (l) Prisma/Newscom; (r) Ediciones Hiperión; **21** Owen Franken/Corbis; **23** Courtesy of Museo Castagnino Macro; **28** (l) Eduardo Longoni/Dpanull/Newscom; (r) Courtesy of Alfaguara Press; **29** (l) Paramount/The Kobal Collection; (r) Holbox/Shutterstock; **31** The Everett Collection; **36** (l) Basso Cannarsa/LUXphoto/Redux Pictures; (r) Reproduced from Cuentos by Roberto Bolaño, published by Editorial Anagrama (2013); **37** The Museum of Modern Art/Licensed by SCALA/Art Resource, NY; **39** Valentino Sani/Arcangel Images.

Lesson 2: 46 Tequila Gang/WB/The Kobal Collection; **48** (tl) Gabriel Bouys/AFP/Getty Images; (tr) Tequila Gang/WB/The Kobal Collection; (ml) Picturehouse/Everett Collection; (mr) Tequila Gang/WB/The Kobal Collection; (bl) Tequila Gang/WB/The Kobal Collection; (br) Tequila Gang/WB/The Kobal Collection; **49** (l) Hulton Archive/Getty Images; (r) Popperfoto/Getty Images; **50** (t) Tequila Gang/WB/The Kobal Collection; (m) Tequila Gang/WB/The Kobal Collection; (b) Picturehouse/Everett Collection; **54** (l) Fernando Esteves; (r) Foto de Solapa: Fernando Esteves, Diseño de cubierta: Pablo Rulfo. Stega Diseño. Editores Alfaguara; **55** (l) Hulton-Deutsch Collection/Corbis; (r) Eduardo Longoni/Corbis; **57** All Honorable Men, 2006, oil on canvas, 64 x 56 in, NON 45 567. Julio Larraz, courtesy of the Marlborough Gallery, New York; **62** (l) Keystone/Hulton Archive/Getty Images; (r) Colección Biblioteca Nacional disponible en Memoria Chilena/www.memoriachilena.cl. España en el Corazón/Pablo Neruda. [Santiago]: Cruz del Sur, 1948 (Santiago: Universidad de Chile); **63** Hulton Archive/Getty Images; **65** Art Resource, NY; **67** Art Resource, NY; **70** (l) Art Resource, NY; (r) Alianza Editorial, S.A; **71** World History Archive/Newscom; **73** Maribel Bálius; **76** Photograph: René Combeau. Rights: Archivo Teatral Universidad Católica de Chile; **83** Photograph: René Combeau. Rights: Archivo Teatral Universidad Católica de Chile.

Lesson 3: 90 AF Archive/Alamy; **92** (l) Sophie Omlsted/Redux; (r) Joan Tomas/EPA/Newscom; **93** (l) Oronoz/Newscom; (r) Kurwenal/Prisma/Newscom; **100** (l) Oronoz/Album/Newscom; (r) Emilia Pardo Bazán. Obras Completas Tomo X (El fondo del alma. Sud-expres. Cuentos trágicos. Cuentos de la Tierra). Edición de Darío Villanueva y José Manuel González Herrán. N° pp: 738. ISBN: 978-84-96452-06-0; **101** Photo Researchers; **103** Hill Peppard; **108** (l) Universidad de la Republica, Uruguay; (r) Biblioteca Artigas, Colección de Clásicos Uruguayos-Vol 70; **109** Documenta/Album/Newscom; **110** Roberto Verás. Media used: computer software manipulation and acrylic retouch on printed copy. Year: 2009. Name: Rostro de Mujer; **116** (l) Cesar Malet/ Album/Newscom; (r) Cubierta: Atelier Jóvenes Arrugas de Julio Silva y Sophie Moret. Saúl Yurkievich, Foto: Camila Van Zuylen, 1976; **117** (l) Collection Dagli Orti/Palazzo Pitti Florence/The Art Archive; (r) Schalkwijk/Art Resource, NY; **119** Smithsonian American Art Museum, Washington, DC/Art Resource, NY. **128** (l) Wikimedia Commons; (r) Diseño de la Portada: 23 Escalones Ilustración de la Portada: "Orilla del Río Bouzanne", 1860–1869, Theodore Rousseau Primera edición: Agosto, 2010, Editorial 23 Escalones, 2010 Tijarafe 42, 38390 Santa Úrsula ISBN: 978-84-15104-41-4; **129** Ali Burafi; **131** Hunters with partridge. Part of MAXAM Collection. MAXAM Foundation. **134** B2M Productions/Getty Images.

Lesson 4: 140-141 Tornasol/Jempsa/Pensavalle, Libio/The Kobal Collection; **142** (tl) Jeffrey M. Boan/MCT/Newscom; (tr) Sony Pictures/Everett Collection; (ml) Tornasol/Jempsa/Pensavalle, Libio/The Kobal Collection; (mr) NA/AFP/Newscom; (bl) NA/ AFP/Newscom; (br) Tornasol/Jempsa/Pensavalle, Libio/The Kobal Collection; **143** (l) Ali Burafi; (r) Courtesy of Museo de la Inmigración, Argentina; **144** (t) Tornasol/Jempsa/Pensavalle, Libio/The Kobal Collection; (m) Tornasol/Jempsa/Pensavalle, Libio/ The Kobal Collection; (b) Tornasol/Jempsa/Pensavalle, Libio/The Kobal Collection; **146** (t) Tornasol/Jempsa/Pensavalle, Libio/ The Kobal Collection; (b) NA/AFP/Newscom; **150** (l) Piero Pomponi/Liaison/Getty Images; (r) Diseño de Cubierta, Random House Mondadori, Ilustración de Cubierta, Jordi Sàbat; **151** Foto Revista Cromos, 1928; **153** En-Jaulado Pintura Técnica Mixta/Begmont; **157** Mercado Colombiano. Edgar Augusto Moreno. Acrílico en Espátula Sobre lienzo,1983; **162** (l) Paco Junquera/Getty Images; (r) D.R. Juan Rulfo, Herederos de Juan Rulfo. www.editorialrm.com; **163** (l) Library of Congress; (r) Corbis; **165** José Clemente Orozco Mexican, 1883–1949, Zapata, 1930, Oil on canvas, Gift of Joseph Winterbotham Collection, 1941.35, The Art Institute of Chicago; **170** (l) Interfoto/Alamy; (r) Title Author: Darío, Rubén, 1867–1916; Ghiraldo, Alberto, 1874/Volume: 7. Publisher: Madrid Mundo Latino; **171** José Blanco; **173** Schalkwijk/Art Resource, NY; **178** Sergio Urday/El Comercio de Peru/Newscom; **179** David Milne/Getty Images; **181** Juantio goes to Town, 1963 (wood, paint, industrial trash, cardboard, scrap metal & fabric assemblage on board), Berni, Antonio (1905-81)/Museum of Fine Arts, Houston/Museum purchase funded by the Caroline Wiess Law Accessions Endowment Fund/Bridgeman Images; **187** Juanito the Lacking, (oil and collage on canvas), Berni, Antonio (1905-81)/Private Collection/Christie's Images/Bridgeman Images.

Lesson 5: 194 Sony Pictures/Everett Collection; **196** (tl) Dan Wooler/REX/Newscom; (tr) El Deseo S.A/Album/Newscom; (mtl) Orion Pictures Corp/Everett Collection; (mtr) El Desea Laurenfilm/The Kobal Collection; (mbl) El Desea Laurenfilm/The Kobal Collection; (mbr) El Desea Laurenfilm/The Kobal Collection; (bl) El Desea Laurenfilm/The Kobal Collection; (br) El Deseo S.A/Album/Newscom; **197** (l) Oronoz/Album/Newscom; (r) Danny Lehman/Corbis; **198** (t) El Deseo S.A/Cattarinich, Mimmo/Album/Newscom; (m) Sony Pictures/Everett Collection; (b) El Deseo S.A/Album/Newscom; **202** (l) Lola Alvarez Bravo, Courtesy of Galeria Juan Martin; (r) Fondo de Cultura Económica; **203** Rodolfo Usigli Archive, Miami University Libraries, Oxford, Ohio, U.S.A; **205** The Gallery Collection/Corbis; **208** (l) Agencia el Universal/GDA Photo Service/Newscom; (r) "El Bosco, "Los Bienaventurados y Los Condenados" (detalle). Palacio Ducal . Venecia. Diseño: Rafael Celda; **209** (l) Procy/ Shutterstock; (r) Daniella Zalcman; **211** Daniel Murtagh/Trevillion Images; **214** Corbis RF/Alamy; **218** (l) Juanfran Martínez; (r) Mujeres Sobre Mujeres en Los Albores del Siglo XXI: Teatro Breve Español. One-Act Spanish Plays by Women about Women in the Early Years of the 21st Century. Author: Patricia O'Connor. Diseño: Paula Serraller. Editorial Fundamentos Colección Espiral, Serie Teatro 314. ISBN: 978-84-245-1076-3; **219** Itziar Pascual; **220** Simon Jauncey/Trevillion Images; **226** (l) Jeremy Sutton-Hibbert/Alamy; (r) Mario Vargas Llosa /Al Fin Liebre Ediciones Digitales; **227** Tate, London/Art Resource, NY; **229** Fernando Botero. Pedro. 1974. Óleo sobre tela. 194,5 x 150,5 cm. Donación Botero 1976. Colección Museo de Antioquia, Medellín, Colombia.

Lesson 6: 238 Columbia/Everett Collection; **240** (tl) Archivo/Newscom; (tr) Alemeda Films/Blu Films/The Kobal Collection; (mtl) Columbia/Everett Collection; (mtr) Columbia/Everett Collection; (mbl) Columbia/Everett Collection; (mbr) Columbia/ Everett Collection; (bl) Columbia/Everett Collection; (br) Columbia/Everett Collection; **241** (l) Gianni Dagli Orti/ National Palace Mexico City/The Art Archive; (r) BPK/Bildarchiv Preussischer Kulturbesitz/Dietmar Katz/Art Resource, NY; **242** (t) Columbia/Everett Collection; (m) Columbia/Everett Collection; (b) Samuel Goldwyn/Everett Collection; **244** (t) Columbia/Everett Collection; (b) Samuel Goldwyn/Everett Collection; **248** (l) German Gallego/Digital Press Photos/ Newscom; (r) Cortesía de Ediciones Destino; **249** Francesc Muntada/Corbis; **251** Strong Soul/Levan Kakabadze; **258** (l) Fundación Ricardo Palma; (r) Reproducción Digital de la Edición de Lima, Benito Gil, 1875. Obra Digitalizada por Unidixital en la Biblioteca América de la Universidad de Santiago de Compostela; **259** Keystone-France/Gamma-Keystone/

Sobre los autores

James C. Courtad es profesor de la Universidad de Bradley. En 2001 se doctoró en Literatura Hispánica en la Universidad de Texas. Su tesis se enfocó en la obra epistolar de Juan Valera y su influencia en la narrativa del autor. Ha trabajado en la Universidad de Central Michigan, en la Universidad de Illinois Wesleyan y en la Universidad de Bradley, donde enseña literatura y cultura españolas. Ha publicado artículos sobre Benito Pérez Galdós, Juan Valera y la poeta Lourdes Vázquez. Le interesan la literatura de viajes, la representación alimenticia en la literatura y el cruce entre la pintura y la literatura.

Kathryn Everly es profesora de literatura española de la Universidad de Syracuse. Cursó el doctorado de Filología Española en la Universidad de Texas. Ha publicado *Catalan Women Writers and Artists: Revisionist Views from a Feminist Space* (2003); *History, Violence and the Hyperreal: Representing Culture in the Contemporary Spanish Novel* (2010), y varios artículos y capítulos sobre narrativa española. Sus intereses incluyen el cine, los estudios culturales y las mujeres en la guerra civil española.

Martín Gaspar obtuvo su doctorado en Lenguas y Literaturas Romances en la Universidad de Harvard. Sus áreas de investigación incluyen la historia intelectual de América Latina desde el siglo XIX; la narrativa, el cine y los medios de comunicación contemporáneos; los estudios de traducción y la teoría narrativa. Es autor de *La condición traductora* (Beatriz Viterbo, 2014), donde explora la teoría de la traducción latinoamericana y, en particular, el surgimiento de traductores protagonistas en la novela actual. Actualmente, es profesor en Bryn Mawr College y se dedica a dos proyectos de investigación: un estudio de las funciones del anonimato en los medios y en la literatura, y una historia social de la traducción en América Latina.